임진왜란
비겁한 승리

임진왜란 비겁한 승리

김연수 지음

앨피

부도덕하고 무능한 정권이 가져오는 불행

왜 또 임진왜란인가?

지금으로부터 400여 년 전의 동아시아 상황과 지금 정세가 그다지 달라 보이지 않기 때문이다. 역사적으로 일본이 서양과 손잡고 동아시아 질서를 재편하려 할 때마다, 이 지역에는 커다란 파란이 일어났다. 1592년 임진왜란은 그 시작이었다.

임진년 동아시아 세세를 뿌리째 뒤흔든 선쟁의 원인과 전개 과정을 살펴보면 터무니없다. 전쟁을 일으킨 일본 지배층은 무모하기 이를 데 없었고, 조선의 지배층은 탐욕과 교활함으로 전쟁을 불러들였다. 조선 왕은 왕권을 지키고자, 사대부는 자신들의 이익을 지키고자 국가의 위태로움에 눈을 감았고, 당시 동아시아 질서를 주도하던 중국은 전쟁을 억제하기 위한 아무런 조치도 취하지 않았다.

임진년 당시 일본의 지배층은 국제 정세에 무지한 무장 집단이었다. 그들은 조선과 중국 등 이웃 나라의 역사와 문화, 정치와 사회를 제대로 이해할 수 있는 지적 기반이 없는 상태에서 동아시아를 주도하겠다는 주제넘은 꿈을 꾸었다.

그들은 원래 아시아의 변방이었다. 육지에서 멀리 떨어진 덕에 이민족과의 치열한 경쟁에서 비켜서 있을 수 있었고, 저들끼리 비교적 자유로운 세상을 만들었다. 그래서 강고한 국가적 통일이 늦었고, 다른 이웃 나라의 정치와 문화에도 민감하지 않았다. 그들은 동아시아 세계에 있으면서도 한 번도 동아시아 문화의 핵심에 접근하지 못했다. 그 덕에 오히려 서양 문화를 받아들이기 쉬운 환경이 만들어졌다.

문제는 일본이 받아들인 설익은 서양 문화였다. 그들은 서양의 문물 중에서도 조총과 호전적인 정신을 먼저 받아들였다. 조총을 받아들여서는 내전으로 얼룩진 전국을 통일하고, 기독교를 접하고는 스스로를 '신국神國'이라 칭했다. 이제 그들의 눈에 중국 중심의 중화사상은 뒤집어 엎어야 할 낡은 것이었다.

그러나 당시 일본의 역량은 중국을 대신하여 동아시아의 맹주를 꿈꾸기에는 턱없이 부족했다. 군사력만 있었을 뿐, 일본 지배 엘리트들이 세상을 보는 시야와 안목은 너무 낮은 수준이었다. 그런 일본이 임진년 전쟁에서 참패한 것은 필연이었다.

전쟁 초기 일본의 조선 침략은 성공하는 듯 보였다. 그러나 이내 조선 민중의 반격과 중국의 개입에 밀리면서 그들은 전쟁이 시작된 지 불과 3개월만에 이 전쟁에서 승리할 수 없음을 알게 된다. 조선과 중국만이 아니었다.

요동에는 여진이, 북방에는 몽골이 일본의 움직임을 주시하고 있었다. 무모하게 전쟁을 일으킨 후 뒤늦게야 주변을 둘러본 일본은 비로소 이 전쟁이 잘못된 것임을 알았다. 그러나 되돌리기에는 너무 멀리 온 상태였다. 결국 일본은 조선에서 완전히 패배했고, 전쟁을 주도한 도요토미 정권은 무너졌다. 싸움 이외에 다른 준비가 전혀 되어 있지 않았던 일본의 무사 집단이 5천 년 역사의 동아시아 질서를 자신들 마음대로 재단하려는 꿈을 꾼 것은 한 마디로 허황된 것이었다.

그로부터 300년이 흐른 19세기, 일본은 두 번째로 서양 문물을 받아들여 광범위한 국가혁신을 이루었다. 그리고 또다시 군사력으로 동아시아 세계를 주도할 꿈을 꾼다. 임진왜란의 경험은 반면교사가 되었다. 그들은 무력 침략이 아닌 정치적 방식으로 조선을 집어삼키려 했다. 이번에 그들이 손을 내민 대상은 핍박받는 백성들이 아닌 탐욕스러운 조선 지배층이었다. 임진년 당시 조선의 지배 세력이던 양반 세력을 버리고 조선 백성을 자신들의 세력으로 끌어들이려고 하다가 실패한 경험을 교훈으로 삼은 것이었다. 과연 조선 지배층은 일반 백성들과 달리 일본이 내민 손을 거부하지 않았다.

조선을 병합한 일본은, 만주를 점령한 후 그 힘을 바탕으로 중국에 진출하려 했다. 그러나 이번에는 중국이 아닌 미국이 개입하고 나섰다. 제2차 세계대전과 일본의 패전 이후 동아시아를 주도한 세력은 미국이었고, 일본은 패전국임에도 미국의 등 뒤에서 영향력을 유지했다. 사실 일본은 미국과 함께 동아시아를 공동 경영한 것이다.

그러자 이번에는 오랜 침묵을 깨고 중국이 다시 등장했다. 지난 150년간 잃어버린 동아시아 세계에 대한 주도권을 되찾겠다고 나선 것이다. 당 제국의 멸망 이후 중국 정치의 중심은 대륙의 내륙 서안에서 북경으로 이동했다. 이제 요동과 한반도가 중국의 생존에 핵심적 지역이 되었다. 동아시아 주도권을 양보하기 어렵게 된 것이다.

중국의 재등장은 지난 1천 년간 동아시아 세계를 주도한 '황제의 귀환'이다. 오랜 세월 얽히고설킨 이해관계는 복잡하다. 이런 관계를 되돌려 과거의 영광을 재현하려는 중국의 움직임은 근세에 형성된 일본과 서양 위주의 질서와 충돌할 수밖에 없다. 역사 문제, 영토 문제, 민족 문제 등 수없이 많은 문제들이 한꺼번에 터져 나오고 있다. 세계경제가 점차 어려워지면서 민족주의가 나라마다 힘을 얻어 가고 있다. 중화민족주의, 일본 민족주의 그리고 한국의 민족주의가 정치인들의 주도로 차츰 배타적 경향을 띠어 가고 있다. 그러니 동아시아의 긴장은 높아질 수밖에 없다. 그 팽팽한 긴장의 중심에 한반도가 있다.

임진왜란은 중국, 일본, 조선의 3국이 모든 것을 걸고 싸운 한판이었다. 이 전쟁을 들여다보면 당시 이 3국의 정치적·군사적·사회적·문화적 맨얼굴과 만날 수 있다. 전쟁은 중국, 일본, 조선이 각각 서로에게 어떤 의미를 가진 나라인지를 보여 주었다. 또한 그들의 속내는 무엇이고, 각자의 강점과 약점이 무엇인지도 알게 했다. 그러므로 임진왜란은 살아 있는 역사이다. 임진년 당시의 상황과 지금의 상황이 조금도 변한 것이 없기 때문이다.

이 책은 지난해 출판한 《조선 지식인의 위선》의 후속편이다. 앞의 책이 사상사에 비중을 두고 주자학적 패러다임으로 짜인 정치체제가 조선을 어떻게 무너뜨렸는지를 살폈다면, 이 책은 그들이 만들어 놓은 사상 및 정치체제가 실제 국가 경영에서 얼마나 많은 문제를 도출했는지를 전쟁이라는 극한 상황을 통해 보여 주고자 했다.

사학자 강만길은 《분단시대의 역사인식》에서 '조선은 임진왜란 시 망했어야 할 나라가 살아남아 이후 300년 동안 백성을 괴롭힌 부도덕하고 무능한 정권'이라고 했다. 그랬다. 임진왜란은 당시 조선 지배층이 주장했듯 '대의'나 '의리' 문제가 아닌, 지배층의 '무능'과 '부도덕'이 빚어낸 민족적 참화였다. 임진왜란은 당시 조선이 안고 있던 문제가 무엇이었는지를 집약하여 보여 준다. 이것이 그로부터 400여 년이 흐른 지금 '임진년의 난리' 이야기를 다시 끄집어내는 이유이다.

이 책의 출판에 도움을 주신 도서출판 앨피와 언제나 곁에서 지켜봐 주며 격려해 주는 아내 이태남에게 깊이 감사한다.

2013년 5월
김연수

차 례

1장 전쟁을 불러들이는 조선 · 21

남해안에 나타난 이상한 적선 ┃ 신국神國 일본의 환상 ┃ 전쟁광 도요토미 ┃ 어찌 왜적이 올 리가 있겠는가 ┃ 조선을 시험하는 일본 ┃ 일본 정보조직의 서울 상주 ┃ 130년간 잊고 지내 온 나라 ┃ 정여립 역모 사건 ┃ 선전포고를 들고 온 통신사 ┃ 침묵하는 조정 ┃ 임진년 봄, 왜 관에 일본인들이 하나도 없었다

2장 임진년의 패주 · 63

1592년 4월 13일 부산 앞바다에는 척후선도 없었다 ┃ 부산 앞바다를 가득 메운 일본군 ┃ 오 르지 않은 남산의 봉화 ┃ 용렬한 장군 신립 ┃ 200년 선비의 나라에 충신은 없고 ┃ 왕과 사대 부의 비겁함이 나라를 구하다 ┃ 누구를 섬긴들 왕이 아니랴 ┃ 어가에 날아드는 분노의 돌팔 매 ┃ 파천을 주장한 이산해를 죽여라 ┃ 백성을 버리는 임금, 임금을 버리는 신하 ┃ "요동으 로 건너가는 것이 어떠한가?" ┃ 궁지에 몰린 임금이 세자와 권력을 나누다

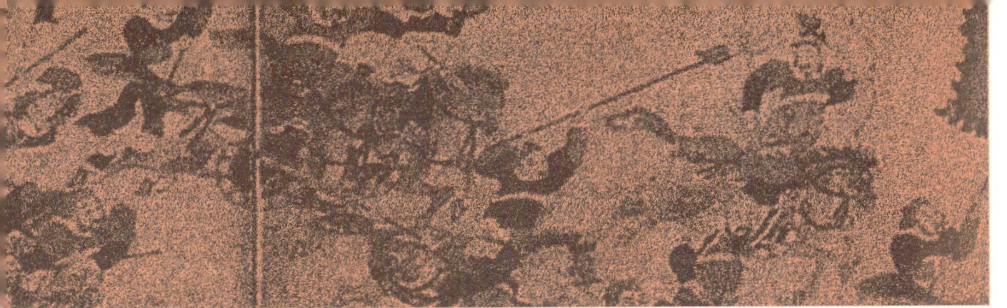

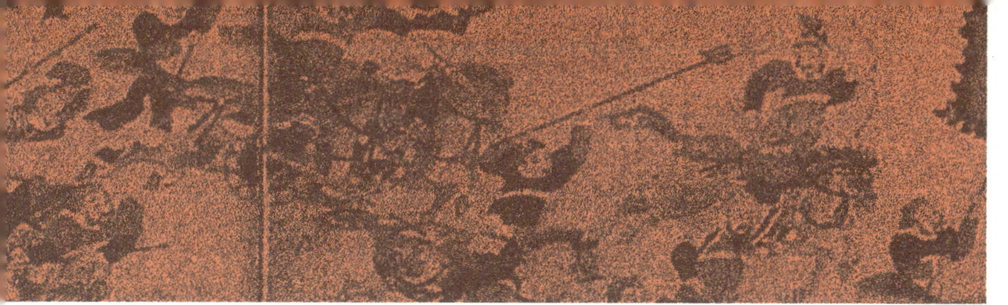

들어가는 글

흔히 임진왜란의 원인을 통신사로 일본에 파견되어 도요토미 히데요시〔豊臣秀吉〕를 만나고 돌아온 황윤길黃允吉(1536~?)과 김성일金誠一(1538~1593)의 엇갈린 보고에서 찾는다. 장차 일본이 침략할 것이라고 경고한 황윤길은 서인西人이었고, 침략의 우려가 없다고 보고한 김성일은 동인東人이었다. 그래서 권력을 쥐고 있던 동인 집권층이 김성일의 의견을 받아들이는 바람에 아무런 준비 없이 왜란을 불러왔다는 것이다. 전쟁의 모든 원인을 간단하게 당쟁으로 돌려 버린 것이다. 그러나 이 같은 주장이 터무니없는 거짓말임은 당시의 기록을 조금만 들여다보아도 알 수 있다.

오히려, 당시 조선의 임금과 조정, 지식인과 일반 백성 모두가 일본이 곧 쳐들어올 것임을 알고 전국이 소란스러웠다. 뿐만 아니라,《조선왕조실록朝鮮王朝實錄》및 조선과 일본의 수많은 기록들, 일본이 조선에 보낸 공식적인 외교문서에서도 당시 일본의 전쟁 의지를 분명히 읽어 낼 수 있다. 전쟁 발발 직후인 1592년 4월, 선조宣祖(재위 1567~1608)는 이렇게 고백한다.

　당시 정여립의 난을 계기로 하여 절대적 권력을 장악했던 임금 선조가 일본의 침략을 한없이 걱정하고 두려워했는데도 불구하고, 끝내 조선이 아무런 준비도 하지 못하고 전쟁을 맞이할 수밖에 없었던 진짜 이유는 무엇이었을까. 역사적 기록이 전쟁의 원인을 당쟁 탓으로 돌린 것은 결국 어느 누구에게도 책임을 지울 수 없게 하고, 전쟁을 불러들인 원인에 대한 솔직한 논의를 더 이상 할 수 없게 만든 교묘한 책략이었다. 더욱 놀라운 것은, 이후 300년간 조선은 물론이고 100년간의 근세에서도 임진왜란의 원인이 당쟁이라는 그들의 속임수가 마치 진실처럼 통용되었다는 것이다.

　임진왜란의 진짜 원인은 당쟁이 아니었다. 조선의 집권층은 임진왜란이 조선 정치체제의 근본적인 문제점에서 기인했음을 알고 있었다. 바로 선조 이후 조선의 정치체제가 의존한 주자학적 패러다임이 문제였다. '천하내의天下大義'와 같은 명분을 앞세운 공허한 정치 행태, '충절과 의리'를 관념화하고 개인적인 차원으로 끌어내려 결국엔 어느 누구도 국가를 위해서 헌신하려는 마음을 품지 못하게 만든 실패한 국민교육, '요순시대의 정치'를 이상화하여 국가의 권위와 기능을 최소한도로 축소한 어리석음, 그리고 신분제의 꼭대기를 차지한 왕실과 사대부의 탐욕과 위선이 문제였다.

실록은 잘못된 국가관과 실패한 국민교육, 그리고 극단적인 개인주의를
지적한다. 실록만이 이런 문제점을 지적한 것이 아니다. 임진왜란 당시 조
선의 대표적 지식인 중 한 명이었던 장현광張顯光은 당시의 잘못된 민심이
일본군이 나라 안 깊숙이 들어오게 된 원인이라고 했다.

그토록 충절을 높이 받드는 나라에서, 국난을 당하여 나라가 망하는 것
을 뼈저리게 생각하지 않고 싸움터에 나가는 것을 애처롭게 여겼다는 고백
을 어떻게 해석해야 할까. 문제는 바로 주자학적 가치관에 있었다.
임진년(1592, 선조 25) 때 장현광의 나이 서른아홉이었다. 젊은 나이에 이

미 성리학으로 이름이 높았던 그의 눈에 비친 당시 조선의 풍조는 충절과 거리가 멀었다. 장현광 본인부터가 그러했다. 곽재우, 정인홍이 의병 활동을 하던 성주, 가야산, 김천 등지를 피란 다니면서도 그는 의병에 참여하지 않았다. 그러면서도 도망만 다니는 자신의 행동을 부끄러워하지 않았고, 당시 어느 누구도 그런 그를 비판하지 않았다. 그는 '전쟁 초기 군장(국가)을 위해 죽음으로 충성을 다하려는 기풍이 없었다'고 반성했다. 이러한 기풍이 만들어진 것은, 주자학이 국가와 공동체에 대한 의무인 애국심이나 희생 등의 가치를 국가적 가치가 아닌 개인적 수양 문제로 돌려 버렸기 때문이다.

장현광은 곽재우가 창의倡義(의병을 일으킴)한 다음에야 비로소 적은 마땅히 쳐야 한다는 것을 알게 되었으며, 창의에 따라야 한다는 것을 알게 되었다고 고백한다. 실록 속 "풍속이 국가에 관계된 것이 이러하다"는 한탄은 바로 이러한 문제점을 지적한 것이다.

외적의 침략과 같은 국가적 위기를 만나면 도저히 생존할 수 없는 주자학이란 잘못된 패러다임 위에 세워진 국가와 공동체가 조선이었다. 일찍이 주자학은 송나라가 외적의 침략을 받아 위험에 처한 준엄한 상황에서도 도덕 · 성명性命의 공허한 이론에 몰두하여 나라와 백성의 안위를 돌보지 않았다는 비판을 받아 왔다.

20년 동안 도덕 · 성명의 설이 흥하여 서로 호응했다. …… 상호 혼돈시키고 상호 기만하면서 천하의 실재적인 일들을 전부 폐기하고 종래는 만사를 아랑곳하지 않았다.

— 《용천학안龍川學案》

그들은 참담한 전쟁을 겪으면서 이런 패러다임으로는 국가가 외적의 침략을 막고 존속할 수 없음을 깨달았다. 그러므로 나라를 바로 세우려면 조선을 떠받치는 뿌리인 성리학적 질서를 흔들어야 했다. 그러나 그것은 당시 조선의 정치체제를 근본에서부터 뒤흔드는 것이었다. 그들은 자신들의 모든 권력과 이권을 떠받쳐 주는 성리학적 패러다임을 허물어뜨리는 어떠한 개혁도 받아들일 생각이 없었다. 비록 나라가 망하는 일이 벌어진다고 하더라도 말이다.

그래서 임금을 비롯한 어느 누구도 전쟁의 원인을 솔직하게 논의하지 못했다. 결국, 전쟁의 원인은 책임 주체를 규명하기 어렵고 당시 지배층이라면 피해 갈 수 없었던 '당쟁黨爭'으로 낙착되었다. 당쟁은 모든 더럽고 부끄러운 것을 쓸어 담아 유기하는 편리한 오물통이었던 것이다.

당대의 이름난 학자로서《선조실록》의 수정을 맡았던 이식李植(1584~1647)은 여기서 한 발 더 나아가, 임진왜란을 '의를 지키다가 만난 난亂'으로 규정하기에 이른다.

역사는 일대一代의 전장典章이요 만세의 귀감으로서 천서天叙와 천질天秩의 의거하는 바요 민심과 사론士論에 관계된 것이니, 나라가 있어도 역사가 없으면 나라가 아니요 역사가 있어도 공정치 못하면 역사가 아닙니다. …… 우리나라의 문물이 구비되고 인재가 많았던 때는 선묘宣廟의 시대보다 더 성한 적이 없었습니다. 비록 의義를 지키다가 난을 만나 이미 높아졌던 것이 무너지긴 하였으나 천심天心의 향우享祐함을 입고 방역邦域이 다시 안정된 것은 모두 성인聖人의 깊은 우려가 계발한 바로서 사기事機를 변화시키고 체구締搆하여 효력을 발휘하는 등 모두가 후세에 전해야만 할 것들이었으니, 이 시대에 대해서는 역사에 상세히 기록되었어야 마

땅할 것입니다.　　　　– 《선조수정실록》 부록 〈선조실록의 수정을 청하는 대제학 이식의 소疏〉

역사가 공정치 못하면 역사가 아니고, 임진왜란은 의를 지키려다 만난 전쟁이라는 것이다. 이로써 전쟁의 원인을 돌아보는 논의는 정의라는 이름으로 논쟁 자체가 금지되면서 공식적으로 차단되었다. 그러나 감춰진 진실은 때가 되면 세상에 모습을 드러내는 법이다.

오늘날 동아시아의 모습은 임진왜란 당시의 모습과 조금도 다르지 않다. 그때의 아픈 역사를 그냥 과거로 흘려 버려선 안 된다. 그러려면 그 진실을 직시해야 한다. 비록 아프고 부끄럽더라도.

1장
전쟁을 불러들이는 조선

남해안에 나타난 이상한 적선

1586년(선조 19) 6월, 일본의 전선 한 척이 남해안을 침범했다. 조선 수군이 접전을 벌였지만 놓쳤다는 전라우수사右水使의 보고가 올라왔다. 그런데 뭔가 이상했다. 그들의 모습과 행태가 지난날 왜구의 그것과는 달랐다. 그들은 바다에 떠 있다가 조선 수군과 치열한 교전을 벌인 뒤 약탈도 하지 않고 물러갔다. 선조는 일본의 계략을 헤아릴 수 없으니, 방비하는 모든 일을 날로 새롭게 하여 변고에 대비하라고 했다.

몇 달 후인 선조 20년 2월, 이번에는 18척이나 되는 일본 전선이 전라도 고흥 지방을 침범했다. 왜선 한 척당 70명의 병사가 승선했다고 하면 도합 1천 명이 넘는 병력이 동원된 것이었다. 조선 수군과 일본군 사이에 몇 번의 접전이 벌어져, 여천군 손죽도에서 척후 활동을 하던 녹도鹿島 권관權管 이대원李大源이 전사했다. 이튿날, 전라좌수사左水使 심암沈巖이 일본 전선이 완도 가리포에 침입하여 복병해 둔 우리 병선 네 척을 빼앗아 갔다고 보고했다. 그러나 침범한 왜적의 규모가 구체적으로 얼마인지, 그들이 왜 조선

해역에 와서 싸움을 걸었는지는 짐작조차 하지 못했다. 이 싸움에서 조선 군은 많은 병사를 잃었지만 왜적의 머리 하나 베지 못한 채 일방적으로 참 패했다.

그런데 이상했다. 일방적으로 싸움에 승리한 왜적이 이번에도 별다른 피해를 입히지 않은 채 유유히 사라진 것이다. 조선 조정은 오히려 이것이 더 불안했다. 일본의 속셈을 알 수가 없었다. 선조는 전교했다.

일본은 왜, 무슨 목적으로 많은 전선을 동원하여 조선을 침범했을까? 대 규모 전선이 해안선이 복잡한 조선의 남해안 지역까지 침범해 와서 대담한 전투를 벌인다는 것은 지형과 물길은 물론이고, 치밀한 준비 없이는 불가 능한 위험한 일이었다.

더구나 그들은 조선 수군을 피하는 것이 아니라 오히려 싸움을 즐기듯이 공세적으로 조선 수군을 공격하고, 조선군이 몰래 복병해 놓은 가리포 기 지를 기습하여 전투함을 네 척이나 빼앗아 달아났다. 그야말로 치밀하게 정찰하고 계획한 군사작전이었다.

분명 예사로운 일이 아니었다. 그런데도 일선 장수들의 보고는 핵심을 벗어났고, 조정 신하들은 이를 대수롭지 않게 여겼다.

그런데 여러 날을 지체하면서 진격도 후퇴도 않기 때문에 그 실정을 가늠하지 못할 듯하지만 어찌 심원深遠하여 알기 어려운 계책이야 있겠습니까.

안보 상황을 분석하는 선조의 질문이 신하들의 대답보다 훨씬 더 날카롭다. 선조는 전방에서 올라온 보고서만 보고도 그들이 단순한 해적이 아니라 일본의 정규군이 아닌가 의심했다.

"무릇 적병의 많고 적은 것은 따질 것이 없다. 오직 용병의 기율紀律과 기예 및 용맹성을 가장 먼저 알아야 된다. 좌수사 심암은 이미 적과 전투를 벌였는데도 적이 용병하는 형편과 깃발·금고金鼓 등의 일을 모두 갖추어 진술하지 않았으니, 그 미욱함을 알겠다. 감사監使와 병사兵使도 어찌 들은 것이 없었겠는가. 역시 아뢰지 않았으니 아주 온당치 못하다. 승지는 들은 바가 없는가? 아뢰도록 하라." 하니, 회계하기를,

"계본啓本을 가지고 온 사람에게 신들이 유의해서 물어보았으나 모두들 모른다고 대답하였습니다. 이것 이외에 들은 것이 없습니다." 하였다.

이것이 당시 조선의 국방을 책임지고 있던 장수들의 수준이었다. 개국 당시와 달리 100년 가까운 세월 동안 철저하게 무武를 무시해 온 결과였다. 그리고 선조의 우려대로 이때 일본은 거짓 도발로 조선 수군의 훈련 수준과 전투력, 전선戰船과 전투 장비, 경계 태세 등을 살피는 전투 정찰을 하고 돌아갔다. 여기에는 대륙 침략이라는 도요토미의 허황된 꿈이 도사리고

있었다.

일본을 통일한 도요토미는 오랜 내전을 거치며 강력해진 영주들의 무력을 해외로 돌려서 통일 체제를 견고히 다지려고 했다. 마침 명나라가 쇠퇴하면서 여진과 몽고를 비롯한 북방 민족이 중원을 노리고 있었다. 이 중원을 둘러싼 싸움에 도요토미도 가세하려 한 것이다. 그러나 일본이 대륙으로 가려면 지정학적인 위치상 조선부터 점령해야 했다.

조선을 그대로 둔 채 중원으로 진출했다가 조선이 서해를 차단해 버리면 대륙에 진출한 일본군은 자칫 독 안에 든 쥐 꼴이 되기 십상이었다. 일본은 어떻게 해서든지 조선을 자기편으로 끌어들여야 했다. 도요토미 눈에 조선은 보잘것없는 군사력을 가진 일본 국내의 큰 영주가 다스리는 나라와 본질적으로 다름이 없는 평범한 이웃 나라에 불과했다. 그러므로 마음만 먹으면 일본 국내의 통일 과정에서 써먹던 수법인 압도적인 무력으로 단번에 조선을 병합하거나, 아니면 조선 국왕을 위협해서 전쟁을 하지 않고 항복을 받아 중국으로 가는 길을 열 수 있을 것이라고 생각했다. 설사 전쟁이 벌어지더라도 한 두 번의 접전이면 승부가 정해질 것이라 생각했다. 그러나 이는 터무니없는 망상이었다.

조선은 일본과는 전혀 다른 역사와 전통을 가진 나라였다. 조선인의 사고와 가치는 일본인의 그것과는 전혀 달랐고, 따라서 전쟁과 정치도 전혀 다를 것이란 기본적인 생각조차 하지 못한 것이다. 이렇게 일본은 조선에 대한 기본적인 사실조차 인지하지 못한 채 감히 동아시아의 질서를 주도하겠다는 허황된 전략을 세우고 있었다.

한 마디로, 당시의 일본은 동아시아를 깊이 있게 이해할 수 있는 수준이 아니었다. 서양과의 교류를 통해 경제적·군사적으로는 상당한 성과를 거두었으나, 그들에게는 동아시아 전체를 조망할 만한 문화적·지적 능력이 없었다. 그들은 당시 불같이 일어나던 만주의 신흥 세력 누르하치의 여진에 대해 아는 바가 없었으며, 북방에 웅크린 몽고와 당시 아시아 세계를 주도하던 명의 정치와 군사전략도 깊이 있게 탐구하지 않았다. 그러면서 동아시아 질서를 주도하겠다는 주제 넘는 야망을 키워 갔다.

반면에 조선은 철저히 중국 중심의 세계관 안에서 이웃 나라 일본에 대해 터무니없는 우월감을 갖고 있었다. 무엇보다 일본은 춘추대의와 성리학을 모르는 나라라고 무시했다. 그런 나라가 감히 초강대국인 명의 황제를 거역하고, 황제의 각별한 보살핌을 받는 조선을 넘보리라고는 상상조차 하지 못했다. 실제로 조선 중종 때 성리학자 김안국金安國은 "조선은 기자의 가르침과 중화의 풍속을 계승한 예의지국"이라면서, "다른 번국藩國(오랑캐 나라)은 바랄 수도 없는 명의 정통 제후국"이라고 천명했다. 이런 사람들이 중국 중심의 세계에서 벗어나 서양에서 밀려오는 새로운 세상에 눈떠 가는 일본의 변화를 이해한다는 것은 애초부터 불가능한 일이었다.

더구나 당시의 명나라는 모범적인 조공국인 조선에도 경계를 늦추지 않았다. 명은 정례의 조공 사절단에 대해서도 중국 민간인과의 교류 및 접촉, 심지어 서적 구입까지 제한하는 등 폐쇄적인 통제 정책을 시행했다. 사절단이 외출할 때에는 명나라 정보기관의 미행이 따라붙었고, 중국인과 접촉하려면 첩보전을 방불케 하는 사전 준비를 해야 했다.

이전 상황에서 조선은 지적·문화적으로 고립되어 갔고, 외교·국방에서 점점 자주성을 잃어 갔다. 더 나아가, 천하대의에 의해 천명이 황제에 있으니 조선도 황제의 신하를 자처하며 초강대국 중국의 안보우산에 무임승차하고는 스스로 국가를 지키려는 생각을 버렸다.

양국의 이처럼 판이한 시각과 인식 차이는 이후 조선과 일본의 외교 교섭에도 영향을 미쳐, 공허한 외교적 수사와 해프닝이 이어졌다. 따라서 조선은 일본이 보내는 불길한 신호를 전혀 알아챌 수 없었다. 그러므로 조선 조정과 지식인은 일본의 대담하고 도발적인 신호를 그냥 흘려 넘겼다.

신국神國 일본의 환상

도요토미의 전국戰國 통일은 일본에 획기적인 변화와 발전을 가져왔다. 그전의 일본은 중앙정권이라야 그 지배력이 취약하여, 오다가 무너뜨린 무로마치 막부의 아시카가〔足利〕 쇼군의 경우 오우치씨〔大內氏〕 등 8개 호족 세력과 동등하게 '전殿'으로 불렸다. 다만, 국왕에 전을 더 하여 '국왕전國王殿'이라 칭해진 점이 달랐을 뿐이었다.

그러나 통일 후 전국적으로 화폐가 유통되고, 치안과 교통망이 정비되면서 상공업이 활발해졌다. 도요토미는 전투금지령을 내려 다이묘(봉건영주) 간의 군사행동을 억제하고, 해적질을 업으로 삼던 왜구를 통일 정권의 수군으로 편입시켰다. 그리고 다이묘의 성곽을 산지에서 평지로 내려오게 하여 성을 방어용에서 거주용으로 바꾸어 나갔다. 또 에도, 오사카, 교토, 나가사키 등 주요 도시를 직할령으로 만들어 경제적 지배력을 확대했다. 또한 전국의 금은 광산을 개발하고, 이를 자본으로 해외무역에 투자하여 많은 이윤을 거두어들였다. 이렇게 하여 분산되어 있던 지방 통치 세력들이 일본 역사상 처음으로 하나의 봉건 질서로 통합되어 갔다.

1585년(선조 18), 도요토미는 천황에게 일본 전국을 다스릴 지배권을 양도받았다며 센고쿠 다이묘〔戰國大名〕들 간의 전쟁을 금지하는 '총무사령惣無

事令'을 실시, 일반 백성부터 대명에 이르기까지 모든 계층의 전투와 사적인 전쟁을 금지시켰다. 이를 '도요토미 평화령(豊臣平和令)'이라고도 한다.

그리고 전국적으로 '검지檢地'를 실시하여 토지 면적 단위를 통일하고, 촌락 단위로 경작지와 가옥을 측량하고, 생산량으로 등급을 정하여 연공年功과 노역을 분담시켰다. 이로써 이전의 복잡한 토지 소유 관계가 정리되어 효율적인 농민 지배와 조세 확보가 이루어졌다.

이렇게 국가를 정비하자, 도요토미는 엉뚱한 생각을 하게 된다. 그는 곧바로 조선과 중국으로 눈을 돌렸다. 빈손으로 일어나 일본을 한 손에 틀어쥔 그였다. 한바탕 큰 꿈을 꾸어 보는 것도 나쁘지 않을 것 같았다. 바야흐로 대항해의 시대였다. 서양의 문물이 멀고 먼 바다를 건너 일본으로 밀려오고 있었다. 도요토미는 일찍부터 그런 흐름에 눈뜨고 기회를 살폈다. 스페인의 돼지치기 소년이었던 피사로가 단 몇 백 명의 병사로 남미의 잉카 제국을 전투 한번 치르지 않고 점령했다고 하지 않는가.

서양 문물과 기독교에서 아이디어를 얻은 도요토미는 선조 20년 6월 19일, 일본을 '신국神國'이라고 선언했다. 중국 중심의 '화이華夷'(중국 민족과 그 주변의 오랑캐란 뜻의 중국 중심의 선민의식)와 구별되는 일본 중심의 화이의식이었다. 일본의 새로운 국가 패러다임의 등장이었다.

여기에 그의 공명심을 부추기는 또 다른 세력이 있었으니, 바로 상인들이었다. 도요토미가 일본을 통일하는 데 많은 도움을 준 오사카와 서일본의 상인들은 중국, 일본과 서양을 아우르는 삼각무역에 참여하여 막대한 이익을 챙기고 있었다. 삼각무역의 주역은 왜구와 포르투갈인이었다. 명이 해금海禁정책으로 해상 무역을 금했기 때문에, 일본은 10년에 한 번 있는 조공무역 이외에는 밀무역에 의존할 수밖에 없었다. 그런데 밀무역에는 항상 위험이 뒤따랐고, 이에 종사하는 일본 상인들은 대집단을 결성하여 무장하는 경우가 일반적이었다. 이들이 소위 16세기의 '후기 왜구'이다. 이 시기에 동양에 진출한 포르투갈 상인들도 명나라가 무역을 허락하지 않았기 때문에 왜구에 합류했다.

이러한 밀무역의 중심지는 중국 동남부 동중국해 연안에 있는 절강성과 복건성이었다. 명종 10년인 1555년 왜구는 80여 일간 절강과 안휘를 휩쓸고, 남경과 강소성을 공격하여 무려 4,000여 명의 중국인을 살해했다. 고심하던 명나라 조정은 무로마치 막부와 유력 다이묘에게 왜구 진압을 요구하는 한편, 장군 척계광戚繼光을 보내어 왜구를 토벌하게 했다. 이때 척계광의 눈부신 활약으로 왜구의 활동이 잦아들자, 명은 해금령을 완화하여 비로소 일본이 교역에 참여할 수 있는 길이 열렸다. 이 과정에서 왜구 토벌에 협력한 포르투갈은 1557년(명종 12) 명 조정으로부터 마카오 거주권을 인정받게 되었고, 이후 포르투갈은 명과 일본을 중심으로 하는 동아시아 무역의 주도권을 장악한다.

당시 무역의 특징은 중계무역이었다. 포르투갈 무역선은 계절풍을 타고 고아(현새 인도 영토)—마카오—일본—마카오—고아 루트를 3년에 걸쳐 왕래했다. 마카오에서는 남동 계절풍을 이용해 6월이나 7월에 20일 정도의 항해로 일본에 도착하고, 10월이나 11월부터 이듬해 2월경까지 북서 계절풍을 이용하여 마카오로 갔다. 상인들은 명의 생사와 견직물을 일본에 가져와 팔고, 일본의 은·도검·해산물·칠기 등을 중국에 가져가 거액의 이익을 챙겼다. 포르투갈은 총과 화약·피혁을 일본에 가져와 일본의 센고쿠 다이묘에게 넘겨 이익을 챙겼고, 그렇게 생긴 이익을 은으로 바꾸어 인도에서 향신료를 사다가 유럽에 팔았다. 이렇게 하여 아시아에는 거대한 시장이 형성되었다. 이 시장의 이권을 두고 도요토미의 통일전쟁을 도운 서일본 상인들이 침략전쟁을 부추겼다.

여기에 서양인들이 조총과 함께 일본에 전파한 기독교는 중국 중심의 세계관을 흔들었다. 선교사의 포교 활동으로 당시 일본의 기독교 신자는 15만 명에 이르렀다. 이러한 세계관의 변화는 일본으로 하여금 중국을 세계의 절대강자가 아닌 대적해 볼 만한 상대로 보게 만들었다.

전쟁광 도요토미

무엇보다 도요토미에게는 100년간의 전쟁으로 다져진 상무尚武 전통과 수십만의 잘 훈련된 군대가 있었다. 여기에 조총의 도입과 전쟁술의 발전에 자부심이 컸던 그에게는 명도 이미 도전이 불가능한 초강대국이 아니었다. 도요토미는 명을 "장삼을 입은 문관 중심의 유약한 나라"로 평했다.

주변국의 상황보다 도요토미를 더 초조하게 한 것은 국내 정치의 불안이었다. 사실 도요토미의 일본 통일은 불완전했다. 이 시기 도요토미 정권은 통일국가를 지향하는 중앙정권임은 분명했으나, 다이묘 세력들을 일시적으로 결합시켜 놓은 일종의 연합정권 수준이었다. 즉, 도요토미 정권은 다른 다이묘들보다 상대적으로 우월한 영지와 군사력을 확보하긴 했으나, 그 힘이 압도적이지는 않았다.

도요토미는 전쟁의 승리가 아닌 외교적인 방식에 의존해 일본을 통일했다. 그는 먼저 회유와 설득으로 최대한 많은 수의 다이묘를 끌어들여 큰 세력을 만들어 냈다. 그리고 반대하던 다이묘가 복종의 의사를 밝히면, 항복한 다이묘에게 영국領國 지배를 인정해 줘서 세력을 더욱 크게 불려 나가는 방식이었다. 그러나 지방 다이묘들의 군사력을 그대로 안고 가는 식이어서 이해관계가 엇갈리면 언제라도 중앙을 위협할 수 있었다. 도요토미는 이 사실을 잘 알았다.

도요토미로서는 잔뜩 팽창해 있는 지방 봉건영주들의 무력을 외부로 돌려야만 했다. 끊임없이 외부와의 긴장 관계를 유지해야만 취약한 국내 지배권을 확고히 하고 자신의 후계자에게 권력을 물려줄 수 있었다. 그의 나이 이미 56세, 시간이 별로 없었다. 그래서 그가 선택한 것이 외부와의 전쟁이었다. 전쟁은 영주들에게 나누어 줄 영토와 통일 이후 할 일이 없어진 무사계급의 불만 등 국내 통치에 필요한 정치적 문제를 한꺼번에 해결해 주는 묘안이었다. 대규모 원정으로 정권에 걸림돌이 되는 다이묘들의 세력을 약화시키는 한편, 전쟁으로 획득한 영토는 적절히 분배하고 세를 넓히는 기반으로 삼는다면 이보다 좋은 방안은 없었다.

실제로 도요토미가 규슈를 복속하고 승리에 도취해 대륙을 침략하겠다고 선언하자, 부하들은 함성을 지르고 환호했다. 전국시대 일본에서는 힘이 있으면 상대를 쳐서 빼앗는 것을 당연하게 여겼다. 실사 바다를 건너가 전쟁에서 패한다 하더라도, 당시의 명이나 조선의 국력을 감안할 때 그들이 지난날 원나라처럼 일본으로 쳐들어올 수 있을 것 같지 않았다. 따라서 도요토미로서는 져도 별로 손해 볼 것 없고 이기면 좋은 전쟁이었다.

도요토미는 관백關白 취임 직후인 선조 18년(1585) 9월, 부하인 히토츠야나기 이치스케〔一柳市介〕에게 보낸 편지에서 조선 침략의 의중을 밝힌다. 그리고 이듬해 3월, 오사카 성을 방문한 예수회 선교사 가스파르 코에류에게 조선과 중국 정복 의도를 전했다. 도요토미가 다이묘에게 중국과 조선 정벌 의사를 처음 밝힌 것은, 시코쿠를 정벌하기 전인 선조 19년(1586) 4월 모리 데루모토〔毛利輝元〕에게 보낸 편지에서이다. 이후 그는 기회가 있을 때마다 조선과 명 침략을 입에 올렸다.

이때부터 도요토미는 서서히 중국과 조선에 관한 정보를 수집하기 시작했다. 구체적인 정보가 들어오면서 그는 자신의 꿈이 결코 허황된 것이 아니라고 생각했다. 조선으로 파견한 정보원들이 보내 온 보고 내용은 기가 막혔다. 조선에는 군대가 아예 없다는 것이었다. 더구나 조정에 대한 민심 이반이 심각하다고 했다. 수시로 발생하는 수해와 가뭄에 백성들은 수없이 굶어 죽고, 전염병에 한 고을 사람이 모조리 죽어 가도 조정은 손을 놓고 있다는 것이었다. 더욱 놀라운 것은, 조선 인구의 절반에 해당하는 사람들이 노비라는 것이었다. 그들은 짐승보다도 못한 대접을 받는다고 했다.

제 나라 백성을 이렇게 학대하는 나라가 어찌 존속할 수 있겠는가. 도요토미는 누구라도 건들기만 하면 조선은 저절로 무너져 내릴 형국이라고 판단했다. 이런 조선을 정복한 후 조선과 일본의 힘을 합한다면 중국을 정벌하지 못할 것도 없을 것 같았다.

더구나 일본은 일찍이 '영파寧波의 난'과, 절강성·복건성·안휘성을 공격하여 중국 남부의 광범위한 지역을 점령하고 명나라 군사와 싸워 이긴 경험이 있었다. 그들은 이미 노쇠한 모습을 보이는 명나라의 군사력을 두려워할 것이 없다고 판단했다. 도요토미는 1년 안에 명을 굴복시킬 수 있으며, '대나무를 쪼개듯' 자신의 칼이 명을 벨 것이라고 호언장담했다.

그러나 도요토미가 조선을 침략하려면 일본의 각 지역을 지배하는 봉건 영주들에게 전쟁에 대한 전폭적인 동의와 지지를 얻어 내야만 했다. 그들의 동의 없이는 전쟁에 필요한 물자와 병력을 동원할 수 없기 때문이다. 동의 없이 무리하게 병력을 동원했다간 다시 내란이 일어날 수도 있었다. 도요토미의 정치력이 절실히 필요한 순간이었다.

조선을 침략하기만 하면 비싼 대가를 지불하지 않고도 엄청난 이익을 얻을 수 있음을 증명하는 것이 설득의 요지였다. 이를 위해 도요토미가 선택한 방법은 조선의 무능과 허약함을 영주들에게 증명해 보이는 것이었다. 일본이 침략하기만 하면 조선은 저절로 무너질 것이다. 다양한 정보와 조사 결과 및 시험적인 도발에 대한 조선의 반응 등 온갖 판단 근거들을 제시해야 했다. 이 기획에 따라 도요토미는 조선을 시험하기 시작한다.

어찌 왜적이 올 리가 있겠는가

사실 수상한 적선이 남해만에 나타나기 전까지 조선의 걱정은 북쪽 여진의 움직임이었다. 북쪽의 변경은 1583년(선조 16) 이후 끊임없이 조선을 괴롭히고 좌절하게 만들었다. 선조는 북진을 보전할 자신이 없었다.

(북진에서) 호인胡人은 편안하게 살고 있는데 우리나라 군민은 보존하지 못하며 자식을 낳아 돌무더기 속에 버리는 자까지 있다고 하니, 아무리 한신 · 백기 같은 자를 보내 지키게 한들 어찌 지탱하겠는가. 저들 중에 혹 지모 있는 자가 나온다면 마운령 이북은 장차 저들의 소유가 될 것이다. – 《선조실록》 21년 11월 8일

그러나 조선이 걱정하던 북방의 소란은 여진 내부에서 누르하치의 지도력이 확고해지면서 저절로 진정되었다. 선조 22년 누르하치는 마침내 건

주여진 부족 전체를 통일하고 큰 세력으로 성장했다. 평안도 병사가 건주위建州衛(명이 남만주 길림 부근에 여진족을 다스리려고 설치한 군영)의 오랑캐 상황을 보고하고 변방 대책을 세우자고 아뢴다.

평안병사의 서장에,

"만포진의 보고에 의하면…… '좌위 추장左衛酋長 노을가치老乙可赤 형제가 건주위의 추장 이이난李以難 등을 휘하로 만든 뒤에 노을가치는 스스로 왕이라 칭하고…… 군호群胡를 협제脅制(제어)하여 그 명령에 복종하는 자는 술을 주고 명령을 어기는 자는 머리를 베면서 장차 중국을 상대로 보복할 계획을 세우고 있다.' 하였는데……."

— 《선조실록》 22년 7월 12일

여진은 더 이상 북방의 야만족이 아니었다. 누르하치의 눈은 이미 아시아의 심장부, 드넓은 중원을 노리고 있었다. 그러려면 결정적인 때가 올 때까지 대제국을 건설했던 몽고와 연합하면서, 중국과 조선에는 그들의 힘을 철저하게 숨길 필요가 있었다. 이렇게 힘을 키운 여진이 주변을 정비하면서 조선의 북방은 겉으로 안정되어 갔다. 그러나 이 짧은 평화가 나중에 청나라 태조가 되는 누르하치의 여진 통일과 동아시아 전체를 아우르는 대제국 건설을 위한 전략임을 조선은 전혀 모르고 있었다. 오히려 당시 북방의 군진을 관리하던 부패하고 무능한 조선의 장수들은 여진을 오랑캐라 멸시하며 원칙도 없이 여진을 압박하거나, 불법적 거래로 재물을 모으는 데 온통 관심을 쏟았다.

이렇게 북방의 변경이 조용해지자, 이번에는 남쪽 해안이 소란해진 것이다. 그러나 조선 조정과 지식인, 백성은 일본이 조선을 침략해 오리라고는 꿈에도 생각하지 못했다. 당시 명은 동아시아 세계의 유일한 초강대국으로 인식되었다. 그러한 명나라에 안보를 의존하는 한 조선은 안전하다고 굳게 믿고 있었던 것이다. 조선의 지배 세력은 조선이 중국 황제를 받드는 한, 명이 조선을 지켜 줄 것이라고 믿었다. 그들로서는 상비군을 유지하는 데 드는 비용을 절약할 수 있어서 좋았다. 이러한 '공짜안보' 의식 속에서 조선은 태평했다.

그러므로 일본의 위협을 눈앞에 보면서도 조정과 지식인들은 일본을 걱정하지 않았다. 초강대국 명이 지켜 주는데 왜 조선이 왜놈들을 걱정해야 한단 말인가. 나중에 전쟁이 임박한 것을 알고 옥천에 있던 조헌이 평안 감사로 있는 친구 권징權徵에게 아들을 보내어 왜적에 대비하라고 권했는데, 권징은 그 글을 보고 크게 웃으면서 말하기를

이것이 당시 조선 관료와 대다수 지식인들의 수준이었다. 더구나 권징은 병사兵事에 밝아 당시에 병조판서로 이름이 오르내린 사람이었다. 그런 사람의 식견이 이 정도였다. 당시 군사에 밝아 무관이면서도 공조판서 겸 도총관에까지 오른 변협邊協이 경연에 참석하여 선조와 나눈 대화를 보자.

상이 이르기를,
"수만 명이 쳐들어올 기세는 보이지 않던가?"
하니, 변협이 아뢰기를,

"왜선倭船은 그다지 크지 아니하여 중국 배에 미치지 못하므로 한 척에 1백 명밖에 실을 수 없습니다. 1백 척이면 1만 명이니 1만 명밖에는 더 나오기가 어려울 듯합니다."

하였다. 상이 이르기를,

"혹시 변지邊地를 할거割據한 뒤에 계속해서 계원전繼援戰(계속적으로 구원군을 보내어 점령지를 장기적으로 확보하는 전략)을 펼 리는 없겠는가?"

하니, 변협이 아뢰기를,

"주객主客이 같지 않으니 그러할 수는 없을 것입니다."

하였다.

– 《선조실록》 22년 8월 1일

조선을 시험하는 일본

일본의 노골적인 무력시위에 조선은 아무런 반응을 보이지 않았다. 전쟁으로 평생을 살아온 도요토미로서는 도저히 이해할 수 없는 반응이었다. 오랜 전쟁 경험으로 보면, 이웃 나라가 무력 도발을 하면 즉각 전쟁 준비에 착수하거나, 도발 당사국에 사신을 보내든가 해서 진의를 파악하는 게 순서이다. 그 다음에 전쟁이냐 협상이냐 양단간 결론을 내린다.

조선의 무반응은 오히려 도요토미를 당황하게 했다. 겉보기엔 분명 조선은 아무런 대책이 없어 보였다. 그런데 저렇게 태평한 것은 믿는 구석이 있어서일 것이다. 도요토미는 곧바로 사신을 보내어 제2단계 시험에 들어갔다.

남해안에서 왜적이 스스로 물러난 지 몇 달 지나지 않은 그해 9월, 조선으로 오는 일본 사신이 대마도에 도착했다는 대마도주對馬島主의 서계書契가 당도했다. 그러나 문서에는 몇 달 전 남해안 침략에 대한 어떠한 사과나 언급도 없었다. 그러면서 일본국은 국왕을 폐하고 새 임금을 세웠다고 했다. 선조는 불안했다. 무력으로 조선을 침범했던 일본이 왜 사신을 보내어 수호修好를 요청하는 것일까.

선조는 일본국은 국왕을 폐하고 새 임금을 세웠으니 바로 찬역의 나라이므로 그들이 보내는 사신을 접대할 수가 없다며, 타일러 돌려보내야 한다고 말한다. 그러자 신료들은 "미개한 나라이기 때문에 예의로써 나무랄 수는 없다. 사신이 올 경우엔 의례대로 접대하는 것이 마땅하다"고 하였다.

결국 조선 조정은 일본 사신을 받아들이기로 한다. 그런데 일본이 보낸 사신을 본 조선 조정은 깜짝 놀랐다. 지난날 조선을 자주 드나들던 대마도 도선주都船主(선장) 귤강광橘康廣(다치바나 야스히로)이란 자가 아닌가. 예절은커녕 문자도 모르는 일개 무부武夫였다. 그것도 그 신분이나 인품에 대해서 조선도 이미 알고 있던 자를 시치미를 떼고 모른 체 사신이랍시고 보내는 일본의 의도를 조선 조정은 도무지 이해할 수가 없었다.

드디어 귤강광을 보내어 통신通信을 구청求請하였는데, 서신의 사연이 매우 거만하여 '천하가 짐朕의 손아귀에 돌아왔다.'는 말이 있었다. 그리고 귤강광도 사납고 거만하여 우리나라 사람을 대하여 말할 적에는 문득 조롱하고 비난하였다. 이때 교리 유근柳根이 선위사宣慰使였고 예조판서가 압연관押宴官이었다. 귤강광이 고의로 연회석상에서 호초胡椒를 흩어 놓으니 기공伎工이 앞을 다투어 그것을 줍고 전혀 질서라고는 없었다. 귤강광이 객관에 돌아와 역관에게 말하기를, "이 나라의 기강이 이미 허물어졌으니 거의 망하게 되었다." 하였다. － 《선조수정실록》 20년 9월 1일

굴강광이 그렇게 거침없고 예에 어긋난 것은 본국에서 그렇게 지침을 받았기 때문일 것이다. 그러나 조선 조정은 그의 무례함과, 무엇보다 한 나라를 대표하는 사신으로는 격이 맞지 않는 그의 신분에 어떠한 항의도 제기하지 않았다. 보다 못한 선조가 나서서 그런 자를 사신으로 보낸 일본의 의도를 묻는다.

"그들 나라에 문자를 해득한 중僧이 없지 않으니 중을 보내 수호修好를 청하는 것이 좋을 터인데 꼭 무부를 보낸 데는 혹 우리나라의 사신을 청하다가 우리가 허락하지 않으면 이를 핑계로 작적作賊하려는 계획을 세우자는 것인지도 모를 일이다. 이 말이 어떠한가."

이 물음에 당시 병조참지兵曹參知 황섬黃暹은 이렇게 대답한다.

"우리에게 실수가 없으면 그만입니다. 어찌 저 왜로倭虜의 사정까지 알 것이 있겠습니까. 지금 온 사신을 관찰하건대 원대한 계략은 없는 듯하니, 그저 찾아온 자는 거절하지 않는다는 의리로써 대우할 뿐입니다." —《선조실록》 21년 1월 3일

황섬은 임금의 질문을 이해했던 것일까. 이 말 속에는 초강대국 중국에 대한 절대적인 신뢰와 일본에 대한 터무니없는 우월감이, 그리고 세상물정을 모르는 무식함이 자리 잡고 있었다.

문제는 조선인도 잘 알고 있는 천하고 무식한 자가 사신이랍시고 와서 벌이는 방자한 행태에도, 조선 조정은 사신의 목을 베지도 못하고 어찌할 바를 몰라 쩔쩔매며 우와좌왕했다는 점이다. 일본은 이런 자를 조선에 보

내어 조선 조정을 모욕하고, 이에 대한 조선의 반응을 은밀하게 살피고 있었다. 선조는 그런 일본의 의도를 짐작한 것일까.

일본은 방자한 사신의 목을 베지 못한 조선을 보며, 조선이 속으로는 일본을 두려워하고 있다고 해석했을 것이다. 일본으로 돌아간 사신 귤강광은 곧바로 살해되었다. 일본으로서는 처음부터 조선이 그를 죽일 것으로 생각했을 것이다.

일본 정보조직의 서울 상주

귤강광이 한 차례 조선 조정을 흔들고 간 다음, 채 1년이 지나지 않아서 교토에서 내려온 중(僧) 현소玄蘇(겐소)가 또다시 일본 사신으로 조선에 들어왔다. 현소와 평의지平義智(히라요시)는 1차 사신단보다 훨씬 유능한 정보 수집력과 분석력을 갖춘 자들이었다. 이제 조선에 본격적인 염탐 팀이 꾸려졌다고나 할까.

– 《연려실기술》

임진왜란이 일어나기 3년 전의 일이다. 그들의 표면적 방문 목적도 일본으로 조선통신사를 보내 달라는 것이었다.

제2차 일본 사신단 속에는 작은 영국領國이기는 해도 대마도 영주 종의지가 신분을 속인 채 부사로 포함되어 있었다. 이때 종의지가 조선에 온 것은, 도요토미가 그에게 '조선으로 직접 가서 조선 국왕을 입조入朝'하게 하라는 명을 내렸기 때문이라고 했다.

조선과 왕래가 잦았던 대마도주 종의지는 이러한 도요토미의 명령이 터무니없음을 잘 알았다. 그렇다고 도요토미의 명을 거역할 수도 없어, 어쩔 수 없어 거짓으로 통신사의 파견을 요청했다고 한다.

그러나 정밀하고 광범위한 정보 수집력과 탁월한 통찰력, 온갖 속임수와 협박으로 전국시대 일본을 통일한 도요토미가 이제 갓 스물을 넘긴 풋내기 대마도주 종의지의 어설픈 속임수에 넘어갔다는 주장은 허술하다.

종의지 역시 도요토미가 자신에게 무엇을 바라는지를 잘 알고 있었을 것이다. 바보가 아닌 다음에야 5천 년의 역사와 3천 리 강토, 7백만의 인구를 가진 조선이 일개 군 정도의 면적도 안 되는 대마도 영주의 입으로 전해진 도요토미의 말 한 마디에 항복하리라고 생각하지는 않았을 것이다. 종의지가 이해한 도요토미의 속내는, 조선을 시험하고 협박해서 전쟁의 명분을 쌓고, 각자 군대를 거느리고 있는 영주들의 생각을 통일시키고, 더 나아가 세밀하게 정보를 수집하여 다가올 전쟁에 대비하라는 것이었다.

사실 종의지로서는 도요토미의 전쟁 계획에 엄청난 위기감을 느꼈을 것이다. 만일 일본이 전쟁을 일으켜서 이기지 못하고, 대마도가 일본군의 선봉에 서서 싸우다가 조선과 철천지원수가 된다면 대마도의 운명은 어떻게 될 것인가. 대마도는 부산에서 불과 49.5킬로미터, 일본 규슈에서는 132킬로미터 떨어져 있는 섬이다. 거리상 일본보다 조선에 훨씬 가깝고, 땅이 척박하여 경제적으로는 조선과의 교역에 크게 의존했다. 이런 작은 섬이 전쟁에 휘말리면, 지난날 원나라의 일본 정벌이나 조선 세종 때의 대마도 정벌 때처럼 엄청난 피해를 불러오지 않으리란 보장이 없었다.

도요토미의 지시이든 본인의 판단이든지 간에, 대마도 영주 종의지는 조선의 상황을 직접 자신의 눈으로 확인하고, 가능하다면 일본과 조선을 중재하고 싶었을 것이다. 그는 1년이라는 시간을 조선에서 보냈다. 조선에 일본의 강대함을 알리고, 조선과 일본이 협상을 하게 된다면 대마도로서는 최상의 외교적 성공이 될 것이었다. 이런 이유로 종의지는 조선에도 적절한 정보를 제공하면서, 도요토미에게도 정보를 제공하는 이중적 태도를 보인다. 그러나 조선과 일본의 시각은 너무나 달랐다. 협상은 고사하고 제대로 된 소통조차 불가능한 상황이었다. 전쟁은 피할 수 없어 보였을 것이다.

130년간 잊고 지내 온 나라

조선은 일본에 대한 아무런 정보가 없었다. 정보가 없으니 일본의 의도를 알 수가 없었고, 일본의 의도를 모르고 있으니 대책이 나올 리가 없었다. 일본은 무슨 이유인지는 몰라도 '사신을 파견해 달라'고 떼를 쓰다시피 했고, 조선은 대답을 피하면서 지난날 손죽도의 침략을 안내한 조선인 반역자를 송환하면 사신을 보내겠다는 빙계로 통신사 파견을 미루었다.

사실 상대에 대한 정보가 절실한 쪽은 조선이었다. 그러므로 일본에 대한 정보를 얻기 위해서라도 먼저 통신사 파견을 받아 달라고 요청해야 할 판국에, 도리어 일본이 조선통신사의 파견을 간청하는 기묘한 상황이었다.

조선 외교의 기본 원칙은 사대교린事大交隣이었다. 큰 나라(명)는 받들어 섬기고, 이웃 나라(일본)와는 화평하게 지내는 것이다. 그러나 명나라에 대한 사대事大에는 정성을 기울이면서, 여진과 일본과의 교린은 거의 무시하다시피 했다. 조선통신사가 세종 시대에 세 차례 일본을 다녀온 이후로 선조 시대까지 130년간 조선은 한 차례도 일본에 통신사를 파견하지 않았다. 그 결과, 조선은 일본에 대한 정보가 거의 없었다.

반면에 일본은 그 사이에도 끊임없이 사신을 조선에 보내 왔다. 태조 4년에 조선과 국교를 연 이래 선조 시대까지 총 60회나 사신을 파견했다. 거의 3년에 한 번은 다녀간 셈이다. 그뿐만이 아니다. 일본의 지방 영주들도 이러저러한 명분을 붙여 사신을 보냈고, 상인들도 끊임없이 바다를 건너 왔다. 많을 때에는 한 해에 5천 명에 이르는 일본 사람들이 조선 땅을 가로질러 서울을 내왕했다. 이런 상황을 놓고 걱정하는 사람들도 있었다. 저들은 우리의 사정을 훤히 들여다보고 있지만, 우리는 저들의 사정을 아무것도 모르고 있지 않는가.

정여립 역모 사건

1589년(선조 22) 우여곡절 끝에 조선통신사의 일본 파견이 결정된 그때, 피비린내 나는 '기축옥사己丑獄事'의 도화선이 되는 정여립 역모 사건이 터졌다. 조선을 주시하고 있던 일본에게는 흥미로운 사태의 진전이었다.

정여립鄭汝立(1546~1589)은 선조 3년 식년문과에서 24세의 나이로 급제했다. 합격자 34명 중 5등의 우수한 성적이었다. 이후 이이李珥(1536~1584)의 문하에 출입하였으나, 출사한 지 13년 만에야 겨우 종6품 예조좌랑에 올랐다. 이이가 과거에 장원급제한 후 첫 보직이 호조좌랑이었고, 불과 5개월 만에 예조좌랑이 되었다는 점, 정여립의 학문이 당시 최일류 수준이라는 평을 받았다는 점을 감안할 때 그의 출세가 그토록 늦었던 것은 이해하기 어렵다.

선조는 유난히 정여립을 기피하였다. 반면에 이이는 선조 16년 10월 "정여립을 여러 번 천거해도 임금이 매번 낙점을 거부한다"면서 "혹 중간에 참소라도 있으신 것입니까?"라고 항의할 정도로 정여립을 아꼈다. 그러나 이이 사후 동인으로 전향한 정여립은 스승에게 등을 돌렸다. 광해군 시대에 씌어진 김시양金時讓(1581~1643)의 수필집《부계기문涪溪記聞》에는 선조 시대의 정치인들에 관한 인물평이 많은데, 여기에 선조와 정여립의 불편한 사이를 암시하는 일화가 담겨 있다. 정여립이 스승 이이를 비난한 것을 두고 선조가 '정여립은 오늘의 형서邢恕로구나.' 하며 면전에서 비판했다. 그러자 '정여립이 성난 눈으로 물러갔다'고 한다.

본래 서인이던 정여립이 왜 당시 권력을 틀어쥔 동인의 맹장으로 변모하여 이이 · 성혼成渾(1535~1598) · 박순朴淳(1523~1589)을 비판했는지는 알 수 없다. 다만, 과격한 성품의 그가 동인의 맹장 이발李潑(1544~1589)과 기질적으로 잘 어울리는 사람이었다는 점만 알려져 있다. 어쨌든 이 때문에 정여립은 서인의 배신자로 지목되어 조헌 · 정철鄭澈(1536~1593) 등의 집중적인 비판과 탄핵의 표적이 되고, 급기야 선조의 눈 밖에 나서 벼슬을 버리고 낙향했다.

낙향 직후 정여립은 독서와 손님 방문 등으로 분주한 나날을 보냈다. 동인의 천거에도 불구하고 이미 선조의 눈 밖에 난 탓에 중앙 관직을 얻진 못하였으나, 동인들 사이에는 여전히 인망과 영향력이 커서 감사나 수령이 다투어 그의 집을 찾았다. 특히 전라도 일대에서 정여립의 명망이 높았는데, 이는 그의 가계가 오랫동안 전주 지역의 명문이었던 점도 작용했을 것이다.

다른 한편, 정여립은 금구·원평(현 전라북도 김제시) 일대를 중심으로 '대동계大同契'라는 조직을 만들어 무술을 연마했다. 대동계에는 양반과 상민이 섞여 있었는데, 그 수가 600명이 넘었다. 이러한 그의 행적은 사람들의 의심을 샀다. 특히 신분 구별이 엄격했던 당시에 양반과 상민이 함께 모임을 한다는 사실은 대동계를 예사로운 조직으로 보이지 않게 했다.

선조 22년 10월 2일, 황해관찰사 한준韓準이 비밀 장계狀啓로 정여립의 역모 사실을 고변했다. 즉시 선전관과 금부도사가 전라도에 급파되었고, 정여립은 진안 죽도로 도피했다가 10월 17일 자결했다. 역모 관련자들이 속속 잡혀 와 국문을 받았고, 10월 말에는 직접 관련이 있는 자들을 모두 처형함으로써 사건이 일단락되는 듯 보였다. 선조도 처음에는 역모 피의자를 증거에 의해 신중하게 처벌하라는 지시를 내렸다. 그런데 당시 정쟁으로 밀려나 낙향해 있던 정철이 선조에게 비밀 장계를 올리면서 이 사건은 엄청난 옥사로 비화되었다.

역모의 고변이 있은 지 한 달이 지난 11월 8일, 정철이 갑자기 우의정으로 복귀하여 역모 사건을 재조사하는 책임을 맡는다. 이어 서인 계열의 최항崔滉이 대사헌이 되고, 역모 사건 조사 담당자들이 동인에서 서인으로 신속하게 교체되었다. 그리고 동인의 핵심 인물들이 모두 조사 대상으로 떠오른다. 이를 두고 오익창吳益昌(1557~1635)은 이렇게 통탄했다.

간사한 무리들이 그 기회를 틈타 토벌한다는 구실을 빌려 사사로운 원수를 갚으려고 온갖 날조를 다하여 평소 원한 관계에 있던 사람을 모조리 다 죽이고야 말았다.

– 《기축록》

이 옥사를 두고 당시 세간에는 '서인의 제갈량'이라고 불리던 노비 출신의 모사가 송익필宋翼弼, 송한필宋翰弼 형제가 동인에 대한 개인적인 원한으로 이 사건을 기획하고, 권력을 장악하려는 정철이 앞장서서 지휘한 옥사라는 소문이 자자했다. 정여립이 조정에 20년 가까이 있었으니 조정에 정여립과 이런저런 관계가 없는 사람은 없었다. 이런 관계를 이용하여 저마다 사사로이 원수를 갚으려 온갖 날조를 하니, 온 조정이 동서로 갈라져 분열되었고 혼란에 휩싸였다. 조정의 핵심 인물 중 어느 누구도 처신이 자유로운 사람이 없었다. 국가는 모든 기능을 상실했고, 집권당이던 동인의 핵심 인물들이 속속 체포되고 고문을 받다 죽어 갔다.

정언신鄭彦信(1527~1591)은 당시 우의정이었다. 그는 문신이면서도 병마절도사와 함경도 도순찰사를 지냈고, 막하에 이순신李舜臣 · 신립申砬 · 김시민金時敏 · 이억기李億祺 같은 명장을 거느렸던 장수였다. 병조판서를 오래 역임하여 선조가 군사에 관해서는 그에게 크게 의지했다. 선조를 보위에 올린 재상 이준경李浚慶(1499~1572)은 일찍이 "나를 대신할 사람은 오직 정언신밖에 없다"고 했고, 임진왜란 때 병조판서였던 황정욱黃廷彧은 "정언신이 살았다면 왜적에게 그토록 허망하게 국토를 짓밟히지는 않았을 것"이라면서 아쉬워했다. 그런 정언신도 정여립과 9촌간으로 편지를 왕래했다는 이유로 국문을 당하고 귀양 가서 죽었다.

동인의 맹장 이발은 정여립과 왕래한 서찰이 결정적 증거가 되어 온몸의 살이 온전한 곳이 없을 만큼 혹독한 고문을 받고 죽었다. 나중에 옥사가 일어난 지 2년이 지나도록 풀려나지 못하고 감옥에 갇혀 있던 이발의 82세 어머니 윤 씨와 열 살짜리 아들은 뒤늦게 매를 맞고 죽었다. 우의정 이양원李陽元이 늙은이와 어린아이에게는 형벌을 실시할 수 없다고 했지만, 선조는 허락하지 않았다. 이발은 개혁을 회피하는 임금을 신랄하게 비판해 선조의 미움을 받았고, 정철과도 크게 싸운 개인적 원한이 있었다. 결국 이발의 집안에서 살아남은 사람은 하나도 없었다.

평소 선조의 정치에 비판적이던 백유양白惟讓(1530~1589)도 화를 비켜 가지 못했다. 그가 정여립에게 보낸 편지에는 선조에 대한 비판이 담겨 있었다. '이 사람(선조)이 시기심이 많고 모질고 고집이 세다.' '이 사람은 임금의 도량이 없다.' 백유양은 재판도 옳게 받지 못하고 장살杖殺당했다.

백유양이 죽은 뒤 양주에 장사를 지내고, 아들 진민과 홍민은 시묘살이를 하고 있었다. 그때 정철이 '외방外方 공론에 의하면, 길삼봉의 거처를 백진민 형제가 소상히 안다고 합니다.'고 비밀히 아뢰었다. 길삼봉은 정여립의 난의 또 다른 주동자라고 했다. 이 일로 형제는 선조 23년 7월에 잡혀 왔다. 백진민은 "아비가 모르는 일을 자식이 어찌 알 수 있습니까. 죄가 있고 없고는 저 푸른 하늘이 증거입니다. 엎어진 새집에서 새알을 어찌 보존하겠습니까. 다시 국문할 것 없이 빨리 죽여 주기를 원합니다.' 했다. 결국 백진민과 홍민은 매를 맞고 죽었다. 이렇게 백유양 일가도 완전히 멸문의 화를 입었다.

좌랑 김빙金憑은 바람병이 있어 날이 차면 눈물이 줄줄 흐르곤 했다. 그는 정여립과 썩 좋은 사이가 아니었는데, 여립의 시체를 찢던 날 바람병 때문에 그만 눈물을 흘리고 말았다. 옆에서 이를 본 백유함白惟咸은 김빙이 여립의 죽음을 슬퍼해 울었다며 역적의 일당으로 몰아 죽였다.

정개청鄭介淸과 최영경崔永慶은 당대의 학자로 존경받던 인물이었으나 정철과 사이가 좋지 않아 화를 입었다. 호남의 대표적인 학자였던 정개청은 정여립의 집터를 봐 준 적이 있고, 또 그의 저술 중에 '절의節義를 배척'한 내용이 있다 하여 고문을 받고 경원으로 귀양 가서 죽었다. 정철은 "개청은 반역하지 않은 여립이요. 여립은 반역한 개청"이라고 몰아붙였다. 일찍이 정개청이 "정철이 주색에 빠져 예법을 멸시하며, 후배들을 끌어들여 습속을 무너뜨린다"고 비판하고, "그 사람은 위선자이고 올바른 사람이 아니다."라고 했기 때문이다.

남명 조식曺植의 문인 최영경崔永慶은 친구에게 보낸 편지에서 정여립을 언급한 죄로 길삼봉으로 지목되어 옥중에서 죽었다. 당시 떠돌던 말에 의하면, 길삼봉은 진주에 사는 사람으로 나이는 60이고, 낯은 쇠 빛이며 수척하고, 수염은 길어서 배까지 내려가고 키가 크다고 했다. 그런데 어이없게도 최영경의 외모가 역모의 또 다른 주모자인 길삼봉과 비슷하다 하여 오인받고 죽었다. 문제는, 소문만 있었을 뿐 길삼봉이 실제 인물인지도 확실치 않았다는 것이다. 최영경은 정여립을 잘 몰랐으며, 평소 교류도 없었다. 다만, 친구 이발에게 보낸 편지에서 아들이 죽었을 때 이발과 함께 문상을 왔던 정여립의 안부를 물은 것이 전부였다. 다만, 최영경은 평소 정철을 '무상한 소인'이라고 했다.

좌의정 이산해와 이조판서 유성룡까지 도마에 올랐다. 기축년에 시작된 옥사는 임진왜란이 일어나기 직전까지 3년 동안이나 계속되었다. 이때 고문으로 죽은 사람이 53명, 유배자가 20명, 옥에 갇인 사람이 400여 명, 관련자로 벌을 받은 자가 1천 명이 넘었다.

기축옥사가 확대된 배경에 대해서는 명확하게 알려진 바가 없다. 정권에서 밀려난 서인 정철이 동인을 상대로 개인적 원한을 풀었다는 주장이 설득력 있지만, 정쟁에 관한 한 노련했던 선조가 신중한 처벌 방침을 갑자기 바꾸어 정철의 주장을 받아들인 배경은 베일에 싸여 있다. 동서 분열과 당쟁의 폐단을 이미 잘 알고 있던 선조가 정철의 정치적 의도를 파악하지 못했을까.

당쟁에 관한 한 선조는 최고의 고수였다. 그는 당쟁을 이용하여 왕권을 강화하고, 조정을 자기 뜻대로 이끌어 간 사람이었다. 더구나 당시 일본의 위협이 눈앞에 닥친 상황이었다. 이런 상황에서 내부 싸움이 격화되면 나라가 위태해진다는 것을 몰랐을 리가 없다. 그럼에도 불구하고 선조는 기축옥사를 갑자기 확대하여 수많은 사람을 죽이고 귀양을 보냈다. 여기에는 선조의 정치적 노림수가 있었을 것이다.

정여립은 누구라도 임금으로 섬길 수 있다는 뜻의 '하사비군何事非君'과 천하는 공물이므로 일정한 주인이 없다는 '천하공물설天下公物說'을 주장했다. 참으로 혁명적인 발언이 아닐 수 없다.

천하는 공물이니 어찌 정해 놓은 주인이 있으리오. 충신은 두 임금을 섬기지 않는다 함은 왕촉王蠋이라는 자가 죽을 때 일시적으로 한 말이지 성인의 통론이 아니다.

— 《연려실기술》

기축옥사가 일어나기 불과 며칠 전, 조정은 하삼도下三道(충청도 · 전라도 · 경상도) 세 지방 민심의 위태함을 걱정했다. 당시 대제학이던 유성룡柳成龍이 일본에 통신사를 파견하는 문제를 언급하며 말한다.

국가에 해마다 흉년이 들고 변방이 허술합니다. 하삼도에 일이 발생했을 때 만약 각기 자체의 힘으로써 대처하는 한편, 국내에서는 굳게 지키고 힘을 길러 조용히 적을 기다린다면 무리가 없겠으나 지금은 한 지방에 일이 발생하면 팔도가 소동하는 실정이므로, 만약 적합한 장수를 얻지 못하여 한번 불리해지면 극히 염려할 만한 일입니다. 더욱이 금년 하삼도는 적지천리赤地千里에 놓인 상태인데이겠습니까.

－《선조실록》 22년 9월 9일

선조에게는 외적의 위협도 걱정이었지만, 불안한 민심이 더 큰 걱정거리였다. 민심이 동요하는 상황에서 외적의 침략을 받는다면 나라가 여지없이 바로 무너지지 않을까 하는 불안을 가지고 있었다. 외적의 침략에 대비하기 위해서라도 내부의 잠재적 적을 미리 제거할 필요는 있었다. 정철이 선조에게 올렸다는 비밀 장계의 내용도 이에 관한 것이 아니었을까? 결과적으로, 선조는 정여립 사건을 계기로 평소 자신의 정치에 의문을 품고 비판적이던 사람들을 일거에 제거했다.

그러나 국가 안보와 민심에 대한 근본적인 대비책 없이 자신에게 호의적이지 않은 신하와 백성을 죽이는 꼼수로 문제가 해결되는 것은 아니다. 정치적 반대파를 일시 제거한다고 해서 반대파가 영원히 없어지는 것도 아니다. 더구나 문제는, 이로 인해 이제 어느 누구도 국사에 관한 의견을 소신 있게 이야기하지 않게 되었다는 것이다. 세상은 온봉 불신에 가득 자서 서로 믿지 못하게 되었다.

선전포고를 들고 온 통신사

조선통신사를 파견해 달라는 일본의 요청이 있은 지 3년. 조선 조정은 일본의 의도를 제대로 파악하지도 못한 채 통신사 파견을 결정한다. 선발된 사행원은 정사 황윤길, 부사 김성일, 서장관書狀官 허성許筬이었다. 정사와 부사는 중국에 다녀온 경험이 있던 사람들이었고, 허성은 통신사를 파견하지 않으면 변경이 위태롭다며 통신사 파견에 적극적이던 사람이었다.

그런데 사신의 파견을 그토록 요청하던 일본은 조선통신사가 일본 땅에 발을 들여놓자마자 태도를 바꾸어 통신사 일행을 외교적·인격적으로 모욕하기 시작했다. 조선통신사가 수도 교토에 도착하고 몇 달이 지나도록 도요토미는 조선의 국서를 받지도, 통신사를 만나지도 않았다. 1590년(선조 23) 3월 6일 조선을 출발한 통신사 일행이 대마도에 도착한 것은 5월 4일, 오사카의 인접사引接寺에 관소를 정한 것이 6월 16일이었다. 그리고 7월 21일 교토에 도착했지만, 11월 7일에야 도요토미를 만났다. 도요토미가 있는 오사카에 도착하여 숙소에 머문 지 5개월 만이었다.

이 같은 무례함을 어떻게 해석해야 할까. 우선, 도요토미가 조선통신사 일행을 일본에 대한 '복속 사절'로 알고 영접도 하지 않고 연회도 베풀지 않았다는 견해가 있다. 그러나 도요토미가 진짜로 그들을 조선의 복속 사절로 알았다면, 도리어 엄청난 환영 연회를 베풀어 자신의 정치적 성공을 한껏 과시했을 것이다.

당시의 조선은 일본과 거의 대등한 크기의 국가였다. 그런 국가가 도요토미의 위엄에 고개를 숙이고 스스로 복속해 왔다면, 그것이 어찌 예사로운 일인가. 축제와 환영이 자연스러운 일이고, 그것이 화려하고 거창한 의식을 좋아했던 도요토미다운 행태일 것이다. 그런데 연회는커녕 초라한 술상과 무례한 태도로 접견 분위기를 냉랭하게 만든 것은 환대가 아닌 협박을 하기 위함이었다.

일본에 간 통신사 일행의 임무는 분명했다. 일본의 의도를 분명하게 파악하는 것과, 가능하다면 조선과 일본의 선린 관계를 회복하는 것이었다. 그러나 통신사로 간 정사와 부사는 일본에 가서도 사사건건 부딪히고 싸웠다. 책임자들의 마음이 맞지 않으니, 일본에 대한 정보를 수집하고 필요한 외교관계를 모색하는 일이 제대로 진행될 리 만무했다.

어쨌든 일본에 건너간 조선통신사는 일본이 왜 자신들을 불러들였는지 그 이유조차 끝내 알아내지 못한 채, 1591년 1월 28일 교토에서 귀환한다. 그런데 떠나는 날이 됐는데도 일본은 답서를 주지 않았다. 결국 사신단이 조선으로 돌아갈 배를 기다리고 있던 바닷가에 일본의 답서가 뒤늦게 도착했다. 도요토미가 보낸 국서의 내용은 놀라웠다.

일본국 관백關白은 조선 국왕 합하閣下에게 바칩니다. 보내신 글은 향불을 피우고 재삼 되풀이하여 읽었습니다.

우리나라 60여 주는 근래 제국諸國이 분리되어 나라의 기강을 어지럽히고 대대로 내려오는 예의를 저버리고서 조정의 정사를 따르지 않기 때문에 내가 분격을 견디지 못하여 3~4년 사이에 반신叛臣과 적도賊徒를 토벌하여 먼 섬들까지 모두 장악하였습니다.

삼가 나의 사적事蹟을 살펴보건대 비루한 소신小臣이지만, 일찍이 나를 잉태할 때에 자모慈母가 해가 품속으로 들어오는 꿈을 꾸었는데, 상사相士가 '햇빛은 비치지 않는 데가 없으니 커서 필시 팔방에 어진 명성을 드날리고 사해에 용맹스런 이름을 떨칠 것이 분명하다.' 하였는데, 이토록 기이한 징조를 인하여 나에게 적심敵心을 가진 자는 자연 기세가 꺾여 멸망하는지라, 싸움엔 반드시 이기고 공격하면 반드시 빼앗았습니다. 이제 천하를 평정한 뒤로 백성을 어루만져 기르고 외로운 자들을 불쌍히 여겨 위로하여 백성들이 부유하고 재물이 풍족하므로 토공土貢이 전보다 만 배나 늘었으니, 본조本朝가 개벽한 이래로 조정의 성대함과 수도의 장관이 오늘날보다 더한 적이 없었습니다.

사람의 한평생이 백 년을 넘지 못하는데 어찌 답답하게 이곳에만 오래도록 있을 수 있겠습니까. 국가가 멀고 산하가 막혀 있음도 관계없이 한 번 뛰어서 곧바로 대명국大明國에 들어가 우리나라의 풍속을 4백여 주에 바꾸어 놓고 제도帝都의 정화政化를 억만년토록 시행하고자 하는 것이 나의 마음입니다. 귀국이 선구先驅가 되어 입조入朝한다면 원려遠慮가 있음으로 해서 근우近憂가 없게 되는 것이 아니겠습니까. 먼 지방 작은 섬도 늦게 입조하는 무리는 허용하지 않을 것입니다. 내가 대명에 들어가는 날 사졸을 거느리고 군영에 임한다면 더욱 이웃으로서의 맹약을 굳게 할 것입니다.

나의 소원은 삼국三國에 아름다운 명성을 떨치고자 하는 것일 뿐입니다. 방물方物은 목록대로 받았습니다. 그리고 국정을 관장하는 무리는 전일의 사람들을 다 바꾸었으니 불러서 나누어 주겠습니다. 나머지는 별지에 있습니다. 몸을 진중히 하고 아끼십시오. 이만 줄입니다. 천정天正 18년경인 중동仲冬 일日 수길秀吉은 받들어 답서한다.

– 《선조수정실록》 24년 3월 1일

일본 국서의 문리가 분명하지는 않지만, 그 뜻은 대체로 명료하다. 일본이 명을 칠 터이니 조선이 선봉에 서라는 것이었다. 만일 조선이 거절한다면 용서하지 않겠다. 한 마디로, 조선은 일본에 복속하라는 요구였다. 답서와는 별도로 보낸 서계에는 도요토미의 뜻이 더 분명히 담겨 있었다. '일본은 명년 2월에 대명으로 직행하려고 한다. 조선도 우리를 도와 대명으로 뛰어들 것인가.' 이는 선전포고에 가까웠다.

부사 김성일은 일본의 국서를 그대로 임금에게 올릴 수 없다고 했다. 그는 궁색하게도 국서의 내용을 문제 삼지는 못하고 국서의 몇 가지 표현을 지적했다. 국서가 문리가 맞지 않을 뿐 아니라, '전하'라 해야 될 것을 '합하'라 하고 '예폐禮幣'라고 해야 할 것을 '방물'이라고 했다고 현소에게 편지를 보내어, 만일 이 국서를 고치지 않으면 죽는 한이 있더라도 가지고 갈 수 없다고 하였다. '합하閤下'는 일본에서는 일반적으로 고급 관리에게 붙이는 호칭으로 국왕에게는 어울리지 않는 호칭이었고, '방물方物'은 천자가 제후에게 물건을 내릴 때 사용하는 용어였다.

엄청난 내용을 담은 국서의 내용은 제쳐두고, 지엽말단이라 할 표현을 문제 삼은 것이 목숨을 길 만한 중대한 일이있을까. 광해군 때 존경 받던 학자 정구鄭逑가 김성일을 위한 비문을 짓는데 '타국에 사신으로 가서 큰 절개가 더욱 빛났다'고 했다. 그러자 효종 때의 학자 윤선거尹宣擧가 《노서일기魯西日記》에서 '대명국에 한번 뛰어들어가겠다는 국서를 받아 가지고 온 사람을 큰 절개라 일컫는가'라며 이때 조선통신사들이 보인 한심한 행태를 꼬집었다. 광해군 시대에 김시양 역시 《부계기문》에서 당시 사신들의 행태를 비판했다.

김성일이 일본에 사신으로 가서 꿋꿋하게 버티어 위신을 지켜 조금도 두려워하지 않고 국서를 받는 등 모든 일에 극력 다투어 고쳤으니, 동행들은 머리를 움츠리고 왜인들도 공경하고 탄복하였다. 그러나 이웃 나라 사신으로 가서 임금의 명을 욕되지 않았다고 한다면 나는 그가 부끄러움이 있을 것이라 생각한다. 대개 왕명을 받들어 사신 노릇을 한다는 것이 어찌 예법 절차에만 실수 없는 그런 것을 말하는 것이랴. 만일 한고조의 시대를 만났더라면 앞에 갔던 사신 열 사람의 처형을 면치 못했을 것이다.

결국 조선통신사 일행은 1년간이나 일본에 머물면서 도요토미의 조선 침략 계획을 탐지하지 못하고 막대한 비용만 쓰고 귀국했다. 통신사로 간 사람들이 그때 각자의 임무를 분명하게 인식하고 조직적으로 움직였다는 흔적은 어디에서도 발견할 수 없다.

침묵하는 조정

통신정사 황윤길, 통신부사 김성일이 일본에서 돌아온 것은 선조 24년 3월. 임진왜란이 일어나기 1년 전이다. 일본이 보낸 국서는 조선을 침략하겠다는 명백한 위협을 담고 있었다. 그런데 선조와 조정은 통신사로 다녀온 사람들에게 새삼스럽게 다시 전쟁이 일어날 것인가 묻는다.

부산으로 돌아와 정박하자 윤길은 그간의 실정과 형세를 치계馳啓하면서 '필시 병화兵禍가 있을 것이다.'고 하였다. 복명한 뒤에 상이 인견引見하고 하문하니, 윤길

황윤길과 김성일의 엇갈린 보고를 듣는 임금과 신료들의 머릿속도 복잡해졌다. 일본은 명을 치겠다고 하면서 조선으로 하여금 그 선봉에 서라고 했다. 이는 조선에 선전포고를 하는 것이 아닌가. 그렇다면 조선은 바로 전쟁을 준비해야 한다. 일본이 명을 치기 위해 조선으로 출병하겠다면, 적어도 수십만의 병력을 동원할 것이었다.

이런 상황에서 조선이 일본을 상대로 전쟁을 치르려면 적어도 10만 명의 군사가 필요할 것이다. 10만의 병력을 기른다고 하면, 1년간 군사를 훈련하고 전투 준비를 하는 데 필요한 예산은 적어도 50만 석이었다. 전국시대 일본의 경우, 1년간 250명의 상비군을 유지하는 데 드는 비용을 1만 석으로 잡았다. 이 기준으로 보면 10만 명의 상비군을 유지하려면 400만 석이 필요했나. 비상 시 1년간 1만 석으로 유지할 수 있는 병력의 수를 400명으로 늘려 잡는다 하더라도 10만 군사를 유지하는 데 최소한 250만 석이 필요하다는 계산이 나온다. 그러나 이는 평화 시 상비군을 기르는 예산이다. 비상 시 최소한의 군량과 기본적 전투 장비만 갖추는 정도라면, 50만 석 정도로도 군사를 기를 수 있었다.

그러나 조선으로서는 50만 석도 힘에 부쳤다. 평소 비상 시를 대비하여 비축한 것이 없으니 갑자기 이 막대한 재원을 어떻게 감당할 것인가. 당시 중앙 조정의 공식적인 1년 예산이 10만 석을 조금 넘는 수준이었다. 비용만이 아니다. 무기와 화약은 어디에서 조달할 것이며, 무엇보다 누가 나서서 방어 전략과 전시 국가조직을 이끌 것인가.

이 경우, 선조가 지금까지 스스로 구상하고 힘들여서 정착시킨 조선의 정치 지형이 한꺼번에 헝클어질 수 있었다. 지난날 소수의 오랑캐가 북변을 소란하게 했을 때 이이가 나서서 시폐時弊 개혁과 군사 양성을 주장했다가 권력을 장악하려 한다는 시비에 휘말려 결국 쫓겨나고 정국이 혼란에 빠지지 않았는가. 그런데 몇몇 오랑캐 정도가 아니라 일본이 천하의 대국 중국을 치겠다고 한다면, 이는 북방의 변경을 어지럽히는 수준이 아닌 천하대란을 의미했다. 이미 무너진 조선의 병정兵政을 조금 손보는 정도가 아니라, 국가의 모든 역량을 총동원해서 대비해야 했다. 이는 조선을 움직이는 정치·경제·사회를 일거에 근본적으로 개혁해야만 가능한 일이었다. 곧, 정치와 사회경제가 엄청난 불확실성에 노출된다는 뜻이었다.

그런데 만약 조선이 일본의 위협에 맞서 전쟁 준비를 철저히 하여, 그 결과 일본이 도발을 포기한다면 어떻게 될까? 그것은 조선 정국에 더 큰 혼란을 가져올 가능성이 컸다. 전쟁의 가능성이 적은데도 불구하고, 일본의 침략 가능성을 과장하여 이를 빌미로 전시 동원령을 내리고 정국을 비상 시국으로 몰고 가서 사대부의 재산을 징발하고 정치적 자유를 제한한 책임을 누가 질 것인가.

이 경우에 예상되는 정치 공세는 상상하기조차 어려웠다. 기축옥사의 여진이 아직도 생생한데 일본의 계속된 도발로 나라가 안팎으로 예민한 상황에서는 사소한 실수 하나로도 엄청난 분란과 파국을 맞을 수 있었다. 반대파가 책임을 추궁하고 나서면, 국왕의 권위로도 어찌지 못하는 사태에 이를 수 있었다.

다른 한편으로 중국에 일본의 의도를 알리고 연합하여 대책을 세우는 방안도 있었다. 그렇지만 그 또한 두려운 일이었다. 중국 황제는 조선을 제후국으로 여기고 있다. 만일 조선이 도움을 요청한다면, 중국은 이 기회를 놓치지 않고 조선을 마음대로 움직이려 들 것이다. 중국 황제가 자국의 안전을 위해 조선에 과도한 군비 증강을 요구해 올 수도 있다. 뿐만 아니라 그 과정에서 조선 국내 문제에 정치적으로 개입하기 시작해, 중국 황제가 조선의 땅과 백성을 직접 통치하려고 들면 어찌할 것인가. 그러면 전쟁이 시작되기도 전에 국정이 절단나는 상황에 이를 수 있었다.

조선 조정은 결국 이러지도 저러지도 못하면서 시간만 보내고 있었다. 일본의 국서가 전쟁을 의미하는 것이 분명한 이상, 조선은 단호하게 국론을 통일시키고 전쟁 준비에 착수해야 했다. 그러나 조선의 어느 누구도 전쟁을 현실로 받아들이려 하지 않았다. 이런 상황에서 임금과 조정은 정3품에 불과한 통신사에게 국가의 군국기무를 결정할 확실한 정보를 내놓으라고, 그리고 그 정보에 대한 책임을 지라고 윽박지르고 있었다.

임진년 봄, 왜관에 일본인들이 하나도 없었다

유성룡(1542~1607)은 당시 집권파인 동인의 지도자였다. 그 역시 통신사의 말만 듣고 곧바로 전쟁 준비에 돌입하자는 주장을 하기에는 그로 인해 감당해야 할 정치적 부담이 너무 컸다. 당시로서 전쟁 준비에 돌입하는 것 자체가 난리가 될 수밖에 없었다. 무엇보다 지금이 동원령을 내려야 할 정도의 위기 상황인지, 또 최적의 타이밍인지 확신하기 어려웠다. 더 나아가, 왜적의 도발에 어떤 방식으로 대처하는 것이 최선인지, 전시 동원 규모는 어느 정도가 합당할지 등의 수많은 난제를 판단할 아무런 정보나 자료도 없었다.

핵심은 정보의 절대적 부족이었다. 여기에 작은 틈만 보여도 금세 이빨을 드러내고 달려들 정치적 반대파와, 언제나 자신의 책임을 신하들에게 돌리고 빠지는 교활한 임금이 있었다. 게다가 백성들의 민심은 이미 임금과 조정을 떠난 상태였다. 답답한 조정은 적국 사신에게 매달렸다. 정말 일본이 조선에 쳐들어올 것인가? 쳐들어온다면 언제 어느 정도의 규모로 쳐들어오겠는가? 전쟁을 일으키려는 진짜 의도는 무엇인가?

반면에, 중국은 일본이 조선을 거쳐 중국을 침략할 것이라는 정보를 입수한 상태였다. 선조 24년 8월, 전쟁 발발 8개월 전에 이미 류큐는 일본이 중국을 침략할 것이라는 사실을 명에 통보했고, 중국인으로 일본에 머물고 있던 상인 진신陳申과 허의후許儀後 등도 일본이 중국을 침략할 것이며 조선이 일본군의 향도가 될 것이라는 정보를 중국 조정에 전달했다. 정보를 입수한 중국은 즉시 요동도사遼東都司를 통해 자문을 보내어 사실 여부를 조선에 물었다. 이에 조선은 예조판서 한응인韓應寅을 중국에 보내 그 소문이 허위임을 주장했는데, 이때 조선 조정이 명에 보낸 '진왜정주문陳倭情奏聞'을 유성룡이 작성했다. 여기에서 그는 '도요토미가 전국시대의 일본을 통일하였지만, 도요토미는 폭정을 일삼아 백성들의 지지를 받지 못하는 만큼 그 정권은 오래가지 못할 것'이라며 일본의 침략 가능성을 부정적으로 평가했다. 가령 침략을 한다고 해도 변방의 소요 정도일 것이라고 판단했다.

이런 상황에서 일본에 대한 정보를 얻을 수 있는 선이 갑자기 구축될 리 없었고, 신뢰할 만한 정보를 얻을 곳은 어디에도 없었다. 그랬기 때문에 조선 조정이 서울에 와 있던 일본 사신에게 정보를 구걸하는 어이없는 상황이 벌어졌다. 선조는 홍문관 전한典翰 오억령吳億齡을 선위사宣慰使로 삼아 도성에 와 있던 일본 사신에게 진짜로 전쟁을 일으킬 것인지 물었다.

홍문 전한 오억령을 선위사로 삼아 현소(일본 사신 겐소) 등을 빈접儐接하게 하였는데, 억령이 '내년에 길을 빌어 상국上國을 침범할 것이다.'고 확언하는 현소의 말을 듣고서 즉시 사연을 갖추어 계문啓聞하니, 조정의 의논이 크게 놀라 즉시 아뢰어 체직시키고, 응교 심희수沈喜壽로 대신케 하였다. 억령은 복명하면서 왜의 실정에 대해 문답한 내용을 모두 기록하여 앞서 아뢰었던 뜻으로 올렸다.

— 《선조수정실록》 24년 3월 1일

오억령의 주장에 조정과 백성이 크게 동요했다. 그러자 조정은 오억령을 선위사 직책에서 해임하고, 명나라에 가는 사신 행렬을 따라가도록 발령해 버렸다. 전 현감 조헌이 옥천에서 올라와 궐문 밖에 와서 소疏를 올렸다.

신이 삼가 오늘날의 사세를 헤아려 보건대, 국가의 안위와 성패가 매우 긴박한 상태에 있으니 참으로 불안한 시기라고 할 수 있습니다. 속히 왜사倭使의 목을 베고 중국에 주문奏聞한 다음 그의 사지를 유구琉球 등 제국諸國에 나누어 보내어 온 천하로 하여금 다 함께 분노하게 하여 이 왜적을 대비하도록 하는 한 가지 일만이 전의 잘못을 보완하고 때늦은 데서 오는 흉함을 면할 수 있음은 물론 만에 하나 이미 쇠망한 끝에 다시 흥복시킬 수 있게 되기를 기대할 수가 있는 것입니다.

— 《선조수정실록》 24년 3월 1일

결연한 의지를 보여 혼란스러운 국론을 한 칼에 통일하라는 요구였다.

그러나 조헌의 상소는 승정원에서 접수조차 거부당했다. 선조는 여기에 더해 "조헌이 여러 번 광망한 말을 올려 귀양까지 가게 되어도 오히려 그칠 줄을 모르니 참 부끄러움을 모르는 자이다."라고 했다. 이를 두고 일본 사신이 숙소인 동평관東平館 벽에 시를 써 조롱했다.

– 〈난중잡록1〉

전쟁이 임박했다는 신호가 사방에서 요란하게 울리고 있었지만, 조선 조정은 아무런 조치도 취하지 않았다. 국가의 사활이 걸린 중대한 결단을 미루며 권력을 쥔 자들은 자신들의 책임을 전가할 곳을 찾는 데 골몰했다.

전쟁 전 사신으로 조선에 와 있던 현소가 돌아갈 때, 조선 조정은 당시 병조판서 겸 대제학이던 황정욱에게 다음과 같은 답서를 쓰게 했다.

–《선조수정실록》24년 5월 1일

공식적인 외교문서에서 조선이 중국의 속국임을 스스로 자랑하고, 나아가 중국이 조선을 지켜 줄 것이니 이 점을 유의하라는 내용이었다. 당시 중국조차 우습게 보던 일본의 눈에 이런 조선이 어떻게 비쳐졌을까. 오히려 조선의 무능과 무기력을 드러내어 보여 준 꼴이었다. 일본은 곧장 전쟁 준비에 착수한다.

부산 초량에 있는 왜관에는 항상 왜인들이 10여 명이 있었다. 그런데 이들이 하나둘씩 일본으로 들어가더니 임진년 봄에 이르러서는 왜관에 일본인들이 하나도 없었다.

— 《징비록懲毖錄》

부산에 있던 대마도 사람들을 철수시킨 것이다. 사람들이 이상히 여겼지만, 조정은 이를 무심하게 넘긴다. 그러나 무심히 넘겼다는 기록은 거짓이었을 가능성이 높다. 조선 사람들이 그토록 어리석지는 않았다. 오히려 영악했다. 그들은 이런 저런 계산 끝에 일본의 침략을 예상하고도 그대로 방치한 것이다. 기껏해야 1만~2만 명의 일본군이 남부 해안을 침략해 오는 국지전이 될 것으로 예상하고, 오히려 전면전을 준비하는 데 따르는 정치적 위험부담을 피하려 한 것이다. 국지전이 벌어지면 남부 지역 백성들이 막심한 피해를 입겠지만, 그것이 정권 자체의 안위를 뒤흔들 만큼 파괴적이진 않을 것이란 교활할 계산이었을 것이다.

(통신사로 다녀온 세 사람의 말이 다른 것을 두고) 임금이 세 사람의 견해가 이렇게 다른 것은 무슨 까닭이냐고 물으니 유성룡이 옆에 있다가 하는 말이, '설령 수길이 침범한다고 하더라도 그 모양과 행동을 들어볼 때 아무 두려울 것이 없을 것

유성룡도 전쟁이 일어나지 않는다고 생각하지는 않았다. 다만, 수길이 침범한다고 하더라도 전쟁이 터진 후 전쟁의 양상을 봐 가면서 전시동원 체제를 가동하는 것이 옳다는 생각이었다.

만에 하나 일본이 대규모의 군사를 동원하여 전면전을 벌인다면 어떻게 할 것인가. 그렇게 되면 전선이 남부 지역에만 한정되지 않고 조선 전역이 전쟁터가 될 터였다. 그때에는 명이 자국의 안보를 위해서라도 나서지 않을 수 없을 것이다. 이 경우에 조선은 명군이 올 때까지만 버티면 되는 것이다. 임금과 지배층의 이러한 생각은 국가의 모든 역량을 동원하여 전면전을 준비하는 데 따를 혼란과 고통을 감수할 준비가 전혀 안 되어 있던 대다수 조선인의 마음에도 영합하는 것이었다. 전쟁은 어떻게든 피해야 한다는 생각, 전쟁이 불가피하다면 가능한 한 뒤로 미뤄야 한다는 안이한 생각에 편승한 것이다.

그러나 지금에 와서 당시의 진실은 알 수 없다. 분명한 것은, 임금이나 대신들 어느 누구도 일본의 침략 시 직접적인 피해를 입게 될 남쪽 백성들을 진심으로 걱정하지 않았다는 점이다. 결국 대비하지 않은 전쟁이 얼마나 값비싼 대가를 치러야 하는지를 직접 몸으로 겪어야만 했다.

2장 임진년의 패주

1592년 4월 13일 부산 앞바다에는 척후선도 없었다

임진년(1592) 4월 13일, 조선은 아무런 준비도 없이 압도적인 적군을 맞았다. 일본군의 침략을 처음 관측한 것은 이날 오후 5시 가덕도 응봉봉수대였다. 오전 9시 대마도의 오우라 항〔大浦項〕을 출발한 병선이 때마침 불어오는 순풍을 타고 대한해협을 건너 오후 늦게 부산에 도착한 것이다.

일본은 조선 침략 의도를 굳이 숨기려 하지 않았다. 도요토미는 전 일본에 명령을 내려서 조선 침략에 쓸 전선 2천 척을 만들라고 지시하고, 선조 24년 10월에는 규슈의 나고야〔名護屋〕에 30만 명 이상을 동원하여 조선 침공의 본영으로 쓸 대규모 성을 쌓았다.

임진년 초부터 일본은 대규모 병력과 물자를 서쪽으로 집결시키고 있었고, 3월 중순경에는 이미 대마도에 수만의 병력과 엄청난 물자가 집결해 있었다. 일본이 좁은 대한해협에 그토록 많은 병력과 물자를 수송하면서 조선을 완벽하게 속이는 것은 불가능하다. 일본 전역이 전쟁 준비로 온통 떠들썩했다.

도요토미는 중국과의 전쟁을 준비하고 있었다. 사실 과대망상에 사로잡힌 그에게 조선은 안중에도 없었다. 그는 조선을 손바닥을 들여다보듯이 보고 있다고 자부했을 것이다. 조선이 일본의 힘을 당할 수 없음을 깨닫고 스스로 항복하기를 바랐다. 그렇게 되면 조선을 보급기지로 확보하고, 조선군을 화살받이로 삼아 중국을 공격하는 최상의 전쟁 여건을 구축할 수 있다. 그렇지 않고 조선을 전쟁으로 정복한 후 중국으로 진출하려면 시간도 많이 걸리고, 일본군의 손실도 불가피했다. 따라서 일본이 진짜로 전쟁 준비를 한다는 것, 그리고 일본의 무력이 막강하다는 것을 조선에 알려 줄 필요가 있었다. 그러면 조선이 일본에 협상을 제안해 올 것으로 기대한 것이다. 일본군이 전국에 동원령을 내려 대규모 군대를 조선 쪽으로 이동시키고 있음을 굳이 감추지 않은 이유가 여기에 있다.

그런데 조선은 부산 앞바다에 척후선 한 척도 띄우지 않았다. 최일선의 군사 책임자들은 일본의 침략을 알 수 있었음에도 불구하고, 끝내 알려고 하지 않았을 가능성이 더욱 크다. 알면서 막지 못한 책임이 더 크기 때문이다. 조선 땅 어디에도 적을 맞아 싸울 준비된 군사는 없었다. 일선에는 전쟁을 지휘할 장수가 없었고, 조정에는 나라의 역량을 보아 선생을 책임시고 수행할 전략가가 없었다. 조선은 군사뿐만 아니라 장수 또한 기르지 않았다. 군사와 장수를 기르면 문치주의를 뒤집거나 임금을 압박할까 봐 두려웠을까. 그들은 무신이 정사에 관여하는 것을 지극히 경계했다. 그러므로 이때 조선에는 쓸 만한 장수가 없었다.

드물게 용기를 내어 전쟁 가능성을 강도 높게 주장하는 자가 있으면 조정은 그 사람의 입을 막아 버렸다. 책임 있는 자리에 있는 자가 전쟁을 입에 올리는 것은 나라의 혼란을 초래하는 행위로 몰아갔다. 신하들이 조정에서 전쟁에 관한 말을 언급을 하는 것 자체가 금기시되었다. 어느 누구도 진실을 알려고 하거나 발설하려 하지 않았다.

조정은 전쟁 전 영호남의 성을 수리하고 무기를 점검했으나, 형식적인 수준에 그쳤다. 성과 무기보다 더 중요한 병사의 징집과 훈련, 그리고 군량 확보 문제에는 손조차 대지 못했다. 그랬으니 성을 수리하고 무기를 확보하는 것보다 더 근본적인 문제인 전쟁 전략을 수립하고 백성의 마음을 한 곳으로 모으는 일은 엄두조차 내지 못했다. 사실 적의 침략 상황을 여러 가지로 상정하고, 상황에 따른 정보·외교·군사·민생을 망라하여 단계별로 상세한 전쟁 시나리오를 만드는 일은 정치적으로 그리 위험한 일이 아니었다. 각 상황별로 징집 규모를 정하여 징집 대상을 확정하고, 식량 등 전략 물자의 조달과 보관, 이동 계획을 만들어 미리 시험하고 훈련하는 것은 많은 돈이 들거나 정치적 갈등을 불러올 만한 일도 아니다. 그러나 조선 조정은 마치 아무 일도 일어나지 않는 양 모른 척했다.

조정의 모든 직책에는 전쟁에 대비하여 각자 맡은 바 임무가 분명히 있었다. 그러나 그들은 조금도 움직이지 않았다. 전쟁이 임박했다는 경고음이 요란하게 울렸지만, 그들에게는 외부의 적보다도 내부의 적이 더 무서웠다. 세상에 믿을 것이 아무것도 없었던 것이다.

부산 앞바다를 가득 메운 일본군

압도적인 적군이었다. 고니시 유키나가가 이끄는 1만 8,700명 선봉군을 실은 700여 척의 대선단이 대한해협을 가득 메우고 부산포로 접근해 오고 있었다. 숫자를 헤아릴 수조차 없는 엄청난 규모의 적선이었다. 이튿날인 4월 14일, 제1번대가 부산포에 상륙하였다.

663년 백제 멸망 후 일본에 있던 백제 왕자 부여풍扶餘豊이 귀국할 때 대규모 일본군이 백제 부흥을 위해 함께 백강白江으로 들어온 이후, 이처럼 일본군이 조선반도로 몰려온 것은 거의 1천 년 만의 일이었다. 그동안 일본의 중앙정권이라야 그 지배력이 취약하여 한반도의 통일 왕국에 타격을 가할 정도의 대규모 군사작전을 펴기는 어려웠다.

뒤이어 가토〔加藤〕의 제2진 2만 2,800명이 4월 18일 조선에 상륙했고, 다음 날 구로다〔黑田〕가 이끄는 1만 1천 명의 제3진이 상륙했다. 이렇게 하여 5만여 명의 일본군이 며칠 사이에 조선에 상륙했다. 도요토미가 조선 침략에 동원한 총 병력은 28만 6,000명. 당시 조선으로서는 상상도 할 수 없는 대규모 병력이었다. 도요토미는 이를 16개 군으로 편성했다. 그중 제1군부터 제9군까지의 병력 15만 8,800명을 1차로 조선 침공에 투입했다. 이상은 육군의 정규 병력이고, 9천 명의 수군이 전선으로 해상을 대비했으며, 따로 1만 2천 명이 바다를 건너 후방 경비를 담당했다. 그 외에도 부산에 침입하여 선적을 관리하는 등 정규 전투부대 외에도 많은 병력이 출동하였다. 이렇게 하여 조선에 파견된 총 병력은 20만에 이르렀다. 제10군에서 제16군까지 12만 7,300명은 나고야에 예비 병력으로 대기시키고, 3만 명은 수도 경비에 투입했다.

이때 일본군이 준비한 군량은 30만 석이었다. 이는 일본군 16만 명이 6개월쯤 먹을 수 있는 양이었다. 나머지 물량은 전쟁을 수행하는 과정에서 현지 조달한다는 계획이었다. 아무 준비도 안 된 상태에서 일본군을 맞이한 조선군은 달아나기에 바빴다. 좌수사 박홍은 적병이 왔다는 말을 듣고 군기와 식량을 불사른 다음에 성을 버리고 달아났다. 좌병사 이각은 왜적의 소식을 듣고 동래에 들어갔다가 부산이 함락되자 겁을 먹고 달아났다.

일본군이 상륙한 부산의 경상좌도 해군사령관과 육군사령관은 일본군이 침입하자 곧바로 방어를 포기하고 달아나 버렸다. 이로써 경상좌도의 군사 지휘 체제는 싸우기도 전에 이미 무너졌다. 군사령관의 지위를 겸한 경상감사 김수金睟가 명령을 하달하고는 있었지만, 그 또한 후방에서 머뭇거리며 어찌할 바를 몰라하기는 마찬가지였다. 그리고 지역 방어를 담당하는 각 진관鎭管(조선의 지방 방위 조직)의 장수들과 수령들도 흩어졌다.

엄청난 수의 적군을 보고 도망부터 생각한 것은 어쩔 수 없었다. 당시 경상도 각 성읍의 병사는 고작 몇 백 명 수준이었다. 이런 병사를 이끌고 오랜 내전으로 단련되고, 신무기인 조총까지 갖춘 일본군에 대항하기란 어려운 일이었다. 문제는 압도적으로 우세한 적군을 피해 조직적으로 병선과 무기 및 군량과 군사를 후퇴시켜서 비록 작은 전투력이라도 후일을 위해서 소중하게 보존하는 조치를 취하지 못한 조선군의 초기 대응에 있었다.

적군 앞에서 어찌할 바를 몰라 공포에 떠는 백성들에게 피란 요령과 식량을 숨기고 간수하는 요령을 알려 주고, 지방 군현에 보관되어 있는 양곡 등 전략물자를 다른 장소로 옮기는 조치가 절실했다. 그러나 조선의 관료 시스템은 아무런 조치를 하지 못하고, 개전 초기 전쟁의 흐름을 좌우하는 결정적인 순간에 전투력을 모두 상실하고 말았다. 조선은 전쟁 발발 이전에는 전쟁을 억제하지 못한 정치적·외교적 무능함을 보였고, 전쟁이 일어난 후에는 철저한 군사적·전략적 무능으로 개전 초기의 대응에 실패한 것이다. 이는 전쟁이 장기화되면서 수많은 백성이 굶어 죽고 얼어 죽는 결정적 원인이 되었다.

소위 '명장名將'이라는 이름을 얻은 신립申砬(1546~1592)이나 이일李鎰 (1538~1601)도 오랑캐 몇 백 명이 무리를 지어 침범해 오면, 고함을 지르며 성문을 열고 달려 나가 찌르고 베고 불 지르는 일이 전쟁의 전부인 양 생각 하는 사람들이었다. 당시 조선은 전쟁에 필요한 정보를 수집하고, 물자와 병력을 조달하고 훈련시키고, 백성들을 한마음으로 묶어 군사적 힘을 보존 하고 양성하는 일은 생각조차 하지 못했던 것이다.

오르지 않은 남산의 봉화

일본군의 침입 소식이 서울에 처음 알 려진 것은 4월 17일 이른 아침이었다. 바다를 가득 메운 엄청난 수의 적군이 쳐들어오고, 부산진성과 동래성이 처절한 전투 끝에 함락되도록 서울 남산 봉수대의 봉화는 오르지 않았다. 경상좌수사 박홍이 도망을 가면서 올린 장계가 서울에 도착했을 때에야 조정은 비로소 적군의 침략을 알았다.

조정 신료들은 크게 놀라 당장 임금께 아뢰려 했다. 그러나 대신이 비변 사 당상들과 빈청에 모여 임금에게 직접 아뢰기를 청했으나, 임금은 궁궐 깊은 곳에 있어 곧바로 면대가 허락되지 않았다. 결국 일본군의 침략 소식 을 임금에게 보고한 것은 17일 오후 4시가 넘어서였다. 결국 전쟁 발발 소 식이 조정에 당도하고 10시간이나 지나서야 국방 최고책임자에게 보고된 것이다.

적의 침입은 4월 13일이라고 했다. 적선이 바다를 가득히 메우고 부산 에 나타났는데, 엄청난 위세라고 했다. 그날 밤 부산진성이 일본군의 공격 을 받아 첨사 정발鄭撥이 죽고 성이 함락되었으며, 이튿날 동래성에서 치열한 공방이 벌어져 부사 송상현宋象賢과 성안의 군사 및 백성 만여 명이 도륙되었다고 했다. 15일에는 달아났던 병마절도사 이각이 울산 좌병영에 돌아와 면포 천여 필을 말에 싣고 첩과 함께 도망하니, 좌병영 관할 열세 고을에서 모인 군사들이 모두 흩어지고 말았다. 18일에는 김해 부사 서예원徐禮元과 초계 군수 이유검李惟儉이 김해를 지키다 적이 오기도 전에 달아났다고 했다. 경상감사 김수는 어찌할 바를 모르고 여러 고을에 문서를 보내어 백성들에게 피란하기만 권하는 통에 경상도가 텅 비게 되어 더욱 어찌할 수 없게 되었다.

조정은 17일 이일을 경상도 순변사로 삼고, 성응길成應吉과 조경趙儆을 좌우 방어사로 삼아 세 갈래로 대비하게 했다. 그리고 별동대로 죽령과 새재를 지키게 하였다. 장수들은 사경四更(새벽 1시에서 3시 사이)에 대궐을 하직하였다. 휘하 군관은 모두 각자 선택하게 하였다. 그런데 순변사로 임명되어 즉시 경상도로 내려갔어야 할 이일은 그 뒤로 3일이 지나도록 서울을 떠나지 못했다. 이일이 데리고 갈 수 있는 병사가 한 명도 없었기 때문이다.

결국 이일은 경상도로 내려가는 도중에 인근 고을에서 농민들을 징집하며 군대를 급히 편성할 수밖에 없었다. 그러나 징집을 위해서도, 군대를 편성해서 운영하기 위해서도 최소한의 기간基幹 병력이 필요했다. 이일은 기간요원으로 쓸 병력으로 조정에 300명의 병사를 차출해 달라고 요청했다. 좌우 방어사에게 각각 100명씩, 그리고 자신이 데리고 갈 병사 100명을 합한 수였다. 그러나 조정에는 300명의 병사도 없었다.

병조에서는 급히 병안兵案을 가져다 병사들을 징집하려고 했다. 그러나 전쟁 발발 소식을 들은 징집 대상자들은 아침에 성문이 열리자마자 모두 서울을 떠나 달아나고 없었다. 미처 달아나지 못하고 병조에 끌려온 사람들은 모두 병역의무가 없거나 병사로 쓸 수 없는 사람들이었다. 그들을 제외하고 보니 전장에 내보낼 사람이 하나도 없었다. 이일은 3일이나 떠나지 못하고 기다리고 있다가 하는 수 없이 혼자서 먼저 떠났다. 별장別將 유옥兪沃이 나중에 모병을 해서 뒤따르기로 했다.

조정이 우왕좌왕하는 사이에 서울은 단번에 아수라장으로 변해 있었다. 왕실과 권세가부터 먼저 피란길에 나섰다. 길은 피란 행렬로 가득 차고, 서울은 이미 텅 비고 있었다. 피란에 꼭 필요한 신발 값과 말 값은 천정부지로 치솟았다. 특히 은값이 폭등했다. 궁중이나 권세가에서 피란에 대비하여 부피와 무게가 적은 은을 사들인다는 소문이었다. 피란을 못 가는 백성들은 초조했다. 돈 있는 자들은 피란을 가도 자기 농장이 있는 곳으로 가거나 연고가 있는 곳을 찾아가니, 먹고 자고 생활하는 기본적인 방안이 다 마련되어 있었다. 그러나 일반 백성들은 피란길을 나서는 그날부터 굶는 것 이외에는 방법이 없었다. 굶어 죽으나 왜적의 칼에 죽으나 죽기는 마찬가지였다. 견딜 수 있을 때까지 서울에서 견디어야 했다.

자연히 민심은 흉흉해지고, 백성들은 자포자기 상태에 빠졌다. 혼란 속에 서울의 치안 질서도 걷잡을 수 없을 정도로 무너졌다. 먼저 피란을 간 권문세가의 집 담장을 넘는 자들도 늘어 갔다. 곳곳에서 약탈이 자행되고 부녀자가 겁탈당했다. 나라는 왜적이 오기도 전에 먼저 무너져 내리고 있었다.

용렬한 장군 신립

순변사 이일이 상주에 당도했으나, 상주 목사 김

해金澥는 산으로 도망하고 없었다. 전쟁의 방향을 좌우하는 결정적인 3일을 서울에서 허비하고 황망히 상주에 당도했지만, 예상대로 군사가 하나도 없었다. 원래 이일은《제승방략制勝方略》에 의거, 전시에 경상도 군사의 집결지인 대구에서 군사를 지휘하기로 되어 있었으나, 일본군의 빠른 진군으로 대구에 집결했던 각 군현의 병력이 모두 흩어져 버린 탓에 부득이 상주로 갈 수밖에 없었다.

이일은 창고 문을 열어 곡식을 나누어 주며 흩어진 백성들을 모이도록 했다. 그리고 농민으로 편성한 군사 8,9백명을 급히 훈련시키고 있었는데, 갑자기 일본군이 몰려와서 조총으로 공격하니 군사들이 모두 흩어지고 죽었다. 미처 척후병을 세우지 않아서 일본군이 그토록 가까이 와 있는 줄도 몰랐던 것이다. 우리 군사가 활을 쏘았으나 적은 활의 사정거리 밖에서 총을 쏘니 처음부터 상대가 되지 않았다. 일본군이 추격해 오자, 이일은 말을 버리고 옷을 벗고 머리를 풀어헤치고 알몸으로 달아나 충주에 있는 신립의 부대에 갔다. 이렇게 하여 5월이 되기도 전에 영남 60여 고을이 모두 무너지고, 우도右道 6~7개 고을이 겨우 전화를 면했으나 군사는 모두 흩어지고 없었다.

이일의 패전 소식이 올라오자, 임금과 조정은 큰 충격에 휩싸였다. 그동안 경상도에서 급보를 보내 온 지방 수령들은 군사를 모르는 문관이 많았고, 서울에서 멀리 떨어져 있어 평소에 대비를 게을리한 탓에 그렇게 맥없이 무너졌다고 생각했다. 그러나 이일의 패전은 달랐다. 명장으로 이름난 장수였고, 서울에서 적을 치려고 파견한 사람이었다. 그런 이일이 변변한 싸움 한 번 못 해 보고 패한 것을 보고, 비로소 일본군의 강성함과 조선군의 무력함을 확인한 것이다.

사태는 분명해졌다. 처음 조정이 생각한 바와 같이 일본군이 침범한다 해도 남해안의 일부를 점령하여 노략질을 하거나, 변경에 단순히 소요를 일으키는 그런 수준이 아니었다. 일본군은 바람같이 빠른 속도로 서울을 향해 몰려오고 있었다. 예상을 벗어난 일본군의 과감하고 빠른 움직임에 선조와 조정은 당황했다. 사람들은 이미 서울을 지키지 못할 것이라고 했다. 어느덧 서울 거리는 텅 비어 갔다.

사헌부, 사간원에서 뒤늦게 아뢰어 성문을 굳게 닫고 백성들이 마음대로 성을 나가지 못하게 했으나, 눈치가 빠르거나 힘 있는 자들은 이미 서울을 빠져나간 뒤였다. 적의 침략이 처음 보고되었을 때 조정은 지체 없이 성문을 닫아 백성들의 피란을 통제하고, 신속하게 징집 대상자를 뽑아 도성 방어군을 편성해야 했다. 그런데 조정은 왜 그러지 않았을까.

권력 있는 자들이 제 가족의 피란길을 막을 생각이 없었기 때문이다. 부원군 유홍兪泓과 좌찬성 최항이 제일 먼저 가족을 시골로 보냈다고《기재잡기寄齋雜記》는 전하고 있지만, 누가 먼저 피란을 갔는지는 그리 중요하지 않다. 어차피 오십보백보였다. 심지어 조정 관원들 중에는 출근도 하지 않고 피란길에 나선 자까지 있었다. 그렇게 빠져나갈 사람은 다 나간 후에야 뒤늦게 성문을 닫아걸었던 것이다.

결국 피란을 못 가고 도성에 갇혀 버린 백성들과 경기도 백성들을 강제로 징집해서 서울 방어군을 편성했다. 조정이 힘없는 백성들에게 내린 조치는 가혹했다.

"전교를 내려 인심을 진정시키고 몰래 도망하여 도성을 빠져나가는 자는 참斬하여 경계를 보이는 한편, 근도近道에 영을 내려 피란인을 숨겨 준 사람을 찾아내고 그렇게 하여 병조가 뽑은 군사는 모두 4,500명. 서울 도성은 그 둘레가 40리(15.7킬로미터). 3만 개의 성가퀴(성 위에 낮게 쌓은 담)에 궁가弓家(돌담 지붕)가 7,200이었다. 성가퀴 한 곳을 두 명씩 교대로 지킨다고 하면, 서울 방어에 필요한 최소 병력은 6만 명. 그렇지 않고 성을 지키는 시늉이라도 하려면 한 궁가에 한 명씩의 병사는 있어야 한다. 그러나 한 궁가에 한 명씩 배치한다고 하더라도 당시의 군사로는 그 절반도 채울 수가 없었다. 더 이상 징집할 장정들도 없었다. 아무리 전투 중이라고 하더라도 먹고 자기도 해야 한다. 턱없이 모자라는 군사였다. 도성 방어는 이미 산술적으로 불가능하다는 계산이 나왔다. 이는 임금도 서울 백성들도 모두 다 알고 있는 사실이었다.

임금이 피란한다는 소문이 소리 없이 퍼지고 있었다. 가족을 제일 먼저 피란시킨 유홍이 상소를 올려 주장했다. '서울을 굳게 지켜 임금과 신하가 사직과 함께 죽자.' 종친들도 합문 밖에 모여서 통곡하면서 서울을 버리지 말라고 했다. 신하들이 모두 서울을 굳게 지키자고 했다.

임금은 그렇게 대답했다. 큰 소리로 말을 앞세우는 것은 위기의 순간에도 여전했다. 그러나 그들은 누구보다 먼저 재산을 빼돌리고, 남몰래 가족을 피란시키고 있었다.

이일을 순변사로 삼아 경상도로 내려보낸 후 조정은 신립을 경상·전라·충정 삼도순변사三道巡邊使로 삼았다. 신립에 대한 조정의 기대는 절대적이었다. 신립은 선조가 사랑하는 후궁 인빈 김 씨의 아들인 신성군의 장인이었다. 신립은 조정이 가지고 있던 모든 병력을 다 이끌고 떠났다. 신립이 출전할 때 임금은 상방검尙方劍(임금이 간악한 신하를 제거할 때 쓰는 칼)을 내리면서 "이일 이하 명을 듣지 아니하거든 이 칼을 쓰라"고 했다. 또한 "중외中外의 정병을 모두 동원하고 자문감의 군기를 있는 대로 사용하라"고 했다. 선조는 궁성을 지키는 금군禁軍도 신립의 군대에 편입시켜 주었다.

신립이 거느린 조선군은 8천 명. 여기에는 조선 제일의 장교단 80여 명과 서울에서 인솔해 온 3천의 기병이 포함되어 있었다. 당시 조선이 보유한 최정예 부대였다. 신립이 충주에 도착한 것은 4월 26일이었다. 막하의 장수들이 모두 신립에게 조령을 지키자고 했다. 그러나 신립은 장수들의 말을 무시하고 "적은 보병이고 우리는 기병이니 넓은 들판에서 맞아 기병으로 짓밟으면 이기지 못할 리가 없다"고 주장했다. 그리고 남한강을 등지고 탄금대에 배수진을 쳤다.

신립은 대적해야 할 적군이 사용하는 조총의 유효사거리가 얼마인지, 조선에 침공한 일본군이 지금까지 어떤 방법으로 전투를 수행했는지에 대한 정보도 없었고, 군사작전의 기본인 척후도 보내지 않았다. 나라와 백성의 운명을 짊어진 최고위 장수가 적군의 침입으로 나라가 짓밟힌 지 15일이 되었는데도 적군의 전략 전술에 대해서 아는 것이 하나도 없고, 적군이 어디에 있는지에 대한 정보조차도 없었다면 이것을 어떻게 이해해야 할까.

28일 신립의 장계에는, '적병이 상주를 떠나지 않았습니다.' 하였다. 적이 벌써 당시의 일본군은 주력 전투부대를 조총으로 무장하면서, 기존 기병 우위의 부대를 보병 우위의 부대로 바꾸었다. 그만큼 조총 앞에 기병은 취약했다. 몸집이 큰 말은 조총의 좋은 표적이 될 뿐이었다. 그런데 신립은 조총 앞에 기병으로 맞서기로 했던 것이다. 새재를 아무런 저항 없이 넘어온 일본군은 충주 탄금대에서 배수의 진을 친 조선군의 뒤를 은밀히 돌아 겹겹이 포위하였다. 일본군은 1만 명 이상의 병력을 하나의 단위로 묶어서 압도적인 힘으로 전투의 주도권을 장악해 나가는 전술을 즐겨 썼다. 싸움이 시작되자마자 승부는 이미 결정이 났다. 은폐물이 하나도 없는 개활지에서 일본군의 조총이 일제히 불을 뿜었다.

일본군의 조총은 조선군의 주력 무기인 활에 비해 그 사정거리가 세 배였다. 총구 앞에 알몸으로 내세워진 조선군 8천은 일본군에 가까이 다가가기도 전에 허무하게 쓰러져 갔다. 그것은 전투가 아니라 일방적인 대량 학살이었다. 천지를 진동하는 조총 소리에 놀라 말은 날뛰고, 뒤에는 남한강의 푸른 물이 가로막고 있었다. 강을 따라 나 있는 좁은 퇴로는 곳곳이 논과 습지였다. 말이 습지에 빠져 허우적거리는 곳에는 어김없이 일본군이 조총을 겨누고 매복해 있었다. 울부짖는 말과 조선군이 어지러이 달아나고 흩어져 강물로 뛰어들자, 일본군은 긴 칼로 창으로 마구 찍었다. 순식간에 강물은 피로 물들고 곳곳에 시체가 쌓여 갔다. 이 한 번의 전투로 충주에서 서울에 이르는 길에 조선군은 하나도 남지 않았다.

신립은 전쟁을 모르는 사람이었다. 그는 전쟁을 지휘하는 총사령관으로서 어떤 전략을 가지고 이 전쟁에 임해야 하는지 기본적인 이해조차 없었다. 그는 자신이 이끌고 있는 병력이 당시 조선이 지닌 전투력의 전부라는 걸 잘 알고 있었다. 그랬다면 마땅히 조령의 험준한 지세를 이용하여 적의 진격을 최대한 지연시키는 것을 자신의 임무로 삼아야 했다. 그렇게 신립이 시간을 벌어 주면, 조정은 그 시간을 이용해 후방에서 새로운 군대를 편성하여 제2 제3의 서울 방어선을 구축해야 했다.

이는 군사를 모르는 사람이라도 능히 알 수 있는 상식이다. 이러한 자신의 임무를 알았다면 병력을 가능한 한 오래 보존하면서 조령을 최대한 방어했어야 했다. 그런데 신립은 한낱 필부의 용맹을 자랑하며 조선군 최후의 병력과 힘들게 육성한 최정예 장교단을 한순간에 희생시키고 말았다.

200년 선비의 나라에 충신은 없고

신립의 패전 소식이 서울에 전해진 것은 4월 28일. 신립이 정말 왜적을 막아 줄 것으로 믿은 사람은 없었다. 그러나 막상 신립의 패전 소식이 올라오자 서울은 공황 상태에 빠졌다. 보병 위주의 일본군이 15일 만에 서울에 육박하고 있다는 것은 침략군의 속도를 늦출 만한 의미 있는 저항이 전무했음을 의미한다. 이제 선택의 여지가 없었다. 항복이 아니면 일단 적군을 피한 후 다시 군사를 모아서 기회를 보는 수밖에 없었다.

더 이상 머뭇거릴 틈이 없었다. 보병의 행군 속도로 충주에서 서울까지는 4,5일 거리. 그러나 기병으로 기습하면 하루 이틀에도 당도할 수 있는 거리였다. 파천播遷을 해야 한다면 지금 당장 떠나야 했다. 더구나 별동부대를 편성하여 임금을 노린다면, 지금 적은 서울 근방 어디쯤에 와 있을지도 몰랐다. 거침없이 밀고 올라오는 적의 기세에 서울은 바람 앞의 등불이었다.

선조는 마음이 다급해졌다. 창덕궁으로 신하들을 불러들였다. 긴박한 상황에서 열린 어전회의였다. 선택의 여지는 없었다. 대책은 오직 하나, 임금의 파천만이 있을 뿐이었다. 사람들도 그 길밖에 없음을 잘 알고 있었다. 그러나 신하들 중 어느 누구도 먼저 파천을 입에 올리지 않았다. 임금으로서는 답답한 노릇이었다. 누군가가 나서서 파천의 불가피성을 말하고, 이에 따라 한바탕 격렬한 찬반 논쟁을 거친 후 임금이 못 이기는 체 신하들의 뜻을 좇아 파천을 결정하고 회의를 종결하면 될 것이라고 예상했다. 그렇게 되면 백성을 버린 임금이라는 비난을 피할 수 있고, 왜적의 침략에 쫓겨 도망가는 수치가 조금이라도 줄어들 것이라는 계산이 있었을 것이다.

'임금이 수치를 당하면 신하는 죽어야 한다'고 했다. 지난 20년간 절의를 숭상하고 충신열사를 그토록 높여 왔으니 임금의 수치를 대신할 신하가 줄을 이을 것이라는 기대도 없지 않았을 것이다. 그러나 선조의 기대는 처참하게 무너졌다. 평소 그토록 충의와 절의를 높이 외치던 신하들이 결정적인 순간에 입을 다물고 있었다. 선조는 임금을 위해 자신의 수치를 돌보지 않을 신하가, 종묘사직을 위해 진정한 용기를 발휘할 사람이 반드시 있을 것이라고 믿고 끈기 있게 기다렸다. 그러나 그런 사람은 끝내 나타나지 않았다.

기다리다 지친 임금이 스스로 입을 열어 파천하겠다는 뜻을 밝혔다. 그러자 달리 대안이 없는 것을 너무나 잘 알고 있는 신하들이 벌떼처럼 들고 일어났다.

이때 도성 백성들은 모두 뿔뿔이 흩어져서 도성을 지키고 싶어도 그럴 형편이 못 되었다. 머뭇거릴 시간이 없었다. 서울을 비워 주고 견고한 성에 의지하여 재빨리 새로운 방어선을 구축해야 했다. 그러나 조정 신료들은 파천을 입에 올려 비겁하게 제 살 길만을 모색하는 비루한 선비로 비난받는 것은, 그들이 목숨처럼 떠받들어 온 춘추대의와 천하의 명분을 거스르는 일이라고 믿었다. 국가와 개인의 흥망은 잠시지만, 대의명분을 지키는

선비의 기개는 영원한 것이라고 배우고 가르쳐 왔다. 그들은 그러한 대의
명분을 이용하여 끊임없이 정적을 찍어 넘어뜨렸다. 그들에게 대의명분은
나라보다, 임금보다도 무서운 것이었다. 한번 대의명분을 저버린 선비로
매도되면, 자자손손 의리를 저버린 비겁한 조상의 후손이라는 멍에를 걸머
지고 살아야 했다.

이런 상황에서 전략적으로 후퇴하고, 남아 있는 전투력을 보전하여 반격
의 기회를 노리자는 논의가 가능할 리 없었다. 모두 말로는 천하에 둘도 없
는 충신열사들이었다. 그들은 목 놓아 통곡하며 앞 다투어 죽음으로써 도
성을 사수하자는 결의를 외치고 임금을 압박했다. 결국 선조는 얼굴빛이
변하여 내전으로 들어가 버렸다.

왕과 사대부의 비겁함이 나라를 구하다

이런 답답한 상황
에서 논의의 물꼬를 튼 사람은 영의정 이산해李山海(1539~1609)였다. 그저
눈물만 흘리던 이산해는 휴식 시간에 밖에 나와서 "옛날에도 파천한 사례
가 있다"고 말했다. 임금의 파천 제안에 간접적으로나마 먼저 동의를 표명
한 것이다. 고려 공민왕 시절 홍건적이 쳐들어와 개경이 침범당할 때 공민
왕이 안동으로 파천한 후 군사를 재정비하여 홍건적을 물리친 사실을 말한
것이다.

그러자 모두 웅성거리며 이산해를 비난했다. 사헌부·사간원 양사가 즉
각 들고 일어나 이산해의 파면을 청했다. 그렇게 한바탕 충절에 대한 발언
을 다투어 쏟아 낸 신하들은, 그렇게 파천의 모든 책임을 영상 이산해에게

슬쩍 뒤집어씌운다. 그들의 계산은 번개처럼 빨랐다. 그러고는 그들이 언제 파천을 반대했던가 싶을 정도로 태도를 바꾸어 구체적인 논의에 들어갔다. 이때 장령 권협權俠이 눈치 없이 서울 사수를 다시 큰 소리로 주장했다. 신하들이 재빨리 권협을 나무랐다.

어쨌든 이렇게 하여 어가御駕 파천이 결정되었다.《손자병법》의 마지막 계책 36계. 싸움에 지면 일단 피하는 것이 최고의 계책이다. 그래야만 다시 일어설 수 있다. 이때 선조가 도망하지 않고 서울 도성에서 농성하며 일본군과 최후의 승부를 겨루었다면, 그것이야말로 바로 일본군이 바라던 바였다.

일본군은 전격전을 머릿속에 그리고 있었다. 서울에서 승부를 겨루어 조선 왕을 사로잡고, 왕을 앞세워 조선군을 동원하고 조선의 식량을 징발하여 중국과의 전쟁을 벌이는 것. 조선 병사를 화살받이 삼아 중국을 공격할 수 있었다. 그렇게 되었다면 이때 조선은 엄청난 희생을 감수해야 했을 것이다. 그러므로 선조의 파천 결정은 임진왜란을 조선의 승리로 이끄는 최선의 전략적 결단이었다. 역설적이게도, 왕의 비겁함이 조선을 구하는 결정적 역할을 한 것이다.

이상하게도, 일본은 조선 왕의 도망을 전혀 예상하지 못했다. 그들은 나라의 최고 통치자가 수도를 버리고 도망간다는 것은 아예 생각조차 하지 못했다. 따라서 조선 왕의 도망으로 일본은 심각한 전략적 차질을 빚게 되었다. 이제 전쟁은 전격전에서 장기전으로 변화할 수밖에 없었다. 왕이 도망했으니 일본은 아무리 급해도 조선 백성으로 군사를 조직하고 군량을 징발하는 데 필요한 점령지 행정조직을 새로 구축해야 했다. 그러려면 최소한 몇 달의 시간이 필요했다. 그것은 곧바로 중국까지 밀고 올라가는 전격전은 불가능해졌음을 의미했다. 결국 일본군은 서울을 점령했지만, 더 이상 북진을 하지 못한 채 서울에서 방향을 잃고 머뭇거리고 있었다.

더구나 조선 사대부들의 도망은 조선 왕조를 대체하는 새로운 왕조나 행정조직을 만들기 어렵게 만들었다. 결국 왕의 도망은 의병이 활동할 시간을 만들어 주고, 이순신의 수군이 활약할 기회를 만들어 주고, 중국이 개입하여 전황을 변화시킬 계기를 만들어 준 것이다. 임진왜란을 승리로 이끈 조선 최초의 결정적 전략이 바로 임금의 도망이었던 것이다.

이제 문제는 도망이 아니라 전략적 후퇴를 얼마나 효과적으로 하느냐였다. 방어선이 무너진 상황에서 조선군에게는 1분 1초가 아깝고 긴박한 순간이었다. 후퇴하는 군사를 어디에 어떻게 재집결시켜서 새로운 방어선을 구축할 것인가. 군량과 화약, 화살 등 전략물자는 어디서 조달하고 어떻게 수송할 것인가. 백성들에게 어느 정도의 정보를 제공하고, 그들을 어떻게 피란시킬 것인가. 조선이 제대로 된 나라였다면 이런 문제들이 세밀하게 논의되었을 것이다. 그러나 조정은 논의할 가치조차 없는 도성 사수 문제로 이미 귀중한 시간을 허비한 후였다.

이때 일본이 조선 왕의 도망을 고려하지 못한 결정적 실수를 범한 것은 그들의 역사와 정치문화 때문이었다. 100년 동안 내전을 벌였지만, 일본의 영주들은 언제나 자신의 성과 운명을 같이했다. 당시 일본에서는 나라라고 해 봤자 조선의 군郡 하나 둘 정도의 크기에 불과했다. 그런 자들은 싸움에 패하면 항복을 하거나 죽음을 선택했고, 그렇게 전쟁은 끝이 났다. 백성들은 무사들의 싸움 결과에 따라 새로운 지배자에게 무조건 복종했다. 그랬으니 국토가 3천 리에 이르고 백성이 5백만이 넘는 조선의 왕이 성을 버리고 몸을 피하리라고는 전혀 예측하지 못한 것이다. 바로 이것이 당시 일본의 한계였다.

누구를 섬긴들 왕이 아니랴

　　　　　　　　　　　　　임금의 피란 소식이 대궐 밖으로
퍼져 나가자, 성문이 닫혀서 도성에 갇힌 백성들은 분노에 휩싸였다. 더군
다나 자신들을 성안에 가두어 놓고 떠나겠다고 하지 않는가. 분노는 곧 두
려움으로 바뀌었다.

　성문은 닫혔지만 힘 있는 자는 성곽의 낮은 곳을 이용해서 수시로 드나
들었고, 중요한 물건은 권력과 뇌물을 이용해서 마음대로 빼냈다. 그러나
힘없는 백성들에게 도성은 이제 견고한 감옥이 되었다. 평화로운 시절에
는 백성의 기름과 피로 호화로운 삶을 누리던 자들이 전쟁이 일어나 다급
한 상황에 이르자 힘없는 백성과 하급 관리들을 야차와 같은 왜적의 칼날
아래 미끼로 던져 주고 저들만 살겠다고 달아난다는 것이었다.

　생사의 기로에 선 백성들은 두려운 것이 없어졌다. 그들에게는 이제 더
나빠질 것도, 더 지켜야 할 것도 없었다. 임금이 있다고 나아질 것도 없었
고, 왜놈이 온다고 해서 더 나빠질 것도 없을 것 같았다. 누구를 섬긴들 힘
없는 백성들에게 달라질 것이 무엇인가. 임금과 대신들이 먼저 백성을 버
리고 제 살길을 찾는데 누가 끝까지 충성을 할 것인가. 백성들은 시배층을
향한 적대감을 공공연히 드러내었다.

　나라의 안전을 책임진 하급 관리들도 흔들리고 있었다. 그들도 살길을
찾아야 했다. 임금과 사대부들이 모두 난을 피해 도망을 가는데 그들만이
가족과 헤어져서 도성을 지킬 수는 없었다. 세상이 순식간에 무너졌다. 곳
곳에서 흉포한 자들이 나타나 약탈이 자행되고, 수많은 백성이 죽고 다쳤
다. 왜적이 오기도 전에 도성 안은 이미 전쟁 상황이었다.

　파천이 정해지자 선조는 마음이 다급해졌다. 일본군이 서울 근방에 와

있지 않을까 하는 생각만 하면 가슴이 울렁거려 잠을 잘 수도 없었다. 선조는 피란을 재촉했다. 파천이 결정된 바로 다음 날 밤이었다. 밤이 깊어가자 대궐 안의 이복吏僕(벼슬아치와 종)들이 슬금슬금 사라지더니, 조금 뒤에는 대궐의 경비를 담당하는 위사衛士들도 모두 흩어져 버렸다.

이날 밤 호위하는 군사들은 모두 달아나고 궁문宮門엔 자물쇠가 채워지지 않았으며 금루禁漏는 시간을 알리지 않았다.   – 《선조실록》 25년 4월 29일

임금이 두셋 젊은 내시들과 판방板房에 앉아 있었는데, 무례한 자들이 대궐에 밀고 들어와 귀중한 물건들을 기탄없이 훔쳐 갔다. 시녀들은 맨발로 옷 벗은 채로 혹은 쓰러지고 혹은 울면서 궁문을 뛰쳐나오니 그 소리가 천지를 진동하였다.

– 《기재잡기》

밤에 도적들이 궁궐 담을 넘어와 사방을 어슬렁거리며 다녔다. 궁궐 안에서조차 임금과 비빈들의 신변 안전이 위태한 상태였다. 200년을 이어 온 국가의 위엄이 좀도둑에 의해서 여지없이 유린되고 있었다. 마침 순회세자빈의 상을 당하여 시신이 궁궐 내에 있었지만, 어느 누구도 세자빈의 시신을 처리하지 못했다. 예禮가 목숨보다도 중하다고 목청을 높이던 사람들이 목숨이 위급해지자 모두 제 살길 찾기에 바빴다.

종실宗室 해풍군 이기李耆 등 수십 명이 합문閤門(출입문)을 두드리고 통곡하며 임금의 파천을 말리니, 임금이 전교하기를 "가지 않고 마땅히 경들과 더불어 목숨을 바칠 것이다" 하였다. 그러나 임금의 마음은 이미 도성을 떠나 있었다. 자신의 안전마저 보장되지 않는 도성에 잠시라도 더 있기가 불

안했다. 일본군도 두렵지만, 언제 백성이 궁궐로 몰려올지도 알 수 없는 상황이었다. 서둘러 떠나야 했다. 지난 25년간 사림 세력과 야합하여 백성의 삶을 외면한 선조가 맞이한 위태한 순간이었다.

큰비가 내려서 밤은 칠흑같이 어두웠다. 임금은 병조판서 김응남金應南에게 표신을 주어서 군무軍務는 알아서 적당히 처리하라고 일임하였다. 김응남은 목에 표신을 걸고 지휘를 하려고 애를 썼지만, 한 사람도 명령에 따르는 자가 없었다.

어두운 밤 줄기차게 쏟아지는 빗속에 임금이 궁궐을 떠났다. 뒤이어 백성들이 대궐로 뛰어들었다. 약탈과 파괴가 거리낌 없이 자행되었다. 백성들은 궁궐에 불까지 질렀다. 임금을 포함한 지배층의 억압과 탐욕과 무능에 대한 백성들의 응징이었다. 백성들의 마음에는 분노와 증오만이 가득차 있었다. 그 분노와 증오의 불길에 200년 역사의 창덕궁과 창경궁, 경복궁이 잿더미로 변해 갔다.

백성들은 임금과 조정이 도망가는 모습을 보면서 먼저 형조와 장예원掌隸院(노비에 관한 부적과 소송사무를 관장한 관청)으로 뛰어들었다. 그들은 노비 문서를 끌어내어 방과 대청에 쌓아 놓고 불을 질렀다. 불은 쏟아지는 빗속에서도 맹렬한 기운으로 타올랐다. 대를 이어서 그들을 얽어매던 문서들이 한 줌 재가 되어 불길을 타고 하늘 높이 솟아올랐다.

도성뿐만이 아니었다. 왜적의 침입 소식이 전해지자 경상도 합천, 초계, 고성, 진주 등지에서는 토적土賊들이 들고일어나 관창官倉을 습격하고 관곡을 탈취해 갔다. 토적의 정체는 정확히 확인할 길이 없으나 당시의 기록은 산망군졸散亡軍卒, 즉 흩어지고 달아난 군사들이라고 전한다. 곳곳에서 군사들이 지휘관의 명령을 무시하고 도적이 되어 갔다.

임금과 조정이 서울을 버린 것은, 새로운 전선을 구축해 놓고 전쟁 지휘부를 옮기는 질서 있는 후퇴가 아니었다. 그야말로 도주였다. 임금이 백성을 버리고 도주를 했는데, 백성이 나라를 위해서 죽을 의미는 없었다. 그들에게 선조는 이미 임금이 아니었던 것이다.

전란은 왜적이 일으켰지만, 이제 조정은 백성들과도 싸워야 했다. 적에게 투항하는 백성, 도적의 무리가 되어 가는 백성과 싸워야 했다. 비록 전략적으로는 임금의 파천이 최선의 선택이었지만, 백성들의 민심은 급속히 차가워지고 있었다.

어가에 날아드는 분노의 돌팔매

어두운 밤 대궐을 빠져나온 어가 행렬이 홍제원을 지날 때쯤 날이 새고 있었다. 비는 더욱 세차게 퍼부었다. 우의가 준비되지 않아 임금도 신하도 흥건히 젖었고 추위에 몸을 떨었다. 경기 감사 권징이 30여 명의 군사를 이끌고 와 우의를 바치고 앞뒤로 호위병을 배치해 행렬이 비로소 어느 정도 모양을 갖추었다.

정오에 벽제역에 당도하였다. 임금을 역관에 모시고 점심으로 찬밥을 올렸다. 왕과 왕비의 반찬은 겨우 준비가 되었으나 동궁은 반찬도 없었다. 신하와 병사들은 아침도 점심도 굶었다. 임금이 점심 후에 역관에서 나오니, 밖에서 쏟아지는 비를 그대로 맞으며 기다리고 있던 시종과 신하들이 하나 둘 슬그머니 행렬에서 떨어져 나갔다. 많은 관원들이 임금을 버리고 빗속을 걸어서 사라져 갔다.

어가가 임진강에 당도한 것은 저녁 무렵이었다. 줄기차게 내린 비로 강물이 불어나 넘실거리고, 쓸 수 있는 나룻배는 불과 5,6척이었다. 캄캄한 밤, 적이 어디에서 쫓아오고 있는지 몰라 마음은 다급했고, 일각이라도 빨리 강을 건너야 했다. 사람들이 체통을 잃고 상하가 먼저 배를 타려고 뒤엉겨서 다투었다. 임금도 대신도 눈에 보이지 않았다. 적이 쫓아오는 것도 문제였지만, 임금과 대신들이 먼저 배를 타고 강을 건너가면 건너간 배를 다시 돌려보내지 않을까 의심한 것이다. 그렇게 되면 강을 건너지도 못하고 추격해 오는 왜적에게 붙잡혀 죽거나 포로가 될 것이었다.

신하들의 이런 생각은 당연했다. 체통이 아무리 중요해도 목숨과 바꿀 수는 없는 노릇이었다. 배가 되돌아오지 않는 만일의 사태에 대비해서라도 반드시 임금과 함께 배를 타고 강을 건너가야 했다. 이미 사람들 사이에는 믿음이 사라진 지 오래였다. 흔들리는 배 속에서 이 광경을 바라보고 있던 임금이 통곡했다. 이런 신하들과 함께 국정을 논했다니. 더군다나 이제 자신은 망국의 군주로 기록될 것이 아닌가.

신하들의 의심대로 임금을 태우고 갔던 나룻배는 강을 건넌 후에 다시 되돌아오지 않았다. 선조를 배를 가라앉히라고 명령했다. 뿐만 아니라 가까운 곳의 인가도 철거하라고 명했다. 일본군이 인가의 재목을 뜯어내어 뗏목을 만들어 강을 건널 것을 염려했기 때문이다.

임금의 명에 따라 근처의 집과 정자에 불길이 올랐다. 캄캄한 밤 쏟아지는 빗속에서도 불길은 거세게 타올라 도망가는 임금의 가마를 비춰 주었다. 이때 강을 건너지 못한 사람이 절반이 넘었다. 강 저쪽에 갑자기 버려진 신하들은 허탈과 분노에 휩싸였지만, 어가는 질척거리는 길을 따라 북쪽으로 나아갔다.

어가가 동파역(파주)에 닿은 것은 깊은 밤 삼경(밤 11시에서 1시)이었다. 하루 종일 비를 맞으며 질척거리는 길을 걸었으나 밥 한 끼도 먹지 못했다. 임금만 겨우 허기를 면했을 뿐 세자 이하 모두 끼니를 굶었다. 동파역에서 밤을 보낸 행차는 아침이 되어도 출발을 할 수가 없었다. 말을 모는 사람과 교꾼 노릇을 하던 병정, 인근 백성들까지도 간밤에 임금을 피해서 모두 도망을 가 버리고 없었다. 병사들은 경기 감사가 명령을 해도 누워서 일어나지 않았고, 승지들이 화를 내어 꾸짖어도 대답이 없었다. 겨우 행차가 출발은 했지만 군졸들이 모두 도망가서 호위할 사람이 없었다. 한 무리의 도적만 만나도 임금의 목숨이 위태한 상황이었다.

난감해 하던 차에 황해 감사 조인득趙仁得의 군사가 어가를 호위하려고 달려왔다. 이들의 도움으로 어가는 판문촌을 거쳐 개성부에 당도했다. 연도에 백성들이 몰려나와 임금의 행차를 바라보았지만 환영하는 분위기는 아니었다. 심지어 어가를 향해 돌을 던지는 자도 있었다. 그러나 시위侍衛가 허술하고 약해서 돌을 던지는 것을 막지도 못했다. 이튿날 아침에 성문이 열리자마자 수많은 개성 백성들이 임금을 피해서 피란을 떠났다. 임금도 적군과 똑같이 피해야 할 대상이었을 뿐이다.

파천을 주장한 이산해를 죽여라

임금이 개성에 도착한 이튿날. 겨우 정신을 차리자 양사兩司가 임금 앞에 나와 엊그제 대궐에서 파천을 의논했을 때 먼저 파천의 의논을 받아들인 영의정 이산해를 죽여야 한다고 주장했다. 승지들은 파천을 옹호한 이산해에 대한 분한 감정을 억제하지 못하고 이산해를 당장 때려죽이자는 의논까지 한 터였다. 많은 신하들이 이산해를 죽이자는 데에 동조하고 나섰다. 선조의 적극적 만류로 이산해는 겨우 목숨을 건졌지만, 결국 파천을 주도했다는 죄를 혼자 뒤집어쓰고 경상도 평해 땅으로 귀양을 떠났다.

파천을 하지 않고 서울에 그대로 있었다면, 지금쯤 임금과 자신들은 일본군 손에 죽거나 사로잡혔을 것이고 나라는 망했을 거라는 걸 누구보다도 잘 아는 그들이었다. 누군가는 파천을 주장해야 했고, 파천한 덕분에 나라와 자신들의 목숨도 유지할 수 있었다. 그러나 그들은 바로 엊그제 있었던 그 급박한 위기 상황을 마치 없었던 일인 양 말했다. 어느새 대의명분을 지키는 만고의 충신이 되어서 역적 이산해를 죽이라고 주장하고 있었다.

임금노 그들의 말뜻을 모를 리 없었다. 일본이 침입해 도성이 불타고 나라가 거의 망할 지경에 이르렀는데 아무도 책임을 지지 않는다면 백성들이 가만히 있겠는가. 누군가는 이 책임을 져야만 했다. 그 책임을 따져 본다면 제일 큰 책임은 임금의 몫이었고, 대신들의 책임이었다. 그렇다면 누구에게 그 책임을 씌워야 민심이 수긍할 것인가. 신하들이 들고 나온 것이 영의정 이산해였다. 그러나 선조는 그 책임을 좌의정 유성룡도 함께 져야 한다고 했다.

선조는 먼저 자신은 이 전쟁을 우려했으므로 책임이 없다는 것을 강조했다. 그러니 자신의 책임은 거론하지 말라고 못을 박은 것이다. 따라서 전쟁을 미리 대비하지 못한 책임은 신하들에게, 그중에서도 이산해보다는 유성룡에게 있다는 것이다. 임금의 말에 호군 홍인상洪麟祥이 말했다.

지금 전쟁 책임을 입에 올리지 말라는 것이었다. 전쟁 책임을 말하자면 어느 누구도 여기서 자유로울 수 없었다. 그러니 전쟁 책임 문제는 덮어 두고 오직 파천 과정의 준비 부족만 문제 삼자는 것이었다. 그들은 지난 이틀간의 몽진蒙塵 길에서 상처 입은 왕실과 조정의 자존심에 당황하고 분노했다. 평생 험한 꼴 한 번 겪지 않고 고준담론高峻談論을 논하며 군자의 풍모로 살아온 그들이었다. 그러나 지난 이틀간의 몽진 길은 그들의 고아한 풍모를 여지없이 망가뜨려 놓았다. 생전 처음 겪는 추위와 배고픔, 행군의 고통에다 죽음에 대한 공포는 차라리 치욕에 가까웠다. 이제 위급한 상황이 지나고 한숨 돌리고 나자, 그제 밤 임진강을 건널 때의 부끄러운 기억이 그들을 분노하게 만들었다.

그들은 국가 패망의 위기 앞에서 참회와 회한의 눈물이 아닌 분노로 몸을 떨었다. 결국 선조는 2품 이상의 신하들을 소집하여 이 문제를 의논하게 했다. 그런데 대부분의 신하들이 이산해가 그 책임을 져야 한다고 주장했다. 왜 이산해가 그 책임을 져야 하는가. 임금의 질문에 신하들은 이렇게 대답한다.

이산해는 오랫동안 이조판서 직에 있었다. 그는 인사 담당 장관의 직에 있으면서도 사람들의 청탁을 물리쳐, 정적이라고 할 수 있는 이이로부터도 인사의 공정성에 대해서만은 높은 평가를 받았다. 오랜 세월 이조판서와 정승의 자리에 있던 그의 집 대문 앞은 비로 쓸어 놓은 듯 깨끗해서 사람들은 그에게 감히 인사 청탁을 하지 못했다. 그런 꼿꼿함이 결국 사람들에게 미움을 샀던 것이다. 그는 영의정으로서 파천을 지지할 수밖에 없었고, 그 때문에 탄핵을 받아 죽음 직전에서 겨우 살아남아 귀양길에 올랐다. 파천을 먼저 주장했던 선조는 신하들에게 약점이 잡혀 이산해를 구해 주지 못했다.

위급한 상황에서도 정쟁은 계속되었다. 말 한 마디 한 마디가 살얼음판이었다. 중요한 정책을 놓고 서로 두려워하고 눈치만 보았다. 임금의 절대적 신임을 받던 이산해마저도 죽음 직전에 간신히 살아나지 않았는가. 희생양이 필요한 상황에서는 더욱 몸을 사려야 했다. 조정의 기강과 풍토가 이러하니 어느 누구도 감히 나서서 소신 있는 얘기를 하지 못했다. 아무리 다급한 사안이라도 먼저 말을 꺼내지 못했다.

백성을 버리는 임금, 임금을 버리는 신하

일본군이 서울에 당도한 것은 5월 2일. 고니시의 부대가 먼저 도착하고, 그 이튿날 가토의 부대가 도착했다. 고니시의 부대는 양근(경기 양평)을 경유하여 용진을 건너서 서울 동로에 이르렀고, 가토의 부대는 죽산과 용인을 경유하여 한강 남안에 도착하였다. 이때 도원수都元帥 김명원金命元이 군사 1천여 명을 거느리고 보광동의 제천정濟川亭에 있다가 적이 쏜 총알이 정자위에 떨어지자 겁을 먹고 군기軍器를 다 강물에 던져 버리고 도망했다. 유도대장留都大將 이양원은 한강의 군사가 무너졌다는 소식을 듣고 도성을 버리고 양주로 달아났다.

선봉 고니시와 가토는 부산에 상륙한 후 천 리 길을 무인지경같이 대군을 휘몰아 불과 20일 만에 서울에 입성했다. 세 길로 몰려온 적병이 모두 서울에 이르렀는데, 성중이 적적하고 군사와 말〔馬〕 소리가 들리지 않았다. 또 성문이 닫히지 않았는데 적이 오히려 복병이 있을까 봐 의심해서 감히 들어오지 못하고, 몇 번의 확인 후에 성중의 반민叛民(배반한 백성)들의 안내를 받아 도성으로 들어갔다. 일본군이 서울에 입성한 것은 5월 2일이었다.

민심은 완전히 등을 돌렸다고 했다. 서울의 시장 사람들은 태연하게 일본군 밑에 살면서 피란도 하지 않는다고 했고, 백성들이 일본군을 환영한다는 소문까지 있었다. 그러나 선조는 자신의 잘못을 인정하지 않았다.

– 《선조실록》 25년 5월 3일

비변사에서는 패전의 책임을 무신들에게 전가했다. "조정이 무사를 길
러온 지 200년인데 팔을 걷고 분연히 일어서는 남자 하나 없고 적군이 왔
다는 소문만 들어도 그저 움츠려 후퇴밖에 모르는 판국입니다." 그러자 신
하들은 패전의 책임을 백성에게 돌린다. "어제 임진에서 얻은 지도를 보니
강화·교동 등지의 뱃길의 거리를 자세히 적어서 왜적에게 준 것이었습니
다. 인심이 이러하니 매우 통분스럽습니다." 어디를 둘러봐도 희망은 보이
지 않았다.

일본군은 방을 붙여 백성들을 회유했다. 서울을 점령했다는 보고를 받
은 도요토미는 명령을 내려 정령政令을 엄하게 하고, 도성민이 돌아와 살
수 있게 하는 등 장기전에 대비했다.

– 《선조실록》 25년 5월 10일

그러면서 문무 관료들은 더 정중한 태도로 회유했다.

르면 반드시 그 재기才器에 응하여 벼슬을 줄 것이다. 먼저 복종하는 자는 상을 줄 것이로되 불복하는 자는 벌을 줄 것이다. 청컨대 헤아리기 바란다.

– 《서정일기西征日記》

일본군의 회유는 어느 정도 효과가 있었다. 하루하루를 힘겹게 살아야 하는 백성들의 마음이 흔들리고 있었다. "일본군도 사람인데 우리가 굳이 집을 버리고 피할 필요가 있는가." 백성들이 점차 도성으로 돌아와서 장이 서면 사람이 가득하여 예전이나 다름이 없었다.

이때 성안 백성이 모두 달아났다가 얼마 되지 않아서 차차 들어와서 동리와 시장이 전일과 같고 적과 섞여서 물건을 서로 매매하였다. 적이 성문을 지키고 우리 백성들로서 적의 첩帖을 가진 사람은 출입을 금지하지 않으므로 모두들 적의 첩을 받아 적에게 복종하여 감히 그들의 영을 어기지 못하였다. 또한 적에게 아첨해서 친근하고 길잡이가 되어 못된 짓을 하는 자도 있었다.

– 《연려실기술》

들리는 소문에는 경상도 사람들이 다 배반하여 왜놈에게 붙었다고도 했고, 왜군의 절반은 조선 사람이라는 소문도 무섭게 번져 나갔다. 계속 들어오는 패전 소식에 이미 파천을 결정하기 전부터 백성들뿐 아니라 대부분의 신료들 눈에도 결국 나라가 이대로 망할 것으로 보였다. 갈수록 깊어지는 위기의식에 신료들은 피란하는 조정을 이탈하여 중도에서 무단이탈하였고, 최종 도착지인 의주까지 선조를 따라간 신료들의 숫자는 수십 명에 지나지 않았다.

애초에 상이 경성을 떠날 때 요사스런 말이 갖가지로 퍼져 국가가 틀림없이 망할 것이라고 하였으므로 명망 있는 진신縉紳(벼슬아치)들이 모두 자신을 온전하게 할 계책을 품었다. 수찬 임몽정任蒙正은 하루 먼저 도망하여 떠났으며, 정언 정사신鄭士信은 도성 서남쪽에 이르러 도망하였고, 지평 남근南瑾은 연서延曙에 이르러 도망하였으며, 그 나머지 낭서朗署와 여러 관사는 제멋대로 흩어져 떠났고, 산반散班과 외신外臣은 한 사람도 따르는 자가 없었다. 평양에 이르러 대사성 임국로는 어미의 병을 핑계 대고, 이조 좌랑 허성許筬은 군사를 모집하겠다고 핑계 대고, 판서 한준, 승지 민준閔濬, 참판 윤우신尹又新은 서로 잇따라 흩어져 떠났고, 노직盧稷은 영변에서 뒤에 떨어졌다가 도망하였다. …… 세자를 따르거나 왕자를 따르는 사람도 거의 없었다. 경성에서 의주에 이르기까지 문관·무관이 겨우 17인이었으며, 환관 수십 인과 어의 허준許浚, 액정원掖庭員 4~5인, 사복원司僕員 3인이 처음부터 끝까지 곁을 떠나지 않았다. 상이 내관에 이르기를, "사대부가 도리어 너희들만도 못하구나." 하였다.

– 《선조수정실록》 25년 6월 1일

서울이 함락되었다는 소식이 전해지자 임금은 5월 3일, 날이 어두워질 무렵 개성을 떠났다. 신하들이 위의威儀(예법에 맞는 차림새)를 갖추어 떠나자고 했지만, 겁에 질린 임금은 황급하게 떠나자고 재촉했다. 백성들은 이런 임금을 비웃으며 욕했다. 어가는 밤중에 금교역에 도착했다. 재상 이하 모두 풀밭에서 노숙을 했으며, 호종하는 신하들은 끼니도 잇지를 못했다. 어가는 금암역, 서흥부, 황주를 거쳐서 5월 8일 평양에 이르렀다. 임금이 평양에 들어가니 감사 송언신宋言愼이 3천여 군마를 거느리고 행차를 맞았다. 창칼이 해를 비추고 성중의 백성과 가옥들이 서울과 같아 호종한 사람들이 비로소 생기가 돌았다. 뒤늦게 평양에 돌아온 이덕형李德馨이 광범위하게 번져 가는 민심의 이반을 걱정했다.

그가 말한 별다른 조치란 전란의 책임을 지고서 임금이 물러나야 한다는
말이었다. 그러자 윤두수尹斗壽가 얼굴빛이 변해 답하지 않다가 천천히 말
하기를 "나라가 아무리 위급한들 어찌 신하로서 감히 하지 못할 이런 말을
하는가." 하며 이덕형을 꾸짖었다.

일본군이 5월 27일 임진강을 건넜다는 소식이 평양으로 전해진 것은 6월
1일이었다. 윤두수가 평양성을 사수하자고 강력하게 주장했다. 평양성은
사면이 매우 험해서 방어하기 쉽고, 군사가 1만이 넘고 양식도 많으니 여
기서 한 걸음만 떠나면 국사는 그만이라 했다. 그러나 선조는 "국사는 이미
경에게 맡겼으니 잘하오." 하면서, 임금은 평양성을 먼저 나갈 것이니 세자
광해군과 함께 성을 지키라고 했다. 이때 임금의 얼굴빛이 풀이 죽고 말소
리가 슬프고 간절하여 신하들이 감히 우러러보지 못하였다.

6월 8일 임금의 행차가 평양을 떠나려는데, 아전衙前과 백성이 원망하고
격분해서 폭동을 일으켜 창과 칼로 마구 쳐서 종묘 위패가 땅에 팽개쳐졌
다. 백성들은 신하들을 보고 큰 소리 꾸짖었다.

백성들의 저항으로 임금의 행차가 며칠이나 떠나지 못하다가 11일에야 평양을 떠나 영변으로 향했다. 이튿날 안주에 이르니 백성들은 모두 임금을 피해 버리고 임금은 밥을 굶었다. '임금이 사관史官을 부르니 다 벌써 흩어지고 없었다.' 여기서부터 호종하던 관원들이 모두 뒤에 떨어지고 행차를 따르는 사람은 10여 명이 되지 않았는데, 역시 마음대로 먼저 앞에 가기도 하고 뒤에 떨어지기도 하여 호위하는 자는 많지 못하였다.'

특히 주서 박정현朴鼎賢, 임취정任就正, 대교 조존세趙存世, 검열 김선여金善餘는 늘 임금을 시종하는 젊은 신하들이었다. 임금은 늘 이들을 자식같이 동생같이 마음으로 가까이 두었다. 그런데 이들이 임금께 하직도 고하지 않고 도망쳐 버렸다. 이튿날 영변에서는 헌납 이정신이 가 버렸고, 지평 이경기李慶禥는 박천에서 사라져 버렸다.

"요동으로 건너가는 것이 어떠한가?"

전쟁 초 조선군이 연전연패를 거듭하자 모든 조선 사람이 '나라가 반드시 망하리라' 생각하고 전의를 상실했다. 이러한 패배 의식은 누구보다도 선조의 머릿속을 지배하고 있었다. 그는 상황이 급박하면 요동으로 피신할 생각부터 했다. 그러나 이런 생각을 지지한 사람은 소수에 지나지 않았다. 대다수의 신하들은 선조가 조선 땅을 떠난다는 것은 곧 나라를 버리는 것이라고 생각했다. 그들은 명나라에 청병하는 것에도 소극적이었고, 일본군을 막는 주체는 조선군이 되어야 하며 명군은 어디까지나 조선군을 원조하는 수준이어야 한다고 믿었다.

선조의 의중을 먼저 알아차리고 요동 망명을 주장한 사람은 도승지 이항복李恒福(1556~1618)이었다. 선조가 서울을 버리고 피란길에 올라 임진강을 건너 동파관東坡館에서 자고 개성으로 출발하는 그날 아침이었다. 실록은 이때의 대화를 상세하게 기록하고 있다.

상이 동파관을 출발하였다. 이날 아침에 상이 대신 이산해와 유성룡을 불러 손으로 가슴을 두드리며 괴로운 모습으로 이르기를,

"이모李某야 유모柳某야! 일이 이렇게까지 되었으니 내가 어디로 가야 하겠는가? 꺼리거나 숨기지 말고 속에 있는 생각을 털어놓고 말하라." 하고,

또 윤두수를 불러 앞으로 나오게 하여 그에게 하문하니, 여러 신하들이 엎드려 눈물을 흘리면서 얼른 대답을 하지 못했다. 상이 이항복을 돌아보며 이르기를,

"승지의 뜻은 어떠한가?"

하니, 대답하기를,

"거가車駕가 의주에 머물 만합니다. 만약 형세와 힘이 궁하여 팔도가 모두 함락된다면 바로 명나라에 가서 호소할 수 있습니다."

하자, 두수가 아뢰기를,

"북도北道는 군사와 말이 날래고 굳세며 함흥과 경성은 모두 천연적인 요새로 믿을 만하니 재를 넘어 북쪽으로 가는 것이 좋습니다."

하였다. 상이 이르기를,

“승지의 말이 어떠한가?”

하니, 성룡이 아뢰기를,

“안 됩니다. 대가大駕가 우리 국토 밖으로 한 걸음만 떠나면 조선은 우리 땅이 되지 않습니다.”

하였다. 상이 이르기를,

“내부內附(한 나라가 다른 나라 안으로 들어가 붙음)하는 것이 본래 나의 뜻이다.”

하니, 성룡이 안 된다고 하였다. 항복이 아뢰기를,

“신이 말한 것은 곧장 압록강을 건너자는 것이 아니라 극단의 경우를 두고 한 말입니다.”

하고, 성룡과 반복하여 논쟁하였는데, 성룡이 말하기를,

“지금 관동과 관북 제도諸道가 그대로 있고 호남에서 충의로운 인사들이 곧 벌떼처럼 일어날 텐데 어떻게 이런 말을 갑자기 할 수 있겠는가.”

하였다. 이산해는 끝내 대답하지 않았다. 성룡이 물러나와 항복을 책망하며 말하기를,

“어떻게 경솔히 나라를 버리자는 의논을 내놓는가. 자네가 비록 길가에서 임금을 따라 죽더라도 궁녀니 내시의 충성밖에 되지 못힐 것이다. 이 밀이 한번 퍼지면 인심이 와해될 것이니 누가 수습할 수 있겠는가.”

하니, 항복이 사과하였다.

– 《선조수정실록》 25년 5월 1일

당연히 신하들의 반대는 강력했다. 그러나 선조는 끝내 망명하겠다는 의지를 버리지 않았다. 이를 두고 유성룡은 스스로 나라를 버리는 행태라고 통렬하게 반박했다. 선조는 유성룡을 파직하고, 물러나 있던 서인 윤두수를 우의정에 임명하여 정국을 주도하게 했다. 그러나 윤두수도 선조의

망명에 반대한다. 임금이 먼저 굳은 의지가 있어야 신하도 국가와 운명을 함께한다면서 나라를 지키겠다는 결의를 촉구했다.

난을 당하면 임금은 마땅히 진려振勵해야 하고 신하는 마땅히 사직과 함께 죽어야 합니다. 성상께서 요동으로 건너가실 계획을 세우지 않으신다면 신들이 어찌 감히 치첩雉堞(성가퀴)을 지키지 않겠습니까. 신들이 천안天顔이 초췌함을 보니 이루 말할 수 없이 걱정스럽습니다. — 《선조실록》 25년 5월 4일

신하들의 거듭되는 비판에도 불구하고 선조에게는 결사 항전의 의지가 없었다. 그는 명나라에 의존하여 일본군을 물리치자고 주장했다. 명나라에 구원병을 청하는 것과 명나라에 망명하는 것은 같은 생각에서 나온 것이었다. 이에 선조의 최측근 이항복이 다시 앞장선다. 비변사 유사당상有司堂上 이항복은 5월, '일본군의 침략으로 전국이 붕괴되어 조선의 자력으로는 국가 회복을 위해서 어떠한 일도 해볼 수 없는 형국이므로 명나라에 구원병을 요청하는 일만이 상책'이라고 비변사 회의에 제의한다. 그러나 많은 신하들이 명군이 오면 그에 따른 부작용으로 오히려 조선의 대일 응전의 기반을 무너뜨린다며 반대했다.

그러나 임진강을 내어주고 6월 15일 평양성마저 함락되자, 명나라에 원군을 요청하자는 주장을 더는 거부하기 어려워졌다. 임진년 6월 하순이었다. 유성룡 등은 조선군이 자력으로 평양 이북을 방어할 수 있으며, 명군은 조선군을 지원하기만 하면 된다는 입장이었다. 그러나 이항복은 조선의 자력으로 가히 해볼 형세가 아니라고 생각했고, 선조는 청병을 효과적으로 수행하려면 자신이 먼저 요동으로 건너가야 한다고 주장했다.

논란 중에도 선조는 요동으로 가는 길목인 의주를 향해 가고 있었다. 대가가 영변에 도착했을 때였다. 선조와 신하들은 임금이 또다시 요동으로 들어가느냐 아니면 조선 땅에 남아 항전하느냐를 두고 논쟁을 벌인다.

대부분의 신하들은 임금이 의주로 가지 말고 함경도나 평안북도의 산골짜기로 들어가서 일본군과 항전을 계속해야 한다고 주장했다. 그러나 선조는 계속 중국으로 들어가서 명나라의 힘을 빌리자면서, 어가가 산골짜기로 가는 것을 거부하고 의주로 가는 길목에 있는 정주로 가자고 고집했다.

정주는 평양에서 의주를 거쳐 중국으로 들어가는 길목의 중간에 있는 큰 고을이었다. 남서쪽으로 서해 바다를 끼고 있어서 비상 시에는 배를 띄워 중국 땅으로 들어갈 수도 있는, 선조에게는 여러 가지 선택이 가능한 지역이었다. 그러나 선조는 이때 일본군과 싸울 마음이 없었으니, 그의 정주행은 중국 망명을 뜻하는 것이었다.

반면에 함경도나 평안도의 북쪽 산군山郡은 산세가 험하여 방어에는 다소 유리하지만, 일단 함경도로 들어가면 중국으로 바로 들어가는 길이 없다. 그러므로 일본군이 추격해 올 경우, 잘못하면 퇴로가 막혀서 여진 땅으로 들어가야 하는 막다른 경우가 생긴다. 이를 피하려면 일본군과 결사항전으로 맞서야 한다. 선조는 이 같은 신하들의 의도를 간파하고 두려워 함경도행을 거부한 것이고, 임금의 도망 의지를 꺾고 결사항전의 의지를 다지는 신하들은 선조의 함경도행을 주장한 것이다. 임금과 신하 사이에 팽팽한 긴장이 감돌았다.

같은 지경에 이르게 되었다. 나는 처음부터 항상 왜적이 앞에서 나타난 뒤에는 피해 가기 어렵다는 일로 말하곤 하였다.” ……

“내가 천자天子의 나라에서 죽는 것은 괜찮지만 왜적의 손에 죽을 수는 없다.” 하였다. ……

이때 비변사의 당상 이산보李山甫 · 이항복 · 이성중李誠中 · 한준 · 심충겸沈忠謙 등이 청대請對하니, 상이 허락하지 않았다. 그러자 신하들이 곧바로 들어가 진대進對하였다. 충겸이 아뢰기를,

“소신이 비변사 당상이기 때문에 청대하였습니다. 내일 행차를 어떻게 정했는지 모르겠습니다. 신들은 각각 생각한 바를 진술하고 싶습니다.” 하고, 준이 아뢰기를,

“주상께서는 정주로 가시더라도 세자는 함경도로 가는 것이 좋겠습니다.” 하니, 상이 이르기를,

“함경도에 왜적이 있으면 어찌할 것인가?” 하자, 충겸이 아뢰기를,

“가다가 왜적이 있으면 마땅히 물러나 함관咸關에서 보전하고 이것도 되지 않으면 다른 곳으로 물러나 보전한다면 나라의 신민들이 촉망하는 바가 있을 것입니다.” 하였다. 하니, 충겸이 아뢰기를,

“덕형의 소견은 처음부터 그러해서 상께서는 요동으로 피하고 세자는 북도로 가는 것이 좋겠다고 하였습니다.” 하였다.

- 《선조실록》 25년 6월 13일

궁지에 몰린 임금이 세자와 권력을 나누다

선조는 어떻게든지 중국으로 가려고 했고, 신하들은 임금의 망명을 반대했다. 이런 상황에서 비변사 당상 이성중 등이 국왕의 요동행을 전제로, 세자가 조선에 남아 대일본 항전을 이끌자는 절충안을 제안했다. 항전의 구심점이 없으면 신민臣民이 의지할 바가 없게 되어 나라가 붕괴된다는 이유였다.

이날 밤에 비망기備忘記로 전교하였다.

"내선內禪(임금이 생전에 왕위를 세자에게 물려줌)할 뜻을 말한 것이 한두 번이 아니었으나 대신들의 반대를 받아 죽고 싶어도 죽을 수도 없다. 오늘 이후로는 세자로 하여금 국사를 임시로 다스려 관작의 제배除拜나 상벌 등의 일을 다 편의에 따라 스스로 처결할 일로 대신들에게 이르라."

하자, 대신들에게 중난한 일이어서 할 수 없다는 뜻으로 아뢰니, 답하기를,

"내선은 하지 않을 수 없다." 하였다.   — 《선조실록》 25년 6월 13일

당시 요동으로 망명하려는 선조의 행태를 두고 신하들은 세자에게 임시로 국사를 맡기자는 세력과, 왕위를 아예 세자에게 선위禪位하라는 세력으로 나뉘었다. 사실 선조와 신하들 간의 불신은 국왕 교체 주장까지 불러왔다.

의리와 명분이 다른 무엇보다 중시되는 주자학의 나라에서 임금을 바꾸자는 주장은 그것이 어떠한 이유이건 간에 있을 수 없는 일이었다. 승패를 떠나 절의가 곧 나라를 지키는 진정한 힘이라고 역설해 오지 않았던가. 그런 그들이 임금을 바꾸자는 말을 꺼낸 것이다.

임진의 패보가 이르자 …… 행재行在의 제신諸臣은 오직 근심과 걱정으로 날짜만 보내고 아무런 계책도 없었다. 하루는 이항복·이덕형이 윤두수의 사실에 가서 보고 국가의 회복책을 상의하였다. 덕형이 말하기를 '국가가 이 지경에 이르렀으니 …… 믿을 것은 민심인데 민심이 한번 흩어지면 수습하기 어려우니 만약 영무의 일을 행한다면 조금은 하늘의 뜻을 돌리고 백성의 마음을 붙들 수 있을 것이다' 하니, 두수가 정색을 하며, '공이 어찌 이 말을 내는가. …… 지금 주상이 성명聖明하시고 세자가 나이 어리니 민심의 향배를 알 수 없는데 한 수를 잘못하였다가는 수습하지 못할 것이니 공은 이 말을 내지 마시오' 하니 덕형이 잠자코 두었다.

─ 《재조번방지再造藩邦志》

여기서 '영무靈武의 일'이란 안록산의 반란으로 위기에 처한 당 현종이 태자였던 숙종에게 황제의 자리를 물려준 것을 말한다. 이덕형은 민심을 수습하려면 선조가 실정失政의 책임을 지고 세자 광해군에게 왕위를 물려주어야 한다고 주장했다. 그러나 이는 주자학적 가치관에서는 절대 용납될 수 없는 일이었다. 그럼에도 불구하고 왕위를 세자에게 물려주라는 주장은 이후에도 계속된다.

상이 서도로 떠난 뒤 평양이 잇따라 함락되니 여러 고을의 관리는 도망하여 숨어버리고 난민亂民들이 창고를 태우고 약탈하여 한 도가 모두 탕진되었다. 대신 정철·유성룡, 대사간 정곤수鄭崑壽, 지평 신경진辛慶晋 등이 청대請對하였다. 상이 앞으로의 계책을 하문하였는데, 모두 대답하기를 '국사國事가 이 지경에 이른 것은 모두가 신들의 죄입니다.' 하고, 끝내 아뢰는 바가 없었다. 혹자는 '대신들이 서로 약속하고 전위傳位하는 일에 대하여 주청하려고 하였다가 들어가서는 감히 말을 하지 못하고 물러났다.' 하였다. 이로부터 상이 매번 전위하겠다는 전교를 말하였는데 이홍로李弘老 등이 근거 없는 말을 만들어 조정의 대신들을 제거하려 했던 것도 여기에서 연유된 것이었다.
─《선조수정실록》 25년 6월 1일

세자에게 전위傳位하라는 요구는 재야에서도 제기되었다. 이들은 상소를 올려 공개적으로 선조를 압박했다. 조정뿐만 아니라 조선의 지배층 전체가 전위 문제로 내부에서 분열하고 있었다.

유학幼學 남이순南以順·송희록宋希祿이 상소하여 백성들 뜻에 의해 동궁에게 선위할 것을 청했다.
─《선조실록》 25년 11월 7일

임금이 나라와 백성을 버리자 백성과 신하도 임금을 버리고, 충의도 같이 버려진 것이다. 선조는 한탄했다. "2백 년이나 길러 온 그 속에 충신과 의사 없음이 이 지경에 이르렀구나."

임금은 요동에 사람을 보내어 자문을 구했다. 망명하겠다는 뜻이었다. '이때 신하들이 임금을 따라 요농으로 들어가는 것을 좋아 하지 않았다. 그러자 임금이 촛불을 켜고 앉아서 대신들에게 일일이 물어 자기를 따라 가기를 자원하는 자를 얻으려고 하였다.' 그러나 대부분의 신하들은 임금을 따라 중국으로 가기를 원하지 않았다. 그러자 임금이 '내가 마땅히 중국에 내부內附할 터인데 부자가 다 압록강을 건너면 나라에 주인이 없는 것이 된다.' 하고, 세자에게 종묘위패를 받들고 따로 강원·경기도 등지에 진주해서 사방의 군사를 불러 모아 수복하기를 명하였다.

선조는 고심 끝에 타협안을 내놓았는데, 바로 분조分朝(본 조정과 별도로 임시조정을 둠)였다. 선조는 분주分駐(같은 기관이 떨어진 곳에 나누어 주둔)하는 세자에게 권섭국사權攝國事(임시로 나랏일을 대신함)의 지위를 부여했다. 다시 말하면, 국가권력을 둘로 나누어 양궁兩宮의 분주 체제를 만들어 놓고 선조 자신만 피란가는 것으로 신하들과 타협한 것이다. 이후 선조는 정치적으로 수세에 몰릴 때마다 선위 문제를 꺼내 든다.

세자가 영변부寧邊府로 나아가 머물렀다. 상이 분조하라는 뜻으로 하교하기를,
"끝이 보이지 않는 큰물을 건널 때 배와 노를 마련하듯 해야 할 때이다. 쓰러진 나무에 싹이 트듯 다행히도 부탁할 적임자가 있도다. 이에 군국軍國의 권한을 맡겨 흥복興復하여 수습할 것을 기대하노라. …… 세자 이혼李琿은 뛰어난 자질로 숙성夙成한 데다가 평소 인효仁孝로 알려졌다. 군하群下가 사랑하며 떠받드니 중흥하는 공을 돕기에 충분하고, 사방에서 은덕을 노래하며 모두들 우리 임금의 아들이라고 말을 한다. 왕위를 물려줄 계획이 오래전에 결정되었으니 이제 군사를 총괄하는 명을 상고할 때이다. 이에 혼으로 하여금 임시로 국사를 섭리하게 하여 모든 관작의 임명과 상벌 등의 일은 편의에 따라 스스로 결단하도록 하노라. 영무에서의 의기義旗를 드니 건곤乾坤이 다시 열리는 것을 보겠고, 미앙궁未央宮에서 헌수獻壽하는 술을 마련하여 부자父子가 다시 즐길 때를 기대하노라. 각자 추대하는 마음을 가져 함께 태평의 업적을 이루도록 하라. 정부에서는 중외中外에 유시하여 모두 듣고서 알도록 하라. 이에 교시敎示한다."
하였다. 그리고 호종하는 관사를 무군사撫軍司라 하고 편의대로 일을 처리하도록 명하였다. 그 뒤 백료百僚들에게 명하여 세자에게 신하라고 일컫게 한 것이 여기에서 시작되었다.
                                        — 《선조수정실록》 25년 6월 1일

6월 15일, 임금의 행차가 의주로 가는 도중에 박천에 이르렀는데 저녁에 평양이 함락되었다는 급보가 전해졌다. 세자는 종묘위패를 모시고 임금과 헤어져 산군山郡으로 향했고, 신변에 위협을 느낀 임금은 밤 이경二更(밤 아홉 시부터 열한 시)에 의주로 급히 떠날 것을 재촉했다. 온 고을이 소동하여 저녁밥도 굶고 길을 떠났으나 비는 내리고 길은 질었다.

나라의 위엄은 이미 무너지고 없었다. 임금과 세자가 갈라지니 뜬소문이 돌아 평안도의 인심이 더 걷잡을 수 없이 무너졌다. 이즈음 민심을 안정시키고 근왕병을 일으키기 위해 함경도로 들어간 왕자 임해군과 순화군, 그리고 이들을 수행한 대신 김귀영, 황정욱 등이 모반자 국경인에 의해 가토 진영에 넘겨졌다. 이 사건은 의주에 피란해 있던 선조에게 큰 충격을 주었다. 언제 어디에서 이러한 일이 또 일어날지 예측하기 어려웠다. 나중에 병조참판 심충겸은 당시의 위기 상황을 이렇게 회상하였다.

평안도의 일로一路가 텅 비었으니 비록 십여 명이 갔다 한들 누가 막을 수 있었겠습니까.
– 《선조실록》 27년 2월 27일

위태한 상황이었다. 밖으로는 일본군이 압박해 오고, 안으로는 백성들이 나라에 등을 돌리고 있었다. 평양성이 함락되었다는 소식이 전해지자, 서북의 모든 백성들이 숨어 버려 가는 고을마다 텅 비어 있었다.

(조선 사신) 신점申點이 통주로 돌아올 무렵, 우리 조정이 띄운 고급사告急使 정곤수가 뒤이어 도착했다. 석성은 그를 방으로 들인 다음 (조선의) 상황을 듣고는 눈물까지 흘렸다. 그 뒤로도 계속 파견된 사신들이 요동에 도착하여 위급함을 알리고, 구원병을 요청하였다. 심지어 우리나라에서는 합병할 것을 청하기까지 하였다. 이미 평양까지 함락되었으니 하루 이틀 사이에 압록강마저 안전치 못하다는 생각에서 이렇게 서둘렀던 것이다.
– 《징비록》

이때 그들은 나라를 아예 중국에 내줄 생각까지 했다. 권력 유지를 위해서는 못할 일이 없는 사람들이었다.

사실 당시 표면화된 민심 이반의 원인을 거슬러 올라가면, 집권층의 가혹한 형벌 및 부역 남용에서 찾을 수 있다. 백성들의 마음은 전쟁 전에 이미 조정을 떠났던 것이다. 당시 명나라 조정에서 온 유원의劉員外는 조선의 이러한 행태가 나라를 위기에 빠뜨렸다고 지적한다.

형벌을 가벼이 하고 세금을 박하게 하여, 인심을 안정시켜야 합니다. 당신 나라가 《대명률》을 준수하고는 있으나 아직도 형벌에 육형肉刑을 사용하고 있습니다. 언젠가 길에서 판자에 손이 못박혀 죽은 시체를 본 적이 있습니다. 이는 살인을 너무 쉽게 한다는 것으로 천화天和를 손상시키는 일입니다. 국세國稅에 대해 말한다면, 하루갈이 토지에서 법으로 10분의 1을 조세로 받는 듯하나 여러 가지 종목으로 위에서 거둬들이기 때문에 백성들이 괴로워합니다. — 《선조실록》 26년 6월 17일

그는 조선 조정에게 과오를 뉘우치고 천명을 두려워하라고 훈계한다. 그리고 왜란을 하늘이 내린 벌이라면서, 조선의 군신은 마땅히 자신의 죄를 살피라고 했다.

3장
일본의 좌절
3장
일본의 좌절

서울에서 길을 잃다

일본 나고야 본영에 있던 도요토미는 기고만장했다. 예상대로 조선은 허수아비나 다름없었고, 조선 정복은 눈앞에 다가와 있는 듯이 보였다. 당시 일본군은 전쟁이 이미 끝났다고 생각했다. 비록 조선 왕을 잡지 못해서 전략에 차질이 빚어졌지만, 조선 조정은 붕괴된 것과 다름이 없었다.

이러한 상황 인식에서 일본군은 도요토미에게서 다음 전략 지침이 올 때까지 서울에서 움직이지 않았다. 이 한 달간의 시간이 조선에게는 참으로 귀중한 시간이었고, 일본군으로서는 결정적인 전략적 실수였다. 일본은 여름이 가기 전에 전쟁이 끝날 것이라고 보았다. 그래서 병사들이 여름옷만 준비했을 정도였다.

일본의 조선 침공 전략은 일본의 통일 과정에서 반복적으로 경험한 전투 양상을 근거로 세워졌다. 그들은 일본에서 벌인 영주들 간의 전쟁에서 그랬듯이, 서울 도성에서 벌이게 될 전투가 전쟁의 승패를 최종적으로 결정할 것이라고 믿었다. 그래서 서울 싸움에서 조선 왕의 항복을 받은 뒤, 조선 왕의 조선 지배권을 어느 정도 인정해 주는 대신에 조선 왕이 도요토미의 명령에 따라 휘하의 조선군을 이끌고 일본군의 선봉이 되어 중국으로 밀고 들어가게 하려고 했다. 그런데 조선 왕이 도망가 버린 것이다.

그들이 예상했던 서울 전투는 없었고, 결과적으로 전쟁의 승부도 미뤄지고 말았다. 신속하게 조선의 항복을 받아 조선에서 병력과 물자를 보급받아 명나라로 진격하려던 일본군의 전격전 전략은 처음부터 차질을 빚었다. 일본 혼자의 힘으로 거대한 중원 땅으로 진출하는 것은 처음부터 무리라고 생각했다. 여차하면 명나라로 넘어가겠다는 조선 왕을 붙잡을 가능성은 매우 낮았다. 그들이 미처 생각하지 못한 상황 변화였다.

민족마다 그 역사가 다르듯이 싸우는 방식도 다르다는 것을 일본은 이해하지 못했던 것이다. 일본은 이러지도 저러지도 못하고 있었다. 서울에서 갑자기 길을 잃어버린 듯했다. 그들이 잠시 길을 잃고 헤매는 사이에 전쟁의 양상은 빠르게 변화했다. 이때 만일 일본군이 신속하게 차선책을 선택하여 서울에서 멈추지 아니하고 계속 선조를 추격했다면, 소수의 기병으로 추격군을 편성하여 압박을 가했더라면 선조는 중국으로 망명했을 것이다. 그랬다면 조선은 완전히 붕괴되어 300년이나 먼저 일본에 국권을 짐탈낭했을지도 모른다. 일본이 이때 조선을 완전히 점령했다면, 그 후 만주를 비롯한 아시아의 역사는 어떻게 되었을까?

결국 일본은 뒤늦게 조선 왕과 조정의 협력을 얻어 내는 것을 포기하고, 조선을 붕괴시켜 일본이 조선을 직접 지배하는 쪽으로 전략을 바꾸었다. 이렇게 되자 점령지의 행정조직을 새로 구성하는 일이 급해졌다. 그래야 중국 침략에 필요한 군사와 전략물자를 조선에서 마련할 수 있었다. 당초의 전격전 전략도 장기전으로 바꿀 수밖에 없었다. 임금뿐 아니라 조선의 지배층 대다수가 도망을 간 것은 상황을 더욱 어렵게 만들었다. 조선 백성들을 끌어들여 새 정부를 꾸리려고 해도 행정조직을 이끌 지식인들을 구할 수가 없었다. 당초 일본이 계획했던 대륙 침략 전략의 첫 단계는 이렇게 뜻밖의 난관을 만나 실패했다.

다소간의 시간이 들더라도 선택의 여지가 없었다. 결국 일본은 조선을 실효적으로 지배하는 쪽으로 작전 계획을 바꾸었다. 이에 따라 도요토미는 5월 16일 조선 땅을 전부 점령하라는 새로운 명령을 내린다. 일본군이 조선을 직접 지배하겠다는 것이었다. 도요토미의 '8도분할점령' 지침에 따라서 조선에 들어온 일본군은 각자 담당한 점령지로 흩어졌다. 평안도·함경도·황해도를 할당받은 고니시·가토·구로다의 1, 2, 3군 5만 명의 병력이 서울을 출발, 임진강을 건넌 것은 5월도 다 지난 27일이었다. 이들은 조선에는 이미 저항할 군대가 없다고 여겼다. 일본의 점령 정책은 순조로울 것이라고 생각했다. 그 때문에 일본군은 각자 거느린 군사를 이끌고 점령지를 향해 느긋하게 출발했다.

그러나 장기전으로 전략을 바꾸고 조선 백성을 직접 지배하는 쪽으로 방향을 선회하면서, 일본군은 조선이라는 거대한 수렁에 빠져들게 된다. 조선을 직접 통치하려면 조선 백성의 마음을 얻어야 했다. 그러나 당시 일본의 정치적·문화적·지적 수준으로는 어려운 일이었다.

일본 장수나 군졸 모두 글자를 모른다. 오직 장수 옆을 따르는 한두 명이 겨우 옮겨 쓰지만 뜻은 알지 못한다. 하지만 그들을 존귀하게 여긴다. 문답을 나눌 때 간혹 문자를 써서 보이지만 모양이 되지 않고 뜻이나 이치가 통하지 않는다.

—《남천선생문집南川先生文集》

특히 그들이 글을 모르고 예禮를 모르는 것은 조선 백성들에게 비웃음을 샀다.

일본군이 평양의 대동강변에 나타난 것은 6월 8일이었고, 평양성이 일본군의 수중에 떨어진 것은 6월 15일이었다. 조선군은 천하의 요새 평양성에서도 전투다운 전투 한 번 못 해보고 성을 내주고 도망가고 말았다.

6만 조선군이 1600 일본군에 무너지다

이즈음 조선군은 용인에서 또 한 번 굴욕적인 대패를 기록한다. 5월 20일 전라순찰사 이광李洸이 서울 탈환을 노리고 북상했다. 이에 충청관찰사 윤국형尹國馨이 충청도 군사를 지휘해서 합류하고, 경상관찰사 김수가 경상도 군사와 합류했다. 기병 보병을 합하여 모두 6만의 대군이었다. 이 부대는 선조가 5월 초부터 애타게 기다렸던 바로 그 남쪽의 원군이었다.

상은 날마다 남쪽을 바라보며 원군이 오기를 기다렸지만 감감 무소식이었다. 충청관찰사 윤선각尹先覺 역시 오지 않았으므로 개탄한 지 오래다. 보덕 심대沈岱가 입대入對한 것을 인하여 자신이 남쪽으로 떠나 이광에게 명을 전달하겠다고 자청하니, 상이 매우 기뻐하면서 심대에게 이르기를,

"경이 남쪽 군대를 불러온다면 국가를 경과 함께하겠다."

하고, 당상관으로 승직할 것을 명하니 심대는 울면서 굳이 사양하였다. 이때 도로가 끊겨 사람들은 모두 위태롭게 여겼으나 심대는 비분강개하여 조강祖江을 거쳐 바다를 이용하여 남쪽으로 내려갔다. 이광 등을 만나 대의를 들어서 질책하니 이

그러나 군사는 훈련되어 있지 않았고, 규율이 없어 군기도 엄정하지 않았다. 6월 4일 온양을 출발한 군대가 용인에 이르렀는데 '군사행동을 봄놀이 하듯이' 하였다. 6월 6일, 광교산에 진을 치고 있던 조선군 6만을 일본군 장수 와카사카가 병사 1,600명으로 기습했다.

유성룡도 《징비록》에서 '3도의 군사들이 크게 무너졌는데, 그 소리가 마치 큰 산이 무너지는 것과 같았다'고 했다. 용인전투의 승리로 일본군은 후방의 위협을 제거한 셈이었다. 이로서 대규모의 조선군은 더 이상 조선에 존재하지 않았다. 만일 조선이 용인전투에서 패하지 않고 지키기만 했어도 일본군은 전력의 상당 부분을 서울 방어에 남겨 놓을 수밖에 없었다. 그러나 일본군은 단 한 번의 기습 공격으로 이러한 근심을 깨끗이 씻은 것이다. 이토록 중요한 전투를 일본군은 대규모의 병력조차 동원하지 않았다. 겨우 1,600의 군사로 6만의 조선군을 공격한 것을 어떻게 이해해야 할까. 이렇게 하여 일본군은 완벽한 조선 점령 태세를 갖추었다.

한편 평양성을 점령한 고니시는 더 이상 북상하지 않았다. 평양에서 의주까지는 3일 거리였다. 그러나 고니시가 더 이상 조선을 밀어붙이지 않은 것은 일본군 나름대로의 전략이 있었기 때문이다. 조선이 수집한 정보도 일본군이 서둘러 북상하지 않는다는 것이었다.

개전 3개월 만에 찾아온 불안

처음 일본군이 서울을 장악했다는 소식을 듣고, 도요토미는 6월 3일 내린 작전명령에서 명나라 정벌 계획을 하달하였다. 조선에 진출한 9군 가운데 우키다 히데이에와 하시바 히데카츠가 지휘하는 8, 9군을 제외한 7군의 병력 13만 명으로 명을 공략한다는 것이었다.

그런데 7월 15일 도요토미의 군사軍師 구로다 요시다카와 삼봉행三奉行이 조선으로 건너와 전선을 살피고 장수들에게 전달한 주인장朱印狀(명령서)에서, 도요토미는 돌연 정명征明 계획을 변경하여 임진년에는 조선 평정을 완전하게 이룩할 것이며, 명나라 정벌 문제는 자신이 도해渡海한 후 이듬해 봄을 기하여 결행하겠다는 뜻을 밝혔다.

이처럼 정명 계획을 바꾼 것은, 조선 왕의 피란으로 조선의 인력과 물자를 동원할 수 없게 되었고, 전선 전역에서 일어난 조선 의병의 활약과 수군의 등장으로 일본군의 일방적인 진격에 제동이 걸렸기 때문이다. 또한 예상 외로 빠른 명군의 개입 움직임도 그들을 망설이게 만들었다. 당시 상황으로는 일본군이 더 북진할 경우, 조선 왕은 명나라로 들어갈 것이 명백해 보였다. 그렇게 되면 일본은 압록강을 사이에 두고 명나라와 직접 대치하게 되고, 명과 일본은 바로 전쟁 상태에 돌입하게 된다. 일본의 최종 목표가 명나라인 것은 명도 잘 알고 있었기 때문이다. 이 경우, 일본에서 부산을 거쳐 평양으로 나아가 요동으로 이어지는 일본군의 보급선이 한없이 길어지게 된다.

일본군 군사 구로다 요시다카와 대다수 전략가들은 이 보급선 문제를 확실하게 해결하지 않고 중국으로 진출하는 것은 불가능하다고 보았다. 해결 방법은 두 가지였다. 하나는 조선 점령을 확실하게 하여 조선 반도를 일본군의 보급기지로 만드는 것, 다른 하나는 수군을 이용하여 평양은 물론 요동반도까지 병력과 물자를 곧바로 수송하는 것이었다.

이 문제를 해결하지 않고 명과의 전쟁을 서두르는 것은 일본으로서는 지극히 위험한 전략이었다. 자칫하면 병력 보충과 보급이 끊긴 일본군이 적진에서 퇴로마저 끊어진 채 고립될 위험도 있었다. 그렇게 되면 20만 일본 군이 조선에서 돌아오지 못하고, 살해되거나 노예가 될 수도 있었다. 이 문제에 대한 확실한 대책 없이는 일본군은 이미 평양성을 점령한 고니시의 제1군 이외에 추가 병력을 평양에 보낼 수 없었다.

전쟁은 이제 장기전으로 전환되었다. 일단 조선의 대부분을 점령한 일본은 잠시 숨을 고르기로 했다. 먼저 조선을 일본의 명나라 정벌의 전진기지로 만드는 것이 중요했다. 조선 백성을 징집해서 훈련을 시키고, 조선 국토를 요새화하여 명나라의 공격에 대비한 후 일본의 중국 정복군이 조선반도에서 출발한다면 명나라 수도 북경은 언제든지 일본의 공격권 안에 들어오게 된다.

육로로 압록강을 넘어 요동으로 진출하면 만리장성까지는 거침없는 평원이 있을 뿐이고, 해로로는 북경의 관문 천진과 산동반도가 하루 이틀 뱃길에 놓이게 된다. 조선 반도에서 출동한 수군이 중국의 해안선을 따라 절강·복건·강소·산동에서 북경으로 올라오는 조운漕運을 끊으면 북경뿐만 아니라 명나라 전체가 혼란에 빠져들 것이 명백했다. 서두를 이유가 없을 것 같았다. 고니시가 더 이상 북진하지 않고 평양성만 확보하고 있으면, 조선 점령 정책이 안정되는 때 나고야에 대기하고 있는 일본군 예비 병력 10만이 서해안을 돌아서 평양성에 도착할 예정이었다. 고니시는 평양성에서 선조에게 글을 보냈다.

그랬다. 고니시의 말대로 일본의 예비 병력 10만이 서해안을 돌아 평양에 들어오는 순간, 일본군의 대명 전쟁 준비는 완성되는 것이었다. 이른바 수륙병진水陸竝進 전략이었다. 그들의 행보는 신중했다. 전격전 전략은 이미 틀어졌다. 이제는 중국으로 진출하기 전에 만주와 여진의 형편도 면밀하게 살펴봐야 했다.

여진의 누르하치를 시험하다

함경도로 들어간 가토의 활약은 눈부셨다. 6월 24일 함흥을 점령하고, 7월 15일에는 북청을 거쳐 단천을 점령했다. 그리고 7월 24일에는 회령 인근에 도착했다. 이때 회령에서 국경인이 반란을 일으켰다. 반란군 세력은 순식간에 눈덩이같이 불어났다. 반란 세력의 대부분은 이 지역 사람들로 상당수가 노비 출신이었다. 이시애의 난 이후 함경도 사람들이 조선 조정으로부터 받은 차별과 멸시가 폭발적 민심 이반으로 나타난 것이다. 그들은 일본의 적극적인 협력자가 되었다. 조선이 머지않아 일본의 통치를 받아들일 것으로 판단한 것이다.

반란 세력은 당시 회령에 있던 두 왕자 임해군과 순화군을 가토의 손에 넘겨주었다. 두 왕자와 대신들을 사로잡은 가토는 이들을 이용하여 선조와 조정을 압박했다. 애초에 선조는 피란길에 앞서 두 왕자를 함경도에 보내어 근왕병을 모집하라고 했다. 그런데 함경도로 간 두 왕자와 이들을 수행한 대신 황정욱 등은 피란 중에도 극심한 작폐를 저질러 함경도민의 민심을 크게 잃었다. 그것이 빌미가 되어 백성들은 왕자와 그들을 호종하는 대신들을 반란 세력에 넘겨주었고, 반란군은 이들을 다시 일본군에 넘긴 것이다.

그런데 두 왕자와 포로로 붙잡힌 신하들이 나중에 선조에게 서장書狀을 보내 왔다. 그것은 조정을 곤혹스럽게 만들었다. 그들이 보낸 편지에는 조선의 남쪽 2~3개 도를 일본에 떼어 주고 일본과의 국경으로 삼고 강화하자는 일본군의 주장이 담겨 있었다. 아무리 일본군의 강압으로 작성된 문서라고 해도, 나라의 은혜를 가장 많이 받은 왕자와 대신이 국토의 반을 적국에 떼어 주자는 문서를 만들어 보낸 것은 충격이 아닐 수 없었다.

'일본은 별로 다른 뜻이 없다. …… 단지 당신네 나라 국왕이 언지를늡를 차분히 지켜 2~3도道로 경계를 삼아서 국경을 나누고 군사를 파할 것은 물론 양국의 강화를 논하고자 한다. 모름지기 재상 중에서 한 사람을 파견시켜 함께 편부便否에 대해 의논케 하라. 만일 의심스러워 믿기지 않는다면 직접 의논한 뒤에 다시 당신에 국왕에게 품의稟議케 하고 또 처자妻子를 볼모로 들이겠다.'

– 《선조실록》 25년 10월 19일

가토는 기고만장했다. 조선의 운명은 물론 요동까지도 자신의 손바닥 안에 있는 것처럼 생각했다. 가토는 함경도를 점령한 후 국경 반란 세력과 힘을 합쳐 두만강을 넘어 여진 지역에까지 침입했다. 가토가 여진족의 여러 성을 기습공략하여 점령하고 있을 때 여진군이 반격해 왔다. 그런데 예상과 달리 가토는 여진에 대패하여 조선 쪽으로 황급히 돌아와야 했다.

그곳에서 5~60리 정도 고려 쪽으로 퇴각하여, 기요마사가 산에 진을 치고 다음 날 고려로 귀환하려고 하는데, 오랑캐가 몇 천만인지 알 수 없게 기요마사 진을 공격했다. 그때 기요마사 자신은 바랜 깃발을 흔들며 공격하고, 일본군 8천 명이

121

터무니없는 자신감에 들뜬 가토 기요마사가 앞장을 서고, 8천의 일본군과 수천 명의 국경 반란군이 여진 땅으로 깊숙하게 들어가서 성을 공격한 것은 다분히 의도적이었다고 할 수 있다. 일본군의 최종 목표가 중국 정벌이었으니 여진과의 충돌은 불가피했다. 이때 가토는 여진의 전투력을 시험하는 전투정찰을 한 것이었다. 여진의 군사적 능력을 먼저 알아야 그들을 어떻게 다루고, 협력할지 정복할지 전략적 결정을 내릴 수 있었기 때문이다.

이웃 나라에서 벌어지는 전쟁을 예의 주시하던 누르하치는 일본군이 대군을 동원하여 도발하자 처음부터 강력하게 응징했다. 당시 동아시아에서 떠오르던 강력한 두 세력이 처음으로 만주에서 부딪쳐, 일본군의 참패로 끝이 난 것이다.

그동안 별다른 희생 없이 북상을 계속했던 일본군에게 여진족과의 전투는 전혀 새로운 경험이었다. 그들은 일본군 못지않게 용감무쌍했고, 전쟁에 충분한 대비를 하고 있었다. 일본군은 자신들이 미처 계산에 넣지 못한 강력한 세력이 만주에 웅크리고 있다는 사실을 깨닫는다. 그들이 잘 알지 못하는 적에 대해 놀라움과 두려움을 느낀 것은 당연했다.

여진은 가토의 병력만으로 감당할 수 있는 작은 세력이 아니었다. 가토는 지금의 함경북도와 함경남도의 경계 근처에 위치한 길주, 명천을 경계로 하여 그 이북의 일본군 병력을 서둘러서 철수시켰다. 그리고 그 이북 함경북도 지역은 국경인의 반란 세력에게 맡겼다. 여진족의 침입에 대한 위험을 감수하면서까지 그 지역에 일본군을 주둔시키는 것은 부담스러웠다. 이 싸움을 계기로 일본군은 앞으로 그들이 중국 대륙에서 치러야 할 전쟁이 얼마나 험난한 것인지를 깨달았다.

그들이 기억하는 중국군의 모습은 지난날 왜구의 침략에 맥없이 쓰러지던 절강·복건 등 남방 군사의 이미지였다. 그러나 처음으로 부딪쳐 본 북방 여진 군사의 기상은 그들의 예상과 달리 강건했다. 그들은 중원에서의 싸움은 일본군 20~30만 명으로 감당할 수 있는 것이 아니라는 것을 다시 한 번 확인하게 되었다.

그럴수록 일본으로서는 조선의 협력이 절실했다. 조선의 도움 없이 단독으로 중국으로 진출하는 것은 자살이나 다름없었다. 결국 일본이 얼마나 빨리 조선 백성의 마음을 얻어 점령지의 안정을 이루어 내느냐, 아니면 조선 백성의 마음을 다시 조선 조정에 뺏기느냐에 이 전쟁의 미래가 달려 있었다.

승리의 환상에 들뜬 일본

처음에 일본의 조선 침략은 성공적으로 보였다. 아니, 당초 예상을 뛰어넘는 것이었다. 이에 도요토미는 조선에 출병한 여러 다이묘들에게 새로운 명령을 내렸다. 전쟁을 일으킨 지 2주째 되는 4월 26일이었다.

조선 왕을 사로잡아 조선군을 선봉으로 삼아 대륙으로 진격하지 못한 것이 아쉽기는 했지만, 큰 희생 없이 조선의 대부분을 차지한 것만도 대단한 성공이었다. 중국 정벌은 잠시 미루고, 우선은 조선 점령통치를 안정시켜야 했다.

도요토미는 조선 8도에 각각 점령 책임자를 정하고, 그들에게 지역의 지배를 담당하게 했다. 각 도를 나누어 관리하게 하되, 조선의 감영監營과 비슷한 다이칸쇼〔代官所〕라는 기구를 만들어 이를 통해서 모든 민정을 전담토록 하였다. 그러고는 '치안의 안정을 회복하고, 조세를 징수하고, 병량미를 비축'하기 위해 점령지의 백성들이 본래의 주거지로 돌아오도록 환주정책을 실시하였다. 도요토미는 '군사들이 어지럽게 방해하며 이리저리 다니는 일, 방화하는 일과 사람을 취하는 일, 백성들에게 임시 역을 부과하거나 약탈하는 일'을 금지시켰다. 일본군은 조선의 8도를 일본군의 편성에 따라 분담하고('팔도국할八道國割'), 그들이 일본에서 하는 방식에 따라 국가를 통치하면 조선 백성들이 자신들을 따를 것이라고 생각했다.

도요토미는 조선을 침략한 지 불과 2주일 만에 조선 정복이 사실상 끝이 났다고 생각했다. 그래서 자신이 거처하면서 조선을 통치하고, 더 나아가 대륙으로 진출할 근거지가 될 성을 조선에 건축하라고 명했다. 오랜 세월 중국을 중심으로 유지되던 동아시아 질서가 이제 일본 중심으로 대체되려는 순간이었다. 도요토미는 벅찬 감회에 잠겼을 것이다.

최종 목표는 명나라 정복이었다. 도요토미는 새로운 관백이 된 양자 히데쓰구〔秀次〕에게 보낸 5월 18일자 문서에서, 본인과 고요제이〔後陽成〕 천황 (1571~1617)의 북경행을 준비하라고 지시했다. 그러려면 조선에서 병사를 징발하고 군량을 조달해야 했다. 그러나 아무리 급해도 그 시점에 조선 사람을 징집하는 것은 불가능했다. 도요토미는 '(자신이) 조선으로 들어가 그 군대 (조선군)를 선봉으로 삼아 명으로 들어갈 것'이라 하였다. 그러나 아직 전쟁이 끝나지 않은 상태였다. 뿐만 아니라, 피란으로 사람들이 끊임없이 움직이는 상황에서 징집을 위한 호구조사는 의미가 없었다. 서두를 일이 아니었다.

그러나 군량 확보를 위한 조사와 준비는 서둘러야 했다. 조사 과정에서 숨겨져 있는 군량을 확보할 수도 있고, 관할 지역이 부담할 수 있는 경제력을 파악해 두는 일은 빠를수록 좋았다. 생산성이라는 것이 한두 해에 갑자기 증가하는 것이 아니기에 더욱 그러했다. 일본군은 조선의 경작지를 조사하고, 징발할 양곡의 수량을 할당하였다. 그들이 목표로 삼은 할당량은 1,200만 석에 달하는 막대한 양이었다.

일본군이 작성한 조선 8도의 경작지 면적과 군량 조달 목표

도	분도 책임자	병력(명)	간전墾田(논밭)	1592년 목표(석)
함경도	제2군 가토 기요마자	22,800	130,413	2,071,028
평안도	제1군 고니시 유키나가	18,700	308,751	1,794,186
황해도	제3군 구로다 나가마사	11,000	104,072	728,867
경기도	제8군 우키다 히데이에	10,000	200,347	775,133
강원도	제4군 모리 요시나리	14,000	65,916	402,289
충청도	제5군 후쿠시마 마사노리	25,000	236,300	987,514
전라도	제6군 고바야카와 타카가게	15,700	277,588	2,269,379
경상도	제7군 모리 데루모토	30,000	301,147	2,887,790
계		147,200	1,624,534	11,916,186

표에서도 나오듯이, 함경도는 경작지가 전국에서 세 번째로 좁은 지역이다. 그런데 일본군은 이런 함경도 지역에서 조선 8도 중 세 번째로 많은 군량미를 거두려고 계획했다. 이는 물론 함경도를 평안도와 함께 명나라 침공의 전진기지로 활용하기 위해서였다. 그리고 일본군은 아직 점령하지도 않은 전라도에도 병량미를 할당했다. 그러나 당시 조선의 농업생산력에 비추어 볼 때, 일본군이 실제로 이 목표량을 징발했다면 조선 백성들의 저항이 극심했을 것이다.

한편 6월 8일, 경상도 창원에 머무르던 일본군 6군 부장 안고쿠지 에케이〔安国寺恵瓊〕는 일본에 있는 도요토미에게 편지를 띄웠다. 각 성에 쌀이 4천~5천 석씩 쌓여 있고, 잡곡은 헤아릴 수 없이 많다는 내용이었다. 평양을 점령한 고니시는 조선군이 버리고 간 쌀이 10만 석이나 창고에 쌓여 있는 것을 보고 무릎을 쳤다. 그러나 여기까지였다.

눈부신 승리를 거듭한 일본군이었지만, 지난 2개월간 쉴 틈 없이 계속된 전투로 군사들은 극도로 지쳐 있었다. 아무리 이기는 싸움이어도 조선은 그들에게 산 설고 물선 타국이었다. '목숨이 붙어서 다시 일본 땅을 밟을 수 있을 것인가?' 하는 극도의 불안과 스트레스도 일본군을 괴롭혔다. 거듭된 전투에서 발생한 소소한 병력 손실도 보충하고 교체해 주어야 했지만, 조선에서 일본 땅은 너무 멀었다.

여기에 7월 17일, 요동 부총병 조승훈祖承訓이 이끄는 3천 명의 명군이 갑자기 평양성을 공격했다. 비록 명군을 물리치기는 하였지만, 이 전투에서 일본군이 입은 손실도 무시할 수 없었다. 더구나 8월에는 평양을 넘어 순안으로 진출하려던 고니시의 부대가 조선군을 만나 접전을 벌였는데, 여기서 일본군이 물러나야 하는 사태까지 벌어졌다. 일이 생각보다 복잡해지고 있었다. 일본군은 조선의 움직임과 북쪽 명나라의 움직임이 달라지고 있다는 것을 깨달았다. 그들은 서서히 깊고 어두운 수렁 속으로 빠져드는 느낌을 지울 수 없었다.

초야에서 일어난 충절

　　　　　　　　나라 전체가 큰바람에 쏠리듯이 무너져 내리던 바로 그때, 경상도 의령의 선비 곽재우郭再祐(1552~1617)가 전 재산을 털어 의병을 모집하여 분연히 일어섰다. 세상 사람들의 분위기나 싸움의 승패는 그가 걱정하는 바가 아니었다. 나라가 위기에 처했을 때 배우고 깨달은 바, 충성과 의리를 실천하는 것이야말로 참된 선비의 길이라는 믿음 때문이었다. 그가 의병을 일으킨 것은 임진년 4월 23일. 일본군의 침략이 있은 지 겨우 열흘이 지난 때였다. 이때 경상도 방어의 책임을 맡고 있던 경상좌도 병마절도사 이각, 수군절도사 박홍은 모두 도망간 뒤였고, 경상우도 병마절도사 조대곤은 행방이 묘연하고, 경상감사 김수는 황황하여 어찌할 바를 몰라 경상도 전체가 무너지고 있을 때였다.

　곽재우는 선조 18년에 문과에 2등으로 급제했다. 그러나 답안지에 조정을 통렬하게 비판하는 내용이 있다는 이유로 선조는 곽재우의 과거 합격을 취소해 버렸다. 이후 곽재우는 벼슬에 뜻을 접고 유유자적했다. 그는 천성이 자유인이었다. 보잘것없는 지식을 머릿속에 가득 채우고, 말과 행동이 다른 사람들이 큰 소리로 헛된 이름을 세상에 내세우는 세태를 한심하게 여겼다. 그는 속된 선비들과는 일정한 거리를 두었다. 실천하지 않는 지식은 허위요 가식이라는 스승 조식의 가르침에 철저했다. 곽재우의 학문은 성리학에만 머물지 않았다. 조식이 그러했듯이, 평소 학문에 대한 폭넓은 관심은 물론이고 역사와 병법에 대한 연구도 게을리 하지 않았다. 말 타기 활쏘기도 몸소 연마했다.

곽재우가 나라에 대한 의리를 높이 세우며 의병을 일으키자, 곧이어 전 사헌부 장령 정인홍鄭仁弘도 5월 10일 합천에서, 김면金沔은 고령에서 뒤따라 의병을 일으켰다. 의를 실천하라는 스승 조식의 가르침은 60을 바라보는 나이에도 불구하고 정인홍, 김면으로 하여금 세상에서 물러나 숨어 있는 것을 허락하지 않았던 것이다. 6월에는 호남에서 고경명高敬命이 창의倡義(국난 시 의병을 일으킴)하고, 연이어 김천일金千鎰이 의병을 일으켰다. 방방곡곡에서 백성들이 일어났다. 충청도에서는 조헌이, 함경도에서는 정문부가 떨쳐 일어났다.

임금과 조정이 나라와 백성을 버렸지만, 백성들이 스스로 일어나 나라를 지키겠다는 것이었다. 농민과 어민 등의 양인과 노비 계층이 의병군의 주류를 이루었다. 갑자기 조직된 의병들이 오랜 내전으로 단련된 일본군과 비슷한 전투력을 가질 수는 없었다. 그러나 의병들의 기개와 충성심은 이 약점을 덮고도 남았다. 자신들 말고는 조선을 지킬 수 있는 힘이 어디에도 없다는 절박한 자각은 그들을 단결시키고 분발하게 했다. 조정 관료들은 일본군에 패하여 도망하는 중에도 서로 당파를 나누어서 싸우기를 그치지 않았지만, 의병들은 서로 정보를 교환하고 이해관계를 따지지 않고 협력했다. 그들은 복잡하고 위험한 군사작전도 서로 힘을 합해 훌륭하게 수행했다.

의병의 등장은 급속하게 무너져 가던 나라를 극적으로 되살리는 역할을 했다. 나라에 백성이 없으면 이미 나라가 아니다. 조정이 백성을 버리고 도망가면서 백성의 마음도 임금과 조정을 떠났다. 조정을 떠난 백성의 마음은 기존 정권을 부정하는 것은 물론이고, 임금까지 부정했다. '누구를 섬긴들 임금이 아니랴'라는 말이 공연하게 퍼지면서 일본의 통치를 기정사실화하는 분위기도 만들어지고 있었다. 심지어 일본군이 조선이라는 나라를 개혁해 주기를 은근히 기대하는 세력도 있었다. 나라가 망하는 것은 모든 사람의 눈에도 보이는 돌이킬 수 없는 일이 되어 가고 있었다. 이런 결정적인 순간에 의병이 등장한 것이다.

당초 승여乘輿(어가)가 서쪽으로 떠나자 조정의 명령이 여러 도에 미치지 못하고, 적병이 사방에서 모여들자 수령이 모두 도망한 상태에서 난민이 벌떼처럼 일어나 관고官庫를 때려 부셨습니다. 그리하여 호령하며 군사를 징발하면 활을 당겨 관사官使를 쏘려고 했던 반면, 왜적이 사람을 시켜 부르면 머리를 숙여 명령을 들으며 군량과 응자鷹子(매), 술과 꿀 등 진미를 곳곳에서 바쳤는데 그것을 진상進上이라고 불렀습니다.

(임진년) 6월 이후에 이르러 남방에서 의병이 처음으로 일어나 군사를 이끌고 근왕勤王하였으므로, 도로에 말이 전해지고 그 성세聲勢가 크게 확장되었는데, 그런 뒤에야 이빈吏民들이 바야흐로 국가를 향하는 마음이 있게 되었으며, 수령도 그 호령이 조금 행해져 군사를 징발하면 주민들도 점점 응하게 되었습니다. 이러한 때를 당하여 조금이라도 백성의 뜻을 돌리어 우리 국가가 있다는 것을 알도록 한 것은 남방 의병의 공로입니다.   – 《선조수정실록》 25년 12월 1일

이처럼 의병은 이반한 민심을 되돌리고, 민간에 대한 수령의 명령과 지휘 체계를 회복시키는 데 결정적인 영향을 미쳤다. 나중에 《지봉유설芝峯類說》에서 이수광李睟光은 '임진왜변에 국왕이 서쪽으로 옮겨 가고 나라 안이

텅 비었으며 적병이 가득하여 호령이 실행되지 아니해서 거의 나라의 형체를 잃은 것이 달포를 넘겼는데, …… 의병을 일으켜 원근에 격문을 전달하여 이로부터 백성들은 비로소 나라를 위하는 마음을 갖게 되었다.'고 했다.

의병의 출현은 일본군들이 전혀 예상하지 못한 변수였다. 당초 일본은 무사들끼리 전투를 벌여 승패를 가르면 백성들이 그 결과에 무조건 복종하는 일본식 전쟁을 염두에 두었다. 그런데 조선의 왕과 군대가 모두 패주한 마당에, 조정과 양반들에게 학대받던 백성들이 들고 일어나고 있었다. 일본군은 뜻밖의 적을 사방에서 맞이한 것이다.

일본은 전쟁을 일으키기 전에 조선의 방방공곡을 뒤지며 세밀한 군사정보를 수집했다. 어디에 얼마큼의 군사가 있는지, 군사들의 사기와 무기 체계까지 손바닥 들여다보듯이 샅샅이 파악했다고 자부했다. 그러나 백성들 사이에 숨어 있는 잠재적 군사의 존재까지는 알아챌 수 없었다. 힘 없는 백성들이 나라를 지키고자 자발적으로 일어나 병사가 될 수 있다는 것은 상상조차 할 수가 없었다.

의병들은 지리에 밝을 뿐만 아니라, 백성들의 전폭적 협력을 받아 정보와 보급에 절대적 우위를 확보할 수 있었다. 의병은 일본군의 약점을 철저하게 파고들었다. 왜적이 집결해 있으면 우회하고, 분산되어 있으면 공격했다. 일본군으로서는 적절하게 대처할 방법이 없었다.

가장 큰 문제는, 전쟁 초기 순조롭게 안정되어 가던 점령지의 민정이 의병 활동이 활발해지면서 순식간에 무너져 버린 것이었다. 빈곤과 억압, 신분적 차별에 분노하던 최하층 민초들에게 일본군은 처음으로 사람다운 대접을 해 주었다. 어느 틈에 백성들 사이에 일본군에 대한 은근한 기대가 생겨난 것도 사실이었다. 일본군 역시 조선 국왕의 폭정에서 백성을 구하고

자 자신들이 조선에 들어왔노라고 선전했다.

강원도 지역 점령 책임자인 모리 요시나리〔毛利吉成〕는 스스로 강원 감사를 자칭하며, 격문을 붙여 백성들을 안심시켰다. 그리고 일본에 비협조적일 것 같은 양반은 감옥에 가두면서, 하급 관료와 백성들은 모두 풀어 주었다. 지배층에 대한 피지배층의 적대감을 고취시켜 피지배층을 자신들에게 우호적인 세력으로 만들기 위함이었다.

실제로 일본군은 백성들의 생업을 보장하고 관곡을 분급해 주면서 수세액을 3분의 1로 낮추겠다고 약속하였고, 백성들은 일본군의 점령을 현실로 받아들이고 있었다. 일본의 선무공작撫工作은 효과가 있는 듯했다. 곳곳에서 일본군의 점령 정책에 협력하는 백성들이 늘어 갔다. 파천 직후 강화, 교동 등지의 뱃길을 자세하게 적은 해도를 일본군에게 넘겨준 백성도 있었고, 서울의 시장 백성들은 일본군이 와도 담담하게 그들을 맞았다. 뿐만 아니라 일본군 가운데 절반은 조선 사람이라는 소문도 퍼져 갔다.

이런 상황에서 조선 8도 방방곡곡에서 일어난 의병은 백성들의 민심을 순식간에 반전시켰다. 그들은 일본군의 선무공작에 흔들리고 있던 백성들의 마음은 단번에 돌려놓았다. 백성의 마음을 얻지 못하고 무력의 힘민으로는 전쟁에서 승리할 수는 없다.

의병이 주로 노린 목표는 일본군 보급선이었다. 보급 불안정은 곧장 일본군에 치명타가 되었다. 조선에 침입한 일본군은 20만. 봄이었고 몇 년간 계속된 가뭄으로 조선에는 비축된 양곡이 거의 없었다. 20만 대군은 군량과 무기 등 대부분의 군수물자를 일본에서 조달해야 했다. 일본에서 출발한 보급선은 바다를 건너서도 부산에서 서울까지 1천 수백 리, 그리고 서울을 지나 평양·함흥까지 또다시 수백 리를 이동해야 했다. 당시 조선은 도로가 정비되어 있지 않아 우마차의 사용이 쉽지 않았다. 그런 상황에서 천 리 길이 넘는 대규모 보급은 엄청난 어려움이었다.

그런 와중에 의병들의 밤낮 없는 위협으로 일본군은 점차 고립되고 있었다. 일본군은 10리 또는 50~60리의 거리를 두고 험한 곳을 골라 보급로 경비를 위한 영책營柵을 세웠고, 경비 병력을 고정 배치해 밤이면 서로 연락을 취했다. 그러나 의병 활동이 활발해지면서 이 영책들도 편할 수 없었다. 영책은 수시로 기습을 당했고, 일본군 수송대도 번번이 조선 의병들의 먹잇감이 되었다.

임진년 겨울부터는 비각飛脚(연락병) 한 명만 보내려 해도 기병 30~40기 또는 보병 100~200명의 호위를 붙여야 움직일 수 있었다. 언제 어디에서 나타날지 모르는 의병 때문에 일본군은 500~600명 단위로 조직화된 부대가 아니면 이동하기도 쉽지 않았다. 자연히 육로를 통한 보급은 불가능해지고 있었다. 낙동강과 한강을 연결하는 수로 운송도 여의치 않았다. 낙동강 서쪽에서 활약하는 곽재우 · 정인홍 · 김면 등의 의병 활동으로 인해 곳곳에서 장애에 부딪치고 있었다. 임진년 8월부터 이듬해 봄 전면 퇴각할 때까지 일본군은 부산과 서울 그리고 평양까지의 주보급로 경비에만 6만여 명의 병력을 배치해야 했다.

당시 일본군이 점령한 고을은 대략 180개 정도. 조선 전체 328개 고을의 약 절반에 해당하는 지역을 점령하고 있었다. 이미 점령한 지역의 질서를 유지하고 보급로를 확보하기 위해 1개 고을에 500명의 군사를 배치한다고 해도 약 10만 명의 일본군이 필요하다는 계산이 나온다. 민정과 치안 유지에만 10만의 병력을 분산해서 배치하고 나면, 전투는 누가 할 것인가? 게다가 500명의 일본군으로는 한 고을도 실효적으로 지배할 수는 없다. 500명을 수십 명 단위로 분산 배치하면 의병들의 먹잇감만 될 뿐이었다.

20만의 병력 가운데 10만의 병력이 읍성과 보급로의 경비에 묶이고 나면, 정작 전투에 쓸 수 있는 병력은 겨우 5만에 불과했다. 그러므로 점령지 백성의 협력 없이는 정복전쟁의 승리는 불가능한 것이다. 나중에 일본이 점령지 확대를 위한 공격은커녕 방어전에서도 몰리기 시작한 이유가 여기에 있었다. 전쟁의 승패를 가르는 최후의 승부처는 결국 백성의 마음이었던 것이다.

호남 진출 공방전

본래 일본의 조선 침공 전략은 수륙병진水陸竝進 전략이었다. 육군이 신속하게 서울과 평양을 장악하면, 충분한 보급품과 보충병을 실은 일본 수군이 서해를 돌아 한강과 대동강을 거슬러 올라온다는 것이었다. 수로를 이용하여 조선의 육로 교통의 문제점을 보완한다는 것이었다. 그러므로 바다를 통한 수륙병진 전략의 완성은 전쟁의 승패를 결정짓는 핵심적 문제였다.

그런데 처음부터 없는 것으로 치부하고 있던 조선 수군이 어디서인지 나타나 일본 함선을 공격했다. 그것도 궁지에 몰린 쥐가 고양이를 무는 그런 상황이 아니라, 놀랍게도 해안 기지에 정박하고 있는 일본 전함을 급습해

공격하는 의외의 상황이었다. 일본 전함을 향해서 돌진하는 전투 방식도 과감했고, 조선 전함에서 쏘는 대포는 그 위력이 엄청났다. 육상전에서 그토록 위력을 발휘했던 조총도 조선 수군의 대포 앞에서는 아무 쓸모가 없었다.

수륙병진이라는 기본 전략에 차질이 오는 것이 아닌가 하는 불안이 일본군 내부에서 대두되었다. 만일 수군의 효과적인 지원이 없다면 20만에 이르는 조선 침략군의 보급을 어떻게 감당할 것인가?

바다뿐만이 아니었다. 전라도 점령을 위해 출전한 일본 육군이 조선 의병과 관군을 상대로 치열한 전투 끝에 패퇴하는 충격적인 일까지 벌어졌다. 이는 예사로운 일이 아니었다. 조선 관군이나 의병의 전투력이 전쟁 초기와는 전혀 다른 모습을 보이고 있었다.

전라도 점령을 위해 출전한 일본군은 고바야카와 다카가게〔小早川隆景〕가 이끄는 제6군이었다. 고바야카와는 일본 중부 지방 모리 가를 대표하는 유력한 영주였다. 당시 일본을 이끄는 '5대로大老'로 존경받던 이름 있는 장수로서, 일본 국내의 영향력 면에서는 고니시나 가토 등과는 비교할 수 없을 정도의 비중 있는 인물이었다. 그가 지휘한 병력은 1만 6천 명. 그들은 부산에 상륙한 후 경상도 성주 · 선산 · 김천에 분산 배치되어 있었고, 별군은 창원에 주둔 중이었다. 6월이 되면서 제6군의 전라도 공략이 시작되었다. 제6군 가운데 창원에 주둔하던 2천 명의 별군은 의령을 거쳐 함양 · 남원으로 들어갈 예정이었다.

의병장 곽재우는 의령의 정암진에 매복하고 이들을 기다렸다. 그가 동원한 군사는 700명 남짓. 그러나 지휘 체제가 엄정하고 몇 번의 소규모 전투로 단련된 부대였다. 이런 부대가 익숙한 지리를 이용하여 야간에 기습

작전을 감행한 것이다. 조선군이 감히 일본군의 대부대를 공격하지 못할 것으로 여기고 방심하고 있던 2천 명의 일본군은 의병의 갑작스런 기습에 손쓸 틈 없이 무너졌다. 야간을 틈탄 기습전은 지리에 익숙한 조선군에게 절대적으로 유리했다. 일본군에게 큰 피해를 입혔으나, 의병들의 희생은 미미했다. 일본군이 자랑하던 조총도 밤에는 조준 사격을 할 수가 없어 무용지물이었다. 일본군의 약점을 최대한 이용한 완벽한 승리였다.

이 패전의 충격으로 일본군은 의령에서 퇴각하였고, 낙동강을 이용한 일본군의 보급선은 의령·성주에서 끊어져 큰 타격을 받게 되었다. 더욱이 낙동강 서쪽에는 곽재우의 의병만 있는 것이 아니었다. 성주·합천에는 정인홍의 의병이, 고령 김천에는 김면의 의병이 버티고 서서 낙동강 서쪽을 방어하고 있었다.

의령·진주를 넘어 전라도로 진출하려던 일본군의 계획은 심각한 차질을 빚었다. 곽재우의 저항으로 별군의 전라도 진출이 실패하자, 고바야카와는 서울에서 내려와 직접 제6군을 지휘하여 재차 전라도 진출을 시도했다. 경상도 의령·성주·고령·합천 등지에서 상당히 강력한 의병 세력이 활동하고 있는 것이 분명했다. 쉬운 길을 놓아두고 굳이 저항이 심한 지역을 돌파하는 것은 어리석어 보였다. 고바야카와는 직접 제6군 본대를 이끌고 충청도 영동을 거쳐 전주로 향하기로 했다. 전라도 공략에 동원된 일본군은 총 1만 2천 명의 대군이었다.

고바야카와 부대는 6월 23일 금산성을 점령하고 그곳에 제6군 사령부를 설치했다. 그리고 군대를 2개 부대로 나누어 전주를 향해 서둘러 출발했다. 제1부대는 고바야카와가 2천의 정예군을 이끌고 진산을 거쳐 이치로 진출하고, 제2부대는 안고쿠지 에케이가 군사 1만을 이끌고 무주·진안을 거쳐 웅치를 거쳐 전주로 진군하기로 했다. 이때 전라감사를 자칭한 안고쿠지는 사실상 전라도 침공군 책임자였다.

일본군의 움직임을 포착한 전라순찰사 이광은 당시 광주 목사로 있던 권율權慄(1537~1599)을 임시 지휘관으로 임명했다. 권율은 문관이었으나 뛰어난 장수였다. 권율은 전주 외곽의 웅치와 이치에 1차 방어선을 구축하고, 이곳이 무너지면 전주성에서 최후의 일전을 치르기로 했다. 그러면서 서울로 북상하던 의병장 고경명에게 금산성을 치도록 했다. 일본군의 퇴로를 위협하여 전주에 대한 압박을 줄이기 위함이었다. 이치는 전라북도 완주군 문주면과 충청남도 금산군 진산면 사이의 고갯길이다. 권율은 동복 현감 황진黃進과 함께 군사 1,500명을 거느리고 방어 진지를 구축하고 일본군을 기다렸다. 웅치는 완주군 소양면에 있는 험한 고갯길인데, 여기에는 김제 군수 정담鄭湛, 나주 판관 이복남李福男, 해남 현감 변응정邊應井, 의병장 황박黃璞이 군사 1천 명을 거느리고 방어하고 있었다.

싸움은 웅치에서 먼저 시작되었다. 의병장 황박이 산 아래 목책과 말뚝을 이용하여 1차 방어선을 구축하고, 이복남이 2차 방어선을, 정담이 산 위에서 3차 방어선을 구축했다. 7월 7일 치열한 전투가 하루 종일 계속되었다. 조선군은 절대적인 수적 열세에도 불구하고 잘 막아 내었다. 이튿날 일본군은 전 병력을 동원하여 파상공격을 퍼부었다. 결국 1, 2차 방어진이 무너지고, 오후가 되자 조선군은 산 위 3차 방어선에 의지하여 대항했다. 조선군의 눈부신 방어전이었다. 저녁때가 되자 일본군은 희생이 너무 크고 날도 저물어 철수를 결정했다. 그런데 이때 조선군에게 화살이 떨어졌다. 이를 눈치 챈 일본군이 다시 재공격을 감행하여 치열한 백병전이 일어났고, 이 와중에 군수 정담이 전사했다. 결국 전투는 일본군의 승리로 끝났다. 그러나 안고쿠지의 병력도 손실이 커서, 전주성 가까이 접근했으나 전투를 계속하는 것이 부담스러운 상태였다.

이치전투는 7월 8일 아침에 시작되었다. 권율은 군기를 엄정하게 세우고 도망하는 군사는 참수하며 선두에서 독전했다. 적이 낭떠러지를 타고 기어오르자 병사들은 나무를 의지하여 총탄을 막으며 활을 쏘았다. 치열한 격전이었다. 시체가 쌓이고 초목에까지 피가 흘러 피비린내가 진동했다. 황진은 동복현의 군사를 거느리고 적진을 돌파하기도 하고, 굳건히 방어하기도 하면서 최선봉에서 용감하게 싸웠다. 그러다 황진이 이마에 적탄을 맞고 쓰러졌다. 이 틈을 타고 일본군이 목책을 넘어왔으나, 권율이 예비대를 투입하여 가까스로 방어선을 회복했다. 치열하던 전투는 오후 4시경 고바야카와의 일본군이 철수하면서 종료되었다. 이치전투는 일본군이 조선에서 벌인 3대 전투를 꼽을 때 첫째로 칠 만큼 치열한 전투였다. 무엇보다, 이 전투는 적장이 직접 지휘하는 대규모의 일본 정규군과 정면으로 대결하여 조선군이 승리한 최초의 육상전이었다.

웅치전투에서 패한 조선군은 일단 전주성으로 물러났다. 이치전투에서 치열한 접전이 벌어지는 사이, 웅치를 돌파한 안고쿠지의 일본군은 전주성 부근까지 진출했다. 그런데 이때 일본군 진영에 급보가 날아들었다. 일본군 제6군 사령부가 설치된 금산성으로 대규모의 조선군이 접근하고 있다는 것이었었다. 바로 고경명이 이끄는 7천 명의 전라도 의병이었다.

금산성이 조선군에게 넘어가면, 일본군은 앞으로는 전주성에 있는 조선군을 상대해야 하고, 뒤로는 금산성을 점령한 조선군을 맞이해야 했다. 또한 금산성을 잃게 되면 일본군의 군수 지원도 끊기고, 자칫하면 퇴로도 막혀서 고바야카와 군은 전라도에서 고립무원의 상태에 빠질 수도 있었다.

게다가 김천에서 거창을 거쳐 전라도로 진출하려던 제6군 소속부대 1,500명도 고령의 의병장 김면의 매복에 걸려 거창 우척현에서 많은 손실을 입고 고립되어 있었다. 전주성에 접근한 일본군은 퇴각하지 않을 수 없었다. 이때 이치전투를 치르던 일본군도 함께 물러나기 시작했다. 일본군은 물러나면서 웅치 싸움에서 죽은 시체를 모아 길가에 묻어 몇 개의 무덤을 만들고 그 위에 '조선의 충신과 의사義士의 영혼을 위로하다〔吊朝鮮國忠肝義膽〕'라고 썼다.

금산성 전투, 장엄한 패배

한편 고경명은 전라도에서 군사를 모아 6월 1일 담양을 출발, 전주와 여산을 거쳐 은진으로 향했다. 이때 그는 말위에서 격문을 써서 의병의 궐기를 호소했다.

> 근자에 나라의 운수가 막혀, 섬 오랑캐가 쳐들어왔다. …… 소위 장수란 것은 갈림길에서 배회하고, 수령이란 자는 깊숙한 숲 속으로 도망치는구나. 어쩌다 나라의 형편이 이 지경에 이르렀는가. …… 위급존망의 날에 감히 하찮은 몸뚱이를 아끼랴.
>
> － 《제봉전서霽峯全書》

고경명의 의병군은 금산성 앞 10리에 진을 쳤다. 그리고 7월 10일 새벽, 금산성 전투가 시작되었다. 일본군의 선제공격이었다. 웅치와 이치전투에서 돌아온 일본군도 합류했다. 일본군은 먼저 관군을 공격했다. 성안의 일본군이 달려 나와 관군을 공격하자, 전라도 방어사 곽영郭嶸은 달아나고 관군은 흩어졌다. 전선이 이미 무너졌지만 고경명은 물러서지 않고 싸우다 적에게 둘러싸였다. 그래도 굽히지 않고 맞서던 그는 결국 둘째 아들 인후와 함께 그 자리에서 순절했다. 전라도 옥과에서 거병한 의병장 유팽로柳彭老는 고경명의 몸을 감싼 채 최후를 맞았다. 그러나 웅치와 이치, 금산성에서 많은 군사를 잃은 일본 제6군은 결국 금산을 버리고 경상도 상주 방면으로 철수한다. 이렇게 하여 전라도가 지켜진 것이다.

그로부터 한 달 뒤인 8월 18일, 조헌의 의병부대 700명과, 영규靈圭의 승군僧軍 600명이 일본군 1만 명이 주둔해 있던 금산성을 다시 공격했다. 제2차 금산성 전투였다. 이 전투에서 의병부대는 처절한 백병전 끝에 전원이 전사했다. 치열한 전투였다. 비록 일본군의 일방적인 승리였지만, 죽기로 작정하고 싸우는 자를 상대하느라 일본군의 희생도 적지 않았다.

제1,2차 금산성 전투를 두고 오늘날까지도 논란이 많다. 일본군이 이미 전라도에서 철수한 상황에서 고경명과 조헌이 그토록 많은 희생을 감수하면서까지 엄청난 피해가 예상되는 금산성 싸움을 두 번씩이나 할 필요가 있었는가 하는 것이다. 그때 금산성 말고 다른 곳에서 싸웠다면 더 효과적이지 않았을까.

비록 1, 2차에 걸친 금산성 전투는 조선 의병의 처절한 패배로 끝났지만, 그들의 희생은 값진 것이었다. 의병들의 장엄한 죽음은 일본군의 치명적 약점, 곧 여러 영국領國 군대의 연합군 형태인 일본 침략군이 지닌 구조적 한계를 드러내는 계기가 되었다. 그들은 전원이 몰살당하면서도 끝내 물러서지 않는 조선 의병의 기개에 두려움을 느꼈다.

당시 일본이 조선처럼 완전한 중앙집권 국가였다면, 일본의 왕은 어떠한 희생을 치르더라도 전라도를 점령하라고 명령했을 것이고, 이는 당시의 일본군 전력으로 충분히 가능한 일이었다. 전라도를 점령해야만 전쟁에서 최종적으로 승리할 수 있다는 것은 누구나 아는 사실이었다. 그러나 당시의 일본은 봉건국가였고, 그 기반은 지역에 할거하는 영주들의 지방 군사력이었다. 이 영주들에게는 전쟁에서 이기는 것 못지않게 자신의 군사력을 온전히 보존하여 영국으로 돌아가는 것이 중요했다. 그래서 그들은 도요토미의 명령이 아무리 엄해도 자신의 군대를 먼저 지키는 데 필사적이었다.

비록 일본이 전쟁에서 승리하더라도, 자신의 군대가 패망하면 그걸로 끝이었다. 그것은 영주 자신뿐 아니라, 그를 도와 나라를 세운 영국의 가신들 모두의 꿈과 운명을 함께 무너뜨리는 것이었다. 그러므로 각 영주들에게는 전쟁의 승리보다 자기 군대의 보존이 더 중요할 수밖에 없었다.

이런 상황에서 아무리 중앙정부를 장악한 도요토미라 할지라도 각 영국 군대의 희생을 일방적으로 강요할 수는 없는 노릇이었다. 만일 그렇게 해서 도요토미가 임무를 완수하지 못한 영주를 처벌하는 사태가 벌어진다면, 일본의 통일을 가능하게 한 정치적 신뢰가 무너져 일본은 또다시 약육강식의 전국시대로 돌아갈 위험이 있었다. 그러므로 중앙정부를 위해서 특정한 영국의 군대가 모든 것을 희생하는 것을 바랄 수는 없었다. 이것이 당시 도요토미 정권의 결정적 한계였다. 결국 고바야카와는 자신의 군대를 보존하고자 전라도 진출을 포기했고, 이런 고바야카와를 도요토미조차 어찌지 못했다.

도요토미로서도 결코 가볍게 볼 수 없었던 고바야카와의 실패는 일본군에게 적지 않은 심리적 타격을 주었다. 그는 무장으로서, 또 지혜 면에서도 봐도 당대 일본 제1급의 인물이었다. 그런 그가 조선 의병과 관군과의 치열한 전투에서 막대한 손실을 입고 물러섰다는 사실은 일본군에게 커다란 충격을 주기에 충분했다.

2차에 걸친 금산성 전투를 치르며, 일본은 앞으로 전라도 점령을 위해서 일본군이 치러야 할 대가가 엄청날 것임을 깨달았다. 그것은 불길한 예감이었다. 그들 중 어느 누구도 그토록 악착같은 조선군을 상대로 앞장 서서 싸우고 싶지 않았다. 이렇게 금산성 전투는 일본군의 결정적 약점을 그대로 드러내었고, 그들의 전의를 떨어뜨렸다.

적진 속에 남하한 광해군의 조정

끝없이 무너져 내리던 조선이 의병의 활약으로 겨우 민심을 다잡게 된 그때, 백성의 마음에 새로운 구심점으로 떠오른 세력이 있었다. 바로 세자 광해군의 분조分朝였다. 광해군의 분조는 국왕 선조가 일본군을 피해 요동으로 가겠다고 하자 신하들이 강력하게 반발하면서 생겨난 정치적 타협이었다.

원래 한 나라에 두 임금이 있을 수 없고, 절대권력은 나눌 수 없는 것이다. 그런데 임금이 석이 두려워 혼자 도망가겠다고 고집을 부리니, 신하들은 세자라도 붙들고 나라의 중심을 잡아야만 했다. 왕과 조정이 전부 중국으로 달아나면 나라가 무너질 것이 불 보듯 뻔했다. 선조도 신하들의 주장을 무시할 수가 없어 또 다른 조정을 세우는 타협안이 만들어진 것이다.

광해군의 분조는 영변 행재소에서 만들어졌다. 이때 선조가 광해군에게 '권섭국사權攝國事'로 관작의 임명이나 상벌의 시행을 행사할 수 있는 권한을 위임하였고, 군사를 총괄하는 '무군사撫軍司', 즉 분비변사分備邊司를 이끌게 하여 실질적으로 전쟁을 이끌도록 하였다. 이에 따라 분비변사에서 당상회의를 열어 중요한 군국기무를 논의했다. 영의정 최홍원, 우의정 유홍兪泓, 좌찬성 최항, 우찬성 정탁鄭琢, 형조판서 이헌국李憲國, 전 호조판서 한준, 호조참판 윤자신尹自新, 동지돈녕부사 유자신柳自新, 병조참의 정사위鄭士偉, 부제학 심충겸, 승지 유희림柳希霖, 그리고 세자를 보좌하던 사람들이 분조에 합류하였다. 그들 중에는 선조의 허락을 받고 분조에 합류한 사람도 있었지만, 일부는 국왕의 허락도 받지 않고 스스로 합류했다.

분조에 합류한 신하들은 대부분 선조의 요동 망명을 반대하고 조선에 남아서 항전하자고 하던 사람들이었다. 따라서 분조의 항전은 적극성을 띨 수밖에 없었다. 그들은 분조가 만들어지자 곧바로 전쟁을 지휘하고자 적진과 가까운 경기도와 강원도의 접경 지역인 강원도 이천伊川으로 내려갔다. 세자와 분조는 이때부터 허물어진 민가에서 때로는 산야에서 혹한에 시달리며 야숙하면서, 일본군의 점령지에서 숨어서 때로는 전선을 누비면서 고난의 행군을 계속했다. 일본군의 추적 위험 때문에 한곳에 오래 머물 수 없었다.

분조는 이천에서 '제로관의병면이근왕諸路官義兵勉以勤王'(모든 관군과 의병은 나라를 지키기 위해 노고를 아끼지 말라)이란 글을 전국에 내려 의병의 창의를 독려하고, 일본군의 점령지에까지 수령을 임명하여 전란으로 무너진 조선의 행정조직을 곳곳에 재건하였다. 분조가 굳은 결의로 적진 속에 자리하여 의병의 창의를 명하고, 세자가 앞장서서 결사 항전을 독려하자 백성들은 감격하였다. 세자의 결연한 의지는 패배주의에 젖어 뿔뿔이 흩어진 채 전국의 산야를 헤매던 백성들의 정신을 번쩍 들게 했다.

분조는 조선에 등을 돌리고 일본군에게 협력하던 백성과, 도망하는 임금에게 마음을 돌린 선비들을 다시 조정으로 불러들였다. 그리고 천하에 아직 조선이 무너지지 않고 살아 있음을 세상에 알렸다. 사실 평양성을 탈출한 조정의 행방이 며칠째 묘연하자, 사람들은 조정이 이미 소멸하거나 중국으로 도망한 것으로 알았다. 그런데 이때 세자가 백성들 속으로 돌아온 것을 보고 감격하여 하나 둘 분조가 있는 이천으로 모여들기 시작했다. 분조는 순식간에 의병과 백성들의 구심점이 되었다. 각지에서 활약하는 의병들의 승전 보고가 분조로 이어지고, 백성들의 적극적 참여로 군사 수도 빠른 속도로 늘어났다. 세자의 활동이 활발해지고, 분조의 위상이 높아지면서 분조에 합류하는 조신늘도 늘어났다.

이들 가운데 전 동지사 성혼의 합류는 분조의 정치적 위상을 크게 높여주었다. 그는 당대의 거유巨儒로서 전쟁 초 선조와 반목했다. 그를 세자가 초치招致(안으로 불러들임)하였다는 것은 재야의 유신儒臣들을 포용하겠다는 분조의 의지를 드러낸 것이었다.

또한 순변사 이일이 자발적으로 분조에 합류한 것도 큰 힘이 되었다. 당시 분조는 일본군과 싸울 군사적인 기반이 전무한 상태였고, 세자의 호위 무사도 겨우 1인에 불과하였다. 그러나 이일이 휘하의 군사 3천을 이끌고 분조에 합류함으로써 분조의 예하에 직속군을 두게 되었다. 이를 계기로 분조는 강원도 이천에서 평양과 황해도로 진출이 용이한 성천成川으로 옮겨 적극적인 군사 활동을 전개한다. 이렇게 하여 이천 분조에서는 조사朝士(벼슬아치)가 100명을 넘겼고, 성천 분조에서는 현임 당상관이 13명, 당하관이 30인에 이르렀다.

광해군의 분조는 군량을 확보하고자 여러 군읍의 군포를 반감해 주는 한편, 순안사巡按使를 보내어 군량을 조달하고 병력을 징집하였다. 세자는 친히 장사將士(장수와 병졸)를 초집하여 '회복지의恢復之意'를 결의하기도 했다. 세자의 분조는 이천에 이주하면서 인접한 지방민의 열렬한 환영을 받았다. 선조가 피란 가는 곳마다 백성들의 철저한 외면을 받았던 것과는 대조적이었다.

조선도 몰랐던 조선 수군의 위력

일본군은 처음 조선 수군의 힘을 몰랐다. 그런데 이 사실을 모르기는 조선 수군도 마찬가지였다. 일본 수군과 첫 전투를 치르고 나서야 조선 수군은 자신들이 가진 막강한 힘을 알게 되었다. 이때부터 조선 수군은 날이 갈수록 점점 더 강해져 갔다.

전라도를 둘러싼 육지 전투가 한창이던 바로 그때, 바다에서는 조선 수군과 일본 수군이 조선 해역의 제해권을 놓고 건곤일척의 싸움을 준비하고 있었다. 일본으로서는 전라도 공략과 이미 평양까지 진출한 육군에 병력과 군수를 지원하고, 더 나아가 점령지 조선의 전체적이고 효과적인 지배를 위해서도 바다의 장악이 긴요한 상황이었다. 뿐만 아니라 바다를 통해 들어올지도 모르는 중국의 위협을 방어하기 위해서라도 서해의 제해권을 반드시 틀어쥐어야 했다.

조선으로서도 전라도와 서해안 지역은 이 전쟁을 승리로 반전시킬 수 있는 유일한 발판이자 희망이었다. 따라서 서해로 통하는 해로는 조선이 반드시 지켜 내야 하는 최후의 보루였다. 이런 이유로 조선과 일본 모두 해전에 사활을 걸 수밖에 없었다. 그런데 조선에는 이순신(1545~1598)이 있었다.

이순신이 전라좌수사에 임명된 것은 선조 24년(1591) 2월 16일. 임진왜란이 일어나기 1년 전, 통신사가 일본의 패만한 국서를 가지고 조선으로 돌아올 무렵이었다. 전쟁이 일어날 것이라는 소문이 온 나라에 퍼져 민심이 지극히 불안하던 바로 그때였다. 좌수사로 임명되기 전 이순신은 정읍 현감으로 있었다. 종6품 현감에서 무려 일곱 계단을 단숨에 뛰어넘어 정3품 수군절도사가 된 것은 사람들을 놀라게 했다. 대위 정도의 초급장교가 소장 정도의 장관급 장교로 단번에 승진한 것과 같은 파격이었다. 당연히 인사 질서를 문란하게 한다는 반발이 거셌다. 아무리 전쟁의 불안이 눈앞에 닥친 비상시국이라고 하더라도 이런 식의 인사는 안 된다고 신료들이 들고일어났다. 그러나 선조와 좌의정 유성룡은 조정의 반발을 누르고 이순신을 전라좌수사로 부임시켰다.

사람들은 이순신의 발탁을 유성룡이 한 것이라고 한다. 그러나 인사를 통한 권력 장악에 남다른 수완을 발휘하며 동인과 서인을 번갈아 진퇴시키고, 그때마다 적지 않은 옥사를 일으켜 권력을 장악해 온 선조가 유성룡의 건의만으로 이순신을 파격적으로 발탁했다고 보기는 어렵다. 오히려 당시 유성룡은 정여립의 난에 연루되었다는 소문 때문에 정치적으로 자유롭지 못한 상황이었다. 뿐만 아니라 선조는 인사에 관한 한 소신이 뚜렷했다. 지난날 조정의 실세였던 이이를 비롯하여 많은 신하들이 정여립을 강력히 추천했지만, 선조는 한 번도 정여립을 중용하지 않았다. 이렇게 본다면 이순신의 발탁은 수많은 논란을 충분히 예상했으면서도 선조 나름의 철저한 정치적 계산에 의한 결단이었다고 보는 것이 자연스럽다.

그렇다면 선조와 유성룡은 왜 이순신을 파격적으로 승진시켰을까? 그들이 이순신에게 기대한 것은 무엇일까? 이렇게 파격적인 인사를 통해서 당시 관료 사회와 세상 사람들에게 보여 주자고 한 것은 무엇일까? 이순신은 이때 자신에 대한 임금의 기대를 어떻게 이해하고 받아들였을까?

당시는 일본과의 전쟁 가능성을 기정사실로 받아들이고 있을 때였다. 일본과 전쟁을 벌인다고 하면, 경상도와 전라도 해안 지방은 최전방에 해당한다. 그러나 최전방을 책임지는 남해안의 수군절도사나 병마절도사 어느 누구도 전쟁에 대비해서 본인들이 수행해야 할 임무와 책임을 적극적으로 실천하는 사람은 없었다.

당시의 조선은 겉으로는 상당히 선진화된 중앙집권 국가였다. 세종대왕 이후로 조선은 각급 행정기관의 조직과 임무, 그리고 각 기관 책임자의 직무와 권한을 《경국대전經國大典》을 위시한 법규와 지침으로 상세하게 규정해 놓았다. 따라서 각급 기관의 장은 법규와 지침에 따라 권한과 책임을 자율적으로 수행할 수 있었다. 이러한 체계는 군정과 군령을 행사하는 절도사에게도 그대로 적용되고 있었다.

문제는, 법규와 실제 행정이 따로 움직였다는 데 있다. 왜적이 쳐들어온다는 정보를 듣고도 일선의 절도사 중 어느 누구도 자신에게 부여된 권한과 책임을 적극적으로 행사하려 들지 않았다. 더구나 당시 조선의 국가조직 중 가장 부패하고 무능한 조직이 바로 군사조직이었다.

이이가 선조 7년에 올린 상소문 〈만언봉사萬言封事〉에서 한 말이다. 그러나 부패한 군 지휘관 문제보다 더욱 근본적인 문제가 있었다. 국가 기강이 철저하게 붕괴되면서 권한과 책임을 정하는 법이 도무지 제 기능을 하지 못하게 된 것이 더 큰 문제였다.

사림이 권력을 장악한 후 국가와 관료 조직, 그리고 국정 운영 시스템이 모두 무너지면서 군사와 관련한 법령도 사실상 모두 무너졌다. 아무도 지키지 않아 이미 사문화된 것과 다름없는 법령을 믿고 절도사가 사명감을 가지고 자신에게 부여된 권한을 행사하다가 자칫 민원이 발생하거나 정쟁에 말려들면 목숨조차 부지하기 어렵게 된다. 출세하려고 목숨을 걸 수는 없었다. 특히 병정과 관련한 일은 민원이 많아 심각한 갈등에 휘말릴 가능성이 컸다.

더구나 당시는 군사 방면에 영향력이 컸던 우의정 정언신이 정여립의 난에 연루되어 죽으면서 다들 몸을 사리는 분위기였다. 군사 대비 태세의 확립을 위해 절도사들이 소신에 따라 법령을 집행하다가 사소한 말썽에라도 휘말리면, 중앙 조정에서 이들을 변호해 줄 사람이 하나도 없는 상황이었다. 그러므로 이제 사명감 있는 절도사가 옛날과 같이 군사행정을 엄정하게 수행하려 해도 임금과 조정의 분명한 지시가 별도로 필요했다. 그러나 나라가 그토록 위태한 상황에서도 책임지기를 두려워한 임금과 조정의 대신들은 분명한 지시를 회피했다. 이렇게 되자 일선 군사령관들은 상황이 심상치 않다는 것을 알면서도 눈치만 보면서 꼼짝하지 않았다. 상황이 심상치 않음을 모두 알았지만, 먼저 나서서 움직이는 사람은 아무도 없었다.

그러나 앞서 살펴보았듯이, 일본에 대한 정보가 전무한 상황에서 임금이고 조정이고 큰 정치적 부담을 지면서까지 행동에 나서기는 어려웠다. 누군가는 결단을 내려야 할 상황이었지만, 아무도 그 책임을 지려고 하지 않았다. 그중에서도 일선 군 책임자들은 임무와 책임 사이에서 이러지도 저러지도 못한 채 서로 눈치만 보았다. 전쟁이 진짜 일어날 것인가? 전쟁 발발 시기에 대한 예측이 근거가 있는 것인가? 적이 정말 침략해 온다면 자신의 부대는 어떻게 대응할 수 있을까? 싸움에 패한다면 자신과 자신의 가문은 어떻게 될 것인가?

그러면서도 조정에서는 내심 일선 군사령관들이 각자 알아서 전쟁에 대비해 주기를 바랐다. 이순신은 선조의 이러한 기대로 발탁되었다. 더 나아가, 그가 임금이 기대한 역할을 잘 해내어 당시 눈치만 보고 있던 일선 지휘관들의 역할모델이 되어 주길 기대했다.

교활한 발상이었다. 임금과 대신은 위험과 책임을 감수할 생각이 없으면서, 아랫사람에게 작은 권한을 주고 위험을 감수하고 그 책임까지 지라는 것이었다. 이순신은 이런 정치적 상황과 임금의 기대를 확실하게 인식했다. 그는 자신에게 주어진 임무에 집중했다. 그는 자신의 목숨과 가문의 명운을 걱정하지 않았다. 이순신은 전라좌수사로 부임하자마자 지체 없이 과감한 군사 개혁에 착수한다. 그는 왕과 대신들이 자신을 발탁한 의도가 무엇인지 굳이 알려고 하지 않았다. 임금과 조정의 의도가 무엇이건 간에, 그것은 그에게 중요한 것이 아니었다. 외적의 침략이 임박한 상황에서,

장수가 나라를 지키라는 명령을 받았으면 목숨을 다해 나라를 지키는 것이 그의 사명이라고 생각했다.

그는 모든 것을 버렸다. 모든 사람들이 정치에 촉각을 곤두세우고 있었지만, 그는 자신이 맡은 군인으로서의 소임 이외에는 모든 것을 단순화했다. 이순신은 부임하자마자 바로 자신의 부대를 전투태세로 바꾸어 갔다. 그는 정치에도, 세상의 뜬 이야기에 귀를 기울이지 않았다. 그는 오직 그가 지휘하는 부대의 전투 준비만 생각했고, 장수로서 나라를 지키는 일에 목숨을 걸었다.

오직 이순신만이 준비를 마치다

조용하던 전라좌수영이 이순신의 부임으로 갑자기 소란스러워졌다. 함선 건조와 무기 제조, 전쟁 물자의 조달 및 비축, 예외 없는 징집과 가혹할 정도의 엄한 군기 확립, 강도 높은 훈련 등 기존의 모든 관행을 뒤엎는 작업이 진행되었다. 전라좌수영은 병사들의 쏟아지는 불평과 불만으로 폭발 직전이었다. 부하 장교들은 이 소란의 뒷감당을 걱정하며 머뭇거렸으나, 이순신은 이 머뭇거림을 용서하지 않았다.

이순신이 진중陣中에서 쓴 《난중일기亂中日記》(1592~1598)에 나오는 군형법 집행 건수는 모두 96회 124건이다. 이중 사형 집행만 28건이다. 물론 이는 전쟁 중의 형 집행을 포함한 것이다. 그러나 전쟁 발발 전에도 이순신의 군기는 추상같이 엄격했다. 그만큼 불만도 높았다. '다른 부대는 조용한데 왜 우리 부대만 죽을 맛이냐.' '좌수사 영감이 장교나 병사, 백성의 처지는

생각지 않고 혼자 공을 세우려고 한다.'

곳곳에서 저항하고 모이기만 하면 불평이었다. 이런 좌수영의 분위기가 조정에 보고되지 않았을 리 없다. 모든 것이 예상대로였다. 조정은 이순신의 혁신을 예의 주시했다. 뭐라도 꼬투리만 잡으면 바로 이순신을 형틀에 올려놓을 기세였다. 팽팽한 긴장이 전라좌수영을 짓눌렀다. 어쩌면 치열한 전장보다도 더 위태로운 순간이었다.

이순신은 도무지 타협을 모르는 원칙주의자였다. 어찌 보면 두려움을 모르는 용기 있는 사람 같아 보이지만, 어찌 보면 세상 물정을 모르는 어리석은 사람처럼 보였다. 그러나 그런 칼날 같은 원칙주의가 위태로운 이순신을 오히려 보호해 주었다. 아무리 이순신이 싫어도 법령이 정한 원칙과 규정을 준수하는 그를 처벌할 빌미가 없었다.

무엇보다도 이순신의 뒤에는 그에게 기대를 건 선조와 유성룡의 후원이 있었다. 그 정도의 말썽은 그를 임명하기 전에 이미 충분히 예상했을 것이다. 그들도 숨을 죽이고 이순신의 싸움을 지켜보고 그 파장을 조심스럽게 가늠하고 있었다.

이순신은 군 기강 확립뿐 아니라 전함 확보에도 전력을 기울였다. 그가 부임할 당시 장부에는 30척의 전함이 있었다. 그러나 실제로 전투에 투입할 수 있는 전함은 겨우 다섯 척뿐이었다. 그는 서둘러 전함 확보에 나선다. 좌수사 부임 1년 만에 거북선을 만들어 전투에 투입한 것만 봐도 그가 얼마나 전함에 공을 들였는지를 알 수 있다. 《경국대전》에는 각 수영의 전선 수가 정해져 있다.

《경국대전》이 정한 각 수영의 전선 수

함선 \ 수영	경상좌도	경상우도	전라좌도	전라우도	충청도
대맹선	9	11	8	14	11
중맹선	23	43	21	22	34
계	32	54	29	36	45

※대맹선大猛船은 수군 80인을 태울 수 있는 큰 병선. 중맹선中猛船은 수군 60인을 태울 수 있는 병선

조선 초기의 주력 전선인 대맹선과 중맹선은 왜구와의 전투 경험을 살려, 조선 중기에 이르러 전선에 기둥을 세워서 갑판을 높이고 덮개를 씌우는 판옥선板屋船(널빤지로 지붕을 덮은 전투선)으로 개조되었다. 그러므로 《경국대전》이 정한 각 수영의 전선 수는 왜란 직전에도 대체로 적용되고 있었을 것이다. 표에 나와 있는 함선 정수를 보면 경상우수영의 전선 수가 전라좌수영의 전선 수의 2배나 되고, 조선 수군 전체로는 200척에 이르는 대규모 해군 편제였다.

임진년 5월 4일, 이순신이 제1차 출동 당시 동원한 함선은 판옥선 24척이었다. 《경국대전》의 함선 정수와 비슷한 수준이다. 이순신이 부임하자마자 규정에 정해진 함선 수를 확보하고자 애쓴 결과였다. 그러나 다른 수군 절도사들은 그러지 않았다. 첫 출동 때 이순신과 합동작전을 펼치기로 한 경상우수사 원균이 끌고 온 판옥선은 단 네 척. 아무리 부임한 지 2개월밖에 되지 않은 시점이었더라도, 경상우수영이 확보했어야 하는 전선 54척 중 실제 전투에 투입할 수 있는 전선이 고작 네 척이었다는 것은 쉽게 이해되지 않는 대목이다.

이순신은 외적뿐 아니라 그런 안이함과 무책임에도 전쟁을 선포한 것이다. 전선만이 문제가 아니었다. 그가 구상하는 해전을 대비해서 대량의 화

약을 확보하고 대포를 개량하고 포술을 연마해야 했으며, 화살과 병장기 등 다양한 전투 장비와 군량도 확보해야 했다. 무엇보다 어려운 것은 병사의 확보였다.

당시에는 실제로 병영에 들어와서 병역을 치르는 것이 아니라, '방군수포제防軍收布制'라고 하여 면포를 내고 병역의무를 대신했다. 군사 책임자는 이 군포를 받아서 일종의 직업군인을 고용해서 방어 임무를 수행했다. 그러나 부패한 지휘관은 군포를 받아 이를 치부와 뇌물로 사용했다. 물론 그 뇌물의 도착지는 조정 대신들이었다. 군포를 요령 있게 빼돌리는 자는 승진하여 좋은 보직을 얻을 수 있었다.

채수債師(뇌물을 주고 장수가 된 자)가 연달아 등용되어 '아무 진鎭의 장수는 그 값이 얼마이고, 아무 보保의 벼슬은 그 값이 얼마' 라고 말하게 되었습니다.

— 《선조수정실록》 7년 1월 1일

그 결과, 군적軍籍에는 20만 명의 병역 자원이 있었지만, 전쟁 당시 서울에서 실제로 징집한 병사 수가 300명에도 못 미친 것이다.

여기에 수군의 임무는 육군의 그것보다 훨씬 힘들고 위험했다. 자연히 수군 군영 주위에 사는 백성들을 수군으로 징집하려고 하면 저항이 거셀 수밖에 없었다. 더구나 전쟁 발발 소문이 돌면서 국가 기강이 무너지고, 징집 대상자들이 도망치는 상황이었다. 이런 상황에서 이순신의 예외 없고 강력한 징집 조치는 지역 민심을 극도로 불안하게 만들었다. 이러한 백성들의 불만은 나중에 광양·순천·낙안·보성·강진 등 좌수영 관할 백성들의 대규모 소요 사태로 불러오기도 했다. 또한 병사가 병에 걸리거나 전사 또는 탈영하면, 전력의 공백을 메우고자 해당 병사의 친족이나 이웃 사람을 대신 징집하는 대충代充제도에 대한 원성이 높았다. 그러나 이순신은 백성들이 어느 정도 고통을 감수할 수밖에 없다고 믿었다.

이순신의 싸움은 전쟁 전에 이미, 수군절도사에 임명된 그때부터 시작된 것이다. 그는 그때부터 수십 년 쌓여 온 나태와 무사안일, 그리고 잘못된 관행과 인습에 대항하여 싸워야 했다. 그를 시기하고 모함하는 비겁한 정치가 및 그들의 파당과 싸워야 했다. 내부와의 싸움은 왜적을 상대하는 싸움보다 더 위험하고 어렵다. 무엇보다도, 그는 자기 마음속에 도사리고 있는 두려움, 어리석음과 싸워 이겨야 했다. 그래서 쓰기 시작한 것인 저 유명한《난중일기》이다.

이순신은 임진년 정월 초하루부터《난중일기》를 쓰기 시작한다. 자신과의 전쟁을 시작하면서 결의를 다지기 위함이었을까. 아니면, 앞날을 예측하기 어려운 상황에서 자신의 행적을 변호하는 최소한의 방어책이었을까. 그는 자신의 마음가짐과 군사 책임자로서의 자세를 하나하나 꼼꼼하게 적어 나갔다. 실제로 나중에 이순신이 감옥에 갇혔을 때 그의 가족들은 그가 쓴 4개월분의《난중일기》와 장계 초안을 정탁에게 건네주어 그의 목숨을 구하는 데 활용했다.

한산도 앞바다에 펼쳐진 학익진

서울에 입성한 일본군은 대세를 이미 장악했다고 판단했다. 수군을 이용해 식량과 병력만 제때 보충한다면 전쟁은 이미 끝난 것이나 다름없다고 여겼다. 이제 그동안 수고한 육군을 대신하여 수군이 나서서 보급과 보충을을 맡아 줄 차례였다. 조선 8도 어디에 있든지 간에 모든 일본군의 진퇴와 보급을 수군이 근접해서 지원할 수 있어야 했고, 조선에서 수탈한 전략물자를 모으고 수송하고 배급하는 데도 수군의 힘이 절대적으로 필요했다. 그런데 무력하게만 본 조선 수군이 저력을 발휘하기 시작했다.

5월 7일 옥포해전에서 적함 26척을 격파하면서 시작된 조선 수군의 승리는, 5월 말부터 6월 초까지 이어진 제2차 해전으로 이어졌다. 경상우수영과 전라우수영·전라좌수영이 연합함대를 구성하여 사천, 당포, 당항포해전을 승리로 이끌었다. 전라좌수영 판옥선 23척, 경상우수영 3척, 전라우수영 25척이 연합한 대규모 함대였다. 그렇게 6월 초가 되자 조선 함대는 거제도와 마산 서쪽 바다를 완전히 장악하고, 어느덧 일본군의 본거지인 부산을 위협하고 있었다.

일본군은 처음부터 조선 수군에 대한 별 대책 없이 전쟁을 시작했다. 오직 서울로 신속하게 진격해서 조선 국왕을 잡는 전격전만을 염두에 두었다. 그러므로 처음부터 해전은 생각하지 않았고, 조선 수군을 주목하지도 않았다. 이는 조선 수군도 마찬가지였다. 그들 역시 자신들이 지닌 역량을 제대로 알지 못했다.

해도海道의 주사舟師를 없애고, 장사들은 육지에 올라와 전수하도록 명하였다.

— 《선조수정실록》 25년 4월 14일

그러나 일본 수군과 맞붙어 본 조선 수군은 자신들에게 잠재되어 있는 막강한 힘을 비로소 깨달았다. 이 힘은 전투 경험이 쌓여 갈수록, 승리가 축적될수록 점점 더 강해졌다.

사실 육지와 가까운 바다에서 해적질을 한 경험이 전부였던 일본 수군은 적선을 침몰시키거나 불을 지를 일이 별로 없었다. 해적질의 목적은 배에 실린 화물을 빼앗는 것이었기 때문에, 배나 화물이 훼손되는 방법으로 싸워서는 안 되었다. 일본 수군에게는 신속한 이동이 가장 중요했다. 그들은 빠른 속력으로 적선을 따라잡아 적선에 밧줄 달린 갈고리를 던지고, 이 밧줄을 당겨 적선을 끌어당겼다. 그런 후 두 배의 뱃전을 나란히 맞추고, 방패처럼 세워 둔 긴 판자를 상대의 뱃전으로 넘어뜨리면 이것이 다리가 되었다. 이 연결 판자를 타고 칼을 휘두르면서 적선으로 뛰어들어 육탄전을 벌였다. 따라서 전함의 설계에서 가장 중요하게 고려된 것은 견고함이 아닌 속도였다.

조선 수군은 달랐다. 조선군은 함포를 이용하여 적선을 침몰시키고, 불화살을 이용하여 적선을 태우고, 견고하고 육중한 선체로 적선을 파괴하고 수장시키는 전법을 사용했다. 오랜 세월 왜구에 시달리면서 독자적으로 발전시킨 전투 방법이었다. 왜구의 배는 일단 폭파하고 침몰시키는 것이 최선이었다. 그러므로 조선 수군의 배는 수많은 포를 설치·발사하는 데 지장이 없도록 육중하고, 적선을 들이받아 수장시킬 정도로 견고하게 만들어졌다. 그리고 적선과 일정한 거리를 유지하면서 포를 쏘고 화살을 쏘는 방식으로 전투를 수행했다.

이렇듯 서로 다른 성능의 함선과 전투 방법이 격돌한 결과, 조선 수군의 압도적인 우위가 나타났다. 일본군은 이러한 전력 차이를 쉽사리 인정하지 못했다. 조선은 육군이든 수군이든 자신들의 상대가 될 수 없다는 자만심에 빠져 있었던 것이다.

조선 수군의 부활은 일본군의 '수륙병진책水陸竝進策'에 큰 타격을 입혔다. 당시 배 한 척의 수송 능력은 말 500필에 수송력에 해당했다. 그리고 군사작전의 사활을 좌우하는 보급 문제를 육로 수송 하나에만 전적으로 의존하는 것은 지극히 위험했다. 일본군으로서는 바다를 이용한 새로운 보급선의 확보와 비상 시 안전한 퇴로의 확보가 긴요한 상황이었다. 그런데 뜻밖에도 조선 수군이 나타나 거제도 서쪽의 제해권을 장악한 것이다. 해상로를 확보하지 못하면 전쟁의 승리는 고사하고 일본군의 안전조차 위협을 받는 상황에 놓이게 된다. 일본군으로서는 어떻게 해서든 전라도 바다를 넘어 서해로 진출해야 했다.

일본은 수군을 대규모로 재편성하여 제해권 확보에 나섰다. 총 115척의 전함이 동원되었다. 73척의 전함으로 구성된 제1군 주력부대는 와키사카 야스하루가 지휘했다. 제2함대는 구키 요시다카, 제3함대는 가토 요시아키가 맡았다. 그들은 최고의 수군 정예병 1만을 뽑아 6월 7일 서울을 출발하여 남하했다.

와키사카 야스하루는 원래 해전이 전문 분야였다. 그러나 조선 수군의 존재가 미미하다고 판단한 그는 바다를 떠나 불과 며칠 전 용인전투에서 대승을 거둔 상태였다. 바로 그가 조선 수군과 격돌할 대규모 해전의 선봉을 맡았다.

그는 조선 전함이 크고 육중하다는 것도 알았고, 배에 장착된 대포가 위력적이란 사실도 알았다. 그러나 일본 전함이 빠른 속도로 접근하여 갈고리를 던져 조선 전함에 배를 붙인 후, 조선 함선 쪽으로 넘어가 백병전을 벌이기만 하면 승리는 자기 것이라고 확신했다. 비록 조선 수군의 기습에 당하기는 했지만, 충분히 준비하여 일본 함선이 속도를 잃지 않고 조선 함선에 따라붙기만 하면 승리할 것이라고 생각한 것이다. 와키사카는 방패 겸 임시 다리가 되는 판자 외에도 함선에 느티나무 판자를 여러 장 덧붙여서 유사 시 조선 함선에 뛰어들기 용이하도록 준비했다.

전투 준비를 마친 일본 수군은 7월 8일 견내량見乃梁에 모습을 나타냈다. 견내량은 지금의 경상남도 거제시와 통영시를 잇는 거제대교 아래쪽에 위치한 좁은 해협이다. 며칠 전 용인에서 1,600명으로 40배가 넘는 6만의 조선 군사를 단번에 깨뜨린 그의 군대가 아니던가. 육군이든 수군이든 조선군은 허수아비라고 여긴 일본군의 사기는 드높았다.

한편 이순신은 정보망을 가동해 일본 수군이 조선 수군을 노리고 있다는 사실을 알았다. 이순신은 적을 유인하여 일거에 처부수기로 작정했다. 7월 6일, 이순신과 이억기의 연합함대는 여수를 출발했다. 7월 7일, 강한 동풍이 불었다. 고성의 당포에서 밤을 지낸 조선 함대는, 적이 견내량에 머물고 있는 것을 확인했다. 견내량은 해협의 폭이 좁고 암초가 많아 전투가 벌어지면 판옥선끼리 부딪힐 가능성이 높은 지형이었다. 이순신은 적을 한산도 앞바다로 끌어내어 포위 · 섬멸할 계획을 세웠다.

7월 8일 이른 아침, 이순신은 견내량에 있는 적을 유인하고자 소규모 함대로 먼저 공격했다. 이때 와키사카는 전투 준비를 마치고 막 조선 함선을 찾아 나서려던 참이었다. 그는 때맞춰 공격해 오는 조선 수군을 맞받아치기로 하고 함선을 서둘러 발진시켰다. 그러자 공격해 오던 조선군이 주춤하면서 뒤로 물러났다. 와키사카는 전속력으로 조선군을 추격했다. 멀리서 조선 수군의 본대로 보이는 함선들이 일본 수군의 기세에 겁을 집어먹고 일제히 뱃머리를 돌려 도망하는 것이 보였다. 와키사카는 기다리던 조선 함대를 만났다는 생각에 전 함대를 독려하여 추격에 나섰다. 속력이 빠른 일본 전함이 견내량의 좁은 수로에서 조선 함선을 거의 따라잡아 한산도 앞바다로 나가자, 지금까지 도망치던 조선 함대가 뿔뿔이 흩어지기 시작했다. 와키사카는 드디어 싸움의 승기를 잡았다고 생각했다. 그는 전속력으로 조선군을 추격하라는 신호를 보냈다. 조선 함대가 뒤를 보이며 도망하는 상황이니 조선 수군이 자랑하는 포를 겁낼 필요도 없고, 조선 수군의 충돌 작전도 피할 수 있었다. 이제 일본 함선은 빠른 속도를 이용해 조선 함대를 덮쳐서 백병전을 펴기만 하면 되었다.

그런데 무질서하게 도망가던 조선 전함들이 갑자기 속력을 늦추더니 육중한 선체를 갑자기 돌렸다. 예기치 못한 움직임이었다. 도망가던 함선들이 일제히 선수를 뒤로 돌린 것이다. 그리고 옆으로 길게 초승달 모양으로 함선들이 늘어섰다. 학익진鶴翼陣!

'학익진'은 학이 날개를 펼친 것처럼 적을 바라보며 옆으로 군사를 전개하여, 공격하는 적이 가운데로 파고들면 양옆으로 펼쳐진 날개를 오므려 포위·섬멸하는 진형이다. 원래 학익진은 적보다 전력이 우세할 때 사용할 수 있는 전법이다. 적이 우세하면 학익진의 가운데가 여지없이 뚫리고, 포위 공격하려고 펼친 날개가 오히려 토막 나서 격파당하게 된다. 이때 조선 함대는 대선 55척. 와키사카의 73척보다 그 수가 적었으나, 일본 함대가 대선 36척, 중선24척, 소선 13척이었던 것을 감안하면 충분히 학익진을 사용할 수 있는 전력이었다. 이에 대항하는 일본 함대의 진형은 어린진魚鱗陣(벌어진 물고기 비늘처럼 중앙부가 적에 가까이 나아가는 진형)이었다. 쐐기형으로 함대를 편성하여 빠른 속도로 망설임 없이 전진하여 조선 함대의 포위를 단번에 뚫고 나가겠다는 것이었다. 일본 함대는 자신만만했다.

이윽고, 기세 좋게 앞장서서 돌격해 오는 일본 전함을 향해 조선 함대의

지자포地字砲(손으로 들고 쏠 수 있는 총 가운데 가장 큰 것)와 현자포玄字砲가 일제히 불을 뿜었다. 순식간에 선두에 선 일본 전함 2,3척이 파괴되었다. 무서운 화력이었다. 쾌속으로 추격하던 선두 전함이 불길에 휩싸이자, 뒤따르던 전함들이 속력을 잃지 않으려고 우회하며 돌진했다. 이때 이상하게 생긴 함선 두 척이 좌우에서 나타나 돌진해 오던 일본 함선을 망설임도 없이 그대로 들이받았다. 거북선이었다. 일본 전함은 엄청난 충격을 받고 부서졌다. 처음 보는 배였다. 마치 유령선처럼 생긴 배 위에는 사람은 전혀 없고, 배 위는 온통 창날로 뒤덮여 있어 배 위로 뛰어오를 수도 없었다. 더구나 이 배는 끊임없이 불과 연기를 내뿜고 있었다.

백병전을 벼르던 일본군은 당황하지 않을 수 없었다. 포연이 가득한 바다에 커다란 공포가 밀려 왔다. 빠른 속도로 전진하던 일본 함대가 속력을 잃어버리자, 옆으로 날개를 펼치고 있던 조선 함대가 일본 함대를 에워쌌다. 순식간에 일어난 일이었다.

적을 포위하여 가운데로 몰아넣은 조선 함대는 모든 화기를 동원하여 마음껏 불을 뿜었다. 함포의 화력과 집중력은 엄청났다. 불길에 휩싸인 일본 선함이 탈출하려고 몸부림쳤지만, 뒤따라오던 일본 전함이 속도를 줄이지 못해 저희끼리 부딪혔다. 속도가 떨어진 채 포위되어 밀집된 일본 함선은 조선 함포의 손쉬운 표적이었다. 집중되는 포격에서 운 좋게 벗어난 배는 판옥선에 들이받혀 산산조각이 났다.

이런 상황에서는 애초에 계획한 대로 빠른 속력으로 적선을 따라잡아 칼을 들고 올라타 접전을 벌이는 것이 불가능했다. 게다가 조선의 주력 함선인 판옥선은 선체의 높이가 일본의 전선보다 훨씬 높고, 위에서 아래로 집중포화를 쏘면 그 자체가 바다에 떠 있는 견고한 성이었다. 일본군으로서는 속수무책이었다. 후퇴를 하려 해도 할 수가 없었다. 부서지고 불타는 배에서 뛰어내린 일본군은 넘실대는 파도에 휩쓸리고 쏟아지는 화살을 맞고 바닷속으로 사라져 갔다. 가까스로 조선군의 사정거리에서 벗어난 소수의 일본군은 인근 섬으로 헤엄쳐 갔지만, 그들은 대부분 도망친 섬에서 굶어 죽었다. 한산대첩에서 탈주에 성공한 일본 함선은 대선 1척, 중선 7척, 소선 6척으로 모두 14척에 불과했다.

이때 와키사카 야스히로는 함대의 후미, 그것도 노가 많은 배에 승선한 덕에 겨우 도망칠 수 있었다. 남해안의 제해권을 틀어쥐고자 편성된 일본의 연합함대는 한산도 해전의 처절한 참패를 맛보고는 조선 수군과의 정면 대결을 포기했다. 이렇게 하여 조선침략전쟁의 기본 전략인 수륙병진 전략은 물거품이 되고 말았다.

수렁에 빠져드는 일본군

도요토미는 조선을 침략한 지 3개월이 채 지나지 않아서 당시 일본이 가진 역량으로 동아시아 세계를 주도하겠다는 것이 허황된 꿈이라는 것을 알았다. 조선 침략전쟁이 일본 국내의 통일전쟁처럼 칼만 잘 휘둘러서는 안 된다는 사실도 알게 되었다. 조선을 정벌하고 그들을 하나로 통합하여 효과적으로 통치하는 것, 나아가 동아시아 세계를 주도하려면 거기에 맞는 문화와 사상과 같은 새로운 패러다임이 필요하다는 것을 알았고, 일본은 이런 부문에서 전혀 준비가 안 되어 있다는 것도 깨달았다. 일본의 조선 8도분할점령 정책은 3개월도 되지 않아 곳곳에서 문제점을 드러내고 있었다.

개전 초기의 승리로 드높았던 자신감은 서서히 불안감으로 변해 갔다. 경상도의 모리 군은 의병들의 공격으로 고전했고, 전라도로 들어가려던 고바야카와 군도 금산에서 발목이 잡혔다. 황해도의 구로다 군은 해주와 평산에 주둔하던 군대를 집결시켜 연안 읍성을 공격했으나 실패했다.

전 이조참의 이정암李廷馣이 황해도에서 의병을 일으키자, 광해군의 분조는 그를 곧 초토사招討使로 임명했다. 처음 황해도에는 의병이 없었고, 연안 부사도 성을 버리고 달아났다. 그러나 분조의 지원과 이정암의 열정으로 수백 명의 의병이 연안으로 몰려들었다. 연안군은 개성의 서쪽, 경기도 강화군과 접한 서해안 지역으로, 호남과 충청 서해안 그리고 강화도와 의주의 조정을 잇는 서해 해로의 요지였다. 일본군은 의주에 쫓겨 간 조선 조정과 전라도를 잇는 유일한 통로를 봉쇄하고, 평양을 멀리 남북에서 압박하는 형세를 보이고 있는 황해도 남쪽의 의병을 공격하기로 했다.

일본군은 황해도 지역 사령관 구로다 나가마사를 중심으로 해주 평산에 주둔하던 일본군을 총동원했다. 《연려실기술》은 5,6만의 일본군이 연안성을 공격했다고 기록하고 있으나, 이보다는 적어도 상당한 대군이 동원된 것만은 틀림없다. 이성암은 압노석인 적세 앞에 흔들리는 백성의 마음을 의연한 기개로 다잡았다. 그는 연안 읍성의 백성들과 의병의 마음을 한데 묶어 일본군과 5일간의 치열한 전투를 승리로 이끌었다. 연안성에서의 패배로 황해도의 일본군은 해주에서 철수하지 않을 수 없었고, 그 결과 평양의 고니시는 불안해졌다. 이 전투의 승리로 조선은 서해 해로를 방어했다.

같은 시기인 9월 초, 조선군은 경주성을 탈환했다. 경주는 동해안을 따라 울진·강릉·함경도로 올라갈 수 있는 전략적 요충지였다. 경상좌병사 박진은 의병장 권응수權應銖, 판관 박의장朴毅長을 선봉으로 삼아 경주성을 공격했다. 이 전투에서는 과학자이자 기술자인 이장손李長孫이 만든 '비격진천뢰飛擊震天雷'라는 새로운 무기를 사용하여 큰 성과를 거두었다. 일본군은 수백 명의 사상자를 내고 1만 석 가량의 군량을 버린 채 울산 서생포 방면으로 도주했다.

평안도의 고니시 군은 평양 이북으로 더 이상 진격하지 못했다. 조선의 전 지역에서 일본의 군정은 예상치 못한 조선 백성들의 저항에 직면했다. 반면에 조선군은 각지에서 빠른 속도로 증원되고 있었다. 평온하던 점령지 곳곳에서 조선군의 거센 저항이 일어났다.

1593년 6월, 일본군의 각 도 고을 점령 현황

구분＼지역	함경	평안	황해	경기	강원	충청	전라	경상	계
점령	22	3	24	35	26	18	5	48	181
비점령		38		2		36	52	19	147

당시 일본군은 조선의 반 이상을 점령하고 있었다. 그러나 지역통치를 위해서 분산 배치된 일본군이 각지에서 일어난 의병들의 공격 목표가 되면서 곤경에 빠지고 있었다. 의병이 힘을 얻어 갈수록 일본군의 민정과 백성 회유책은 힘을 잃었다. 그러나 조선 점령지를 안정시키지 않고서는 명나라로 진출할 수 없었다. 오히려 예상되는 명나라의 반격에 대비하기도 어려워지는 형편이었다. 일본군은 속이 타들어 갔다. 유성룡은 일본군이 병법을 모른다고 분석했다. 군사 용어로 말하면 '집중의 원칙'을 무시하는 잘못을 범했다는 것이다.

9월에 접어들자 일본군은 전황을 근본적으로 변화시킬 새로운 전략을 구상하게 된다. 한산도 해전으로 제해권을 장악한 조선 수군은 9월 1일 대담하게도 일본군의 본거지인 부산포를 공격했다. 이순신은 8월 24일 전라 좌우도의 전선을 거느리고 출전, 8월 29일 낙동강 하구를 거쳐 9월 1일 부산포로 향하던 중 다대포·절영도 등지에서 적선 24척을 불태우고 부산포 앞바다에 이르렀다. 이때 왜선은 선창 동편에 470여 척이 줄지어 있었고, 일본군은 주로 언덕을 이용하여 대응할 태세를 보였다. 이순신은 160여 척의 조선 수군을 장사진長蛇陣(한 줄로 길게 벌인 진형)으로 편성하여 공격을 개시, 적선 100여 척을 불태우고 부수있다. 일본군에게는 이제 부산도 안전한 지역이 아니었다.

일본군으로서는 전환점이 절실해졌다. 이렇게 하여 구상된 것이 진주성 공략이었다. 진주성을 빼앗은 후에 전라도로 진출해서 이순신의 전라좌수영을 육지에서부터 괴멸시키고, 조선의 최후 거점인 전라도를 점령해 점령 정책을 완수한다는 계획이었다. 당시 도요토미의 최측근으로 서울에 와 있던 이시다 미쓰나리〔石田三成〕는 도요토미에게 조선의 일본군이 처한 고단한 현실을 보고하며, 명나라에 진출하기보다는 조선의 점령지를 안정시키는 데 집중하자고 건의한다.

전선의 일본군에는 식량이 없고, 수송로를 지키는 병사도 없어 무인지경에 있고, 점령지는 안정되어 있지 않습니다. 명나라로 진격을 멈추고 점령지를 굳혀 그 정무에 힘을 쓰는 것이 좋겠습니다.
　　　　　　　　　　　　　　　　　　　　　　　　　　－《한반도의 외국군 주둔사》

장하다, 진주성

1592년 9월 말 왜장 나가오카 다다오키〔長岡忠興〕, 하세가와 히데카즈〔長谷川秀一〕 등이 부산·동래·김해 지역에 포진하고 있던 병력과 한성에 주둔 중이던 일부 병력을 남하시켜서 도합 3만여 정예병을 이끌고 두 갈래로 편대를 나누어 진주로 향했다. 당시 진주에는 진주 목사 김시민이 이끄는 군사 3,700여 명과 곤양 군수 이광악李光岳의 군사 100여 명이 전부였다. 다만, 곽재우의 의병 200명과 고성 현령 조응도趙凝道, 복병장 정유경鄭惟敬 등의 군사 500명이 성 밖에서 배후를 지켰다. 여기에 합천 가장假將 김준민金俊民·별장 정기룡鄭起龍 등이 왜군과 대치하고, 의병장 최경회崔慶會·임계영任啓英이 호남 군사 2천 명을 거느리고 와서 진주성 외곽에서 왜군들과 싸울 태세를 갖추었다. 이때 지원군이 진주성 안에 들어가지 않은 까닭은, 진주성 바깥에서 분산 공격하는 것이 숫자가 많은 적을 상대하기에 유리하다는 판단 때문이었다.

10월 5일, 소규모 탐색전이 벌어졌다. 그리고 다음 날, 조총을 앞세운 일본군이 엄청난 기세로 공격해 왔다. 압도적인 적군이 총을 난사하며, 공격용 긴 사다리를 성벽에 걸쳐 놓고 끊임없이 기어올랐다. 이에 조선군은 현자포를 발사하고, 적이 성 밖 해자를 메우려고 던져 넣은 솔가지와 대나무 사다리를 화약과 짚을 이용해 불살랐다. 창·칼·활·진천뢰·돌로 기어오르는 적을 베고 찌르고 쏘았다. 불에 달군 쇠붙이와 끓는 물, 불붙인 짚을 던지면서 사력을 다해 대항했다. 병사와 백성의 구분도 없었고, 남자와 여자, 어린이와 어른의 구분도 없었다. 번뜩이는 칼과 창에 피가 튀고, 단발마의 비명이 성을 흔들었다.

일본군은 밤낮을 가리지 않았다. 압도적인 적군이었다. 제1대가 공격하고 물러나면 제2대가 공격하고, 제2대가 물러나면 제3대가 공격했다. 전국시대 100년 동안 갈고 닦은 전쟁 기술이 총동원된 사생결단의 가혹한 전투였다. 성 안 수비군과 백성들은 파상적인 일본군의 공세에 잠을 잘 수도, 밥을 먹을 수도, 부상병을 치료할 수도 없었다. 공격군이 교대할 때 생기는 잠시의 틈을 이용하여 잠도 자고, 밥도 먹고, 부상을 치료해야 했다.

밤이 되자 적들은 초막을 짓고, 불을 피우며 기세를 올렸다. 어둠 속에서 적이 피워 올린 불이 진주성을 겹겹이 에워싸고 끝간 데 없이 이어져 성 밖 들과 산을 온통 태우고 있었다. 어둠이 주는 낯섦에 압도적인 적군이 피워 올린 불빛이 사람들의 마음을 무기력하게 만들었다. 그것은 저항할 수 없는 공포였다. 전국시대를 거치며 일본군이 터득한, 전쟁을 업으로 삼는 무사들도 견디기 힘든 심리전이었다.

진주성은 짙은 어둠 속으로 가라앉았다. 무거운 침묵이 사람들을 짓눌렀다. 성안에서 억지로 기세를 올려 함성을 질러 봐도, 적이 내지르는 엄청난 함성에 이내 묻혀 버렸다. 작은 성에 의지하여 저 많은 적군을 물리친다는 것이 과연 가능한 것인가. 여기에 일본군은 성안의 사람들은 여자와 어린아이를 불문하고 모두 죽인다고 압박했다. 무엇보다도 절망적인 것은,

어디에서도 원군이 오지 않는다는 것이었다.

지독한 외로움, 말할 수 없는 두려움이 밀려왔을 것이다. 그러나 불의에 저항하고, 국가와 공동체를 위해 희생하는 것이 백성이 지켜야 할 의리라는 것을 배웠고, 배운 것을 실천하는 것이 바른 학문이라는 남명 조식의 사상을 이어 온 고장이었다. 진주성의 병사와 백성들은 흔들리는 마음을 다잡았다. 성 밖에서는 김준민과 정기룡 등이 일본군을 괴롭혔으며, 의병장 최경회·임계영·심대승 등 2천여 구원병들이 분주하게 움직이며 적을 견제했다. 10월 6일 시작된 일본군의 공격은 10일까지 밤낮으로 계속되었다. 성이 무너지면 병사들이 몸으로 막았고, 병사들의 빈틈은 백성들이 메웠다.

조선 백성과 군사의 의지는 철벽보다도 견고해 보였다. 두 달 전 금산에서처럼 사방에서 조선 의병이 진주성으로 몰려오는 것 같았다. 더구나 6일간의 치열한 전투로 사상자가 급증해 일본군의 전투력이 더 이상 싸울 수 없을 수준으로 저하되었다. 신속하게 진주성을 함락시키지 못하면 일본군은 진주에서 고립될 위험성도 없지 않았다.

조선군은 이미 개전開戰 초인 지난 4월의 무기력한 군대가 아니었다. 이치·웅치전투에서 이미 조선군의 강한 전라도 방어 의지를 경험한 그들이었다. 진주성과 멀지 않는 여수 전라좌수영에 웅거하고 있는 이순신의 수군도 두려운 존재였다. 수군이지만 그들의 전투력은 일본군에게 충분한 위협이 될 수 있는 최정예군임을 이미 한산도에서 충분하게 입증한 바 있었다. 이런 상황에서 장기간 진주성에 묶여 있다가는 오히려 진주성에서 조선군에게 포위될 수도 있었다. 그렇다고 병력을 추가 투입할 수 있는 상황도 아니었다. 진주성을 공격하느라 그들의 본거지 부산은 텅 비어 있었다. 이미 일본군은 경상도 지역에 있던 병력을 진주성에 모두 쏟아 부은 상태였다. 진퇴양난이었다. 일본군은 결국 진주성에서 철수하지 않을 수 없었다.

1차 진주성 전투는 피를 말리는 접전으로 적을 이겨낸 기적 같은 싸움이었다. '임진왜란 3대 대첩'으로 꼽히는 이순신의 한산대첩이나 권율의 행주대첩이 단 하루 동안 치러진 혈투였다면, 진주대첩은 6일간 치러진 대접전이었다. 승승장구하던 일본군의 위세가 이 한 번의 싸움으로 꺾였다.

이치전투나 연안성 전투는 소규모의 전투로, 일본군이 전력을 다해 준비한 싸움이 아니었다. 그러나 진주성의 패전은 달랐다. 일본은 도요토미를 대리하여 조선에서의 전쟁을 감독하고 있던 이시다 미츠나리를 위시한 3봉행과 네 명의 보좌진을 진주로 내려보내 전투를 직접 감독·총괄하는 등 전력을 다해서 이 싸움을 준비했고, 반드시 이겨야만 했다. 그래서 조선군의 열 배나 되는 압도적 군대를 동원했다. 그러나 결과는 참패였다. 진주성을 점령하고 내친 김에 전라도 깊숙이 진출하려는 계획도 있었다. 그런데 진주성에 가로막혀 모든 계획이 수포로 돌아갔다. 지난 100년간의 치열한 내전을 거치며 다져진, 세계 최강의 전투력을 보유했다는 그들의 자부심이 조선의 작은 성, 이름 없는 백성들 앞에서 여지없이 패하고 말았다. 참으로 참기 어려운 수모였다.

한산도 해전의 참패도 큰 패배감을 안겨 주었지만, 그것은 일본군이 자랑하는 지상전이 아닌 해전이었다. 진주성 전투는 이치·웅치전투와 금산성 싸움에서 목격한 조선의 전라도 사수 의지를 다시 한 번 확인해 준 전투였다. 얼마나 더 많은 희생을 더 치러야 조선의 항복을 받아낼 수 있을까. 과연 전쟁에서 승리하고 일본에 돌아갈 수 있을까. 열 배가 넘는 적군을 상대로 6일간에 걸친 파상 공세를 막아 낸 진주성은 이렇게 일본군에게 처음으로 조선에서의 패전을 예감케 한 싸움이었다.

진주성 전투는 일본군의 이후 진로에 큰 영향을 미친다. 자신들의 후방 병력만으로는 대처하지 못할 강한 군사력이 남해안에 가까운 진주성에 주둔하고 있다는 사실을 알게 된 것이다. 게다가 진주성에서 멀지 않은 곳에서는 대규모의 조선 수군이 바다를 굳게 지키고 있었다. 이제 부산에서 서울·평양까지 이어지는 보급로의 안전을 장담하기도 어렵게 되었다. 게다가 전쟁 초기에 뿔뿔이 흩어졌던 조선 장수들이 하나 둘 전선에 복귀하고 있었다.

군사가 턱없이 부족했으나, 군사를 늘린다고 해서 끝없이 늘어나는 조선군을 수적으로 압도하기는 어려웠다. 그렇다고 해서 나고야의 예비 병력을 서둘러 투입하기도 어려웠고, 교토의 수비병을 동원하기는 더욱 곤란한 일이었다. 일본에 남겨 둔 병력은 도요토미의 정치적 안정에 필요한 최소한의 군사였다. 처음에 전쟁이 승승장구할 때에는 정치적 위험도 적었다. 그러나 전쟁이 교착 상태에 빠지는 순간, 일본 내에서 도요토미의 반대파가 점점 힘을 얻는 위태한 상황이 시작되는 것이다.

이제야 비로소 도요토미는 일본의 국력으로 조선과 중국을 점령하여 제대로 통치한다는 것이 터무니없는 환상이라는 것을 깨달았다. 전쟁 전에 조선 방방곡곡을 돌아다닌 일본 첩자들이 조선 백성들 속에 의병이라는 엄청난 군대가 숨어 있다는 것을 알아내기란 불가능했다. 일본은 조선 수군의 전력을 꼼꼼히 살폈지만, 막상 맞붙어 보기 전까지는 그 진면목을 헤아리는 것이 불가능했다.

다른 나라를 무력으로 일시적으로 제압하기는 쉽다. 그러나 그 나라를 평정하고 통치하는 것은 또 다른 문제이다. 평정하고 통치하려면 군사력과 행정력뿐 아니라, 사회적·정치적·문화적 힘이 뒷받춤해 줘야 한다. 나라를 다스리려면 먼저 세상을 가지런하게 만들고 표준화해야 하는데, 그 도구가 사상이고 법률이고 교육이다. 그렇게 군사와 정치, 외교와 경제와 문화가 하나로 통합된 통치체제가 만들어져야 비로소 국가가 운영되고 백성의 삶이 안정된다. 그런데 군사력만 있을 뿐 국제정치적 안목과 문화적 힘이 전무했던 일본이, 조선을 점령하고 동아시아 질서를 주도하겠다고 나선 것은 누가 봐도 주제넘는 짓이었다.

4장
전쟁은
동아시아 국제전으로

'순망치한' 논리에 떠밀린 명

　　　　　　　　일본군을 더욱 당황하게 만든 것
은 예상보다도 빠른 명나라의 참전이었다. 조승훈이 이끄는 요동병 3천이
압록강을 건너 조선에 들어온 것은, 전쟁 발발 두 달 만인 선조 25년 6월이
었다. 조선이 일본군의 침략 사실을 명에 통보한 것은 선조 25년 5월 12일.
전쟁이 일어난 지 28일, 임금은 평양에 있었다. 당시 조선은 명나라에 정식
으로 참전을 요청하지는 않았으나, 명나라는 전쟁 상황과 정보 수집을 목
적으로 서둘러 파병했다. 따라서 조승훈의 참전은 명나라의 일방적인 작
전이었다.

　당초 일본은 명이 조선에서 벌어진 전쟁에 그렇게 빨리 참전할 줄 몰랐
다. 당시 명은 서북의 영하寧夏에서 몽고의 항장 보바이〔哱拜〕의 난을 진압
하고 있어 조선에 군사를 보낼 형편이 아니었다. 그러므로 중국이 참전을
하더라도 그 시기가 더딜 것이라고 예상했다. 더구나 전쟁 전 일본이 명과
조선을 상대로 벌인 치열한 첩보전과 외교전으로 명과 조선이 서로 의심하
고 있다고 믿었다. 그러나 이제 중국의 개입으로 전쟁의 양상이 개전 초기

와는 완전히 달라지고 있었다.

임진왜란은 명을 중심으로 책봉과 조공이라는 형식으로 운영되던 동아시아의 질서가 명의 약화로 붕괴되는 와중에, 이를 틈탄 해양 세력 일본이 명에게 도전하면서 일어난 전쟁이다.

서세동점西勢東漸(서양 세력이 동쪽으로 밀려옴)의 바람을 타고 스페인·포르투갈 등 서구 해양 세력이 동아시아로 진출하면서 기독교와 조총을 비롯한 새로운 문물을 일본에 전해 일본인의 전통적 세계관을 변화시켰고, 원 제국 말~명 건국 초 왜구 형태로 중국 해안 지방과 강남으로 진출했던 일본은 16세기 후반 들어 대만과 남만 제국에까지 진출하는 등 활발한 해양 활동을 전개했다. 이러한 변화는 중국 중심의 동아시아 질서를 서서히 붕괴시켰고, 그 외연에 소외되어 있던 일본은 동아시아 세계의 중심부로의 진입을 시도하게 되었다. 도요토미는 휘하 장수들을 모아 놓고 말했다.

나는 나라를 다스리는 일은 내부에 맡기고, 몸소 군사를 거느리고 조선으로 들어가 그 군대를 선봉으로 삼아 명으로 들어갈 것이다. 저들이 나의 명령을 듣지 않으면 쳐서 멸망시킬 것이다. 그리하여 요동에서 곧장 북경을 습격해서 그 나라를 차지하고 땅을 나누어 제군에게 나누어 줄 것이다. ─《일본외사日本外史》

동아시아 국제 질서를 자신의 일본이 주도하겠다는 뜻을 밝히고 있다. 그러려면 기존 강자인 명나라와의 충돌이 불가피했다. 여기서 당시 조선과 그 이웃한 요동, 그리고 중국 남부에 힘의 공백 상태가 생기자, 그것이 마치 삼투현상처럼 일본을 유인했음을 알 수 있다. 일본이 구상할 수 있는 침략로는 두 방향이었다. 하나는 조선을 침략해 조선인을 향도嚮導(길 인도

자) 삼아 북경으로 진출하는 것이었고, 또 하나는 중국 남부의 절강과 복건을 점령하여 중국인을 향도로 삼아 북경으로 진출하는 것이었다. 그중에서도 가장 허약해 보이던 조선이 먼저 일본의 목표가 되었다. 이러한 큰 전략에 따라 조선을 침략한 일본은 최종 목표인 중국 대륙으로 전쟁을 확대시킬 시기를 저울질하고 있었다. 이런 상황에서 명의 참전은 당연한 귀결이었다.

명은 오랜 세월 중국의 해안 지역에 출몰한 왜구 때문에 골머리를 앓았지만, 일본이 대규모 군대를 동원하여 바다를 건너 직접 중원을 공략할 수 있으리라고는 보지 않았다. 또, 절강이나 복건에 상륙해서 명의 심장부인 북경이나 천진을 넘볼 것이라고 생각지 않았다. 일본이 지리적으로 떨어져 있을 뿐만 아니라, 일본의 국력으로 중원을 넘보는 것은 가능성이 적다고 본 것이다. 그러나 조선이 일본의 수중에 떨어지면 사정이 달라진다.

육로로는 요동, 해로로는 산동과 연결되는 조선을 일본이 차지하고, 조선을 전진기지 삼아 중원을 노린다면 이는 전혀 다른 얘기가 된다. 더구나 조선과 중국 사이에는 요동이 있다. 당시 요동은 오늘날의 요동반도가 아닌, 장성 밖 만주 지역에 대한 통칭이었다. 그러므로 고려 말 조선 초에 제기된 요동 정벌 주장은 당시 원의 북상으로 일시적으로 힘의 공백 상태에 빠진 만주를 정벌하자는 주장으로 이해해야 한다. 만주에는 요를 세워 중원을 압박한 거란, 금을 세워 송을 멸망 지경으로 몰고 간 여진, 그리고 원을 세워 중국을 완전히 지배한 몽고 민족이 살고 있었다. 일본이 조선을 합하고, 그리고 만주의 여러 민족이 하나로 뭉치는 일이 벌어진다면 명으로서는 도저히 감당할 수 없는 거대한 세력이 만들어진다.

한족의 중국은 한4군 설치 이후 만주를 직접 지배한 적이 없었다. 명은 개국 초에 몽고족의 원을 중국에서 축출하면서 만주로 진출하여, 1375년 요동도지휘사사遼東都指揮使司를 설치하였다. 그러나 명의 요동도사 설치는 만주 지역에 살던 여진족을 분할통치하고, 이를 이용해 몽고와 조선을 견제하려는 이이제이以夷制夷의 목적이었다. 당 제국의 멸망 이후 중국의 중심이 관중關中에서 산동山東으로 이동하고, 장성 밖 만주에 강력한 이민족이 성장하면서 요동 지역이 중원의 안보에 절대적 영향을 가진 핵심 지역이 되었기 때문이다. 따라서 중국인들은 요동을 국가의 중진重鎭, 국가의 좌보左輔라고 여겼으며, 더 나아가 '요지遼地는 경사京師의 왼팔과 같아서, 서쪽으로 신주神州(중국)를 감싸고 있다'고 했다. 요컨대, 중국이 이라면 요동은 이를 보호해 주는 입술이었다.

그런데 이토록 중요한 만주에 한족은 살지 않았다. 만주의 서북부에는 동호계의 몽골과 거란이, 동부에는 숙신계의 여진이 주로 살았다. 이들은 부락을 이루고 살면서 만주 중심부에 설치된 요동도사를 포위하고 있었다. 그래서《요동지遼東誌》는 '요동은 반드시 다투어야 할 곳이다. 천하의 치란은 요동의 성쇠를 살펴서 알 수 있으며, 요동의 성쇠는 이夷와 하夏의 흥폐를 살펴서 알 수 있다'고 했다. 그런데 중국에게 이토록 중요한 요동이 조선 반도에 들어온 일본군에게 심각하게 위협받고 있었다. 이에 명 조정의 관리 설번薛藩이 말하였다.

어리석은 제가 깊이 염려하는 바는 강역에만 그치지 않고 내지內地까지 진동할까 하는 점입니다. …… 대저 요진遼鎭은 경사京師의 팔과 같으며 조선은 요진의 울타리와 같습니다. 그리고 영평永平은 기보畿輔의 중요한 지역이며 천진은 또 경사의 문정門庭입니다. 2백 년 동안 복건성과 절강성이 항상 왜적의 화를 당하면서도 요

사실 당시의 명은 요동도사 체제를 지키고자, 그 주변에 변장邊牆(명나라 때 국경에 구축한 장벽)을 수축하여 여진의 침입을 막는 데 급급했다. 중종 때 요동을 통해 명에 다녀온 조선 사신이 '요동의 형세를 살펴보니 산해관에서 몽골의 지경까지 그 거리가 겨우 40리밖에 되지 않았다'고 보고한 것처럼, 중기 이후 요동에 대한 명의 장악력은 매우 약화되어 있었다. 만일 이 지역에 일본군이 진출하여 여진이나 몽고와 손을 잡는다면 사태는 걷잡을 수 없는 지경에 이를 것이었다. 이런 상황에서 일본의 침략의 받은 조선이 파병을 요청했다. 명으로서는 어떻게든 조선을 도와야 했다. 그러나 당시 영하寧夏 방면에서 일어난 전쟁과 만성적인 재정 적자로 명 조정은 이러지도 저러지도 못한 채 논쟁만 벌이고 있었다.

왜란이 일어나기 전, 조선은 일본의 중국 침략 의도를 명에 보고했다. 그러나 명은 조선의 보고를 믿지 않았고, 오히려 조선을 '일본의 앞잡이'로 오해했다. 조선이 일본과 공모하여 요동을 탈취하려 한다는 소문이 돌았고, 이 같은 상황은 실제 왜란이 일어난 뒤에도 계속되었다. 명은 전쟁이 일어난 지 한 달도 되지 않아 조선이 일본군에게 서울을 내주고, 선조가 압록강에까지 밀려온 것이 일본과의 비밀 계략에 의한 것이 아닌가 의심했다. 실제로 당시 요동에는 '조선이 거짓으로 임금의 행차를 꾸며서 왜병의 길잡이가 되어 온다'는 소문이 파다했다. 지난날 수·당과 함께 중원의 패권을 겨루던 조선의 위상을 생각하면, 전쟁 초기에 그토록 허무하게 무너지는 조선을 명으로선 도저히 이해할 수 없었던 것이다.

명은 의심의 눈초리로 전황과 조선 조정의 동향을 예의 주시하며 일본군의 향후 진로, 특히 요동 진격 여부를 분석하고 있었다. 그리고 일본군이 중국 본토를 침략하는 상황을 가상하고 그에 대비한 일련의 조치를 취하였다. 조선이 왜란 발생 소식을 알린 직후, 명의 신종神宗 황제는 조칙을 내려 요동, 산동 등지와 각 해안의 방어 태세를 점검하였다. 그중에서도 수도 북경의 관문인 천진이 일본 수군의 공격을 받는 상황을 가장 우려하여 특별히 신경 썼다.

마침내 임진년 6월 조선에 대한 오해가 풀리자, 일본군의 전력을 탐색하고자 조승훈의 요동병 3천을 보내 놓고도 명군은 섣불리 압록강을 건너지 않았다.

그런데 1592년 7월 17일, 조승훈이 이끄는 명군이 평양에서 일본군에게 대패하자 명은 충격에 휩싸였다. 명은 일본군이 예상보다 훨씬 강하다는 사실과, 그들을 제압하려면 요동 병력만으로는 어렵고 남방을 포함하는 대규모 원정군을 편성해야 한다는 것을 알게 되었다. 사실상 명은 국경 밖 자체 방어선으로 평양을 설정해 두었다. 그런 평양이 일본군의 수중에 들어가자 위기의식이 고조되었다.

명은 거듭되는 조선의 다급한 구원 요청에도 쉽게 결단을 내리지 못했다.

일본을 막아야 한다는 데에는 이의가 없었다. 당시 명은 서북 변경 영하에서 일어난 보바이의 반란을 제독 이여송李如松을 보내어 진압하는 중이었다. 군사를 징발하는 것도 문제였지만, 대규모 원정에 뒤따르는 재정이 더 큰 문제였다. 계속되는 전쟁으로 명나라 재정은 심각한 적자에 허덕이고 있었다. 그렇다고 조선을 침략한 일본을 그대로 둘 수는 없었다. 문제는 조선에서 일본군을 막느냐, 아니면 중국에서 일본군을 막느냐 하는 것이었다.

조선을 완전히 장악하고 나면 일본은 나고야에 대기 중인 10만의 예비 병력을 추가로 투입할 것이다. 일본이 조선에서 10~20만의 병력을 징집해 선봉에 세우고, 일본군 병력 30~40만을 본대로 삼아 50~60만의 군세를 만들어 낸다면. 이들이 만주를 장악한 후 만주의 여진세력을 아울러 명에 승부를 겨루어 온다면. 그들이 대평원 지대 요동과 계주를 압박하고, 바다로 산동·천진을 위협한다면……. 생각만 해도 두려운 일이었다. 시간은 명나라의 편이 아닌 것만은 틀림없었다. 명은 조선전쟁에 적극적으로 참전하는 것이야말로 확실한 자기방어 대책이라는 결론에 이른다. 이른바 '공세적 방어책'이었다. 그 배경에는 지리적·경제적 측면에 대한 면밀한 계산이 자리 잡고 있었다.

조선 반도는 지형이 험준하다. 특히 평양 위쪽으로 압록강까지는 영변·안주 등의 견고한 산성이 험준한 산악과 큰 강을 의지한 채 버티고 있어 작은 병력으로도 적을 막을 수 있었다. 반면에 요동·계주 지역은 평평하고 광활하여 수십만의 병력으로도 방어하기가 쉽지 않았다. 따라서 조선의 험준한 지형을 이용하면 작은 병력으로도 일본의 대군을 막을 수 있으니 훨씬 경제적이고 효과적이라는 결론이었다. 명이 조선을 이용하면 조선의 힘을 빌려 왜병을 사로잡을 것이지만, 그렇지 않으면 왜병이 조선 사람을 끌고 와서 명에게 적대할 것이 분명하다고 했다. 또한 '200년 동안 복건·절강은 왜놈의 화를 입었으나, 요양과 천진에 왜구가 없었던 것은 조선이 울타리처럼 막았기 때문'이라고 했다.

명은 결국 자국의 안전을 위해 조선의 구원 요청을 받아들인다. 명으로서도 입술이 없어지면 이가 시리다는 순망치한脣亡齒寒의 논리를 받아들이지 않을 수 없었던 것이다. 즉, 외견상으로는 조선의 청원을 받아들인 구원의 성격을 띠었지만, 그 속내는 조선의 힘을 빌려 자국을 지키려는 데 그 목적이 있었다. 조선에 왔던 칙사 설번도 지적했듯, 사세의 본질은 조선이 아니라 자국의 문제였다.

청병을 둘러싼 군신 간의 갈등

의병의 활약으로 나라가 당장 붕괴되는 위태함은 간신히 모면했지만, 그렇다고 일본군을 몰아 낼 군사가 조선에 있는 것은 아니었다. 전쟁이 장기화되면 내부적으로도 어떤 변수가 생길지 알 수 없는 노릇이었다. 선조가 집권한 25년간 집권층이 저지른 실정과 수탈은 백성들의 충성심을 장담하기 어렵게 만들었다. 이를 지배층도 모르지 않았다. 위기감의 원인은 외부에만 있지 않았다.

이런 상황에서 조선은 명의 도움이 절실하게 필요했다. 그러나 원조를 빌미로 명나라 군대가 들어와 내정을 간섭하고, 특히 악화된 민심을 수습하고자 명나라 황제가 조선 임금과 신하들에게 정치적 책임을 묻는 사태가 발생한다면 그 파장은 쉽사리 예측할 수 없었다. 말로는 난폭한 명나라 군대가 조선 백성들에게 횡포를 부릴까 걱정이라고 했다. 하지만 조선 집권층은 내심 그들의 정치적 영향력과 기득권을 잃을까 노심초사했다. 나라를 이 지경으로 만들었으니 수모를 당하는 것이야 어쩔 수 없다고 해도, 다망해 가는 나라라고 해도 조선은 아직 그들의 것이었다.

명 황제의 무리한 명령이 조선 백성에게 직접 내려진다고 하더라도 임금과 조정은 이를 받들어야 할 뿐, 달리 대책이 없었다. 평소 스스로를 중국 황제의 충성스러운 신하를 자처해 왔으니, 최악의 경우에 나라를 이 지경으로 만든 임금을 폐하고, 정치를 잘못 이끈 조정 대신을 모두 내쫓고 목을 벤다 하더라도 할 말이 없었다. 자칫 승냥이를 쫓아내려다 호랑이를 불러들이는 격이 될 수도 있었다.

버틸 수 있는 데까지는 버티며 명의 의중을 살펴야 했다. 협상이 가능하다면 명나라 조정과 협상도 해야 했다. 아무 보장도 없이 자신들의 목숨을 명나라 군대의 칼날 아래 둘 수는 없었다. 그러나 누가 그렇게 할 것인가? 누가 나서서 이런 중차대한 문제를 슬기롭게 해결하면서 명나라의 조선 파병을 추진할 것인가? 자칫하면 나중에 커다란 책임이 따를 중차대한 문제였다.

아무도 나서지 않았다. 국가의 흥망과 백성들의 삶이 걸린 중대한 문제일수록 어떠한 토론도, 어떠한 결단도 하지 못하는 조선 정치의 병폐가 여기서도 등장했다. 조상이 위패를 어디에 두어야 하는지, 3년상이 맞느냐 1년상이 맞느냐와 같은 사소한 문제에는 세상을 쪼갤 듯 시비하던 그들이었지만, 정작 국가의 중대사에는 벙어리 행세를 하는 것이 그들의 처세였다.

그러나 임진강의 수비가 위태로운 지경에 이르자, 명에 원군을 요청하자는 논의가 일어났다. 이항복과 이덕형이 나서서 "팔도가 이미 무너져 수습해서 온전하기를 도모할 희망이 없습니다. 명나라에 구원병을 청하는 것이 최상"이라고 주장하였다. 그러나 대부분의 신하들은 명군이 국내에 들어오면 더 큰 피해를 입을 것이라고 극력 반대했다. 무방비 상태로 일본의 침략을 받아 파천 이외에는 다른 대안이 없음을 알면서도 이를 반대하고, 결과적으로 효과적인 후퇴 전략에 대한 논의를 원천 차단한 신하들이 아니던가.

결국 선조는 혼자서 결단을 내려야 했다. 실제로 선조는 나중에 명에 파병을 청하는 결정을 측근 내시 이봉정李奉貞과 의논하여 정하였노라고 고백한다.

나라의 운명을 결정하는 중대사를 시중을 드는 내시와 의논하여 결정했다는 고백은, 국가의 공식적 조직인 조정과 대신이 국가의 흥망을 좌우하는 군국의 기무를 결정하고 처리할 의지도 능력도 없다고 판단했음을 뜻한다. 한 마디로, 조정 신료들의 충성심과 책임감이 내시보다도 못하다고 평가한 것이다.

6월 11일 일본군이 평양으로 접근하자, 선조는 논란 끝에 이덕형을 청원사請援使(원병을 청하는 직책)로 임명하고 명에 보냈다. 그리고 이틀 후인 6월 13일, 평양성을 사수하자는 신하들의 건의를 물리치고 평양을 떠나 순안을 거쳐 밤에 숙천에 도착했다. 전세가 더 불리해지면 명에 망명할 생각이었다. 선조는 끝까지 조선에 남아 방어하자는 신하들의 주청을 물리치고 다시 북쪽의 영변으로 향했다. 이때 명나라는 이미 내부적으로 조선 파병의 불가피성을 인정하고 조선의 파병 요청을 기다리고 있었다.

조선이 먼저 무너질까 걱정하다

대규모 군사동원에는 상당한 시간이 필요하다. 더욱이 중국은 넓은 나라이다. 남쪽과 북쪽에서 군사가 이동하는 데에도 적지 않은 시일이 걸렸고, 군수물자 조달에도 여러 날이 소요됐다. 중국은 그 사이에 조선이 일본의 공격을 견디지 못하고 무너질까 염려했다. 그렇게 되면 명나라의 중국 방어 계획은 큰 차질을 빚게 된다. 그러므로 조선은 명나라를 위해서도 끝까지 싸워 주어야 했다. 명 황제는 서둘러 조선에 칙서를 내렸다.

"황제는 조선 국왕에게 칙유勅諭하노라. 그대의 나라는 대대로 동번東藩을 지켜 오면서 본디 공순함을 다하였고 예의와 문물이 성대하여 본디 낙토樂土로 일컬어져

왔다. 요사이 듣건대 왜노가 창궐하여 마구 침구해 와 왕성王城을 공격 함락시키고 평양을 침략하여 점거함에 따라 생민이 도탄에 허덕이고 원근遠近이 소란스러우며 국왕은 서쪽 해변으로 피난하여 초야에 파천播遷해 있다고 하였다. 이토록 국토를 잃고 혼란에 빠졌을 것을 생각하니 짐의 마음도 처연하기 그지없다. 어제 급한 소식을 전해 듣고 이미 변방의 신료에게 군사를 동원하여 구원하라는 칙서를 내렸다.

지금 특별히 행인사 행인 설번을 보내어 국왕에게 이르노라. 그대는 마땅히 조종祖宗이 대대로 전해 준 기업基業임을 생각하여야 할 것인바 어찌 차마 하루아침에 가벼이 버릴 수 있단 말인가. 급히 치욕을 씻고 흉적을 제거하여 힘써 광복을 도모해야 할 것이다. 다시 그대 나라의 문무 신민들에게 전유傳諭하노니, 각기 군주의 원수를 갚으려는 마음을 굳게 가지고 복수의 의리를 크게 분발하도록 하라.

짐이 이제 문무 대신 두 사람을 오로지 그 일 때문으로 파견하여 요양遼陽 각 진의 정병精兵 10만을 통솔하고 가서 흉적의 토벌을 돕도록 하였으니, 그대 나라의 병마와 앞뒤에서 협공하여 기어코 흉포 잔악한 무리를 무찔러 없애어 하나도 살아남는 자가 없게 하도록 힘쓸지어다. ─ 《선조실록》 25년 9월 2일

설번이 가져온 칙서에는 '신하된 절개를 굳게 지켜서 스스로 조처하라'는 말이 있었는데, 이는 조선이 일본에 성급하게 굽혀 들어갈까 봐 염려해서 일부러 충절을 강조한 것이었다. 칙서를 받은 선조는 황제의 은혜에 감격하여 소리 내어 통곡하고, 신하들과 미천한 하인들까지 크게 울부짖지 않는 이가 없었다.

명나라가 파병에 필요한 시간을 벌고자 마련한 또 하나의 계책은, 명의 협상전문가 심유경沈惟敬을 활용하는 것이었다. 일본을 상대로 전쟁을 수습

하는 협상을 벌여 보면 일본의 속셈을 파악할 수 있을 것이란 계산이었다.

시간이 필요하기는 일본도 마찬가지였다. 20만의 침략군이 조선으로 건너왔으나, 당시 명군을 상대로 싸울 수 있는 병력은 채 2만 명도 안 되는 평양성의 고니시 군대뿐이었다. 그 정도 군사로 명나라 군사를 상대할 수는 없었다. 적어도 10만 이상의 예비 병력이 일본에서 조선으로 들어오거나 점령지를 신속하게 안정시켜 이미 조선에 파견된 군사를 명군을 상대로 싸울 수 있게 재배치할 수 있도록 조치해야 했다.

그러나 바닷길은 이순신에게 막혔고, 조선 점령지의 사정도 날이 갈수록 불안해지고 있었다. 더구나 전라도 진출에 실패한 일본이 승리의 확신도 없는 상황에서 병력을 무작정 증강하는 것은 도요토미에게 군사적으로나 정치적으로 너무나 큰 부담이었다. 양쪽의 계산이 맞아떨어져 명과 일본은 10월 20일부터 50일간의 제1차 휴전협정에 합의한다.

곳곳에서 제동이 걸린 일본군

일본군은 휴전 기간을 이용해서 조선 전역을 완전히 장악하고 군정을 확립할 속셈이었다. 그러나 일이 생각대로 쉽게 풀리지 않았다. 고을마다 의병이 일어나 백성들의 마음을 장악해 나가고 있었다. 한때 일본에 호의적이던 일부 조선인들조차 차츰 일본을 적대하기 시작했다.

더구나 이즈음에는 세자 광해군이 이끄는 분조分朝가 강원도 이천으로 내려와서 경기, 황해, 충청 지역의 무너진 행정조직을 재정비하고 있었다. 세자의 분전 소식은 사람들에게 빠르게 전해졌으며, 백성의 항전을 고무하는 세자의 소모召募(의병을 불러 모음) 명령은 전국 방방곡곡으로 커다란 반향을 일으키며 전파되었다. 도망하기 바쁜 선조의 모습을 보면서 실망을 넘어 자포자기하던 백성들에게 세자가 주도하는 분조의 존재는 새로운 희망으로 떠올랐다.

함경도로 진출한 가토 군도 곳곳에서 제동이 걸리고 있었다. 처음 가토의 활약은 눈부셨다. 함경도를 장악하여 일종의 양전量田 사업인 조선국조세장朝鮮國祖稅帳을 만들고 영구적 점령을 꾀할 때만 해도 가토는 득의양양했다.

그런데 의병장 정문부鄭文孚(1565~1624)가 의병을 일으키면서 가토의 함경도 지배에 제동이 걸렸다. 정문부는 경성·회령·종성을 중심으로 의병 활동을 시작하여 순식간에 오늘날의 함경북도 전역을 장악해 버렸다. 의병 부대가 국경인과 국세필을 죽이고 일본군이 주둔하던 요충지 길주를 탈환하자, 길게 동해안에 줄지어 늘어선 함경도 각 성의 일본군은 급속하게 고립되어 갔다.

삼남 지방에서 의병이 일어나 일본군을 물리치고, 명나라의 구원병이 곧 조선으로 들어올 것이란 소문이 빠르게 퍼져 나가면서 일본군이 승리할 것이라는 함경도 여론도 단숨에 뒤집혔다. 더구나 일본군이 여진의 누르하치에게 참패하여 쫓겨 온 사실도 일본군에 대한 평판에 영향을 미쳤다. 이렇게 한때 국경인의 반란에 동조하던 함경도 민심이 변화하자, 일본군에 동조하던 세력도 급속하게 위축되었다. 가토의 일본군은 정문부의 의병 세력에 밀려 지금의 함경북도 지역은 포기하고 함경남도로 지배권이 축소되었다.

여기에다 만일 여진군이 전쟁에 개입해 온다면, 함경북도에 진출한 일본군은 퇴로가 끊겨 전멸할 위험에 처하게 된다. 가토는 주둔지를 축소할 수밖에 없었다. 겨울이 되자 함경도의 일본군은 쌓이는 눈과 매서운 북풍에 한없이 떨었고, 부족한 군량에 굶주려야 했다.

이즈음 일본군은 전라도 장악을 위해 남쪽에 주둔하던 일본군의 전 역량을 집결시켜 진주성으로 진출하려다 실패했다. 일본이 심유경의 2차에 걸친 휴전 제의를 받아들인 것은 점령지를 안정시킬 시간을 벌기 위함이었다. 그런데 전국적으로 일어난 의병의 활동으로 상황은 점점 더 어려워지고 있었다.

이런 상황에서 규모를 알 수 없는 대규모의 명군이 압록강을 넘어오고 있었다. 명군의 군량과 군수물자가 끊임없이 남방에서 요동으로 옮겨 왔다. 그러나 일본 본국에서는 대규모 군사를 추가로 지원할 입장이 아니었다. 이렇게 평양의 일본군은 점점 위기 속으로 빠져들었다.

5장
일본군의 패퇴

공수 주도권을 바꾼 평양성 싸움

명나라의 대군이 얼어붙은 압록강을 건넌 것은 임진년 12월 22일. 4~5만 명에 이르는 대군이었다. 겨울에 군사를 움직인 것은 기병이 기동하기에 편한 계절이기 때문이기도 했지만, 영하 지역에서 보바이의 반란을 진압하고 군사를 수습하여 조선으로 이동하려면 시간이 필요했기 때문이다. 명나라는 병부시랑 송응창宋應昌을 경략經略으로 삼고, 영하후寧夏候 이여송을 도독군무로 삼았다. 그리고 은銀을 풀어 말먹이와 군량을 사들여 군량 8만 석과 화약 2만 근이 뒤이어 의주로 들어왔다. 선조는 중국 사신을 접대하던 의주 용만관龍灣館에서 이여송을 비롯한 명나라 장수를 맞이했다.

명군이 주도한 평양성 공방전은 선조 26년(1593) 1월 8일 시작되었다. 조선은 김명원을 도원수로 삼아 8천 명의 군사를 동원했고, 여기에 서산대사 휴정과 사명대사 유정이 지휘하는 승군 2천 명이 합세했다. 이에 맞선 고니시의 제1군은 1만에서 1만 5천 정도였다. 이여송이 기병 100여 명을 거느리고 평양성 아래로 나아가 모든 장수를 직접 지휘하였다. 명군은 대포를 앞세워 공격을 개시하였다. 명나라 장수 낙상지駱尙志가 긴 창을 가지고 함구문으로 몸을 솟구쳐 성첩城堞을 부여잡고 올라가니, 모든 군사들이 북을 치며 뒤를 따랐다.

치열한 공방전이었다. 이여송은 대포를 쏘아 칠성문의 문루를 깨뜨리고 군사를 정돈하여 들어가고, 이여백李如栢은 함구문으로, 양원楊元은 보통문으로 다투어 들어갔다. 포격과 화전이 더해진 화공전으로 성내를 초토화하여 기선을 제압한 후, 치열한 백병전을 벌였다. 조명朝明연합군이 외성을 넘어 평양성 내성으로 공격해 들어가자, 일본군이 조총으로 집중사격을 가해 명나라 군사가 많이 죽었다. 피해가 늘어나자 이여송은 군사를 거두었다.

그러고는 사람을 보내어 '우리 군사로 너희들을 모조리 없애 버릴 수 있으나 사람의 목숨을 자마 그렇게 할 수 없어 너희들에게 살 길을 열어 주는 것'이라며 일본군이 도망갈 길을 열어 주었다. 이에 고니시는 '꼭 물러날 터이니 청컨대 뒷길을 끊지 말아 달라'고 했다. 그날 밤, 고니시의 일본군은 성벽을 넘어 얼어붙은 대동강을 건너 도주했다. 부상자들을 모두 평양에 버리고 간 필사의 탈주였다.

평양성 전투의 승리는 전쟁의 흐름을 단숨에 바꾸어 버렸다. 전세는 역전되어 일본군은 패주하기에 이르렀고, 이 소식을 접한 선조와 조정 신료들은 한숨을 돌렸다. 선조 26년 1월 9일, 평양에서 승전보가 날아든 직후 조정의 2품 이상 대신과 양사 장관들이 감격해서 아뢰었다.

— 《선조실록》 26년 1월 9일

조선 조정은 국가의 재조再造가 오로지 평양의 승첩에 달려 있다고 감격했다. 그러고는 명나라 장수 이여송을 기리는 송덕비를 세우고, 그의 화상을 그려서 생사당生祠堂에 걸었다. '생사당'이란 살아 있는 사람의 공을 기려 사당을 짓고 봄가을에 제사를 지내는 집을 말한다.

평양에서 패한 고니시는 남은 병력을 이끌고 어두운 밤 얼어붙은 대동강을 건너 평안도를 남하하여 황해도로 갔다. 황해도까지만 가면 봉산성에 주둔하는 일본군이 그들을 맞아 줄 것이다. 그러나 봉산성에 일본군은 없었다. 그들은 이제 자력으로 명군의 추격을 벗어나야 했다. 급하게 도망하느라 행군에 필요한 준비가 전혀 없었다. 혼자 따라오지 못할 부상병은 모두 버렸다. 버림을 받은 부상병들의 통곡이 온 성에 울려 퍼졌다. 그토록 당당하던 고니시의 제1군은 추위와 배고픔, 두려움에 떠는 부하들을 데리고 무작정 남쪽으로 내달았다.

원래 봉산성에는 오오토모 요시무네〔大友義統〕가 평양성의 고니시를 지원하고, 비상시에는 고니시의 후퇴를 안전하게 도우라는 명을 받고 대기 중이었다. 그런데 평양의 패전 소식을 들은 오오토모가 겁에 질려 먼저 철수해 버렸다. 이와 함께 배천에 주둔하고 있던 제3군 구로다 나가마사도 황해도에서 허겁지겁 철수했다. 한번 무너지기 시작한 전선은 걷잡을 수 없이 무너진다는 것을 잘 아는 그들이었다. 전장에서의 고립은 곧 죽음이라는 것을 그들은 오랜 경험으로 알고 있었다.

당시 일본군의 상황은 서울 이북에 전진해 있던 일본군이 한꺼번에 무너져 내리는 붕괴 수준이었다. 1월 8일 밤 평양성에서의 패주 이후 1월 27일 벽제관 전투가 있기까지의 20일 동안, 일본군은 평양에서 철수하여 서울까지 250~300킬로미터를 20일 만에 도주했다. 전진할 때만큼이나 빠른 속도였다.

견고하다고 여긴 평양성이 단 하루 동안의 공격에 함락된 것은 일본군에게는 엄청난 충격이었다. 조선인들은 평양성과는 비교가 되지 않는 작은 진주성을 10분의 1의 병력으로 훌륭하게 방어하지 않았던가. 명군의 위력이 얼마나 가공할 것이었기에 용맹한 일본군의 선봉이 그토록 처참하게 무너질 수 있다는 말인가. 황해도에 진군해 있던 구로다 나가마사, 오오토모 요시무네의 일본군은 공포에 질렸다.

황해도에는 이미 조선 의병이 연안성에 웅거하여 일본군의 공격을 훌륭하게 막아 낸 적이 있었다. 그들이 평양성을 공격한 조명연합군과 합세하여 도주하는 일본군을 포위한다면 이들을 어찌 막을 수 있겠는가. 일본군은 서울 이북에 전개한 모든 병력을 서울로 집결시켜 튼튼한 방어선을 빠르게 구축하지 못하면 조선에 진출한 일본군이 각개격파로 전멸당할 수도 있다는 두려움에 싸였다. 가토 기요마사도 평양의 패전 소식을 듣고 즉시 30여 개의 진에 있던 함경도의 일본군에게 철수를 준비시켰다.

이때 조선의 전황을 보고받은 도요토미는 가토에게 임진강을 확보하게 하고, 고니시와 구로다에게 개성을 장악하라고 명령했지만, 그것은 다만 헛된 기대에 불과했다. 이제 조선의 전황은 도요토미의 뜻대로 돌아가지 않았다.

　그런데 이여송의 명군은 대오가 무너진 채 도망하는 일본군을 급박하게 추격하지 않았다. 조선 조정은 승세를 타고 일본군을 추격하여 섬멸하자고 했으나, 명군의 생각은 오직 명나라의 안전에 있었다. 처음에는 압록강을 지키는 것이 상책이라고 여긴 명군은, 평양까지 내려오자 평양만을 지키려 했고, 개성까지 내려오자 개성만 지키려 했다. 명군은 평양성을 탈환한 지 8일이 지나서야 뒤늦게 일본군을 추격하기 시작했다.

　예상보다 쉽게 무너진 일본군을 추격하려면 준비해야 할 것이 있었다. 추격하는 조명연합군의 진격 속도에 맞추어 군량과 마초가 필요한 지점에 미리 준비되어 있어야 했다. 그러나 이는 쉬운 일이 아니었다.

벽제관에서 전의를 잃은 명군

　　　　　　　　　　　서울의 일본군은 추격해 오는 명군을 어떻게 하든 저지해야만 했다. 파죽지세로 추격해 내려오는 조명연합군을 어디에서든지 제동을 걸지 않으면 조선에 진출한 모든 일본군이 한꺼번에 무너지는 사태가 일어날 것이다. 서둘러 모든 전투 역량을 끌어모아 서울 근처에 새로운 방어선을 구축해야 했다. 각지의 일본군이 점령지를 버리고 서울에 집결했다.

그렇지만 서울은 평지가 많고, 성이 너무 넓어서 방어하기가 쉽지 않았다. 그리고 서울에서 단 한 번의 방어전으로 조선에 진출한 전 일본군의 운명을 결정하는 것도 위험부담이 너무 컸다. 무엇보다도, 수천 리 밖 적지에서 사방이 포위된 채 성 하나에 의지해 싸우는 것이 가능한 일인가. 싸움은 장기전으로 갈 것이 확실했다. 이 경우 명군과 조선군은 끊임없이 보충되고 증강될 터인데, 제해권을 잃은 일본군은 어디서 병력과 물자를 보충받는다는 말인가. 시간이 지날수록 불리한 싸움이었다.

그렇다고 이제 와서 대규모 구원군을 조선에 파견할 수도 없었다. 일본군이 10만을 추가하면 명나라는 20만을 추가할 기세였다. 이제는 어떻게 해서든지 조선에서 살아남는 것이 일본군의 지상 명제가 되었다. 그들이 온전하게 살아 돌아가야 도요토미의 정치적 위상도 안전할 수 있었다. 그들은 서울 북쪽의 산악 지형을 이용해 조명연합군을 저지하면서 후퇴하는 것만이 살길이라는 결론에 이르렀다. 그러려면 파죽지세로 남하하는 명군을 저지할 강력한 반격을 준비해야 했다. 조선에 진출한 전 일본군의 생사를 건 일전이었다. 일본군은 은밀하게 대군을 서울 북쪽으로 이동시켜 추격해 오는 명군을 기다렸다.

지난해 7월 전주 공방전에 나섰다 실패하고 물러난 제6군 고바야카와 다케가게 군대가 반격의 주력부대였다. 개성에 주둔 중이던 그의 군대는 고양 남쪽의 여석현에 매복하고 남하하는 명군을 기다렸다. 고바야카는 2만 명에 이르는 병력으로 일격에 명군을 패퇴시킬 생각이었다. 총사령관 우키다 히데이에는 별도로 2만 1천의 병력을 4개 부대로 편성하여 그 뒤를 받쳤다. 도합 4만의 대군이었다. 명군은 일본군의 사력을 다한 노림수를 눈치 채지 못했다. 1월 27일, 서둘러 서울로 향하던 명나라 부총병 사대수

査大受의 부대가 여석현에 이르렀다. 명군의 움직임을 주시하던 일본군이 사대수의 군을 기습했다. 사대수는 크게 패하여 벽제역까지 후퇴하였다.

이 소식을 들은 이여송은 혜음령을 넘어 벽제관으로 급행, 망객현으로 진격했다. 명나라 군사 2만과 일본군 4만이 벽제관의 좁은 협곡에서 맞붙었다. 고바야카와가 거느린 일본군 선봉은 네 갈래로 나뉘어 명군을 공격했다. 미처 포군의 지원을 받지 못하고 기병만으로 싸우던 명군은 결국 일본군에 포위되어 조총의 집중사격을 받아 큰 손실을 입었다. 그러나 명군의 응전도 만만치 않았다. 팽팽하던 전투는 우키다 히데히에의 본대가 가담하면서 일본군의 승리로 기울었다. 명군은 뒤늦게 도착한 부총병 양원이 거느린 화군火軍의 도움으로 간신히 일본군의 추격을 막고 파주로 후퇴하였다. 전투 도중에 이여송이 일본군에게 포위당하여 간신히 목숨을 건지는 사태가 발생하기도 했다.

평양에서 승전하고 일본군을 얕잡아 본 명군이 충분한 준비 없이 서둘러 진격하다가, 일본군의 필사적인 공격에 패한 것이다. 이 싸움에서 명군은 일본군 조총 부대의 집중사격에 많은 전력을 잃었고, 이후 일본군과의 전투에서 적극성을 잃어 일본군의 주력부대를 섬멸할 기회를 놓쳤다. 더구나 함경도에 있는 가토 군이 양덕과 맹산을 넘어 평양을 기습한다는 소문까지 들렸다. 이 무렵, 비가 계속 내리는 데다 일본군들이 미리 온 산에 불을 질러 말에게 먹일 풀 한 포기 남아 있지 않았다. 여기에 돌림병마저 돌아 명군 군마의 반에 해당하는 1만 2천여 필이 병으로 죽었다.

결정적으로 명군에 제공되던 군량이 떨어졌다. 이여송이 대로하여 도체찰사 유성룡, 호조판서 이성중, 경기좌감사 이정형李廷馨을 불러 뜰 앞에 무릎 꿇리고 군법으로 다스리겠다고 호통쳤다. 평양성 탈환 후 명군이 남하하면서, 조선 조정이 준비하기로 한 군량이 미처 이 속도를 따르지 못한 것이다.

전의를 잃은 명군은 군량을 핑계로 퇴군을 주장했다. 이에 이여송은 부총병 왕필적王必迪을 개성에 머물게 하고, 조선의 장수들에게도 임진강 이북에 진지를 구축하라고 명했다. 이 싸움으로 명군은 일본군의 전력이 만만치 않다는 것을 확실하게 알았고, 결국 이여송은 1월 29일 개성으로 철군했다. 이후 명군은 전쟁을 정치로 해결하려고 하게 된다.

행주산성에서 다시 확인한 패배

평양성 전투에서 패배한 고니시 군은 거의 괴멸적이었다. 1만 8,700명을 이끌고 조선에 상륙한 고니시 군 가운데 서울로 살아 돌아온 병력은 7천 명에 불과했다. 서울의 일본군 사령부는 불안에 휩싸였다. 북쪽에서는 수십만 명나라 대군이 압박해 오고, 조선군의 전투력도 몰라보게 달라졌다. 황해도 연안성, 경상도 진주성에서 패배를 낭한 일본군은 이제 조선군의 전력을 재평가하지 않을 수 없었다. 게다가 명나라가 조선에 추가 파병을 준비하고 있다는 소식까지 들렸다. 안전한 철수를 위한 바닷길은 이순신에 막혀 있었다. 그토록 좋았던 전황이 하루아침에 파멸적 상황을 맞이한 것이다.

일본군은 일단 북쪽에 있던 일본군을 서둘러 서울로 불러들였다. 그리고 벽제관 전투 승리의 여세를 몰아 행주산성의 조선군을 공격했다. 행주산성은 권율이 소수의 조선군을 거느리고 서울 수복의 교두보로 삼고 있었다. 일본군으로서는 서울의 코앞에서 일본군을 견제하는 작은 성을 쓸어 일본군의 강력함을 과시할 필요가 있었다. 위기의 순간에 오히려 허세를 부려 후퇴길을 안전하게 닦아 놓을 필요가 있었다. 그렇지 않으면 연이은 패전으로 만만해진 일본군을 향해 조명연합군이 조직적인 공격을 계속 퍼부을 것이고, 그러면 일본군 20만이 조선 땅에서 흔적도 없이 사라질 가능성이 있었다.

일본군은 고니시 유키나가, 이시다 미쓰나리, 고바야카와 다카가게 등 일본 최고위 장수들과 그 본진 장수들까지 7개 부대로 구성해 행주산성으로 진군했다. 이때 일본이 동원한 병력은 3만이었다.

이에 맞선 권율의 군사는 불과 2,300명. 처영處英이 이끄는 의승군義僧軍도 방어전에 가담했다. 성안의 관군이 소지한 무기는 궁시·도창 외에, 화차火車, 수차석포水車石砲, 발화탄, 비격진천뢰 등 화약 무기가 많았다. 산성은 일본군이 몰려올 것에 대비해 목책을 세워 내외 이중으로 만들었다.

선조 26년(1593) 2월 12일 새벽부터 시작된 전투는 저녁까지 이어졌다. 일본군이 선택한 주공격 지점은 산성의 서북쪽이었다. 일본군은 장창과 일본도를 뽑아들고 목책으로 노도처럼 달려들었다. 조선군은 일제히 화살과 대포, 각종 화약 무기로 응전했다. 지축이 흔들리는 강력한 폭발이 끝없이 이어졌다. 조선군의 반격에 질린 일본군은 방패를 더 촘촘히 세우고 돌격을 감행했지만 방패만으로는 조선군의 가공할 화약무기의 위력을 버텨내지 못했다. 그러나 일본군은 조선군의 열 배나 되는 대군이었다. 그들은 끊임없이 공세를 계속했고, 조선군의 화약 무기와 화살이 바닥을 보이기 시작했다. 새벽부터 저녁까지 8~9차에 걸친 대공세를 펼친 일본군이 토성 앞까지 진출했다. 위기의 순간이었다. 그때 충청수사 정걸丁傑이 배 두 척에 화살을 가득 싣고 한강을 거슬러 올라왔다. 결국 일본군은 공격을 단념

하고 서울로 퇴각했다.

많은 일본군 장수들이 부상을 입는 치열한 접전이었다. 대군을 동원하고 총사령관이 직접 지휘한 전투였기에 일본군으로서는 더더욱 물러날 수 없었다. 서울 철군을 염두에 두더라도 차후 협상이나 철수작전에서 유리한 고지를 차지하려면 반드시 이겨야만 하는 싸움이었다. 그러나 상황은 불리하기만 했다.

행주산성에서 멀지 않은 북쪽에서는 명의 대군이 싸움을 지켜보고 있었다. 그들은 며칠 전 벽제관에서 당한 예상 밖 참패를 만회할 기회를 엿보고 있었다. 더군다나 행주산성 주위는 넓은 평야 지로, 남쪽으로는 한강의 넓고 깊은 물길이 가로막고 있었다. 만일 명군이 멀리서 일본군을 포위해 온다면 조선에 진주한 전 일본군의 운명이 끝장날 판이었다. 작은 성 하나에 전 일본군의 운명을 걸 수는 없었다. 군량과 의복의 부족, 전사와 탈영, 부상과 질병으로 이미 전투력의 상당 부분을 상실한 일본군으로서는 대군을 동원하여 장기전을 치를 형편이 못 되었다. 일본군은 눈물을 머금고 물러나지 않을 수 없었다. 뜻하지 않은 곳에서, 뜻하지 않은 상대에게 입은 뼈아픈 실패였다.

서울로 쫓겨 온 일본군 5만

바다와 육지에서 연이은 패배를 맛본 일본군은 불안했다. 이 불안을 부채질하는 일이 또 있었다. 함경도에 진격했던 가토 기요마사의 제2군이 서울로 철수했는데, 철수한 부대의 모습이 너무나 참담했던 것이다. 처음에 가토는 별다른 전투 없이 함경도를 장악했다. 그러나 7월 정문부의 의병이 일어나 전략적 요충 길주를 빼앗기면서, 동해안을 따라 한 줄로 길게 늘어선 함경도 성들이 급속하게 고립되어 갔다. 겨울이 되자 일본군은 눈과 매서운 북풍에 떨고, 부족한 군량에 굶주려야 했다.

평양성이 함락되자 총사령관 우키다 히데이에의 철군 명령이 떨어졌다. 그러나 철군도 쉬운 일이 아니었다. 허벅지까지 빠지는 눈길을 헤치고 사정없이 몰아치는 차가운 바람을 맞으며, 어디서 나타날지 모르는 의병들의 기습을 막아 가며 천 리 길을 되돌아온다는 것은 말 그대로 죽음의 행군이었다. 조선에 들어온 가토의 제2군 2만 2천 명 중 서울로 돌아온 것은 1만 3,136명이었다. 8,864명을 잃어 병력 손실률이 40퍼센트를 넘었다. 살아 돌아온 자들도 동상으로 손가락과 발가락이 떨어져 나갔다. 조선의 혹독한 추위가 가토의 군대를 몰아친 것이다. 일본군은 "콩과 콩 삶은 물만 먹었다. 하늘과 땅이 온통 빙한의 세계였다. 2월 11일 함흥을 떠나 서울로 향하여 가는데 눈이 무릎까지 빠져 전진할 수가 없었다. 금강산을 지나는데 산인지 눈인지 알 수 없었고, 사람과 말이 모두 얼어 죽었다".

가장 혹심한 병력 손실을 입은 부대는 역시 고니시의 제1군이었다. 부산에 상륙했던 고니시의 군사는 1만 8,700명이었다. 서울에 집결한 고니시의 부대는 6,629명. 무려 1만 2,071명을 잃어 손실률이 64.5퍼센트에 이르렀다. 황해도로 진출했던 구로다 군은 1만 1천 명 가운데 7,321명이 살아서 돌아와 손실률이 33.4퍼센트, 서울에 주둔하던 총사령관 우키다 히데이에 부대는 1만 명 중 5,352명이 살아남아 46.5퍼센트의 손실을 입었다. 전라도 진출에 실패했던 고바야카와의 제6군도 1만 5,700의 병력 가운데 6,148을 잃었다.

싸움이 승세를 탈 때에는 군사의 진격에는 거칠 것이 없다. 그러나 승패가 뒤바뀌면, 승리에 도취하여 빠르게 진격한 군사들이 한순간에 적군 사이에 고립되어 위태로워진다. 당시 일본의 상황이 바로 그러했다. 북쪽에서는 그 규모를 알 수 없는 명군이 압박해 오고, 서울 서쪽에서는 연안·해주·강화·행주·한강을 거점으로 조선군이 서서히 군세를 키우고, 동북쪽에서는 정문부의 의병과 세자 광해군의 분조分朝가 활약하고 있었다. 남쪽 전라도는 아직 점령도 하지 못했고, 경상도는 온통 의병 세력에 압도당하고 있었다.

더 한스러운 것은, 제해권을 조선 수군에게 빼앗겨 군사의 보충과 군수품의 원활한 보급이 불가능해졌다는 것이었다. 급박하게 철수해야 하는 상황이 됐을 때 바닷길이 막히면 적지 천 리 길을 어떻게 돌아가야 한단 말인가. 퇴로를 마련해 놓지 않고 무모하게 진격한 군대의 위태함을 오랜 전쟁을 통해서 누구보다도 잘 아는 그들이었다.

조선 의병들이 노린 군사적 목표는 주로 일본군 보급선이었다. 보급선의 불안정은 일본군에게 당장 심각한 문제점이 되고 있었다. 조선에 들어온 일본군은 나중의 증원군을 합하여 대략 20만 명. 봄이었고, 몇 년간 계속된 가뭄으로 조선에는 비축된 양곡이 별로 없었다. 더구나 전쟁이 일어나 백성이 모두 흩어지면서 농사를 못 지었으니 수확할 것도 없었다. 따라서 20만의 대군이 먹을 것을 대부분 일본에서 조달해야 했다. 그러나 부산에서 서울까지 1천 수백 리, 그리고 서울에서 평양·함흥까지 또다시 700리. 당시 조선은 도로로 정비되어 있지 않아 우마차를 사용하기도 쉽지 않았다.

이런 상황에서 의병들이 곳곳에서 일어나 일본군의 보급선을 차단하고 나선 것이다. 언제 어디에서 나타날지 모르는 의병 때문에 일본군은 500~600명 단위로 조직화된 부대가 아니면 점령지 안에서조차 안전을 장담하기 힘들었다. 그런데 낙동강과 한강을 연결하는 수로 운송도 낙동강 서쪽에서 활약하는 곽재우·정인홍·김면 등의 의병 활동으로 막혀 버렸다.

도요토미, 전쟁에 이길 수 없음을 한탄하다

서울로 후퇴한 일본군은 어느덧 사방에서 조여 오는 압박에 불안했다. 처음 15만 8,700명을 조선에 투입한 일본군은 이후 4만의 병력을 추가로 투입했다. 그런데 11개월간의 전투로 7만 5,613명을 잃었다. 병력 손실률이 37퍼센트에 이르렀다. 큰 전투에서 입은 손실도 적지 않았지만, 곳곳에서 벌어지는 사소한 전투로 잃은 병력도 시간이 지나면서 커다란 손실로 불어나고 있었다.

선조 26년 3월 20일 현재, 서울에 집결한 일본군 병력은 기타 소규모 부대의 병력을 포함하여 5만 3천이었다. 그중 선봉에 섰던 고니시와 가토 구로다 주력부대의 평균 손실률은 44.7퍼센트. 일본군도 이 사실을 확인하고 놀라지 않을 수 없었다. 전쟁 초기의 그 빛나던 승리는 어디로 갔단 말인가.

서울 이북 지역뿐 아니라 이남의 경기·충청 지역 보급로 경비 병력과 경상도 지역 일본군도 대규모로 봉기한 의병군과 재편성된 관군에게 끊임없는 공격을 받아 병력 손실이 계속되었다. 나머지 병력은 겨우 12만. 그러나 이 병력을 모두 서울에 집결시킬 수는 없었다. 서해 해로가 봉쇄된 상황에서 퇴로 확보 차원에서라도 남쪽 점령지에 군사를 배치하지 않을 수가 없었다. 점령지에 분산 배치한 군사 6만여 명을 제외하고 서울에 집결할 수 있는 병력은 5만을 조금 넘었던 것이다.

일본군의 마음을 짓누르는 걱정은 또 있었다. 지난해 가토가 두만강을 넘어 여진 지역으로 진출했다가 호된 반격을 당해 1만이 넘는 일본군이 은성으로 황급히 쫓겨 온 일이었다. 일본군의 조총을 전혀 두려워하지 않는 여진의 막강한 전투력은 그 규모를 가늠할 수 없어 더욱 두려운 존재였다. 그 여진이 원병을 파견하여 조선을 돕는다는 정보가 있었다. 선조 26년 북경에 가 있던 건주여진의 사신이 명 조정에 파병 의사를 전했다는 것이었다.

누르하치의 파병 제안에 명은 긍정적인 반응을 보였다. 만약 조선이 누르하치의 원병을 받아들인다면, 명은 이이제이以夷制夷 전략 차원에서 이를 수용할 생각이었다. 그러나 조선 조정은 명의 예상과 달리 여진의 파병 제안을 단호하게 거절했다. 지난날 여진을 정벌해 추장을 죽인 것에 원한을 품고 여러 차례 조선의 변경을 침략한 여진을 믿을 수 없다고 했다.

당시 여진은 누르하치에 의해 통일을 이룬 상태였다. 그러나 누르하치가 만주 일대에서 경쟁하던 여진족 지도자들을 물리치고 씨족을 하나로 통합했을 때, 그는 여진 전체를 먹여 살려야 할 책임도 떠안은 것이었다. 문제는 당시 만주에는 여진을 먹여 살릴 식량이 없었다. 어떻게든 이 문제를 해결해야 여진족의 국가 건설이라는 꿈을 이룰 수 있었다. 누르하치는 농업생산력을 높이고자 더 많은 개간을 독려했지만 성과가 없었다. 결국 이 문제를 해결할 최선책은 인접한 조선의 협력이었다.

그러나 조선은 여진의 움직임이 두려웠다. 조선은 항상 여진을 견제해 왔고, 중국도 그런 조선을 부추기며 서로 싸우게 했다. 그런 여진이 조선을 돕겠다고 제안한 것이다. 조선은 여진이 나중에 어떤 대가를 요구할런지 알 수 없어 이 제안을 거절한다. 조선의 반응에 중국도 여진의 도움을 받으라고 한 제안을 철회했다. 여진을 이용하여 일본을 제압하는 것인 일견 묘안 같았지만, 잘못하여 이를 계기로 요동과 한반도가 하나가 되어 장기적으로 중국을 압박하는 사태가 온다면, 그것이야말로 천하대란의 단초를 여는 악수가 될 것이다. 눈앞의 이익만 좇다가 중국의 오랜 안보 전략을 흩트리는 결정을 하고 싶지 않았던 것이다.

물론 사정이 다급해지면 조선의 태도도 바뀔 것이다. 이는 일본의 상대가 조선과 명뿐만 아니라 여진과 몽고도 될 수도 있음을 의미했다. 전쟁은 이미 동아시아의 국제전이 되어 있었다.

이제 도요토미는 이 전쟁이 잘못된 전쟁이라는 것을 확실하게 깨달았다. 5만의 병력으로 서울을 지키기란 거의 불가능했다. 게다가 모두 굶주린 데다가 부상까지 입었다. 고립무원의 처지에서 이런 병사들로 서울을 잠시 동안 지켜 낸다 한들 그것이 무슨 의미가 있을까. 시간이 지나면 그들 모두 봄눈 녹듯이 조선 땅에서 사라져 버릴 것이 분명했다. 더 이상의 지원군 투입이 불가능한 것이 당시 일본이란 나라의 한계이자, 도요토미 정권의 한계이기도 했다. 조선에 파견한 일본군의 40퍼센트가 희생됐다는 사실만으로도 도요토미의 정치적 입지는 이미 위태한 상황이었다.

도요토미는 작은 희생으로 큰 이익을 볼 것이라고 다이묘들을 설득했지만, 그의 계산은 크게 빗나갔다. 이 상태로 계속 고집을 부리다가는 한순간에 정권 자체가 붕괴되고, 일본은 또다시 내전의 회오리에 휘말릴 수 있었다. 실제로 희생자가 점차 늘어나자 일본군 내부에서 불화가 커지고 있었다. 전쟁에 참전한 영주들의 관심은 어떻게 해서든지 자신의 군사를 적게 희생하고, 적은 재정적 부담을 지면서 안전하게 일본으로 되돌아가는 것이었다. 일본이 전쟁에서 패하고 다시 분열하여 약육강식의 전국시대로 돌아간다면, 영주들이 의지할 것은 자신의 무력뿐이었다. 그래서 전쟁에 참여한 일본의 무장 세력들은 경계를 접한 이웃 나라보다도 자기 군대의 군사적·재정적 희생을 줄이는 데 골몰했다.

도요토미의 측근인 행정관과 무장들 사이도 이해관계에 따라 틈이 벌어지고 있었다. 전쟁에서 승리할 때에는 어지간한 틈은 대수롭지 않게 넘어간다. 그러나 상황이 어려워지면 작은 틈도 크게 보이는 법이다. 일본의 무장들은 조선에서의 전쟁 패배가 일본에서의 내전을 촉발하지는 않을까 내심 염려하고 두려워했다. 그들은 서로를 의심했다. 이는 당시 일본 정치체제의 태생적 한계였다. 대규모 추가 파병을 해야 전세를 뒤집을 수 있는데, 이것이 불가능하다면 이 전쟁은 승리할 수 있는 전쟁이 아니었다.

도요토미가 전국 다이묘들을 상대로 조선 파병을 설득할 때 이와 같은 엄청난 희생이 예상되었다면, 이 전쟁에 다이묘들이 동의했을 리가 없다. 도요토미는 작은 댓가로 큰 이익을 볼 것이라고 설득했지만, 그의 계산은 크게 빗나갔고 큰 이익을 주기로 한 약속은 지켜지지 않았다. 처음부터 잘못된 전쟁이었다.

연이은 패전으로 정치적으로 위태한 상황에 몰린 도요토미는 어떻게 해서든지 일본군을 안전하게 후퇴시키는 것이 최선이라는 결론을 내렸다. 당시의 도요토미 정권은 작은 충격에도 깨지기 쉬운 취약한 상태였다. 먼저 도요토미 자신의 직할 군사가 안전하게 일본으로 돌아와야 권력을 유지할 수 있고, 일본의 각 지역을 관할하는 전국대명戰國大名들의 군사가 안전하게 일본으로 돌아와야 조선 출병 직전에 가까스로 만들어 놓은 안정적 정치 지형을 유지할 수 있었다.

그러나 5만이나 되는 서울의 일본군이 안전지대, 즉 조선에서 철수하고 싶은 때 언제나 철수할 수 있는 부산까지 후퇴하는 것이 과연 가능한 것인가? 후퇴하는 군사가 병력 손실을 최소화하면서 질서 있게 물러나는 것이 얼마나 어려운 일인지는 오랜 전쟁 경험으로 잘 알고 있었다. 전쟁 초 조선군의 붕괴와 같은 엄청난 혼란과 희생이 후퇴하는 일본군에게 일어나지 말라는 법도 없었다. 패배한 군대가 저 혼자 살겠다고 각자 행동하면 한순간에 전군이 무너지게 된다. 이미 평양과 황해도에서, 그리고 함경도에서 이를 경험하지 않았던가.

일본군은 자신들이 후퇴해야 할 상황을 분석해 보고 공포에 사로잡혔다. 1천 리가 넘는 길을, 그것도 적지의 한가운데를 통과해서 가야 했다. 승리에 도취되어 단숨에 돌파할 때에는 조선이 자기들 땅처럼 편안했고, 조선 백성들은 양처럼 순한 존재였다. 그러나 이제 싸움에 패하여 되돌아가야 할 그 길에는 날카로운 조선군의 창검이 숲을 이루고 그들을 기다릴 터. 단숨에 넘어온 문경새재와 김천의 추풍령, 넓고 깊은 한강과 낙동강도 이제는 그들이 넘어야 할 엄청난 장애물이었다. 조선 땅 곳곳의 그 험준한 지형에 의지하여 그들을 노릴 조선군은 또 어찌할 것인가.

싸움에 패하여 후퇴하는 군사는 적군의 작은 움직임이나 밤바람 소리에도 엄청난 두려움을 느껴 곧장 통제하기 어려운 지경에 빠지게 된다. 죽음이 두려워 도망하는 군사를 데리고 탄탄한 방어선을 구축한다는 것은 불가능에 가깝다. 전선은 작은 충격에도 무너지고, 한쪽 전선이 무너지면 대군 전체가 한꺼번에 무너지게 된다. 결국 모든 다이묘가 자신의 이익만을 생각하고 이에 따라 행동한다면, 조선에 나가 있는 일본군은 한 사람도 돌아올 수 없는 비극적 상황이 벌어질 것이다.

도요토미를 더욱 곤란하게 한 문제는 군량이었다. 그렇지 않아도 군량의 보급에 문제가 많은 터에, 평안도 · 황해도 · 함경도에서 철수한 군대가 모두 빈 몸으로 서울로 집결했다. 쫓기는 군대가 군량을 가지고 올 수는 없었다. 갑자기 병력이 몇 배로 증가하면서 군량 부족 문제가 심각해졌다. 명군과 조선군이 서울을 포위하고 군량이 바닥나기를 기다린다면 일본군은 서울에서 굶어죽을 수밖에 없었다. 이런 상황에 기름을 붓는 일까지 일어났다. 서울의 일본군 주력이 주둔하고 있던 용산에 조선군 결사대가 잠입하여 일본군의 2개월 치 군량을 불태워 버린 것이다.

1593년 3월 3일. 조선주둔군 총사령관 우키다 히데이에는 조선에 주둔한 일본군 최고위 장수들을 서울로 불러 모은다. 이 자리에 모인 17명의 장수들은 조선에 진출한 일본군의 처지를 태합에게 알리고, 도요토미의 결정을 기다리기로 했다. 서울의 현재 상황이 지극히 위태하다는 데에 모두 동의한 것이다. 그들이 도요토미에게 보낸 일본군의 상황은 다음과 같았다.

일본군이 서울에서 군량미가 없어 시래기 잡탕죽을 끓여 먹고 있으며,

그나마 4월 초까지는 겨우 버틸 수 있지만 그 이후는 장담하기 어렵다는 것. 부산에서의 군량 수송은 최소 10일이 걸리며 육로와 수로 양쪽 모두 어렵다는 것. 현재 서울로 전 병력이 집결 중이며, 수만 명 정도의 조명연합군의 공격은 방어가 가능하다는 것이었다. 한 마디로, 서울의 일본군은 절박한 상황이니 어서 철군 명령을 내려 달라는 것이었다.

이 문서에는 대표적인 주전론자인 가토를 비롯하며 17명의 조선 주둔 일본군 최고위 장군이 전원 서명했다.

서울 주둔군의 다급한 호소에 100년에 걸친 내란을 평정한 군사 전문가 도요토미는 냉정한 판단을 내렸다. 도요토미는 서울 주둔군에게 경상도 남부 지역으로의 철수를 허락했다. 그런데 서울 주둔 일본군의 상황 보고가 있기 전인 2월 27일자로 작성되어 3월 10일 서울에 도착한 도요토미의 작전 명령에는 이미 아무 때이든 차례대로 철군해도 좋다는 명령이 담겨 있었다. 임진왜란이 '잘못된 전쟁'이라는 결론이 이미 일본 본토에서 전쟁을 분석하는 사람들 사이에서 내려져 있었다는 것이다. 이즈음 일본군이 처한 절박한 사정을 에도시대의 작가 호리 교안(堀杏庵)은 다음과 같이 기술하고 있다.

나고야를 지키는 10만 명을 나눌 수도 없다. 교토를 지키는 히데스구(秀次)의 군사가 있지만, 나라를 지키는 군사라 나눌 수도 없다. 오사카에 주둔한 병력은 많지도 않기에 이것을 보낼 수도 없다. 타이코太閤(도요토미)가 눈물을 풀풀 흘리며, 내가 소국에 태어나 병력이 적어서 대국을 장악하지 못하는 것이 억울하기 짝이 없다하고 이를 악다무니, 듣는 사람이 모두 큰 생각을 느끼고는 소매를 적셨다.

― 《조선정벌기》

한 마디로, 조선 침략이 처음부터 무리였다는 고백이다. 작가가 쓴《조선정벌기》의 내용을 역사적 사실로 인정하기는 어렵지만, 이 작품이 야전 사령관이나 행정관의 서신과 일기 및 회고록을 바탕으로 창작되었다는 점에서 당시 일본의 분위기를 이해하는 데 참고가 될 만하다.

그랬다. 명군도 조선 조정도 이제 일본군을 섬멸하는 것은 시간문제라고 생각했다. 명나라의 조선참전군 총사령관 경략 송응창은 일본군과의 마지막 일전을 앞두고 선조에게 조선 백성을 총궐기시키라고 요청했다.

평양에서 비록 승리했으나 왕경王京은 아직도 적에게 점거당하여 있습니다. 또 들으니 각도의 왜노들이 우리 군사의 위세가 두려워 도망해 왕경으로 모인다 하니, 이는 하늘이 그들을 모두 멸망시키려는 것입니다. 왕경은 본국의 도회都會이니, 어찌 고가 유로故家遺老와 의사 충신義士忠臣으로서 옛 상을 생각하며 회복을 도모하려는 자가 없겠습니까. 이제 평양을 회복하여 대병大兵이 위세를 떨치니, 왜노들이 달아나 숨는 시기이며 인심이 들끓는 때입니다. 왕께서는 속히 영을 내어 군민軍民들에게 선포하기를 '대대로 선왕先王의 은택을 받다가 하루아침에 왜노들에게 함락되어 치욕을 당하고 있으니 진실로 인심이 있는 자는 급히 분발하라.' 고 유시하소서. 이와 같이 하면 거의 호걸로 하여금 소문을 듣고 떼 지어 일어나 향응하여 흉적을 제거하고 부끄러움을 씻으며 옛 강토를 회복할 것입니다. 그것이 바로 오늘날에 달려 있으니 왕국의 군신들은 마땅히 와신 상담하며 속히 도모해야 할 것입니다.
— 《선조실록》 26년 1월 24일

이에 선조는 이순신에게 따로 명을 내려 철수하는 일본군의 퇴로를 차단하여 모조리 격멸하라고 했다.

– 《선조실록》 26년 1월 29일

이 명령에 따라 이순신은 도주하는 일본군을 차단할 준비에 착수했다. 이렇게 전쟁은 조명연합군의 완벽한 승리로 끝이 나는 줄 알았다. 그런데 명나라에서 느닷없이 화의파가 힘을 얻으면서 상황이 꼬이기 시작했다. 그들은 전쟁의 종식을 터무니없이 서두르고 있었다.

6장 정치가 전쟁을 대체하다

손안에 든 고기를 놓아주다

도요토미의 승인이 떨어지자, 서울의 일본군 지휘 본부는 서울 철수 결정을 극비에 붙인 채 명나라와 협상을 시작했다. 일본은 서울에 포위된 일본군의 안전한 철수를 위해서 모든 역량을 외교교섭에 집중시켰다. 명나라 유격장 심유경을 상대로 강화회담을 벌인 것은 제1군 지휘관 고니시였다. 그는 일본군의 안전한 철수를 보장받기만 한다면 어떠한 양보나 수모도 감수할 의사가 있었다. 그것만이 전멸 위기에 빠진 일본군을 구하는 길이요, 절체절명의 도요토미 정권을 구하는 길이었다.

경략(송응창)이 심유경을 보내 왜영倭營에 들어가서 강화를 논의하게 하였다.

경략이 처음 제독을 보고 그가 경솔하게 후퇴한 것을 꾸짖으니, 제독이 적의 군사가 많고 전투에 강하므로 대적할 수 없었다고 하자, 경략이 뜻을 바꾸고는 이에 심유경을 왜영에 보내 철수해 돌아가라고 타일렀다. 때마침 행장行長이 용산龍山에 있는 수군에게 글을 보내 강화하기를 요구하였다. 유성룡이 이를 사대수(명의 부

명군의 총사령관 송응창은 벽제관 전투의 패전 이후 이여송의 경솔한 후퇴를 꾸짖었다. 전투를 책임진 제독 이여송은 수적으로 열세인 명군으로 일본군을 상대하는 것은 무리라고 주장했다. 그는 명의 추가 파병 없이는 전쟁에서 승리하기 어렵다며 명군을 서울 외곽에서 철수시켜 개성으로 물리려고 했다. 명군은 조선에서 더 이상 싸우고 싶지 않았던 것이다.

이런 상황에서 일본군이 강화회담을 먼저 요청했고, 이는 조선 수군을 통해 명군에 전달되었다. 조선이 강화 요구를 반대할 것이 명백했지만, 치열했던 벽제관 전투 이후 협상 얘기가 자연스럽게 나올 때까지 기다릴 여유가 일본군에게는 없었다.

조선 조정은 '일본을 믿을 수 없으니 그들이 약해진 틈을 타서 공격을 서두르자'고 엎드려 간청했지만, 명나라는 조선의 요구를 완전히 무시했다. 처음 명나라에 파병을 요청할 때 제기된 우려, 곧 전쟁의 주도권을 명에 빼앗길 수 있다는 걱정이 현실화되는 순간이었다. 명군은 자신들의 전략에 반대하는 조선 조정을 거칠게 압박했다.

큰 소리로 '체찰사가 어디 계시오' 하고 물어 '내가 체찰사다' 하였다. 그들은 나에게 '말을 돌이키라' 하면서 호통을 쳤다. 그중 한 사람이 손에 쇠사슬을 들고 긴 채찍으로 내가 탄 말을 후려갈기며 큰 소리로 '달려라, 달려라' 하며 길을 재촉했다.

나는 무슨 일인지도 알지 못한 채 그에게 이끌려 개성으로 달리는데 그들은 말 뒤를 채찍질하는 것을 그치지 않았다. 그래서 나를 수행한 사람들은 다 뒤에 처지고 오직 군관 김제와 종사관 신경진이 힘을 다하여 뒤쫓아 왔다. 청교역을 지나 장차 토성 모퉁이에 이르렀을 때 또 한 사람의 기병이 성안에서 말을 타고 달려와서 세 사람의 기병에게 무슨 말인가 수근 거렸다. 그러자 세 사람의 기병은 나에게 읍하면서 '돌아가도 좋습니다' 라고 하였다. 나는 멍하니 무슨 까닭인지 헤아리지 못하고 돌아섰다.

— 《징비록》

강화회담을 방해할 목적으로 명의 강화사절단이 임진강을 건너는 데 쓸 배를 유성룡이 모두 없애 버렸다는 보고를 받고, 이에 격분한 이여송이 조선 조정의 전시 총사령관인 유성룡에게 곤장을 치려고 무례하게 그를 잡아간 것이다. 그런데 이여송이 보고가 잘못된 것임을 알고는 그를 돌려보냈던 것이다.

이여송만이 아니었다. 명군의 하급 관리가 조선의 대신을 발로 차고 매질하기를 서슴지 않았다. 군량 수송을 독려하던 호부주사 애유신艾維新은 군량을 기한 내에 반입하지 못했다고 검찰사 김응남, 호조참판 민여경, 의주목사 황진에게 장형을 가하기도 했다.

나라 꼴이 말이 아니었다. 이여송은 끝내 부총병 왕필적만 개성에 남겨두고 자신은 평양으로 돌아가 버렸다. 일본군을 섬멸할 절호의 기회를 그냥 흘려보내는 명군의 행태에 조선 조정은 발만 굴렀다.

명이 조선을 원조한 것은 명으로 향하는 일본의 침략을 조선반도에서 저지하기 위함이었지, 조선의 위급함을 구원하고 조선 백성의 원수를 갚아 주기 위함이 아니었다. 그런데 이제 명의 국경까지 접근했던 일본군이 스스로 물러나겠다고 하니 명으로서는 굳이 그 뒤를 쫓을 이유가 없었다. 더구나 벽제관 전투에서처럼 철수하는 일본군을 쫓다가 불의의 반격이라도 받는다면 그 뒷감당은 누가 할 것인가.

그렇지 않아도 재정 적자가 심각한 상황에서 전쟁이 길어진다면 명 조정도 곤경에 처할 게 뻔했다. 전쟁이 언제 끝날지 알 수 없는 상황에서 전쟁 비용은 급증했고, 전비 조달을 위해 강남 등지에서 증세가 시행되면서 중국 내부의 반발이 날로 커졌다.

한편 명군은 일본군이 처한 상황을 면밀하게 분석하고 있었다. 그들은 서울에 갇혀 있는 일본군의 위태한 처지를 충분히 헤아리고 있었다. 그러므로 명나라가 내놓은 협상안에는 논의의 여지가 별로 없었다. '철수하는 일본군을 공격하지 않고 온전하게 보내 줄 테니 서울에서 조용히 물러가라'는 것뿐이었다. 일본군이 전쟁의 패배를 인정하고 스스로 도성에서 물러나라는 것이 협상 조건의 전부였다. 일본에게는 굴욕적인 조건이었다.

궁지에 몰린 일본군의 처지를 훤히 꿰뚫고 있던 심유경은 일본군에게 큰 은혜라도 베푸는 양 거들먹거리며 일본 장수들을 내려다보았다. 그러나 일본군으로서는 그런 심유경이 구세주였다. 만일 협상이 실패한다면 앞으로 전개될 명군과 조선군의 끈질긴 추격을 어떻게 물리칠 것인가. 천 리에 이르는 기나긴 철수 과정에서 얼마나 많은 일본군이 희생될 것인가. 조선군이 험준한 산악에 의지하며 철수하는 일본군을 요격하여 치고 빠지기를 반복한다면 일본군의 희생이 얼마나 심각할 것인가. 후퇴하는 일본군을 지켜보는 수많은 조선 백성의 눈이 모두 조선군의 정보가 될 것이니 어찌 일본군이 무사할 수 있겠는가. 철수가 장기화되면 과연 몇 명의 일본군이 제 나라로 돌아갈 수 있을까.

그러므로 일본은 명이 죽으라고 하면 죽는 시늉이라도 해야 했다. 명에 조공을 하라고 하면 하겠다고 해야 할 것이고, 그보다 더한 요구 조건을 내걸어도 받아들어야 했다. 명은 사납게 달려들 조선의 입을 막고 발을 묶을 유일한 힘이었기 때문이다. 일본은 어떻게든 눈앞의 위기를 모면해야 했다. 그들은 심유경에게 매달렸고, 심유경은 그것이 과히 싫지 않았다.

명도 하루빨리 전쟁을 끝내고 싶었다. 일본이 항복에 가까운 협상안을 무조건 받아들인다면 그 외의 문제는 아무래도 좋았다. 일본이 명에 조공을 하겠다면 더욱 좋은 일이었다. 사로잡힌 조선 왕자를 돌려주는 문제나, 서울을 버리고 철수한 일본군이 조선 반도의 남해안에 자리를 잡고 계속해서 조선을 괴롭힐 가능성 따위는 앞으로 조선이 해결할 문제였다. 그들은 사태를 지나치게 낙관했다. 국가 간의 약속에 최소한의 원칙은 있을 것이라고 믿었다.

그러나 조선의 입장은 달랐다. 이미 국토는 만신창이가 되었고, 읍성과 마을은 모두 폐허가 되었으며, 백성의 삶은 천 갈래 만 갈래로 찢어져 그 원한이 하늘에 닿아 있었다. 누가 이것을 달래 줄 것인가. 원수를 갚지 않고서는 찢어진 백성의 마음을 어찌 다독일 것인가. 아무런 명분도 없이 이대로 전쟁을 끝낸다면 피란 중에 목격한 백성들의 분노를 어떻게 감당할 것인가. 아무 대책도 없이 엄청난 전쟁을 불러들인 그 책임을 누가 질 것인가. 전쟁 중에 임금과 조정 대신들이 보인 비겁한 행위는 어떻게 수습할 것인가.

임금은 벌써부터 전쟁 발발 및 전후 정치적 책임 문제를 걱정하고 있었다.

패배한 적군의 희한한 철수

선조 26년 4월 8일. 고니시와 심유경의 강화회담이 타결되었다. 일본군의 서울 철수를 승인한 도요토미의 명령이 서울에 도착한 것이 3월 10일이었다. 협상을 시작한 지 불과 며칠 만에 협상이 타결된 것이다. 이는 그만큼 협상 내용이 간단했음을 뜻한다. 일본이 항복에 가까운 협상 조건을 받아들이는 것이 협상 내용의 전부였기 때문이다. 여기에 조선이 끼어들 여지는 없었다.

합의의 요지는, 일본군이 서울을 명군에게 내주는 대신에 명군은 남해안까지 일본군의 안전한 철수를 보장한다는 것이었다. 일본이 서울을 돌려주면서 얻은 대가는 없었다. 일본군이 이런 제의를 받아들였다는 것은 일본군이 스스로 패전을 인정했다는 것이다. 다만, 항복이나 패전이라는 용어는 쓰지 않았다. 이는 도요토미 정권을 배려한 조치였다.

그런데 문제가 생겼다. 일본군이 명군에게 강화사講和使를 보내 달라고 끈질기게 요구한 것이다. 오직 전쟁을 끝내는 것에만 관심이 있던 명은 강화사를 보내 달라는 일본의 요구를 들어주었다. 이는 일본의 계략이었다. 일본은 겉으로는 항복하는 척 무조건 철수를 말하면서 결국 일본에서 강화협상을 시작하자는 사술詐術을 쓴 것이고, 허풍쟁이 심유경은 이러한 적의 함정을 애써 무시한 것이다. 적이 궁지에 몰렸을 때 강화회담의 중요 내용을 마무리하지 않고, 적을 풀어준 다음에 회담을 시작하자는 기묘한 합의문에 동의해 준 것이다.

전쟁의 발발 원인과 명분, 전개 상황과 현재 일본군의 처지를 제대로 이해했다면 이렇게 호락호락 일본군의 퇴로를 내주지 않았을 것이다. 끝까지 몰아붙여서 무조건 항복을 받아 내든지, 최소한 중요 사항을 서울에서 담판지었어야 한다. 아니면 강화회담을 진행하면서 조명연합군을 한강 이남으로 보내어 멀리서 일본군을 포위했어야 했다. 그랬다면 일본군은 조선에서 완전히 물러나는 데 합의했을 것이다. 그러나 공을 서두른 명군의 지휘부가 무엇엔가 쫓기듯 강화를 서두르는 바람에 일본의 사술에 걸려들고 말았다.

강화회담으로 서울에서 탈출하여 남해안의 안전한 곳에 군사를 주둔시킨 일본군은, 나중에 명나라 사절단이 일본까지 건너와 강화협상을 해야 한다고 요청했으니 이는 일본이 유리하게 전쟁을 이끌었기 때문이다. 그러므로 명은 일본의 요구를 들어주어야 한다는 엉뚱한 주장을 하게 된다. 참으로 뻔뻔하고 교활한 수법이었다. 당시의 명군은 일본군을 서울에서 몰아내는 것만으로도 엄청난 승리라고 단순하게 판단했다. 그래서 전쟁을 마무리지을 수 있는 절호의 기회를 날려 버렸다. 이 중대한 실수는 나중에 협상을 이끈 심유경의 목숨을 빼앗고, 그를 기용하여 천하의 협상가로 만들어 준 명나라 병부상서 석성石星을 옥중에서 죽게 만들었으며, 명의 조선주둔군 총사령관 송응창을 파직하게 만들었다. 어쨌든 명군은 일본으로 건너갈 강화 사절로 사용재와 서일관을 파견했다.

4월 18일, 마침내 일본군은 서울에서 철수하기 시작했다. 어제까지만 해도 죽음의 공포에 시달리며 굶주리던 서울·경기의 일본군 5만 8천여 명이 무사히 위기를 벗어난 것이다. 일본군으로서는 기적 같은 일이 아닐 수 없었다. 그들은 다급한 마음을 숨긴 채 애써 태연한 척 한강에 놓인 부교를 건넜다. 그 행렬에는 명나라의 심유경과 강화 사절 사용재·서일관, 그리고 포로로 잡힌 조선의 두 왕자 및 수행 대신들도 있었다. 명과 조선을 믿지 못한 일본군은 방패용으로 쓸 조선 백성 1천 명을 인질로 잡아 앞세우고 남으로 향했다.

그리고 다음 날, 명군의 선봉이었던 사대수가 파주로 들어왔다. 유성룡이 이여송을 만나 퇴각하는 일본군을 추격하자고 했으나, 이여송은 두 왕자의 신변 안전을 핑계로 후퇴하는 일본군을 공격하지 않았다. 뿐만 아니라 조선군이 한강을 넘지 못하도록 엄하게 단속했다.

도체찰사인 풍원부원군 유성룡과 도원수인 좌참찬 김명원이 치계하였다.

"금일 총병 이영李寧과 유격장 척금戚金·전세정錢世禎이 동파東坡에 와서 총병 사대수와 한곳에 있으면서 신들과 순찰사 이정형을 불러 함께 앉게 한 다음 '왜적이 이미 조공을 애걸하였고 (명나라) 조정에서는 이를 허락했다.'는 것을 극진히 말하였습니다. 그리고 '당신 나라의 신민들은 거의 모두 죽게 되었고 농사는 모두 폐하여 사세가 급박하다.'는 상황을 누누이 말하였습니다. 이에 신이 '노야의 이러한 말은 의향이 어디에 있는 것인가?' 하고 물으니, 유격 등이 '우리 조정에서 이미 조공을 허락했으니 귀국貴國도 왜적을 죽이거나 사로잡지 말아서 경략의 패문牌文을 따라야만 한다.' 하였습니다. 그런데 패문에는 다음과 같이 쓰여 있었습니다."

1. 왜인들이 이제 이미 조공할 것을 애걸하였으니 양초糧草를 노략질하거나 인민을 죽여서는 안 된다. 어기는 자는 전례에 비추어 용서하지 않고 죽일 것이다.

1. 일본이 이제 이미 조공을 애걸하였으니 우리의 관병은 오로지 본부의 처분에 따라 행동하라. 만일 군공軍功을 탐하여 뒤떨어져 있는 적을 살륙하는 자가 있으면 참형에 처할 것이다.

1. 조선국의 관병과 왜적은 불공대천不共戴天의 원수이다. 하지만 저들이 이미 조공할 것을 애걸하였으니, 본부의 의처議處를 기다리라. 만일 보복하여 사건을 야기시키는 자가 있으면 참형에 처할 것이다.　　　　　　　　　　－《선조실록》 26년 4월 24일

그러나 조선 조정으로서는 가만히 있을 수가 없었다. 아무리 명 조정의 명령이라고 할지라도 원수를 그대로 보냈다가는 백성들의 원망을 감당하기 어려울 것이다. 적어도 일본군을 추격하는 모습은 보여야 했다. 4월 20일, 권율이 유성룡의 비밀 지령을 받고 파주를 출발하여 명군을 추격했으

나 뒤따라온 명군 유격장 척금에게 저지당했다. 제독 이여송의 명령 없이 추격하지 말란 것이었다. 조선 장수들은 원수들이 눈앞에서 희희낙락 물러나는 꼴을 가만히 지켜봐야 했다. 이날 이여송은 명군의 주력을 이끌고 서울에 입성했다. 뒤이어 도착한 조선의 순변사 이빈과 방어사 고언백高彦伯이 한강을 건너 일본군을 추격하려고 하자, 명군의 선봉 사대수가 가로막았다.

일본군이 철수를 시작한 지 보름이 지난 5월 2일에야 명나라 경략 송응창이 이여송에게 일본군에 대한 추격을 명했고, 조명연합군은 6일에야 한강을 건넜다. 일본군 선두가 이미 조령을 넘어 경상도 땅으로 들어서고 있을 때였다. 명군은 나중에 명 조정의 정치적 반대파가 일본군을 놓아주었다고 공격할 것에 대비하여 일본군을 쫓는 시늉을 한 것이다.

일본은 당초 의도한 대로 조명연합군과 조선 의병의 포위에서 완전히 벗어나 군대를 안전한 곳으로 이동시켰다. 위태로운 상황에서 피 한 방울 흘리지 않고 오직 외교적 수완만으로 성공시킨 완벽한 철수 작전이었다. 일본군은 철수하는 도중에도 조선 악공을 잡아 연주를 시키는 등 자신들이 패전하여 철수하는 것이 아니라는 모습을 연출했다. 철군으로 일본 국내에서 도요토미 정권이 입을 정치적 타격을 최소화하려는 다분히 의도적인 연출이었다.

적에 속아 진주성 6만 백성을 죽이다

명은 자신들이 일본에게 관용을 베풀었고, 일본은 명의 관대함에 화답할 것이라고 생각하고 방심했다. 그러나 철군하는 일본군에게는 다른 검은 속내가 있었다. 그들은 철수하는 군대를 김해와 창원에 모은 후 진주성을 향해 진군시켰다. 지난해 10월 제1차 진주성 전투에서 당한 패배를 앙갚음하는 것이라 했다.

평양과 행주에서의 연이은 패배 끝에 철군을 구걸하여 위기에서 벗어나자마자 돌연 조선과 명의 뒤통수를 친 것이다. 당시 일본군의 사기는 바닥이었다. 일본군 지휘부는 진주성에서 승리를 거둬 군사들의 사기를 끌어올리고, 더 나아가 이제부터 시작할 화의 협상을 유리하게 이끌 속셈이었다. 그들은 앞으로 전개될 종전 협상에서 유리한 고지를 점령하고자 진주성을 제물로 택했다. 이제는 분위기를 바꾸어 일본군의 건재를 보여 주고 침체된 사기를 반전시킬 특단의 사건이 필요했던 것이다.

명나라 조정은 일본군의 움직임을 지켜보면서 심유경 등이 주도한 화의 협상이 실패했음을 알아차렸다. 그러나 적은 이미 손아귀에서 벗어났고, 다른 방법이 없었다. 그들은 이후에도 일본군에게 줄곧 끌려 다니며 협상으로 무엇인가를 얻어 보려고 했지만, 끝내 아무것도 얻지 못했다.

이때부터 도요토미는 전쟁의 목표를 바꾸었다. 중국 정벌은 장기적 과제로 미루어 두고, 우선 조선을 확실하게 점령하기로 했다. 조선 점령을 위해서는 먼저 호남을 점령해야 했고, 호남으로 가는 관문이 바로 진주성이었다.

도요토미는 '진주성을 필히 공략하여 경상 · 전라 양도를 장악하라'고 엄명하였다. 무엇보다 진주는 남해안에서 가까운 성이었다. 서울과 비교해 보면 보급 거리도 길지 않았고, 비상 시 철수할 때에도 일본군의 본거지 남해와 가까워 유리했다.

일본군은 진주성 공격에 5개 부대를 편성했다. 제1대 가토 기요마사의 병력 2만 5,600을 위시하여 고니시 유키나가, 우키다 히데이에, 모리 히데모도, 고바야가와 다케가게 등 최정예 장교와 총 10만의 군사를 동원했다. 일본 수군 8천도 가세했다. 사실상 조선에 있는 일본군을 총동원하여 호남으로 가는 길을 열려고 한 것이다. 그들은 함안, 반성, 의령을 차례대로 점령하고 진주성을 압박했다.

심유경이 강화협상 중에 진주성을 공격하는 것은 명백한 협정 위반이라고 공격 중지를 요청했지만, 고니시는 오히려 성을 비우는 것이 상책이라고 주장하며 이를 거절하였다. 또한, 자신은 진주성 공격을 반대했지만 가토가 공격을 고집하기 때문에 어쩔 수 없다는 거짓말까지 했다.

대군을 동원하여 일본군과 맞서기를 꺼리던 명군은 공성책空城策을 주장했다. 성을 비워서 적의 예봉을 피하자는 것이었다. 일본군의 체면을 세워주면 일단 성을 점령한 후 곧 물러날 것이라는 주장이었다. 그러나 도요토미의 명령에서 볼 수 있듯이 일본의 속셈은 진주를 점령하여 호남을 장악하려는 것이었지, 단순히 일본군의 체면을 세우자는 것이 아니었다. 명은 이미 일본의 속임수에 깊이 말려들어 있었던 것이다.

그러나 조선의 입장에서 진주는 호남을 지키는 요충이었다. 잠시라도 적군에게 내어줄 수 없는 곳이었다. 사태가 급박해지자, 호남 의병 김천일이 군사 300을 거느리고 진주로 달려왔고, 충청병사 황진이 700, 경상우병사 최경회가 500, 의병장 고종후高從厚 등이 1,300의 의병을 거느리고 진주성으로 들어와 목사 서예원과 김준민, 이종인 등과 수성 방안을 논의했다. 이때 진주성의 조선군은 모두 3,400명 정도였으며, 민간인을 합해 진주성에는 6만의 사람들이 있었다.

전투는 6월 22일 아침부터 시작되었다. 이후 8일간 밤과 낮이 없는 치열한 공방전이 이어졌다. 일본군은 전력을 다해서 쉴 새 없이 공격했으나, 진주성은 견고했다. 일본군이 성 밖에 망루를 높이 쌓아 성안을 공격하면, 성안에서는 더 높은 산을 만들어 적의 망루를 포로 때려 부수었다. 성 밑에는 죽은 일본군의 시체가 쌓이고 불탔지만 일본군은 공격을 멈추지 않았다. 일찍이 들어 본 적도 없는 10만 적군이 성 밖에 포진하고 있었다. 사방이 온통 적들로 가득 차 있었다. 진주 사람들이 밤낮으로 구원병을 갈망하며 하늘에 호소하고 빌었으나 끝내 한 명의 구원병도 오지 않았다. 후퇴하는 일본군을 뒤따라 내려온 명군과 조선군도 끝내 진주성을 외면했다. 그때까지도 일본군이 조선에서 완전히 물러날 것으로 생각했다.

저들 왜적이 이미 강화하기로 하고 부산으로 가고 있으니 스스로 바다를 건너 저희 나라로 갈 것인데 무엇 때문에 칠 필요가 있겠는가. — 《선조실록》 26년 7월 22일

그러나 일본군의 생각은 전혀 달랐다. 그들은 명과의 협상에서 조선의 남부 지방 땅을 얻어 내려고 했다. 일본군이 또다시 진주성에서 패한다면 명과의 유리한 협상이 불가능해진다. 그들은 죽기 살기로 공격을 퍼부었다. 때는 장마철이었다. 쌓은 지 오래된 낡은 성벽이 장맛비에 흠뻑 젖어 있었다. 6월 29일, 전투 8일째였다. 동문 쪽 성벽이 무너져 내렸다. 일본군이 무너진 성벽을 타고 개미 떼처럼 올라왔다. 조선군이 활을 버리고 창과 칼로 육박전을 벌여 죽인 적의 시체가 산더미처럼 쌓이자 적이 물러갔다. 그때였다. 성의 서북쪽을 공격하던 가토의 부대가 비로 무너진 성곽으로 이동하여 돌진해 왔다. 갑자기 적의 대부대가 일제히 고함을 지르며 돌진해 오자 조선군이 몰리기 시작했다. 이때를 틈타 일본군이 밀물처럼 성안

으로 들어왔다. 조선군은 산산이 흩어졌다. 진주성에 들어온 일본군은 6만의 군민을 사창司倉에 몰아넣고 불을 질러 모두 학살하였다.

진주성에 들어간 관군과 의병들은 모두 승리하기 어려운 싸움임을 알고 있었다. 그럼에도 불구하고 감연히 성으로 들어가 끝내 성과 함께 운명을 같이한 것은 나라를 지키겠다는 충정 이외에 달리 설명할 길이 없다. 무엇보다 그들은 죽음으로써 나라를 지키겠다는 강렬한 의지를 일본과 명에 보여 준 것이었다. 이들의 장렬한 죽음은 결과적으로 강화협상에서 소외된 조선의 입지를 높여 주었다. 이들의 죽음마저 없었다면 조선은 무엇으로 명나라에 조선의 의지를 말할 수 있었을까.

선조는 진주성의 함락 소식을 듣고 탄식했다. 그리고 일본군이 진정 조선에서 절수할 것인지를 의심하면서 그들의 교활함을 걱정했다.

이 같은 염려가 기우가 아니었음은 머지않아서 밝혀진다. 일본은 전쟁 중에 끊임없이 사술을 쓰면서 상대를 속이려 했다. 그것은 오랜 내전을 겪으며 일본인이 배워 익힌 습성이었다.

남해안에 굴을 파고 웅크린 일본군

진주성을 점령했지만 일본군도 많은 손실을 입었다. 이 싸움에서 일본군도 2만이나 전사했다. 막대한 군사력을 소진한 일본군은 더 이상 호남으로 진출할 힘이 없었다. 8천의 수군까지 육전에 동원하는 등, 조선을 침공한 일본군을 총동원하여 진주성을 발판으로 다시 호남으로 진출하려던 일본군의 야심은 또다시 진주성에서 좌절되고 만 것이다.

만신창이가 된 군대로 전라도 진출을 시도하는 것은 무리였다. 더구나 당시 조선군은 전쟁 초반의 그 허약한 군대가 아니었다. 도원수 권율의 지휘 아래 선거이宣居怡, 홍계남洪季男, 곽재우, 이빈 등 조선의 장수들이 전라도와 경상우도의 길목을 지키고 있었다. 여기에 일본군을 뒤따라 내려온 명군이 일본군의 동태를 예의 주시하고 있었다.

일본군은 진주성 공격으로 협상력을 높인 데 만족하고 진주성에서 철수하기로 한다. 그들은 또다시 쫓기듯 서둘러 부산으로 물러났다. 이후 진주성은 일본군의 방어선에서도 제외되었다. 아무래도 바다를 끼고 있지 않은 진주성을 지키는 것은 위험한 것으로 판단했을 것이다. 일본군은 조선의 남쪽 해안에 성을 쌓고 장기전에 대비한다. 조선과 중국의 상황은 물론이고, 일본 국내의 정치 상황을 예의 주시하며 완전 철수와 전쟁 지속의 두 갈래 길을 놓고 고민하게 된다.

적이 이미 물러가서는 바닷가에 나누어 주둔하였으니, 울산 서생포로부터 동래·
김해·웅천·거제에 이르기까지 머리와 꼬리가 서로 잇닿았는데, 16개소의 진지
가 모두 산을 의지하고 바다를 끼고서 성을 쌓고 참호를 파는 등 오래 머무를 계
획을 하였다. 일설에는 왜병의 태반이 소굴로 돌아갔는데, 진해·창원으로부터
동래·부산에 이르는 각 포구와 각 섬의 28부대는 행장·의지 등 5,6명의 관할이
고, 기장으로부터 울산에 이르는 14부대는 청정 등 4,5명이 거느리었는데, 그들은
모두 군사 만 명씩을 가졌었다고 한다.

여송이 드디어 여러 장수에게 부서를 나누어 유정을 성주의 팔거현에 주둔하게
하고, 오유충은 선산의 봉계현에 주둔하게 하고, 이영·조승훈·갈봉하는 거창에
주둔하게 하고, 낙상지와 왕필적은 경주에 주둔하게 하였는데 각각 군사 4,5천 명
씩을 거느리고 사면으로 적과 서로 버티고 있으면서 감히 나아가 공격하지 못하
였다. — 《연려실기술》

일본군이 모두 해안가에 자리를 잡은 이유는, 유사시 바다를 이용하여
일본으로 철수하기 위함이었다. 내륙으로 진출하여 서울까지 점령한 것이
얼마나 위험하고 무모한 짓이었는지 경험을 통해 확실하게 깨달았다. 그
들은 일본군 대부분을 본국으로 철수시킬 계획이었다. 다만, 일부 군대는
조선에 남겨 장기간 주둔할 것처럼 꾸몄다. 본국에 패전 사실을 숨기고, 위
급한 상황은 넘겼으니 정치 협상을 벌여서 조선에서 챙길 것은 챙겨 보자
는 속셈이었다.

이때 조선에게 조금만 더 힘이 있었다면 명나라가 그토록 조선을 무시하지 못했을 것이다. 협상에서 명나라가 패색이 짙었던 일본을 조금만 더 세차게 밀어붙였다면 전쟁은 이때 끝낼 수 있었을 것이다. 그러나 조선에겐 힘이 없었고, 명의 서툰 협상가는 공을 서두르고 있었다. 이로 인해 조선은 이후 6년간 더 전쟁을 지속하게 된다.

임진년 이듬해인 선조 26년(1593) 7월 22일, 일본은 인질로 잡고 있던 두 왕자 임해군과 순화군을 석방하고, 주력군을 철수시키기 시작한다. 도요토미의 직할부대를 중심으로 조선에는 6만의 병력만 남기고 일본군이 먼저 철수하자, 명군도 철수를 시작하여 1만 6천 명의 병력만 부총병 유정劉綎의 휘하에 남겼다. 그리고 1년 후인 선조 27년 8월이 되자 대부분의 명군은 조선에서 철수했으며, 일본도 3만 8천의 병력만 조선에 남았다. 사람들은 이렇게 전쟁이 끝나는 줄 알았다. 그러나 그것은 오산이었다.

해평부원군 윤근수가 아뢰기를,

"신이 들으니 총병이 주청 배신奏請陪臣과 서장관을 보고자 한다고 하므로 신이 오늘 신흠申欽과 함께 나가보았습니다. 총병이 말하기를 '왜적의 뜻은 봉공에 있는 것이 아니라 실상은 혼인을 구하고 땅을 할양받기를 바라는 것이다. 혼인을 구하는 것은 관백이 그 조카를 위해 중국에 혼인을 구함이고, 땅을 할양하라는 것은 한강 이남을 분할하여 왜적에게 부치고 이북은 중국에 부치자는 것이다. 나의 병영에 항복한 왜인이 전후로 들어온 자가 매우 많은데 그 말이 모두 같았고, 복건 지방에서 사로잡은 왜적의 말도 이와 같으므로' ……" — 《선조실록》 27년 8월 15일

당시 일본의 속셈은 중국과 협상하여 조선의 반을 차지하려는 것이었

다. 우리 역사의 비극인 남북 분단은 이렇게 일본에 의해 우리 역사에 처음
등장하게 된다.

조선반도 남쪽을 요구하다

전쟁은 쉽게 끝나지 않았다. 처음부
터 잘못된 협상은 조선에 기나긴 고통을 안겨 주었다. 일본은 협상을 서두
르지 않았다. 처음 협상을 구걸한 쪽은 일본군이었고, 이에 호응하여 명나
라 쪽에서 협상을 주도한 사람은 총사령관 송응창이었고, 실무 책임자는
심유경이었다. 그들은 어리석게도 일본군을 포위망에서 놓아준 뒤에 협상
을 시작했다.

급한 불을 끈 일본은 또다시 터무니없는 계산을 하기 시작했다. 이때에
와서 송응창과 심유경은 일본군의 술수에 속은 것을 알았다. 이제 조급해진
것은 명나라 쪽이었다. 잘못 끼워진 첫 단추를 숨기고 실수를 만회하는 데
시간이 필요했고, 일본군 역시 패전 사실을 정치적으로 포장하고 협상에서
실리를 챙기는 데 적지 않은 시간이 필요했다.

그러나 거짓이 오래갈 수는 없었다. 명나라에서도 당초 일본과의 화의
가 잘못된 것이라는 의견이 다수가 되었다. 병과도급사중兵科都給事中 장보
지張輔之는 상소문에서 '왜적들이 부산에 둔취한 것은 본래 천조를 꼬여 철
병하게 하려는 것인데 그 흉모를 거침없이 드러내어 까닭 없이 봉공을 자
청해 온 것은 이미 이해할 수 없는 것이다. 지금 또 진주를 침범해서 그 형
체를 드러내었으니 마땅히 절제하여 그들을 초멸해야 한다.'고 주장했다.
결국 화의를 주도한 송응창은 선조 26년 말 탄핵으로 파직되고, 강화 교섭

은 성과 없이 시간만 끌고 있었다.

자리를 잡고 노략질하는 왜적의 무리들이 조선에 가득하니, 이는 곧 응창이 봉공
奉公으로써 왜적을 우롱한다는 것이 결국은 도리어 자기가 우롱당한 것이다.

– 《제조번방지再造藩邦志》

그들의 정치 놀음에 조선 백성들만 죽어났다. 진주성의 6만 백성이 그렇게 죽었고, 아무런 의미도 없는 전쟁이 이어지고 있었다. 이미 싸울 생각을 포기한 명군의 군량은 조선 백성들 부담이었지만, 일본군이 남쪽 해안의 넓은 지역을 점령하고 있으니 농사를 지을 수도 없었다. 백성들은 굶어 죽고, 전라 · 경상 · 충청의 삼남 지방은 점차 적지천리赤地千里의 황량한 땅이 되어 가고 있었다.

명나라에서는 병부시랑 고양겸顧養謙이 새로운 경략이 되어 요동으로 왔다. 병부상서 석성과 새 경략 고양겸은 계속 일본과의 화의를 주장했지만, 그들의 주장은 명 조정에서 소수파로 밀리고 있었다. 위기를 느낀 화의파는 조선이 화의를 계속 반대하는 것에 강한 불만을 표시하며, 공식적으로 화의를 청하는 문서를 명 조정에 보내라고 조선을 압박했다.

화의파는 조선이 '원망으로써 덕을 갚는다. 인신의 험악함이 이렇게까지 이르렀다. 조선은 교활하고 간사하다. 너희 나라가 나를 죽일까 두렵다'면서 오히려 조선을 원망했다. 조선 조정이 화의 문서를 보낼지 말지를 놓고 쉽게 결정하지 못하자, 화의파는 명군을 요동으로 물리고 압록강만을 지키겠다고 조선을 은근히 위협했다. 부총병 유정이 군사를 철수시키라는 명을 이미 내렸다는 정보도 있었다.

조선 조정에서는 강요된 화의청원서를 보낼 것인지 거절할 것인지를 놓고 치열한 논쟁이 벌어졌다. 유성룡이 현재 조선의 처지로 봐서 명나라의 도움을 받는 것이 불가피하고, 이를 위해서는 화의 청원이 불가피하다는 차자를 올렸다. 다만, 진정으로 화의를 하자는 뜻이 아니라 화의파의 입지를 살려 주는 선에서 적당히 대처하자는 것이었다.

실제로 당시 조선의 상황으로 봐서는 명나라 화의파의 지원이 필요했다. 그나마 그들이 명 조정에 가장 우호적인 세력이었다. 비변사의 의견도 유성룡과 같았다. 그런데 나중에 선조는 유성룡의 이 발언을 문제 삼아 그를 파직시킨다. 중요한 결정을 할 때마다 뒤로 빠져 있다가 나중에 문제가 되면 이를 신하에게 뒤집어씌우는 행태를 다시 한 번 드러내는 것이다. 유성룡은 이 때문에 4년 후 전쟁이 끝날 때 일본과의 화의를 주장하여 나라를 잘못 이끈 '주화오국主和誤國'의 책임을 지고 파직을 당한다.

당시 유성룡도 이 화의 청원의 정치적 위험성을 충분히 인식하고 있었다. 그래서 정치적 반대파인 성혼을 대동하고 임금 앞에 섰다. 선조가 성혼의 생각을 물었다. 이에 성혼이 대답했다.

– 《연려실기술》 권17

선조는 성혼의 대답에 아무런 대꾸가 없었다. 이때 연안성 전투를 승리로 이끈 전라감사 이정암이 화의를 청하는 장계를 올렸다. 그러자 삼사에서 다투어 일어나 이정암의 목을 베라고 청했다. 나중에 선조가 죽기 전 영창대군을 부탁한 '유교칠신遺敎七臣'의 한 사람이 되는 유영경柳永慶이 앞장을 섰다.

성혼은 본디 이정암이 충신忠信하고 큰 절개가 있음을 말하면서, '이 사람을 중하게 죄 줄 수 없습니다. 충의에 죽을 마음이 없으면 감히 이 의논을 못하였을 것'이라 하였다. 그러나 선조가 크게 노했으므로 그들은 감히 말을 마치지도 못하고 물러났다. 마치 임금이 함정을 파 놓고 기다리는 형국이었다.

역시나 아무런 대안도 없이 천하대의를 외치는 자들이 유성룡과 성혼의 주장을 치열하게 공방하고 나섰다. 선조는 자신의 마음을 드러내는 시를 방榜에 적어서 조당朝堂에 보이도록 했다.

한번 죽음은 내 참을지언정 [一死吾寧忍]

강화란 말은 듣기 싫도다 [求和願不聞]

어찌 간사한 말을 주장하여 [如何倡邪說]

의리를 무너뜨리고 삼군을 의혹하게 하리 [敗義惑三軍]

그러나 조정은 어쩔 수 없이 고양겸이 요청한 것과 같은 내용의 자문을 만들어 명 조정에 보냈다. 명 조정 역시 화의를 주장한 고양겸을 파직하고, 손광孫鑛을 새 경략으로 임명했지만, 결국 일본과의 화의를 추진했다. 명이 제시한 화의 조건은 '첫째 봉왕封王(황제가 신하를 왕으로 봉함)만을 요구하고 공물貢物하기를 요구하지 말 것. 둘째 왜인은 한 명도 부산에 머물지 아니할 것. 셋째 영구히 조선을 침략하지 않을 것'이었다.

그러면서 명은 일본군의 철수를 요구하였으나, 일본군은 처음부터 철수할 생각이 없었다. 그들은 아무 대가 없이 조선에서 물러날 생각이 없었다. 비록 조선을 경유하여 중국을 정벌하겠다는 당초의 목표는 실패한 것으로 인정하더라도, 조선에서 챙길 것은 챙겨서 돌아가겠다는 속셈이었다.

일본은 서울에서 철수할 때부터 전쟁의 목표를 바꾸었다. 명과 협상을 벌여 조선 반도의 남쪽을 일본 영토로 만들겠다는 것이 그들의 수정된 목표였다. 반도의 남쪽을 차지하고 나면 조선반도는 장기적으로 봤을 때 일본의 것이 될 것이다. 도요토미는 '부산 등의 연해에 영구적으로 주둔할 수 있는 성곽을 축조하라'는 명령을 내렸다. 이에 따라 일본군은 경상도 남해안 일대에 성을 쌓고, 병력 4만 3천 명을 배치한 후 둔전을 경작했다. 그러고는 조선 8도를 남북으로 분할하여 남쪽의 4도를 일본에게 달라고 했다.

조선의 의사나 의지는 이미 안중에 없었다. 조선은 자력으로 일본군을 물리칠 수 없다고 생각했다. 일본은 이런 제안으로 명나라의 전쟁 수행 능력과 의지를 시험하고 있었다. 그들은 명이 전쟁에 개입한 이유는 순전히 명의 안전에 있다는 것, 그리고 명을 안심시킬 수 있는 협상안을 제시하기만 하면 조선 반도의 남쪽을 얼마든지 자국 영토로 만들 수 있다고 믿었다. 무엇보다도, 그들은 명이 조선 땅에서 전쟁을 무한정 지속하지는 않을 것으로 판단했다. 그럴 능력도, 그럴 이유도 없어 보였다. 그러므로 전쟁을 장기전으로 끌고 간다면 일본에 승산이 있다는 생각이었다.

그러나 명은 오랜 이민족과의 전쟁으로 주변국이 정세가 명의 안전에 결정적인 영향을 끼친다는 사실을 잘 알고 있었다. 서울 남쪽의 조선 땅을 일본에게 떼어 주면 결국에는 명도 안전하지 못할 것이다. 이런 의미에서 중국은 일본의 생각과는 상당히 다른 적극적 시각으로 국제 정세를 다루고 있었다. 그것은 중국이 오랜 세월 이민족과 투쟁하면서 터득한 역사적 지혜였다. 명이 조선의 전쟁에 개입한 이유도 이 역사적 경험 때문이었다.

명은 일본의 제의를 받아들이지 않았다. 그런 화의를 받아들일 것이라면 왜 조선에 대군을 파병했단 말인가. 이런 식의 화의는 애초부터 불가능한 것이었다. 그런데 문제는, 명나라가 더 이상 적극적으로 전쟁을 치를 생각이 없었다는 데 있다. 그래서 화의협상을 이후 5년간이나 질질 끌게 된다.

당시 명군이 조선을 대하는 기본적인 전략은, 정유재란 때 총사령관 손광의 후임으로 조선에 들어온 경략 총독 형개邢玠의 다음 여덟 자 말로 요약된다.

"겉으로 싸우면서 화의하고자 하며, 평면으로는 토벌하되 이면으로는 초무한다.(陽戰陰和 陽剿陰撫)"

7장 또 하나의 전선

시신으로 뒤덮힌 참혹한 서울

서울 철수가 결정되기 전, 일본
군은 조선 백성들을 남대문 밖에 세워 놓고 차례대로 살해했다. 일본에 협
력하는 자와 미처 도피하지 못하고 숨었던 사람들이었다. 서울을 점령한
우키다 히데이에는 포고문을 붙여 도성 백성들이 서울로 돌아와 생업에 종
사하도록 종용하고, 성문을 출입하는 통행증을 발급해 주기도 하였다. 전
쟁이 장기화되자 백성들은 생계를 유지하고자 어쩔 수 없이 통행증을 발급
받아 도성을 출입했다. 그중에는 일본군의 회유책에 넘어가 부역하는 자
도 있었고, 일본군의 앞잡이 노릇을 한 사람도 있었다.

그런데 일본군은 전세가 불리하게 돌아가자 조선인들을 의심하기 시작
했다. 이런 의심은 조명연합군이 평양성을 탈환한 이후 심해졌다. 벽제관
전투가 벌어지기 직전이었다. 일본군은 서울 도성 안에 있던 조선인들을
살해하기로 했다. 조선인을 도성 안에 그대로 둔 채 조명연합군을 맞이하
여 방어전을 치르는 것이 아무래도 부담스러웠던 것이다.

선조 26년 1월 24일. 일본군은 도성 안을 샅샅이 뒤져서 조선인 남자들

을 모조리 살해했다. 당시 여자들만 살려 주었기 때문에 일부 남정들 중 여장을 한 사람만 겨우 살아남았다. 거리 곳곳 가가문문家家門門에 시신이 쌓여 있는 모습을 차마 볼 수 없었다. 서울의 남자들 중 살아남은 사람은 100명에 한 명이 드물었다. 일본인의 잔인함을 보여 주는 대참극이었다.

일본군은 여자들을 만나면 닥치는 대로 겁탈을 자행했다. 이에 반항하다가 죽기도 했고, 스스로 자결한 여인이 수없이 많았다. 왜적이 서울을 철수한 직후 도성의 참상은 한 마디로 지옥이었다. 하루에도 죽어 가는 사람이 몇 명인지 알 수가 없을 정도였다. 죽은 사람이 길에 가늑하고, 썩어 가는 사람의 살이 하천을 막았다. 수구문 밖에는 썩은 시체가 산더미 같았는데 성보다 두어 길이나 높았다. 살아 있는 자라 해도 모두 얼굴빛이 도깨비나 다름이 없었다.

배고픔만이 백성들의 고통이 아니었다. 서울은 폐허였다. 경복궁 · 창덕궁 · 창경궁은 모두 불타 없어지고, 근정전의 월대와 경회루의 석주만 남아 있었다. 형조와 장예원등 관청과 궁성 창고도 모두 불타 없었고, 민가는 모두 허물어져 있었다. 일본군이 주둔하던 남산의 몇몇 가옥만이 남아 있었다. 일본군은 서울의 민가를 뜯어 땔감으로 써 버렸다. 미처 대비하지 못한 조선의 추위가 가장 큰 이유였지만, 평양성 전투 이후 자신들의 패배를 직감하고 닥치는 대로 죽이고 파괴한 것이다.

일본군이 철수한 후에 서울로 돌아온 백성들은 또다시 추운 겨울이 닥치자 주인 없는 집의 재목을 뜯어서 땔감으로 썼다. 땔감을 살 돈도, 땔감을 파는 자도 없었다. 나라에서 아무리 금지령을 내려도 백성들은 듣지 않았다. 당장의 굶주림과 추위를 피하려면 달리 방법이 없었다. 이런 식으로 다시 한 번 도성이 쑥대밭이 되었다. 그렇게 두 번의 겨울을 지내면서 성안이 모두 폐허로 변해 버린 것이다. 남은 가옥은 전쟁 전의 5분의 1에 불과했다. 200년 도읍이 모두 파괴되었다.

일본군은 서울에 들어와서 종묘와 궁궐, 민가를 가리지 않고 뒤져서 진귀한 보물을 탈취해 갔다. 그들은 체계적으로 서적과 도자기 등 갖가지 문화재를 약탈했다. 그 와중에 종묘의 문소전과 연은전도 불탔다. 일본군은 왕들의 능침도 파헤쳤다. 성종과 중종의 무덤임 선릉宣陵과 정릉靖陵을 파헤쳐 관을 부수고 수의襚康를 벗겨 내 시신을 훼손했다. 시신에는 칼을 댄 흔적이 있었고, 안팎의 관은 모두 불타 없어졌다. 선릉의 경우에는 정도가 더 심해서, 시체를 끄집어내어 불에 태웠는지 시체마저 찾을 수 없었다. 명종과 인순왕후의 무덤인 강릉康陵도 반쯤 파헤쳐졌으며, 명종의 아들 순회세자의 세자빈 윤 씨는 선조가 피란을 가느라 장사도 지내지 못하고 관을 궁궐에 그대로 두고 떠났는데 돌아와 보니 시체가 사라져 온데간데없었다. 이렇게 나라의 욕됨이 조상에까지 미쳤다.

서울만 그런 것이 아니었다. 적병의 칼날이 미친 곳은 천 리 밖까지 황량하였다. 씨를 뿌리고 밭을 갈지 못하니 모두 굶주리는 것은 당연했다. 1년 내내 농사를 열심히 지어도 생계를 잇기가 어려웠는데, 전란으로 전라도와 평안도의 일부 지역을 제외하고는 온 나라가 연거푸 2년이나 농사를 짓지 못하였다. 그나마 조금 있던 비축미도 전란 중에 일본군에게 빼앗기고 불태워진 터라 백성들은 어디에도 기댈 데가 없었다. 집을 잃고 굶주려서 죽은 시체가 줄을 이었고, 심지어 사람을 죽여서 그 시체를 먹기까지 하여 여자와 어린아이는 마음 놓고 나다니지 못하였다. 산중의 초목도 그 껍질과 뿌리를 캐어 먹어 씨가 마른 지 오래였다.

심지어 부자 형제간에 잡아먹었다는 기록도 있다.

상황이 이 지경이 됐는데도 무사나 전쟁 중 군공을 세워 수령이 된 자는 오로지 백성의 것을 빼앗는 일을 일삼았고, 기민을 구제하려고 진제소賑濟所(흉년에 백성을 도와주려고 만든 관청)를 설치하였으나 조정의 양곡은 터무니없이 적었다. 그나마 하인배들의 부정으로 바른 진제가 이루어질 수 없었다. 명군들의 약탈도 백성들에게는 엄청난 고통이었다. 굶주림이 극단적으로 심해지자 양곡 값은 터무니없이 올랐다. 백성들은 무엇이든지 팔아서 살아남아야 했다.

> 갑오년(선조 27년) 여름에는 큰 소 값이 쌀 서 말에 불과하였고, 세목 값은 좁쌀 두어 되 미만이었으며, 진기한 보배도 사고팔 수 없을 뿐만 아니라 사람이 서로 죽여서 먹으므로 여자와 어린아이는 감히 마음 놓고 나다니지도 못하였다. 굶주려서 죽은 시체가 서로 잇달았는데 굶주린 백성이 다투어 그 고기를 먹고, 죽은 사람의 뼈를 벗겨서 즙을 내어 마시기도 하였는데, 이들 또한 발길을 돌리기도 전에 죽었다.
>
> － 《연려실기술》

소와 말이 있는 자는 명나라 병사에게 팔았다. 이에 병사들이 하루에 수백 마리의 소를 도살하여 사방 경내에 소, 닭, 개가 거의 없어졌다. 선조 27년에 들어서자 굶주림은 전국적으로 더욱 심해졌다. 특히 서울과 삼남 지방은 초근목피도 다하여 사람이 서로 잡아먹는 처참한 비극이 일어나기 시작했다.

> 병란이 일어나 군량 수송이 연달은 뒤로 공사 간에 재용이 탕갈되었다. 적의 침탈을 겪은 지대는 2년 동안 경작을 하지 못하였고 완전한 도에는 유민流民이 모두 몰려들어 주객主客이 다 곤궁하였다. 또 무사 및 군공軍功을 세운 사람들이 수령이 되어 오로지 가렴주구만을 일삼았다. 또 성을 쌓고 군사를 훈련하느라 사신이 번잡하게 오갔고, 주현의 모든 요역徭役이 모두 민호民戶에 집중되었다. 시가가 폭등

백성들의 수난은 굶주림과 전염병만이 아니었다. 남자들은 군사에 징집되어 가서 죽고, 일본군의 칼날 아래 죽어 갔다. 일본군은 험한 산골짜기에 피란한 백성들까지 수색해서 무차별적으로 학살했다. 여자들은 일본군에게, 또 지원군으로 온 명나라 병사에게 몸을 더럽혔다.

백성이 무서워 돌아오지 못하는 임금

전쟁은 감춰져 있던 조선의 진짜 모습을 드러내 주었다. 지극히 높은 곳에 군림하던 임금의 실상을 백성 앞에 낱낱이 드러내었고, 성인의 말씀 뒤에 숨어서 군자인 양 허세를 부리던 지식인들의 초라한 모습을 만천하에 드러내어 보였다. 임금과 조정은 백성을 지켜 주기는커녕 수시로 속이고 버렸으며, 자신들은 도망가면서 백성들을 성안에 가두고 억지로 적과 싸우게 했다. 임금은 한밤중에 줄행랑을 치다가, 그마저도 여의치 않자 국경을 넘어가 혼자 살겠다고 했다. 그런데 전황이 조금 안정되고 명의 구원병이 들어오자, 조선 조정은 그때부터 백성을 의심하고 적대시하기 시작했다.

전쟁 초기 무너져 가던 나라를 구한 것은 의병들과 이름 없는 조선의 병사들이었다. 그들이 있었기에 국토의 반을 왜적으로부터 지킬 수 있었고, 흙더미가 붕괴되듯이 한꺼번에 무너져 내리던 백성들의 믿음을 붙들어 맬수 있었다. '누구를 섬긴들 임금이 아니랴.' 핍박 받던 백성들은 점령군의 감언이설에 잠시 마음을 뺏기기도 했다. 그런 상황이 잠시만 더 지속되었다면 조선은 망했을 것이다. 백성들의 흔들리던 마음을 붙잡아 준 것이 바로 의병들이었다. 그랬다. 전쟁 초기 무너지던 조선을 살려낸 것은 초야에서 일어난 백성들, 바로 의병이었던 것이다.

그러나 상황이 조금 나아지자, 임금과 조정은 백성들을 폭도로 보기 시작했다. 궁궐을 태우고, 어가에 돌을 던지고, 종묘의 신주에 몽둥이를 휘두르고, 임금의 도망을 가로막고 나선 백성들을 믿을 수가 없다고 했다. 그뿐인가. 그들은 의병의 공까지 폄하했다. 의병이 세운 공이란 고작 무리와 떨어져 길을 잃고 헤매던 왜적 몇 놈 무찌른 것에 불과하다며 그 공을 깎아내리고 모욕했다.

당시 여러 의병이 무려 1백여 진으로 주현州縣에서 강제로 빼앗아 먹으면서 진퇴를 마음대로 하였다. 능력이 있는 자는 간혹 뒤떨어진 적을 초살抄殺하여 수급을 바치고 상을 바라기도 하였지만 그 나머지는 날마다 먹고 놀 뿐이었다. …… 이들은 모두 자신이 가지각색으로 군호軍號를 만들었는데 군사가 겨우 1백~2백 명인데도 군문軍門으로 자처하면서 서로 잘난 체하여 더욱 시끄러웠다.

― 《선조수정실록》 25년 11월 1일

실제로 조정에서는 전쟁 초기에 왜적을 보고도 싸우지 않고 도망간 경상 감사 김수를 강력하게 비난하는 의병장 곽재우를 방자한 자로 지목하여 그를 여러 번 위태한 상황에 몰아갔다. 임금과 조정은 명나라 군사가 조선에 들어와 일단 위급한 상황을 넘겼다고 판단하자 온갖 꾀를 써서 의병을 무력화시키기 시작했다.

의병에게는 군량의 보급도 제대로 해 주지 않았다. 의병에게는 명나라 군사의 지원 임무가 맡겨졌다. 전장에서는 온갖 힘들고 지저분한 일들이 모두 의병의 차지였다. 그들은 옳게 먹지도 입지도 자지도 못하면서 온갖 전쟁 노역에 밤낮으로 동원되었다. 전투 중에도 가장 위험한 성곽 수리에 동원되었고, 군량 운반에 동원되었다.

결국 의병들은 견디다 못해서 하나 둘 흩어지고 말았다. 선조 26년 1월 명나라에 통보한 조선 의병은 2만 2,600명이었다. 일본군이 부산으로 퇴각하여 남부 지방에 웅크린 선조 26년 여름, 의병은 공식적으로 해체되었다. 조정으로서는 의병이 하나의 군사 세력으로 남아 있는 것 자체가 불안했기 때문이다.

임금과 조정만 백성을 무시하고 학대한 것이 아니었다. 지방에 수령으로 나간 자는 오로지 위엄을 세우는 일에 열중했다. 전쟁이 소강상태라고 해도 적이 남쪽에 진을 치고 있는 상황인데, 지방 수령들은 적을 칠 생각은 하지 않고 자신들의 백성을 쳐 죽이는 데 열심이었다. 비변사의 건의가 있었으나, 형벌을 남용하는 폐습은 나아지지 않았다. 이를 보다 못한 명나라 부총병 유정이 조선 조정에 형벌을 완화하여 백성을 보호하라고 충고하기에 이르렀다.

이런 상황에서 서울이 수복되었는데도 임금은 도성으로 돌아오지 않았다. 서울로 돌아가자는 신하들의 계청에 '비가 많이 내려 형세가 어려우니 형편을 보아 처리하겠다'느니, '명나라 경략 송응창이 나가지 말라' 하였다느니 차일피일 미루기만 했다. 결국 선조는 신하들의 거듭된 독촉에 '성중

지변城中之變'(백성들이 일으키는 변란)이 두렵다고 속내를 털어놓았다. 임금도 자신의 잘못을 잘 알고 있었다. 그러므로 전장에 앞장서서 적군을 몰아내기는 고사하고, 남쪽으로 진격하는 군사를 따라 서울로 내려오는 것조차 거부했다. 이런 임금에게 명의 황제도 '서울로 가서 유민들을 진무하라'고 했고, 조선 주둔 명군 사령부에서도 임금이 서울로 가야 한다고 했다.

서울의 백성들은 어쩌다 관원을 만나게 되면 말을 부둥켜안고 통곡하며 모두 거가車駕(임금의 수레, 곧 임금)의 환도 시기를 묻는다고 했다. 거가를 서울로 돌리면 공사의 수송 물자가 모두 경사로 모이게 되어 백성들이 살 수 있는 길이 열리기 때문이었다.

그러나 갖가지 압력에도 불구하고 임금의 마음은 요지부동이었다. 신하들이 '서울은 민가가 절반 정도 남아 있고 궁궐이 모두 불탔으나 왕자의 저택과 사대부의 큰 집이 일부 그대로 남아 있으며, 호서와 호남의 조세가 이미 수송되어 도착한 것이 5만여 석이나 된다'며 속히 서울로 가자고 해도, 산릉山陵(역대 임금의 무덤)의 변고를 들어 전진을 요청해도 선조는 꿈쩍도 하지 않았다. 조정은 임금이 서울에 가서 백성을 위무하고, 어려움을 함께 건디는 모습을 보여 달라고 했다.

선조는 "그 말이 옳다. 그러나 서서히 참작하여 하겠다."고만 할 뿐이었다. 상황이 이런데도 조선의 왕자와 공주들은 전쟁으로 모든 것을 잃고 굶주림에 지쳐 헤매는 백성의 것을 빼앗는 데 열중했다.

근년 이래로 여러 왕자궁王子宮의 노자배奴子輩들이 남의 집 종과 전답 및 재산을 강탈하는데도 어느 누구도 감히 간섭을 하지 못하였으므로 이미 국가의 치유할 수 없는 병폐가 되었습니다. 민심을 크게 잃어 상에게로 원망이 돌아와서 국가가 선조가 마침내 명군이 지키고 있는 서울에 들어온 것은 일본군이 물러나고 6개월이 지난 선조 26년 10월 4일이었다. 그러나 왕자와 공주들은 그때까지도 서울로 돌아오지 않고 황해도에 눌러앉아 백성들을 괴롭히고 있었다.

전란 중에도 기생을 끼고

조선을 구하고자 들어온 명나라 관리와 지식인 및 장군들의 눈에 비친 조선의 국왕과 사대부, 지식인들은 한 마디로 한심한 사람들이었다. 실사를 도외시하고 사소하고 형식적인 것, 옛것에 집착하여 현실에 맞는 정치를 하지 않는 비현실적인 사람들이었다.

당시 정철은 좌의정의 자리에 있으면서도 가는 곳마다 술에 취해 노닐고 맡은 임무는 두서를 이루지 못하였다. 이 까닭에 많은 사람들의 비난을 받았다. 명나라 황제의 칙서에도 임금 선조의 지도력을 포함하여 조선 조정의 무능을 질타하는 신랄한 내용이 있었다.

근자에 적이 한 번 들어오자 왕성王城을 지키지 못하여 들판에는 죽은 자의 뼈가 드러나고 종묘와 사직이 폐허가 되고 말았다. 그 상패喪敗의 원인을 추적해 생각하건대 어찌 다 우연한 운수로만 돌리겠는가. 혹자는 말하기를 왕이 원려遠慮없이 오락娛樂에 빠지고 뭇 소인에게 현혹되어 백성을 돌보지 않고 군실軍實(군기, 군량)을 정비하지 않아서 모욕을 부르고 도둑을 초치한 것이 이미 하루아침의 일이 아닌데도 신하 중에 이를 말하는 자가 없었다고도 한다. 앞 수레가 엎어진 것을 뒷 수레가 경계하지 않아서야 되겠는가.
— 《선조실록》 26년 윤11월 12일

명나라 황제는 이 전쟁이 조선이 불러들인 것이라고 단언한다. 그러면서 임금과 신하의 무능과 무책임을 통렬하게 꾸짖었다. '신하 중에 이를 말하는 자가 없었다'니 이 얼마나 정확한 지적인가. 전쟁이 임박했는데도 신하들이 입을 다물고 있는 상황이 다른 나라 황제의 눈에도 얼마나 이상해 보였으면 이런 지적을 했을까. 명나라 황제에게 이런 모욕을 당해도 조선은 아무 말도 할 수 없었다. 급기야 명나라에서 조선을 분할하여 조선을 직접 지배해야 한다는 논의까지 나왔다.

이때 명나라 조정에서는 우리나라가 쇠약하여 떨치지 못할 것을 걱정한 나머지 논의가 무성하였다. 급사중給事中 위학증魏學曾이 주본奏本(임금에게 올리는 글)을 올려 우리나라의 일을 말한 가운데 한 조목을 보면,
"조선이 이미 제대로 왜적을 막지 못하여 중국에 걱정을 끼쳤으니, 마땅히 그 나

이후로도 조선 조정의 능력에 대한 명나라의 의심은 계속되었고, 그때마다 조선 직할통치의 필요성이 제기되었다. 명 조정은 조선의 쇠약을 국왕 등 지배층의 문제로 파악하고, 과거 원나라의 예를 본떠 조선에 정동행성征東行省을 설치하여 순무巡撫(임시로 임명되어 지방을 다스리는 최고위 관직)를 파견하자고 주장했다. 그래서 조선 신료들을 전부 행성에 소속시켜 관리하고, 조세 징수권을 명으로 가져오자고 했다. 그들에게 조선은 쇠망의 기미가 누적된 나라〔積衰之邦〕로 그대로 두면 망할 수밖에 없으며, 그러면 결국 명의 안위마저 위태롭게 된다는 인식이 자리하고 있었다.

임금과 신하들은 명에 의한 병탄을 우려하면서도 정면으로 명에 반대하지는 못했다. 심지어 임금과 일부 신하는 명에서 관리를 파견하는 것을 그렇게 부정적으로만 보지 않았다. 그들은 5천 년을 지켜 온 국가, 영토, 백성, 주권과 자주독립도 자신의 권력과 안전을 위해서라면 언제나 팽개칠 수 있다는 생각이었다.

명군을 불러들일 때 우려했던 사태가 발생한 것이다. 다행히 명은 조선의 반발을 우려하여 명이 조선의 백성이나 토지에는 관심이 없음을 강조했다. 의병들이 보여 준 외국에 대한 조선 백성들의 저항정신을 두려워했던 것일까. 조선이 몽고의 지배를 받은 고려의 전철에서 가까스로 벗어난 순간이었다.

유성룡의 지적에도 불구하고 이 위기의 순간에 조선 조정에는 명의 국권 침해 의도를 걱정하는 사람도, 선조의 발언을 비판하는 사람도 없었다. 조선 지식인들이 지켜야 하는 가치인 '천하대의'는 천리와 천명을 받은 중국 황제에 대한 절의와 충성을 뜻했다. 그러므로 중국 황제의 신하를 자처한 그들은 황제가 직접 조선을 통치하겠다는 데 다른 이의를 제기할 수 없었다. 주자의 세계관에 갇힌 그들의 한계였다.

조선이라는 국가에 대한 애국심보다는 '천리와 인성' '천하대의'와 같은 추상적이고 보편적 가치를 앞세우고, 국가와 공동체에 대한 최소한의 의무도 회피하려던 그들의 위선이 놀라울 따름이다.

부녀 중에 절개를 지켜 죽은 자가 대단히 많아서 모두 기록할 수가 없었고, 효자가 그 다음이고 충신은 또 그 다음이었는데 드러나게 칭도할 만한 자가 또한 얼마 안 되었으니, 아, 선비들이 평일에 글을 읽고 의리를 강조할 때엔 누구나 내가 대장부다 하고 아니 하였으리오마는 위태로움에 다달아서 목숨을 바치는 데는 도리어 부인네들보다 못하게 되는구나.　　　　　　　　　　　　　　　－《연려실기술》

사관 최관崔瓘은 임금과 조정이 백성들의 삶에 관심을 두지 않는 것을 두고 경연에서 선조에게 따끔한 일침을 놓는다.

지금은 단지 왜적만을 걱정하고 민원民怨에 대해서는 걱정이 미치지 않고 있으니, 신은 몹시 괴상하게 여깁니다. …… 비록 옛적에 살을 벗기고 뼈를 깎는다느니 백성의 고혈을 짜낸다느니 했었어도 오늘날처럼 심한 적은 없었을 것입니다. …… 어찌 오늘날처럼 인민이 모두 없어지고 물자가 모두 떨어진 적이 있었습니까. 이와 같고서 망하지 않는 경우가 있다는 것을 신은 듣지 못하였습니다. 지금의 상황을 보면, 민생이 도탄에 빠진 것이 이미 극심하니 저들에게 있어서도 매우 가련하거니와, 하늘의 적자赤子가 이렇게 극심하게 되었다면 천심 또한 어찌 편안할 리가 있겠습니까. 지금 만일 민원을 풀어 주지 않고 그대로 전철을 밟는다면 뭇 도적이 일시에 일어나고 천심도 돕지 않을 것이니, 왜적이 오기도 전에 나라가 필시 망할 것입니다. 위망의 기세가 조석으로 급급한데 금년 한 해가 다 지나가도록 한 가지 일도 조처함이 있다는 것을 듣지 못하였으니 어찌 한심하지 않겠습니까.

— 《선조실록》 27년 11월 16일

천심 또한 편하지 않을 것이라는 말은, 잘못하면 천명이 바뀔 수 있다는 뜻이다. 바로 나라가 망한다는 뜻이다. 그러나 임금과 조정은 아무런 조치도 취하지 않았다.

사방에서 일어나는 도적

오히려 선조는 경기의 토적이 서울을 침범할 우려가 있다며 불안해 했다. 그래서 항복한 일본군을 이용하여 토적을 섬멸하라고 재촉했다.

경기는 국도國都의 외곽이다. 국도와 멀지 않은 곳에서 도적의 형세가 이와 같은데도 유사들이 전혀 듣지도 알지도 못하는 것같이 하니 매우 한심스럽다. 지금 한 장수를 보내어 포수·살수를 뽑고 항복한 왜인 30~40명으로 선봉을 삼아서 끝까지 찾아서 모두 섬멸하여 국위를 떨쳐야 할 것이다. — 《선조실록》 27년 8월 26일

굶주림으로 토적으로 변한 백성을 토벌하는 데 투항한 일본군을 동원하라는 명령이었다. 전쟁의 양상이 묘하게 진행되고 있었다.

이제껏 조선을 지탱해 주던 도덕과 의리, 가치가 무너지고 있었다. 우리 역사상 그 어느 때보다 문물이 구비되고 뛰어난 인재가 큰 숲을 이루듯 무성하게 일어났다고 하는 시대, 도덕과 의리가 도도하게 흘렀다던 시대의 실상은 이러했다. 임금이 신하와 백성을 버리고, 신하는 임금과 백성을 버렸다.

비변사가 아뢰기를,

"요즘 군량을 조치할 방책을 갖가지로 획책해 보았지만 다시 세울 방도가 없습니다. 생각하건대 각 도에 있는 내수사의 노비가 만으로 헤아릴 정도인데 올해의 추수는 약간 풍년이니 모두에게 곡물로 신공身貢을 거두되 각기 가까운 고을을 도회소都會所로 하여 쌓아 놓고 단단히 지키게 하소서. 만일 전쟁이 그치지 않아 군량이 모자라면 군량에 보태어 쓰게 하고 군량이 여유가 있으면 그대로 내수사에서 쓰게 하소서. 비록 다른 데 긴요하게 쓸 곳이 있다고 하더라도 내년 봄에는 반드시 곡식이 금처럼 귀할 것이니 곡식 저축을 풍부하게 해 놓는다면 자연 무역을 하여 쓰게 할 수 있을 것입니다. 이 계책은 궁宮·부府 모두에 편리한 것입니다."

하니, 답하기를,

"이 일은 할 만한 것이기는 하다. 다만 각 도의 부유한 백성들에게는 많이 있을 것인데 어찌하여 가져다 쓰지 않는가. 상격賞格을 넉넉하게 하라." 하였다.

사신은 논한다. 난리를 겪은 나머지 양식이 이미 고갈되었는데도 위에서는 오히리 궁·부에 사사로움이 있었으니 어떻게 나라를 다스릴 수 있겠는가.

- 《선조실록》 26년 10월 6일

내수사內需司는 임금의 사유재산을 관리하던 곳이다. 조선시대에 내수사 농장이 전국에 325개나 있었고, 성종 시대에 고리대금업을 하던 내수사 장리처長利處는 전국적으로 562개소가 설치되어 있었다. 이런 일을 만 명이 넘는 내수사 노비들이 현장에서 직접 관리했고, 이를 중앙에서 총괄하는 사람은 임금의 측근 내시나 임금의 신임이 각별한 종친 아니면 척신이었다. '임금이 평상시에 힘쓰시는 일은 오로지 내수사 일뿐'이라고 할 정도로 내수사의 일은 국왕의 최고 관심사였다. 한 마디로, 조선 최고의 부자는 국왕이었다.

전쟁으로 군량이 절대적으로 부족하여 백성이 모두 굶어 죽는 위기에 처하자, 조정 신료들이 국왕의 개인 재산을 군량으로 쓰자고 말한다. 그러자 선조는 사대부들의 것을 왜 먼저 쓰지 않는가, 그들의 것을 먼저 쓰라고 답한다.

그런데 당시 소금을 구워 파는 일은 왕실이 독점하던 사업이었다. 크게 이익이 남는 사업을 공용화하자는 신하들의 말에 임금은 대답하지 않는다. 전쟁은 백성들이 세상을 보는 눈을 바꾸어 놓았다. 의병들의 눈부신 활동은 백성의 자각을 불러일으켰다. 언제나 지배의 대상으로 수동적이었던 백성이 나라를 구하는 주체가 되었다. 그 과정에서 백성들은 자신들의 가능성과 잠재력을 확인했다. 그런데 전쟁과 함께 찾아온 극심한 기근은 백성들의 이 힘을 다른 쪽으로 발산시켰다. 곳곳에서 토적이 일어나 조정을 위협하고 있었다. 그것은 지배층과 백성들 사이에 또 다른 전선戰線을 형성했다.

– 《선조실록》 27년 8월 26일

온 나라가 전란에 휩쓸리고 극심한 기근에 시달리자, 백성들은 도적떼로 내몰렸다. 극심한 굶주림 앞에서는 나라도 없었고 임금도 없었다.

일찍이 세종대왕은 "백성은 밥을 하늘로 삼고, 나라는 백성을 하늘로 삼는다"고 했건만, 이제 백성과 나라 모두 하늘을 잃어버린 것이다. 사실 이런 조짐은 전쟁 초부터 보였다. 일본군의 침입 소식이 처음 전해졌을 때 경상도 합천, 초계, 고성, 진주 등지에서 토적이 들고 일어나 관창을 습격하고 관곡을 탈취해 갔다. 이들의 정체는 알 길이 없으나, 당시의 기록은 '산망군졸散亡軍卒', 흩어져 도망간 군사들이라 했다. 전라도 옥과, 순창에서도 군인들이 난을 일으켜 관사와 형옥을 불사르고 관창을 약탈하였다.

'경상도 사람이 모두 적에게 붙었다'는 소문이 퍼졌고, '경성 사람 모두 적에게 투항했다'고도 했다. 함경도에서는 배반한 백성들이 왕자와 대신을 묶어 일본군에게 넘기기도 했고, 온 나라에서 '누구를 섬긴들 왕이 아니랴'는 말이 유행처럼 번지고 있었다. 전쟁이 계속되면서 백성들은 극심한 굶주림에 내팽개쳐졌다. 전쟁 발발 3년째인 선조 27년(1594)에 기아가 가장 극심했다. 이때 곳곳에서 토적이 일어났다. 전쟁 초기 불같이 일어났던 의병이 하나 둘 해산되어 관군에 편입되거나 굶주리면서 노역에 동원될 때였다.

지리산·전주의 희문산·장성의 노령 등 수십 개 군의 산골이 모두 토적의 소굴이 되었고, 경기 광주·이천·양주의 산골에도 토적이 자리를 잡았다. 경상도 밀양 이북도 토적이 성행하여 사람들이 통행할 수 없었다. 여름이 되어 밀과 보리가 익자 사람들이 좀도둑을 막으려고 밭을 지켰는데, 그 과정에서 밭 주인들이 많이 살해되었다.

전쟁이 장기화되면서 굶주린 사람들이 떠돌고, 군사는 도망해 모여서 도적이 되어 곳곳마다 무리를 이루었다. 그중에서도 경기와 호서가 더욱 심하였다. 한강 이남에서 조령까지의 지역과 호서의 험준한 곳에도 도적들이 잠복해 마을을 노략질하였으므로 행인들이 두절되었다. 주군에서 수색하고 토벌하면 일시 흩어졌다가 다시 모이곤 하여 소탕할 수가 없었다. 토적은 천으로 만으로 떼를 지어 대낮에도 횡행하고 출몰하였고, 관인과 군졸의 태반이 도적과 같은 편이었으므로 수령들이 능히 금하지 못하여 길이 막히기도 했다.

양주에는 이능수, 이천에는 현몽이란 도적이 있었고, 남원에는 김희·고파가, 영남에는 임걸현이 큰 도적이었다. 전라도병마절도사 김응서金應瑞, 독포대장督捕大將 정기룡이 이들을 잡으려 했다가 오히려 관군이 무너진 일도 있었다. 도적 무리는 작은 고을을 위협하면서 "전주, 남원도 우리를 능히 당해 내지 못하는데 너의 조그만 고을이 우리를 감히 도모할 것이냐"라고 큰소리쳤다.

송유진은 본래 경성 서족庶族 출신의 무뢰배로서 천안과 직산稷山 사이에 출몰하며 도적질을 하였는데, 점점 방자해져 경성의 수비가 허술한 것을 보고는 결국 역모할 마음을 갖게 되었다. 여러 도적들을 속여 유인하고 자칭 의병 대장이라 하면서 말하기를,

"나는 사람을 죽이지 않고 오직 군량과 기계를 모을 뿐이다."

하였다. 그를 따르는 자가 매우 많아 지리산·속리산·광덕산·청계산 등 여러 산골짜기에 분포된 자가 2천여 인이었다. 송유진은 여러 적과 더불어 1월 10일에 군사를 동원하여 아산·평택 지방의 병기를 빼앗아 가지고 경성에 쳐들어가기로 약속한 다음, 먼저 전주의 분조分朝에 글을 보내었는데, 임금을 모욕하는 말이 매우 흉참하였다.

충청 병사 변양걸邊良傑이 이 소식을 듣고 군사를 거느리고 온양에 머물러서 토포하려고 하였으나 적의 괴수가 있는 곳을 알지 못하였다. 그때 마침 진천의 무사 김응룡金應龍을 포섭하여 그의 계략을 쓰게 되었다. 대개 김응룡의 족자族子(조카) 홍각洪毅이란 자는 적의 심복이었는데, 종사관이라고 호칭하였다. 김응룡이 그를 자기 집으로 유인하여 이해관계를 가지고 위협해서 그 실상을 다 파악한 다음, 그를 협박하여 송유진을 초치하게 하니, 송유진이 수십 인을 거느리고 왔다. 이에 김응룡이 역사力士 홍우洪瑀 등과 함께 그를 포박하였는데 충청 병사가 그를 수금囚禁하고 조정에 알렸다. 적들을 대궐 뜰에 끌어다가 국문하니 송유진 및 모든 도당들이 다 자복하였으므로 그들을 처형하고, 공을 세운 자들에게 상을 베풀었다.

― 《선조수정실록》 27년 1월 1일

　토적의 출현이 사세의 필연〔勢所必至〕이라고 한 선조도 송유진의 역모에는 큰 충격을 받았다. 선조는 "병란이 발생한 이후 해야 할 역사役事가 너무

253

많아 조발調發과 전수轉輸는 물론 곡식을 거두고 세금을 매겨 독촉해 온 지가 이제 이미 3년이나 되어 백성들이 명령을 감당하지 못하고 있는 실정이어서 살아갈 길이 막연한 탓으로 감히 뛰쳐나와 노략질하게 된 것이니 이는 사세의 필연이다. 그리고 본도本道에는 의병이라 이름하는 자들이 곳곳에 둔취하여 있었는데 왜적이 물러간 뒤 조정에서 제때에 선처해서 통속統屬이 있게 하지 못한 관계로 그들 스스로 둔취해 있으면서 지니고 있던 무기로 여염을 노략질하게 되었고 이것이 점점 성하여져 제어하기 어려운 사나운 도적이 된 것"이라고 했다.

그러나 토적을 그냥 둘 수는 없었다. 근본적인 치유책을 마련해야 했지만, 당장은 토적을 토벌해야 했다. 임금의 명을 받은 장수들은 토적을 토벌하는 데 거리낌이 없었다. 일본군 앞에선 놀란 새들처럼 흩어지던 지방 수령들도 백성을 죽이는 일에는 용감무쌍했다. 이런 분위기에서 송유진의 모반이 일어났던 것이다.

이몽학의 난

선조 29년(1596) 7월 충청도 홍산에서 이몽학李夢鶴이 난을 일으켰다. 그는 처음 장교가 되었다가 나라가 위태함을 보고는 한현韓玄 등과 함께 사람들을 불러 모으니, 그들을 따르는 자들이 '바람 앞에 풀 쓰러지듯 하여 며칠이 못되어 군사가 수만 명에 이르렀다'. 순식간에 임천·홍산·청양·정산 등 여섯 고을을 함락하고 임천 군수 박진국朴振國은 포로가 되었다. 병사 이시언이 군사를 동원하여 토벌하였으나 두 번이나 무너져서 도원수 권율에게 급함을 보고하였다.

조정에 도착한 최초의 보고는 7월 9일 충청도 순안어사 이시발의 첩보였다. '이달 7일 승려와 속인 및 군사 등 무려 1천여 명이 홍산 땅 쌍방축에 모여 둔치하고서 바로 홍산 고을로 가서 현감을 끌어내다 군법을 시행하고 인신을 가져와 바치도록 했으며 군기를 수색해 냈다.'

잇따라 청양·정산 등 6개 고을을 함락시켰다. 수령들은 모두 먼저 도망치고 아전과 백성들은 적들의 호령에 따랐고 술과 음식을 차려서 맞이하였으며 군사를 뽑아 그들에게 가세하였다. 이에 소문만 듣고도 호미를 던지고 그들에게 투항하는 자가 줄을 이어 군사가 수만 명에 달하자 소문을 퍼뜨리기를 '충용장忠勇將 김덕령金德齡과 의병장 곽재우·홍계남 등이 모두 군대를 연합하여 도우며, 병조판서 이덕형이 내응한다.' 하니, 중외中外가 놀라 민심이 술렁거렸다.

— 《선조수정실록》 29년 7월 1일

당시 이몽학은 '민심은 탄식과 원망으로 차 있었고 크고 작은 고을에 모두 방비가 없음'을 보고 이 틈을 타서 난을 일으키면 성공할 것이라고 여겼다. 이몽학은 사신이 일으키는 반란을 '백성을 편안히 하고 나라를 안정시키기 위한 것'이라고 했다. 이몽학이 가는 곳마다 백성들은 동요했다. 사람마다 스스로 고관대작이 될 것으로 여기고 성불聖佛이 세상에 나왔다고 하였다.

이때 무리 중 병기를 가진 자는 군관, 무사 등 수백 명뿐이고 그 밖에는 모두 시골 백성이었는데 맨손이었다. 그만큼 이몽학의 반란은 백성들의 호응을 불렀다.

이에 조정은 '시급히 선전관을 도원수(권율)에게 보내, 전라도의 군사를 거느리고 충청도와 협격하도록 할 것을 함께 의논해서 시행하라'고 했다. 그리고 '만일에 형세를 잘 살피지도 못하고 기밀한 계책을 마련하지도 못한 채 단지 믿기 어려운 오합지졸로 졸연히 임하게 했다가 한 번이라도 혹시 차질이 있게 된다면, 민정民情이 더욱 요동되고 환란이 더욱 심해질 것이니 처음부터 신중하고 강력하게 대처해야 할 것'이라고 했다.

이몽학은 곧장 서울로 향하려 했다. 그런데 홍주 목사 홍가신洪可臣이 홍주성을 굳게 지키면서 충청 수영과 인근의 병력을 홍주성에 모아 방어 태세를 갖추자 성을 함락시키는 것이 어렵다고 판단하고 홍주에서 물러났다. 이몽학은 이튿날 군대를 이끌고 덕산 길로 향하면서 곧장 서울로 들어가겠다고 선전했다. 그러나 홍가신은 반란군을 분열시키는 공작을 펼쳤고, 홍주성 점령 실패에 불안을 느낀 반란군 무리들이 서로 불신하면서 반란군 진영에서 도망치는 자가 속출하였다.

도원수 권율이 김덕령 등에게 격문을 보내어 군사를 이끌고 오게 했는데, 호남 군사가 부여군 석성면에 이르렀을 때 반란군 중에 배반자가 생겨 이몽학의 머리를 베어 가지고 투항해 왔다. 반란에 연루되어 서울로 송치된 자는 100여 명이었고, 고문 끝에 처형된 사람이 33명이었으며, 외방에서 처형된 사람은 100여 명이었다. 주모자급인 한현은 서울에 압송되어 능지처사되었다.

반란군을 문초할 때 이덕형의 이름이 나온 탓에 덕형은 거적을 깔고 엎드려 40일 동안 처분을 기다렸고, 곽재우는 체포되었다가 은명을 받고 군진에 돌아갔다. 그러나 충용장군 김덕령은 어찌된 셈인지 체포된 뒤에 끝내 풀려나지 못했다.

장수 하나쯤 무슨 대수인가

김덕령은 전라도 광주 사람이다. 장성 현감 이귀李貴가 그를 천거하면서 '지혜는 공명과 같고, 용맹은 관우보다 낫다'고 했다. 세자가 불러서 익호장군翼虎將軍에 임명하였는데 임금이 초승장군超乘將軍이라고 고쳐 불렀다. 뒤에 임금은 그에게 '충용장군忠勇將軍'이라는 호를 하사했다.

선조 26년 윤11월에 의병을 모아 담양에서 군사 수천을 얻었다. 덕령은 글을 읽은 선비라서 외모는 젊은 선비의 풍모였으나, 용력이 남보다 뛰어났으므로 무인들도 대부분 그에게 복종한다고 했다. 담양의 금성산성에 불끈 솟은 바위가 있는데, 사람이 도저히 올라갈 수 있는 곳이 아닌데도 김덕령은 그 바위를 걸어서 넘기를 매우 경첩하게 했다.

당시 전주에 있던 세자의 분조分朝인 무군사撫軍司가 치계하기를, '광주 사람 김덕령은 용맹이 절륜하고 지혜가 뛰어납니다. 지금 상중喪中에 있으면서 모집한 의병이 이미 1천 인에 이르렀는데 이들은 모두 곡식을 바치고 징병에 누락되었던 사람들입니다. 동궁께서 불러 보고 시재試才한 뒤로는 원근의 의도義徒들이 날마다 더욱 모여들고 있다'고 했다. 김덕령의 무용에 대한 소문이 사람들 사이에서 조금 부풀려지면서 세상의 촉망을 중하게 받고 있었다. 그의 용맹에 대한 이야기는 일본군 사이에서도 퍼져 나가, 그들도 김덕령을 날아다니는 장군이라는 의미에서 '비장飛將'이라고 부른다고 했다.

김덕령에 대한 사람들의 기대는 날로 높아 갔다. 선조 27년 4월에 조정은 제도諸道의 의병을 혁파하고 충용장 김덕령에게 소속시키도록 명하였다. 이때 김덕령은 진주에 머물러 있었다. 당시의 경상우도의 군사는 박진·이시언·이빈 등이 대장으로 있었으나 군세가 매우 허약했다. 병사들이 거느린 군사라야 몇 백 명에 불과했다. 그러나 이 20대의 젊은 장수는 당시의 조선군 중에서 눈에 띌 정도의 큰 세력을 가지고 있었고, 그의 명성 또한 드높았다.

그러나 당시 전쟁이 이미 소강상태에 있었으므로 그는 눈에 띄는 전공을 하나도 세우지 못하였다. 그러자 그에 대한 의심이 사람들 사이에 일어나기 시작했다. 선조도 차츰 그를 의심하기 시작했다. '무군사에서 익호翼虎라는 칭호를 준 것은 더욱 사리에 당치 않은 일이다. 사람의 겨드랑이 아래에 어찌 날개가 있겠는가.' 하였다. 이항복은 '신이 동궁을 배종하고 남하했을 때 호남 사람이 김덕령의 기이한 일을 극도로 말하니, 듣는 자는 살피지 않고 맞장구를 쳤습니다. 그 진에 속한 사람들은 심지어 상소를 올려서 유 총병으로 하여금 철수해 돌아가게 하고 영남의 일을 오로지 김덕령에게 맡기려고까지 하였으나, 신은 그 위인을 믿지 않았다'고 했다. 조정의 이러한 분위기는 시골 의병장으로서 이미 엄청난 명성을 얻은 김덕령에게 점점 갖가지 의혹을 만들어 내고 있었다. 이러한 때에 이몽학을 문초하는 과정에서 김덕령의 이름이 튀어나온 것이었다.

반란군 이몽학으로서는 자신의 위세를 과시하고 반란에 가담하는 백성들의 망설임과 두려움을 없애기 위해서 당시 명장으로 이름이 있던 사람들이 자기편이란 것을 선전할 필요가 있었다. 그중에서도 곽재우, 홍계남은 물론이고, 겨드랑이 아래에 날개가 있어 날아다닌다는 소문이 자자한 김덕령은 반란군으로서는 충분한 이용 가치가 있는 평판 좋은 장군이었다. 여기에다 당시 언제나 백성들 편에 선다는 이덕형의 이름도 같이 찍어 넣었다.

이들이 자기편이란 소문을 내는 것은 일석이조의 효과가 있었다. 어리석은 백성들을 유인하는 효과와, 반란군과 한편이라는 소문이 나 있는 그들이 자신들을 토벌하는 데 앞장을 서지 못하게 하는 효과였다. 반란군 세력이 아직 큰 세력을 이루지 못하고 미약할 때 이 명장들이 반란군 진압에 먼저 투입되는 것은 피하고 싶었기 때문이다.

이몽학의 난이 일어나자 조정은 신중하게 대처했다. 조정에서 신중하고도 확실하게 난을 진압하라는 명을 받은 도원수 권율은 김덕령에게 군사를 이끌고 오게 했다. 명을 받은 김덕령의 군사가 진주에서 남원 운봉에 이르렀다. 그러나 이몽학의 반란은 생각보다도 쉽게 진압되었다. 김덕령은 운봉에서 난이 평정되었음을 듣고 다시 진수로 되놀아갔다. 그런데 그는 진주에 돌아 가자마자 옥에 간혔다.

오히려 그를 아깝게 여겨 좌우에게 묻기를,

"이 사람을 살려줄 도리가 없는가?"

하니, 대신 유성룡 등이 아뢰기를,

"이 사람이 살 도리는 없습니다. 다만 아직 그대로 가두어 두고 그의 일당들을 국문한 뒤에 처리하심이 어떻겠습니까?"

하였고, 판의금 최황崔滉 등은 즉시 형신刑訊할 것을 청하였다. 상은 재삼 난색을 지었으나 아무도 구원하지 않았을 뿐 아니라, 또,

"그는 살인을 많이 했으니 그 죄는 죽어 마땅하며 조금도 애석할 것이 없습니다."

하기도 하였다. 정언 김택룡金澤龍은 아뢰기를,

"국가가 차츰 편안해지는데 장수 하나쯤 무슨 대수입니까. 즉시 처형하여 후환을 없애야 합니다."

하여 사람들의 웃음을 샀다.

상이 도원수를 시켜 덕령이 출병할 적에 태도가 어떠했는지 물었으며, 또 그의 부하인 최담령崔聃齡과 최강崔堈 등에게도 물었는데 모두 단서가 없었다. ……

덕령이 군사를 일으킨 3년 동안은 마침 화의를 한창 벌이고 있었기 때문에 왜병과 교전할 수 없었지만 왜인들은 그를 두려워하여 감히 그의 진영에 가까이하지 못했다. 언젠가 왜인의 진영에서 호랑이 두 마리를 손으로 때려잡아 왜인에게 주니 왜인들이 탄복하였었다. 그의 죽음을 들은 왜인들은 기쁜 얼굴로 서로 치하하였다. 남도의 군민軍民들은 항상 그에게 기대고 그를 소중하게 여겼는데 억울하게 죽게 되자 소문을 들은 자 모두 원통하게 여기고 가슴 아파하였다. 그때부터 남쪽 사민士民들은 덕령의 일을 경계하여 용력이 있는 자는 모두 숨어 버리고 다시는 의병을 일으키지 않았다.

— 《선조수정실록》 29년 8월 1일

반란군이 마음대로 이름을 올린 이덕형, 곽재우, 홍계남은 이들이 씌운 굴레를 쉽게 벗어났지만, 김덕령은 끝내 벗어나지 못했던 것이다. 미처 성공도 하기 전에 명성이 너무 성했던 그는 비명非命에 죽고 말았다. 선조 29년 8월 23일, 그가 체포되어 서울로 끌려와 가혹한 형신을 당한지 20일 만이었다. 이때 그의 나이 서른이었다.

비단 김덕령만이 아니었다. 최초로 의병을 일으켜 무너지던 나라를 다시 일으켜 세운 곽재우도 몇 번이나 투옥되었다가 풀려나 가야산과 방장산으로 들어가 사람들과의 인연을 끊고서야 겨우 목숨을 부지했고, 함경도를 거의 혼자 힘으로 회복했던 정문부도 나중에는 감옥에서 죽어야 했다. 그런데 별로 큰 공이 없음에도 그토록 사람들의 신망을 받은 김덕령이었으니 애초부터 목숨을 부지하기 어려웠던 것이다. 김덕령이 세자 광해군이 이끄는 분조에서 먼저 인정을 받았다는 점도 그의 명을 재촉했을 것이다.

8장

정유년,
일본군이 되돌아오다

물러나기를 거부하는 일본

선조 29년(1596) 9월. 4년 넘게 끌어온 강화협상이 결렬되었다. 처음부터 잘못 끼워진 단추였다. 조명연합군은 고립된 5만의 일본군을 서울에 붙잡아 놓고, 압도적으로 유리한 국면을 이용해 일본과의 협상을 마무리했어야 했다. 그러나 서툰 협상가들이 공을 서두르면서 전쟁의 큰 흐름이 틀어져 버린 것이다. 일본군은 교활했다. 일단 위기에서 벗어나자 끈질기게 명나라의 전쟁 의지를 시험했다. 일본은 심유경이 조선의 남쪽 4개 도를 일본에 넘겨주고, 명의 황녀를 도요토미의 후궁으로 보낸다고 합의하고서는 이를 이행하지 않았다고 주장했다. 심유경이 한 거짓말에 일본 측 협상 책임자인 고니시가 말려든 것이며, 이 때문에 협상이 결렬되었다고 오히려 큰소리를 쳤다.

그런데 심유경을 비롯하여 명에서 협상을 주도한 사람들은 협상 실패에 책임을 지고 모두 죽은 반면에, 일본에서 협상을 주도한 사람은 모두 살았다. 그냥 목숨을 부지한 정도가 아니라, 그들은 모두 협상 전의 직위를 그대로 유지한 채 조선을 재침략하는 주력부대의 장수가 되어 돌아왔다. 이 사실만 보아도 강화협상에서 어느 쪽이 사술을 썼는지 단적으로 드러난다. 일본 기록에 의하면, 협상을 주도한 고니시는 협상결렬에 책임을 져야 하는 상황에 몰리자 자기 혼자서 한 일이 아니라고 반박했다. 그러면서 협상은 조선침공군 총사령관 우키다 히데이에, 일본 정계의 세 원로 도쿠가와 이에야스·마에다 토시이에〔前田利家〕·모리 데루모토가 함께 추진한 일이라고 했다. 세 원로는 당시 일본의 정치를 실질적으로 이끌고 있던 사람들이었다. 그들의 힘의 균형 위에 도요토미의 권력이 자리 잡고 있었다.

다시 말해서, 도요토미 최측근 보좌진 3봉행과 일본의 정치 세력이 모두 강화협상의 내용에 깊이 관여했다는 말이다. 그런데 도요토미만 협상의 자초지종을 몰랐다는 주장은 어불성설이다. 세상 돌아가는 일에 누구보다도 밝았던 도요토미가 자신의 정치적 운명을 좌우하는 종전 협상 내용을 4년 넘게 몰랐을 리 없다. 한 마디로, 도요토미가 협상 내용을 몰랐다는 일본의 주장은 거짓말이다.

도요토미는 전쟁을 끝내면서 협상 과정에서 작은 실리라도 하나 더 챙기는 데 전력을 다했다. 조선을 의도적으로 배제한 종전 협상에서 전쟁에 지친 명을 압박하여 조선의 남부를 일본의 영토로 만들거나, 이것이 어렵다면 명의 가짜 황녀라도 도요토미의 첩으로 만들어 전쟁을 명예롭게 종료하고 싶었던 것이다. 그러나 일본은 협상을 통해서 어느 것 하나도 챙기지 못했다. 아무런 실리와 명분 없이 전쟁을 끝냈다가는 도요토미의 전쟁 책임과 관련한 혼란에 휩싸일 위험이 있었다. 그래서 택한 방법이 협상 실패의 책임을 실무자였던 심유경과 고니시에게 덮어씌우는 것이었다.

이 협상의 진행 과정에 대해서는 종전 후 일본인들에게도 풀리지 않는 의문이었던 모양이다. 임진왜란 후 일본에서 많은 사랑을 받은 '게이초 중외전〔慶長中外伝〕’이란 소설에는 이때의 상황이 다음과 같이 묘사되어 있다.

조선전쟁은 첫 공격 이래로 성과가 없었다. 그렇다고 하여 퇴각하면 (도요토미가) 명성을 잃으시게 될 계륵鷄肋과 같은 흉한 상황이라는 것을 일찍이 분명히 알고 계셨다. 때문에 도요토미는 남들보다 더 마음 아파 하셨다. 이시다 미쓰나리의 재능은 다이코와 닮았기 때문에, 그 역시 조선전쟁의 실상을 약간 알고 있었다. 따라서 화의를 맺는 것이 잘못된 일이라 하더라도 교섭을 성사시키면 다이코가 죽지 않고 전쟁이 끝날 것이며, 그 외에는 계책이 없다고 판단한 것이다. 그리하여 이시다 미쓰나리는 자기 스스로 악인이자 간신처럼 행동하여, 이익을 밝히는 저 남경의 석성 심유경 등의 사절을 끼워서 문서를 애매하게 만들어 화의를 맺으려 하였다.

처음부터 협상이 거짓이었다는 말이다. 협상이 거짓임을 알면서도, 두 나라 모두 협상으로 각자 필요한 것을 챙겼다고 볼 수 있다. 시간이 지나면 자국의 정치적 상황이 바뀔 수도 있고, 어쩌면 진짜 종전 협상의 기회가 올지도 모른다. 그러나 그들이 그렇게 흘려보낸 4년여의 세월은 조선 백성에게 죽음과 같은 시간이었다. 그 사이에 경상도 땅은 온통 백골과 잡초에 뒤덮였고, 백성들은 모두 흩어졌다.

일본군이 다시 침략해 올 것이라는 조짐이 곳곳에서 감지되고 있었다. 이렇게 서로의 속셈을 숨긴 채 지루하게 이어지던 협상이 공식적으로 결렬된 것은 선조 29년 9월이었다. 12월, 비변사는 사신으로 일본에 다녀온 황신黃愼의 말을 종합하여 보고서를 올린다.

"황신이 서계書啓한 내용은 매우 자세한데, 그 줄거리는 2~3개월 후에 왜적이 재침범할 우려가 있다는 것입니다. 그들이 들어온다면 먼저 전라도와 제주도를 침범하고 또한 주사舟師(수군)를 침범할 것이라 하였는데, 이에 대하여는 전일에도 신칙한 적이 한두 번이 아니었습니다. 그러나 이 뜻을 다시 도체찰사·도원수·경상 전라의 순찰사·통제사 및 제주 목사 등의 관원에게 비밀히 유시하여 새로운 각오로 변란에 대비하도록 하는 것이 타당할 것입니다.

적의 계책에는 세 가지가 있습니다. 적이 경주와 좌우도의 연해인 서생포·부산·안골·죽도·거제·가덕 등 여러 곳에 와서 주둔하면서 포로가 된 사람들을 불러 모아 둔전의 경작을 널리 개척하고 아울러 시장을 설립하며 식량을 비축한 후에 합세하여 점차적으로 전진하다 방책을 써서 영남을 잠식하는 것이 그들의 첫째 계책이요, 먼저 호남을 침범하는 것이 둘째 계책이요, 마지막으로는 미친 듯이 곧바로 전진하여 전일과 같이 깊숙이 들어와 거침없이 몰아가는 것이 셋째 계책입니다.

세 가지 중에서도 앞의 한 가지 일이 가장 우려되니 황신의 계사啓辭 내용을 보면 왜적들이 말한 바에도 이미 이 뜻이 있습니다. 이와 같이 되면 대마도 등 여러 곳에 있는 왜적들이 모두 근거지를 만들어 우리 변경에 웅거하게 될 것입니다. 그들의 근본이 이미 튼튼해지면 손과 주인의 형세가 도리어 뒤바뀌어져서 도모할 수가 없을 것이니, 이것이 절박한 근심입니다. 경상도를 보전하지 못하면 호남·호서와 강원도도 장차 차례로 무너질 것이니, 그리 되면 국사는 어찌할 수가 없을 것입니다.

- 《선조실록》 29년 12월 23일

일본은 다시 전쟁을 준비했다. 아무런 성과도 없이 전쟁을 끝내기에는 정치적 부담이 너무 컸다. 전쟁 때문에 일본이 지불한 대가도 적지 않았다.

많은 병사의 희생과 막대한 재정뿐 아니라, 전시 동원에 따른 부담의 형평성과 전쟁 수행의 공과 평가를 두고도 적지 않은 갈등이 불거져 나왔다. 이런 분열을 현명하게 치유하지 않으면 일본은 다시 깨질 위험이 있었다. 적어도 전쟁을 탈 없이 끝내려면 더 시간을 끌어야 했다.

일본은 다시 내키지 않은 전쟁을 시작했다. 임진년 동아시아 질서를 재편한다는 허황된 꿈을 안고 조선을 침략할 때와는 사뭇 다른 분위기였다. 도요토미가 자신의 권력을 유지하고자 일본과 조선·명의 수많은 백성들에게 희생을 강요하는 그런 추악한 전쟁이었다.

일본이 제2차 조선 침략에 동원한 병력은 12만 명. 조선에 이미 2만의 일본군이 주둔하고 있었으므로, 조선에 파견된 병력은 모두 14만이었다. 5년 전 제1차 침략에 동원한 20만 명에 비해 상당히 축소된 규모였다. 그동안 조선군의 병력이 대폭 증강되고 전투력 또한 향상된 것을 감안하면, 이때 일본군의 목표는 조선 전역이 아닌 반도 남부의 점령이었다. 다시 말하면, 단기적인 승부는 피하고 장기적으로 명을 피곤하게 하여 명으로 하여금 조선에서의 전쟁을 포기하게 하고, 그 틈에 조선의 남쪽을 점령하려는 속셈이었다.

한편으로 일본은 명나라 정벌은 포기하여 더 이상 명의 안보를 위협할 생각이 없으니 명군은 조선에서 물러나라는 신호를 보낸다. 오랜 전쟁에 지친 명나라가 끈질기게 달라붙는 일본의 의지에 질려서 조선을 포기하는 행운이 올지도 모르는 일이었다. 침략 목표를 축소 수정했으니 이제 전쟁의 주 무대는 당연히 남해안이 되고, 전투는 제해권 장악을 위한 수전부터 시작할 수밖에 없었다.

임금 다음의 권력, 삼도수군통제사

이러한 때에 조정은 이순신 문제로 들끓었다. 조선은 정유년 일본의 재침략을 앞두고 또다시 내부 분열을 일으키고 있었던 것이다.

조신調信이 말하기를 '조선이 점차 수전에 익숙해지고 배도 견고하여 피차가 서로 버티면서 밀고 당기며 싸운다면 꼭 승리를 거둔다고 단정하기 어려우니, 차라리 어두운 밤에 몰래 가서 불시에 공세를 펴서, 조선의 큰 배 한척에 일본의 작은 배 5~6척 내지 7~8척이 한꺼번에 공격해 싸운다면 성공할 수 있다.' 고 하니…….

– 《선조실록》 29년 12월 23일

일본이 조선 수군을 격파하고자 대규모로 함선을 준비하고 전술을 개발하고 있다는 사실을 뻔히 알면서도, 조선 수군 총사령관인 이순신을 벌해야 한다고 온 조정이 들고일어났다.

사실 조선 수군에게도 문제는 있었다. 이순신의 조선 수군은 일본의 재침략을 바다에서 저지하고자 적극적인 작전을 준비하지 않았다. 온 나라가 이순신에 대한 기대가 컸던 만큼 그의 소극적인 태도는 큰 실망을 가져왔다. 당시의 조선 수군은 한산도 해전을 승리로 이끌던 때의 모습이 아니었다. 임진년 나라의 존망이 바람 앞의 등불과 같은 위기에 순간에 생과 사, 승과 패를 초월해서 모든 것을 버리고 홀연히 적 앞에 우뚝 버티어 섰던 그때의 각오와 패기를 잃고 있었다. 다시 쳐들어오겠다는 적을 어떻게 해서든지 바다에서 막겠다는 생각보다는 싸움의 승부에 집착하며 작전 책임을 놓고 육군과 다투거나, 어쩌면 수군의 안전을 더 생각하는 듯한 안이

한 논리를 펴고 있었다.

이순신이 경상도 통영의 한산도에 전라좌수영의 전진기지를 설치한 것은 선조 26년 7월 14일이었다. 그해 8월 15일 조정에서는 그를 경상·전라·충청을 관할하는 삼도수군통제사로 임명했다. 전라좌수사 이순신과 경상우수사 원균은 전쟁 초부터 불화했다. 두 장수의 불화는 나라의 운명이 수군의 활약에 크게 의존하던 당시로서는 커다란 불안 요소였다. 어떻게 해서든지 이 불안을 해소할 근본적인 대책이 필요했다. 다른 한편으로는 분명한 지휘 체제를 만들어 주면 수군의 전력을 한 단계 높일 수 있으리라는 기대도 있었다.

이런 이유로 조정은 삼도수군통제사라는 자리를 새로 만들고 이순신을 그 자리에 임명했다. 그러나 조정의 의도와 달리 이순신과 원균의 갈등은 잦아들지 않았다. 원균은 이순신보다 다섯 살 위였으며, 무과급제는 12년이나 빨랐고, 오랜 세월 군내에서의 서열이 늘 이순신보다 위였다. 그런데 이때 수군 내 이순신의 위상이 절대적이었기 때문에 조정에서 이순신을 통제사로 올린 것이다.

이로써 조정은 남해안에서 벌어진 해전에 관한 모든 권한을 이순신에게 위임했다. 이처럼 병권이 한 사람에게 집중되는 것은 분명 이례적인 사건이었다. 어느 시대를 봐도 병권을 한 사람에게 집중하는 것은 꺼리는 바였다.

통제사가 된 이순신은 남해안에서 강한 해군을 건설하는 데 전력을 다한다. 전쟁이 소강상태였으므로 비상시를 대비하여 함선과 병력을 확충하는 데 역량을 집중했다. 조정의 지원은 사실상 전무했다. 군사를 모으고, 훈련하고, 전선과 무기를 만드는 모든 일을 자체적으로 해결해야 했다.

이순신은 먼저 삼남의 해변 고을을 수군 전속 지역으로 만들어 자신의 의지가 집행되는 영역을 확보했다. 그리고 해변의 버려진 땅과 섬에 광범위한 둔전屯田(군대의 군량을 마련하고자 설치한 토지)을 일구었다. 바다와 육지의 산물, 특히 소금을 대대적으로 구워 막대한 전비를 충당하였다. 수군통제사의 군정 체제 휘하에 농장과 어장, 공작소가 속속 생겨났으며, 이 같은 경제력은 한산도 군영을 뒷받침하는 튼튼한 물적 기반이 되었다.

이순신은 해변 고을의 수령들을 수군통제사의 통제 아래 넣어 달라고 청했다. 연해안 고을의 징병과 군량 확보권을 수군이 갖지 못하면 수군은 약화될 것이고, 그렇게 되면 일본군이 서해안을 타고 북상할 것이라고 주장하며 조정을 은근히 압박했다. 이에 대해 조정의 많은 반대가 있었다. 그러나 이순신의 끈질긴 주장으로 선조 27년 2월 무렵부터 경상, 전라, 충청의 70여 해변 고을의 군정과 민정이 이순신의 지휘를 받게 되었다.

이순신은 군령권의 자율성도 확보했다. 당시 직제상 수사水使는 정3품 절충장군으로서 종2품인 감사는 물론이고 육군인 병사兵使보다도 하위 품계였다. 지휘 체계는 주로 육군 장수인 도원수, 순찰사, 그리고 체찰사의 지시를 따라야 했다. 이순신은 도원수와 순찰사의 간섭을 차단했다. 이렇게 하여 이순신은 해변 고을을 독자적으로 지휘할 수 있게 되었다.

이순신이 조선 초부터 비어 있던 섬을 둔전으로 개간하고, 인구가 적은 해변 지역에 둔전을 설치하자, 수많은 피란민이 수군이 주둔하는 섬과 해변 지역으로 몰려들었다. 이순신은 이들에게 해안과 섬의 빈 땅을 주어 개간하게 하고, 소출의 절반을 걷어 군량으로 바치게 했다. 이렇게 되자 더 많은 피란민이 일본군을 피해 조선 수군이 있는 곳으로 몰려들었고, 그들의 생업이 안정되자 군민이 서로 신뢰하고 협력하는 분위기가 만들어졌다. 전라도 해안 지역에는 빠르게 경작지가 늘어났고, 인구도 급속하게 불었다.

단종 시대에 간행된 〈세종실록지리지世宗實錄地理志〉에 의하면 전주·남원 등 전라도 내륙 고을의 호구 수는 1,300~1,550인 반면, 해남·강진 등 해변 고을의 호구는 100~150으로 내륙의 10분의 1에 불과했다. 해안 지역을 비워 두려는 정책과 맞물려 왜구의 출몰이 잦은 해안 지방을 사람들이 꺼렸기 때문이다. 이러한 사정이 왜란 때까지 지속되었다. 그런데 이순신이 이 지역을 조선에서 가장 안전한 지역으로 만들자 사정이 달라졌다. 이렇게 하여 이순신은 남서해의 여러 섬들과 해변에 독자적인 군軍·산産·정政 복합 체제를 구축했다.

삼남 해변 지역에서 이순신의 명령은 곧 법이었다. 그는 수군의 지시에 따르지 않는 고을의 수령과 아전에게 군율을 적용하여 엄한 형벌을 가함으로써 추상같은 기율을 세워 나갔다. 이러한 이순신의 위엄은 변변하게 싸우지도 못하고 도망만 다닌 임금 및 조정과 대비되면서 3년 이상 지속되었다. 당시의 조정은 피란 중에 국왕을 버리고 무단이탈한 관리들조차 처벌하지 못하고 사대부 세력의 눈치만 살피고 있었다. 이러한 조정에 비하면 이순신의 권위는 너무나도 당당했다. 그는 독자적인 상벌 체계도 확립했다.

그런데 전쟁이 소강상태에 빠지면서 이러한 이순신의 행보를 못마땅하게 보는 사람들이 생겨났다. 무엇보다 멀리 남쪽 해안에서 군사들과 백성의 지지를 받는 이순신을 마땅히 통제할 방안이 없었다. 선조 26년 세자 광해군이 전주에서 조정과 같은 권한을 행사하는 무군사(임진왜란 때 설치한 왕세자의 진영)를 이끌 때, 이순신에게 예비 무관을 이끌고 전주로 와서 무과 시험을 보라고 명했다. 그러나 이순신은 적과 대치하고 있다는 이유로 이를 거부하였다. 그리고 오히려 그해 말, 한산도에서 수군만의 특별 무과를 보게 해 달라고 조정에 요청했다. 이러한 이순신의 행태를 놓고 국왕의 권위에

도전한다는 비난이 많았다. 그런데 이순신은 이를 가소롭다고 했다.

결국 그의 고집에 따라 한산도에서 수군 단독의 무과가 실시되었다. 이 사건은 사람들에게 이순신에 대한 경계심을 불러일으켰다. 이순신이 큰 공을 세워 왕과 조정의 신임을 받은 것은 전쟁이 일어나고 1년 남짓이었다. 그 후 이순신은 별다른 승첩을 올리지 못했다. 그러나 그의 공이 이미 크고 중하였고, 그가 거느린 백성과 군사가 너무 많아 함부로 다룰 수 없었다. 이렇게 되자 왕권 수호에 남다른 집착과 수완을 가졌던 선조에게 이순신은 가장 경계해야 할 대상이 되었다. 그때부터 선조는 이순신에 대한 의심을 조금씩 드러내기 시작한다.

당시 이순신이 거느린 군사는 조선군 전체의 절반 혹은 3분의 1 규모였다. 김덕령이 죽을 당시 그가 거느린 병력이라야 호남에서 모집한 의병 500이 전부였다. 그러나 이순신의 수군은 많을 때는 거의 2만 명에 육박했고, 정유재란 당시에도 총 병력이 1만 3,200이었다. 더구나 그의 군사는 지난 4년간 혹독한 훈련과 실전으로 단련된 최고의 정예병이었고, 그의 명이라면 무조건 따를 충성스럽고 유능한 장교단을 거느리고 있었다. 그의 군령이 미치는 고을은 조선 전체 360 고을 중 5분의 1에 해당하는 70여 고을이었으며, 백성들은 이순신이 있는 지역에 가면 굶지 않고 안전하게 살 수 있다는 믿음으로 이순신을 절대적으로 신뢰했다.

백성들에게 이름이 높던 김덕령을 죽인 조정이었다. 그런 사람들이 이순신을 경계하지 않았다면 그것이 오히려 이상하다. 이순신의 실각은 시간문제였다. 그들은 이순신을 밀어낼 적절한 시기를 기다리고 있었다.

조정과 수군의 갈등

선조 30년(1597) 정유년 1월. 고니시의 제1군 1만 4,700명이 다시 부산포에 상륙하고, 뒤이어 가토의 부대도 서생포에 상륙했다. 일본군이 다시 바다를 넘어 조선으로 들어오고 있었지만, 남해의 제해권을 잡고 있던 이순신은 적의 재침략을 전혀 막지 못했다. 처음 왜란이 시작된 임진년에 바다에서 적을 막지 못한 것이 가장 큰 패배의 원인이라고 여기는 상황에서, 또다시 수군이 무기력하게 대응했다는 것은 당혹스러운 일이 아닐 수 없었다. 이순신을 철석같이 믿고 있던 사람들은 크게 실망했다. 정유년에 이순신은 왜 일본군을 막지 못했을까?

정유재란, 곧 일본의 제2차 침략전쟁이 일어나기 5년 전인 임진년으로 다시 거슬러 올라가 보자. 일본군이 평양에서 참패하고 모든 일본군이 무너져서 서울로 도망해 들어갈 때였다. 선조는 남해의 이순신에게 후퇴하는 일본군의 퇴로를 차단하여 적을 모조리 섬멸하라는 명을 연달아 내린다.

> 평양의 적이 이미 소탕되었으니 귀로歸路를 정돈하고 수군은 수전으로 습격할 것을 양남兩南(호남과 영남)의 수사에게 선전관을 보내어 즉시 하유하라.
>
> － 《선조실록》 26년 1월 9일

이 명령에 따라 이순신은 함선을 이끌고 부산으로 향했다. 그러나 부산을 공격하려면 먼저 웅천부터 공격해야 했다. 웅천은 오늘날의 진해 근처로서 여수, 통영 쪽에서 부산으로 가려면 반드시 통과해야 하는 길목이었다. 일본군은 웅천 일대 포구 깊숙이 배를 숨겨 놓고, 해안 곳곳에 일본군 진지를 구축해 놓았다. 만약 웅천의 일본군을 섬멸하지 않고 부산으로 진격했다가는 자칫 퇴로를 차단당해 조선 수군이 앞뒤로 적을 맞을 수 있는 형국이었다. 이순신은 선조 26년 2월 약 1개월 동안 총 일곱 차례에 걸쳐 웅천을 공략했다. 그러나 눈에 띠는 성과를 거두지 못했다. 일본군이 깊숙한 포구에 의지해 나오지 않았기 때문이다.

일본군이 남하한 선조 26년 6월부터 상황이 더욱 어려워진다. 남해안으로 몰려든 일본군이 부산포에서 진해·창원까지, 거제도 동쪽 끝 영등포·송진포·칠천량에 이르기까지 견고한 왜성을 쌓고 장기적으로 주둔하기 시작했다. 이제는 웅천을 지나서 부산으로 접근하는 것 자체가 상당히 위험한 상황으로 변한 것이다.

그런데 강화협상이 결렬되고 일본군이 다시 침략해 올 조짐이 확연해지자, 이제는 일본군의 퇴로를 차단하는 것이 아니라 어떻게 하면 일본군의 부산 상륙을 저지할 것인지가 현안으로 대두되었다. 이와 관련해서 수군의 전진기지를 한산도에서 더 동쪽인, 부산과 마주 보는 거제도의 동쪽 끝 장문포로 옮겨야 한다는 주장이 나왔다.

진주하여 수로를 제압하고 있다가 책사冊使가 나온 뒤에는 모든 오가는 적의 배를 곧 주사로 막아서 잡아 죽임으로써 적이 오는 길을 끊어야 할 것입니다. 그리고 혹 적의 장수가 나오는데 주사의 장수들이 전쟁을 꺼려서 미처 막지 못하였다고 핑계하거든 곧 군법으로 처리하여 군율을 엄하게 해야 합니다. 바라건대 속히 하서下書하여 이순신 등이 급히 진주하도록 엄히 신칙申飭하여 다른 말로 핑계하지 못하게 하소서.

— 《선조실록》 29년 11월 9일

수군을 부산 쪽으로 옮기자는 견해는 이미 《선조실록》 29년 6월 26일 기사에서도 보인다. 당시 좌의정 김응남은 육군으로 재직하던 원균을 수군으로 재기용하여 거제도로 보내자고 했고, 좌찬성 윤근수는 한산도의 수군 전진기지를 폐쇄하고 거제도로 옮겨야 한다고 주장했다. 서인들만이 그런 것이 아니다. 이순신에게 호의적이던 도원수 권율도 유성룡도 이 의견에 동조했다.

(권율이 말했다.) 주사舟師를 부산 앞바다에 진출시켜서 양도糧道(군량을 나르는 길)를 막아야 합니다. 그렇게 되면, 부산의 적이 올해에는 경작을 많이 하지 않아서 우리 땅에서 소출된 것이 필시 넉넉하지 못할 것이므로 반드시 일본에서 잇따라 독촉하여 날라 와야 대어 갈 수 있을 것인데, 밖으로는 주사에게 막히고 나아가도 우리 땅에서 약탈할 수 없으므로, 한 달이 지나지 않아 사방의 진에 주둔한 적이 진퇴에 낭패하여 그 형세가 스스로 군색한 것을 보게 될 것입니다.

— 《선조실록》 29년 11월 16일

(유성룡이 말했다.) 부산의 정세를 근래에는 전혀 들어 아는 바가 없습니다. 지금

장문포長門浦(거제 장목항)는 그 이름대로 지형이 좁고 길었다. 장문포의 맞은편 바다 건너 500미터 되는 곳에 있는 송진포가 있고, 송진포와 멀지 않은 곳에 영등포가 있다. 장문포, 송진포, 영등포는 선조 26년에 서울에서 철수한 일본군이 부산으로 통하는 남해안의 수로를 지키고자 세 곳에 왜성을 쌓아 대규모의 군사를 주둔시킨 곳이었다. 그러나 선조 29년에는 일본군이 철수한 뒤였고, 소수의 조선군이 장문포를 지키고 있었다. 장문포의 건너편에는 웅천, 안골포, 가덕도가 마주 보인다. 우리에게 급소는 적에게도 급소다. 장문포를 조선군이 먼저 점령하고, 여기에 막강한 조선 수군의 전진기지를 설치하여 일본에서 부산으로 오는 보급선을 위협하고, 나아가 대한해협과 부산을 봉쇄한다면 일본은 더 이상 전쟁을 수행할 수 없을 것이다. 다시 말해, 수군 기지의 전진 배치는 일본군의 진퇴를 조선군의 칼날 아래 두는 형국이 되는 것이다.

그러나 한산도에 비해 장문포는 만이 넓기는 하지만 함선을 감출 만한 곳이 없고, 더구나 일본군이 장기간 주둔했던 곳이라 그들이 장문포 주위의 물길과 조류를 세세하게 알고 있어 방어하기에 불리하다는 단점이 있었다. 이곳을 조선 수군의 전진기지로 삼는다면 일본군은 전력을 다해 조선군의 진출을 저지할 터였다.

이 경우 일본군의 본진인 부산이 눈앞에 있고, 웅천 안골포 가덕도의 일본군이 거제도를 에워싸는 형국이니 한순간의 실수에도 조선 수군은 심각한 위험에 봉착하게 된다. 보통 외로운 군사가 적진 깊숙이 들어가 오랫동안 지키기는 어렵다. 다만, 비상한 각오와 면밀한 준비를 하여 일본과 부산을 잇는 바다를 차단하고, 부산의 일본군을 고립시켜 전쟁의 승부를 결정하겠다는 의지로 단기적 작전을 수행한다면 가능성이 있는 전략이었다. 당시의 조정은 수군의 전진기지를 부산 쪽으로 옮길 계획을 구체화시켰던 것이 분명하다. 비변사에서는 주사가 전진하여 지휘할 때를 대비하여 함선을 늘리고 격군을 보충하는 방안을 모색하고 있었다.

우리나라가 오늘날 믿고 있는 것은 단지 주사(수군)뿐인데, 선척의 수효는 적고 격군格軍(사공의 일을 돕는 수부)은 전보다 크게 감소되었으니 매우 염려됩니다. 군사를 증가시킬 수 있는 계책은 아무리 생각하여도 방도가 없습니다. 지금 수군을 뽑아서 격군에 보충하려면, 수군의 원 수효가 매우 적으므로 갑자기 충원하기는 어렵겠고, 주사 소속인 각 고을에서 육군 및 공천公賤·사천私賤을 논할 것 없이 현존하는 장정을 편리한 대로 징발할 수 있으니, 만약 주사가 전진하여 지휘할 때에 이들을 격군에 보충하여 한때 이용하고 일이 끝나면 다시 원래대로 복귀시켜 육군의 일을 하게 한다면, 이도 또한 불가함이 없을 듯합니다.

– 《선조실록》 29년 12월 16일

당시 육군을 비롯한 수군 외의 사람들은 대부분 거제도 동쪽으로 수군을 전진 배치하는 것을 유효한 전략으로 여겼다. 문제는 수군의 전진 배치 요구와 이순신의 위상을 낮추려는 시도가 동시에 진행되었다는 것이다.

이미 '상승장군常勝將軍'(싸울 때마다 이기는 장군) 이순신의 위상은 흔들리고 있었다. 윤두수는 통제사란 직임은 한때의 필요에서 생긴 것이어서 그대로 둘 수도 있고 없앨 수도 있으므로, 이순신의 통제사라는 직명도 오히려 낮출 수 있다고 했다. 또 원균을 경상도 통제사로 이순신을 전라도 통제사로 하여 두 사람의 명위名位를 대등하게 할 수도 있다고 했다. 그렇게 하면 원균이 이순신 아래에 있는 것을 감수하지 못하여 두 장수가 화합되지 않는 폐단을 극복할 수 있다는 얘기였다.

수군의 전진 배치와 원균의 재기용이라는 사안이 동시에 거론되는 상황은 이순신을 중심으로 드높은 자부심으로 똘똘 뭉쳐 있던 조선 수군에게는 심리적으로 상당한 압박이었을 가능성이 크다. 이러한 조정의 의도에 이순신과 조선 수군 전체가 대체로 비협조적인 태도를 보였을 것이다. 어쩌면 이때 이순신을 위시한 조선 수군 전체가 자만심과 집단 이기주의에 빠져 있었는지도 모른다.

수군의 처지에서도 반대 논리는 얼마든지 있다. 당시의 전황으로 보아 조선 수군의 존재는 조선의 운명을 지탱하는 최후의 보루였다. 그러므로 확실하지 않은 전략에 국가의 모든 것을 거는 것은 현명하지 않다. 자칫 작전이 실패하여 수군이 심각한 타격을 받는다면 조선의 바다는 일본군의 차지가 되고 만다. 그러면 조선은 걷잡을 수 없는 혼란에 빠질 것이다. 이미 일본의 힘도 한계를 드러내고 있지 않은가. 숲 속에 호랑이가 몸을 숨기고 웅크려 큰 위엄으로 상대를 제압하는 형국처럼, 수군이 힘을 숨기고 지긋이 서해 바닷길을 봉쇄하고 있는 것이 나라를 위해 더 확실한 선택이 아닐까. 이때 조정을 뒤흔드는 엄청난 정보가 올라왔다.

이순신을 죽이라는 임금

이 무렵, 적장 고니시가 수하 병사인 요

시라를 경상우병사 김응서의 진에 출입시키면서 친하게 지냈다. 그때 가토가 다시 공격해 온다는 소식이 전해졌다. 요시라는 몰래 김응서를 찾아왔다. 고니시가 강화가 이루어지지 못한 것이 가토 때문이라면서, 가토가 며칠 후 건너올 예정이라고 말했다는 것이다.

김응서는 이 내용을 비밀 장계로 조정에 알렸고, 조정은 적장이 제공한 정보라 의심하면서도 이순신에게 가토의 도해渡海를 차단하라는 지시를 내렸다. 신뢰하기 어려운 적에게서 얻은 정보만 믿고 자칫 자충수가 될 수 있는 명령을 내린 것이다. 그러나 이순신은 이 명령을 이행하지 않았다. 이순신은 왜적들의 간사한 속임수가 있지 않을까 의심하여 나아가지 않고 여러 날 동안 머뭇거렸다. 이후로도 여러 번 출동 명령이 내려왔지만, 이순신은 이를 계속 거부했다.

이순신도 항명이 얼마나 중한 죄인지를 잘 알았을 것이다. 그러나 전장에서 수많은 군사의 목숨과 국가의 안위를 책임진 장수로서 불확실한 정보를 믿고 군사의 진퇴를 결정하는 것은 쉽게 결단할 수 있는 일이 아니었다. 그런데 요시라의 말대로 가토가 진짜로 바다를 건너 조선에 상륙했다. 이렇게 되자 이순신의 명령 거부 문제가 일파만파 확대되었다.

유성룡이 아뢰기를,

"거제巨濟에 들어가 지켰다면 영등永登·김해金海의 적이 반드시 두려워하였을 것인데 오랫동안 한산閑山에 머물면서 별로 하는 일이 없었고 이번 바닷길도 역시 요격邀擊하지 않았으니, 어찌 죄가 없다고 하겠습니까." ……

상이 이르기를,

"이순신은 조금도 용서할 수가 없다. 무신武臣이 조정을 가볍게 여기는 습성은 다

유성룡을 포함한 조정 대신들이 모두 나서서 이순신을 비난했고, 선조도 이에 동조했다. 다음 날인 1월 28일, 선조는 이순신을 충청·전라 양도의 수군통제사로 삼는다는 명을 내렸다. 동시에 원균을 경상도 수군통제사로 삼아 이순신의 권한을 축소한 것이다. 그러나 이순신의 죄를 논하는 말들은 쉬이 수그러들지 않았다.

비단 가토의 일만이 아니었다. 이순신이 수군의 전진 배치를 적극 수용하지 않은 것이 가장 큰 성토거리였다. 당시 수군의 전진 배치는 조정의 현안으로 되풀이되어 검토되었다. 그렇게 해서 얻은 결론이 대체로 가능하다는 것이었다. 그런데 이순신이 이에 대해 부정적인 시각으로 일관하자, 그러면 원균을 다시 기용하여 그를 앞세워 수군을 전진시키자는 주장까지 대두되었다.

상황이 불리하게 돌아가자, 이순신은 고니시가 제공한 정보를 의심하면서도 부산포로 줄동했다. 가토의 부대가 상륙한 것은 1월 12,13일이었고, 이순신이 출동한 것은 2월 2일과 10일이있다. 그러나 판옥신 63칙을 포힘하여 200여 척의 함선을 동원한 이순신의 출동은 아무런 성과가 없었고, 도리어 피해만 입었다. 그러던 와중에 선조는 이순신을 체포하여 반드시 죽이라고 명령한다.

이순신이 조정을 기망한 것은 임금을 무시한 죄이고, 적을 놓아주어 치지 않은 것은 나라를 저버린 죄이며, 심지어 남의 공을 가로채 남을 무함하기까지 하며[장성한 원균의 아들을 가리켜 어린아이가 모공冒功(없는 공을 있는 것으로 만드는 것)하였다고 계문하였다.] 방자하지 않음이 없는 것은 기탄함이 없는 죄이다. 이렇게 허다한 죄상이 있고서는 법에 있어서 용서할 수 없는 것이니 율律을 상고하여 죽여야 마땅하다. 신하로서 임금을 속인 자는 반드시 죽이고 용서하지 않는 것이므로 지금 형벌을 끝까지 시행하여 실정을 캐어내려 하는데 어떻게 처리할 것인지 대신들에게 하문하라.　　　　　　　　　　　　　　　　　　 – 《선조실록》 30년 3월 13일

여러 죄 중에서도 임금을 무시한 죄, 방자한 죄가 가장 큰 문제였다. 선조는 여러 번 이순신이 '무장으로서 조정을 경멸하는 마음'을 가지고 있다고 지적한다. '신하로서 임금을 속인 자는 반드시 죽이고 용서하지 않는 것'이라고 했다. 이는 살아남기 어려운 죄였다. 일찍이 군왕을 무시한 무장이 살아남은 경우는 없었다.

선조는 여러 번 '이순신은 밖에서 의논하기를 어떠한 사람이라고들 하는가'라고 물었다. 이순신에 대한 백성의 여론 동향을 물은 것이다. '이순신의 사람됨으로 볼 때 결국 성공할 수 있는 자인가?' 그리고는 '이순신은 처음에는 힘껏 싸웠으나 그 뒤에는 작은 적일지라도 잡는 데 성실하지 않았고, 또 군사를 일으켜 적을 토벌하는 일이 없으므로 내가 늘 의심하였다. 동궁이 남으로 내려갔을 때에 여러 번 사람을 보내어 불러도 오지 않았다.'고 하면서 그에 대한 의혹을 버리지 않았다.

불과 몇 달 전에 의병장 김덕령이 백성들의 기대와 신망을 과도하게 받는 것을 걱정한 임금과 조정이 별다른 증거도 없이 그에게 반란 가담죄를 씌워 죽였다. 이런 관점에서 본다면, 당시 조선 왕실의 입장에서 가장 위험한 인물은 누가 뭐래도 이순신이었다. 하지만 그는 김덕령과는 차원이 다른 인물이었다. 이미 온 나라가 인정하는 큰 공을 세워 이름이 높았고, 조

선의 최정예군이 그를 중심으로 뭉쳐 있었을 뿐만 아니라, 조선 주군현의 5분의 1을 직접 관할하는 막강한 군사 실세였다. 명분이 만들어지고 기회가 오면 반드시 그를 제거하려고 했을 것이다. 그러나 이순신을 제거하려는 선조의 행보는 조심스러웠다.

선조는 또다시 묻는다.

선조 30년 3월 서울로 잡혀 온 이순신은 한 차례 고문을 받았으나, 투옥된 지 28일 만에 풀려났다. 여기에는 지중추부사 정탁의 간곡한 호소가 작용했다. 친구 유성룡마저 조정의 분위기에 눌려서 아무런 변명도 해 주지 못하던 그때, 정탁이 신구차伸救箚(상소문)를 올려 이순신이 공을 세워 죄를 씻게 해 달라고 호소한 것이 선조의 마음을 움직였다.

선조는 이순신을 풀어 주는 대신에 권율의 막하에 가서 백의종군白衣從軍하라고 명했다. 4월 1일 옥에서 풀려난 이순신이 곧바로 백의종군한 것으로 보아 국문 중에 형신이 가혹하지는 않았던 것 같다. 이렇게 이순신은 죽음 직전에 살아났다.

선조는 이순신을 체포할 조치를 주도면밀하게 진행하면서 원균을 새로운 삼도수군통제사로 임명한다. 선조 30년 2월 6일이었다.

중국, 또다시 내키지 않는 전쟁에 개입하다

조선이 이순신의 일에 몰두하고 있을 때, 일본과 명에서는 새로 불붙은 전쟁을 준비하느라 들끓고 있었다. 협상이 결렬되고 일본의 재침략이 가시화되면서, 명나라 조정에서는 또다시 조선에 군대를 파견하는 문제를 놓고 치열한 논쟁이 벌어졌다. 조선의 전략적 가치는 이미 충분히 검토한 바 있지만, 또다시 군대를 파견하자니 내키지 않았던 것이다. 이때 병부상서 형개가 명의 안위를 위해 조선을 방어해야 하며, 하루빨리 출병하는 것이 경제적으로도 오히려 이득이라고 주장했다.

대저 천하의 일이란 이름은 절약한다 하면서도 도리어 허비가 많고 이름은 허비한다 하면서도 절약이 갑절일 수도 있으니, 곧 오늘날 구원병을 보내는 것의 지속 遲速이 그러하다. 구원하는 것의 급속함은 싸움에 급해서가 아니라, 조선의 힘을 병합하여 지켜서 은연히 호표虎豹가 산속에 있는 형세를 만들자는 것이다. 다시 그들의 죄를 성토하여 꾸짖는다면 왜노가 반드시 마음에 가책을 받고 떠나가지는 않는다 하더라도 또한 의심하고 두려워하여 감히 전진하지 못할 것이다. 이는 군병이 일찍 출발하면 행량行糧은 좀 허비되겠지만, 조선을 보전하게 된다면 절약되는 바가 실로 많을 것이다. 군병이 늦게 출발하면 비록 행량은 좀 절약되겠지만 만에 하나 왜노가 우리가 방비하지 못한 틈을 타고서 장구히 몰아쳐 조선을 탈취한다면 이는 왜구에게 병기를 빌려주고 도둑에게 양식을 싸다가 주는 결과가 되어 조선 땅이 또 한 번 일본에게 보태어질 것이니, 옛것을 다시 회복하려면 힘이 다시 갑절이나 들게 되어 그 비용이 적지 않고 화 또한 헤아리지 못할 것이다. 옛 사람은 큰일을 거행함에 있어 작은 비용을 아끼지 않으므로 작은 것으로 말미암

아 큰 것을 해치는 예는 별로 없었다.　　　　　　　　　　　　─ 《선조실록》 30년 4월 21일

그러면서 오늘날의 조선에 대한 원조는 마치 물불 속의 사람을 구원하여 주는 것과 같아서 서두른다면 그래도 만에 하나 요행을 바랄 수 있겠으나 늦춘다면 이는 겉으로는 구원하는 것이 되지만 속으로는 버리는 결과가 될 것이라고 하였다.

이처럼 명 조정에서 조선의 운명을 놓고 갑론을박을 벌일 때, 조선은 자력으로는 일본을 막을 수 없다며 지레 겁을 먹고 있었다. 선조는 '저들의 재력은 부유하고 웅대하다고 이를 만하니, 큰 중국으로서도 미치기 어려울 듯하다'고 일본을 다시 평가했다. 전쟁이란 엄청난 대가를 치르고서야 비로소 일본을 바로 보기 시작한 것이다. 그러나 선조가 일본의 재침략에 대비하는 유일한 길은 명에 다시 원병을 요청하는 것뿐이었다.

> 우리나라가 불행하더라도 중국은 반드시 왜적을 오래 있게 하지 않을 것이고, 중국이 책봉冊封을 허락하여 무사하기를 바라더라도 반드시 왜적이 우리에게 화를 입히도록 허락하지는 않을 것이니, 우리나라가 어찌 곧바로 외국倭國이야 되겠는가.
>
> ─ 《선조실록》 29년 11월 17일

조선의 염려대로 일본군이 재침략을 준비한다는 구체적인 정보가 조선 조정의 정보망에도 속속 들어오고 있었다. 이것이 임진년과 다른 점이었다.

> 통신사 황신이 일본국에서 돌아와 서계하였는데, 그 내용은 다음과 같다. …… 청정은 금년 겨울에 먼저 바다를 건너 나갈 것이고, 장정과 길성은 겨울을 지내고

봄에 나갈 것이다. 청정 등이 비록 먼저 간다 해도 단지 전날 있던 곳에 주둔할 것이며, 대군大軍은 2월경에 나갈 것이다.' 하였습니다. 신들이 낭고야浪古耶에 도착하던 날 장정은 이미 풍전주豊前州로부터 와서 있었는데 바다를 건널 시기를 탐지하여 들어 보니, 그 수하의 군병·식량·무기가 아직 정리되지 못하여 현재 일자를 정하지 못하였다고 하였습니다. — 《선조실록》 29년 12월 21일

적정賊情(적의 형편)은 20만의 병력을 시방 조발하여 5~6월경 바다를 건너 부산에서 합진合陣하고 7~8월경 싸우기로 계획이 되어 있다. — 《선조실록》 30년 4월 25일

일본군의 침입 예정 시기는 5~6월경이라 했고, 그 규모는 대략 20만이라고 했다. 처음 조선을 침략한 때와 비슷한 규모였다. 그러나 조선의 사정은 5년 전과 비교해 나아진 것이 조금도 없었다. 나라에는 군사가 없었고, 군사를 기를 군량도 없었다. 골짜기에는 백골이 뒹굴고 들판엔 잡초만 무성했다. 조정 신하들은 여전히 패를 갈라 의미 없고 사소한 일에 목청을 돋우었다. 그들은 오로지 명이 조선을 돕지 않을까 봐 조바심치며 눈치만 보았다. 조선 조정은 조선을 도와달라는 청을 명의 요로에 보낸다.

소방의 형세가 극도로 위급하므로 번거롭게 청하니 귀원貴院과 귀부貴部에서는 각별히 불쌍히 여기어 앞서의 자문과 지금의 자문의 사리를 잘 살피어 급히 남병南兵의 많은 관군을 대규모로 선발하고 겸하여 지탱할 군량을 가져다가 기일을 정하여 섬멸해 준다면 고맙기 그지없겠습니다. — 《선조실록》 30년 2월 18일

이에 명은 '근래 척후병에 의하면, 가토의 군사가 경주에 핍박하여 와서

교활한 꾀를 더욱 헤아리기 어렵다고 하였으니, 땅이 마르고 풀이 자란 때에 반드시 횡행하면서 돌발할 우려가 있다. 따라서 조선은 점차 잠식당할 걱정이 있고 우리로서도 이웃이 시끄러운 것이 절박하니, 사세가 여기에 이른 이상 하루라도 계획을 늦출 수 없게 되었다. …… 일면으로는 신임 총병을 독촉하여 밤낮을 가리지 말고 먼저 가도록 하고 일면으로는 계薊·요遼의 각 군병을 독촉하여 기한 내에 바다를 건너도록 하되, 시일을 지연시켜 사기事機를 그르칠 것 같으면 대소의 장령을 군법에 의해 논죄할 것'이라고 조선에 알려 왔다. 뒤이어 통령요병정왜부총병統領遼兵征倭副總兵 양원의 패문牌文(칙사의 통지문)도 도착했다.

왜적의 정세에 대한 일입니다. 본부가 성지를 받드니 '군사 3천을 거느리고 전부前部의 선봉이 되어 빨리 조령으로 가서 왜노倭奴를 방어할 것이며, 그 뒤 천병天兵의 마병·보병 10여 만이 육로를 따라 강을 건너서 잇따라 전진하고 민閩·절浙의 수군 수만으로 바다를 통해 건너가서 왜적의 소굴을 바로 쳐부수라.' 하였습니다.
— 《선조실록》 30년 4월 15일

이렇게 하여 명군이 다시 조선으로 들어왔다. 선봉으로 들어온 부총병 양원은 조선에 전시작전권을 요구했고, 조선의 군국軍國 사무를 담당하는 비변사는 아예 조선의 원수 이하 모두 양 부총병의 지휘에 따르게 하자고 임금에게 아뢰었다.

중조中朝의 많은 군사가 왜구를 토벌하려고 성지聖旨를 받고 나왔다. 흠차총병欽差摠兵 양楊이 선봉을 인솔하고 앞서 나와, 전라도와 경상도 지방에 주둔하여 군무를 총괄하여 집행할 것이다.

– 《선조실록》 30년 5월 9일

자강책이 전란 중에도 실현되지 못하고

전쟁이 교착상태에 빠져 조정이 손을 놓고 있을 때인 선조 27년 4월, 영의정 유성룡은 조선이 일치단결하여 자강책自强策을 시행하자는 상소를 올린다.

'국가가 당초에 왜적이 물러가고 서울이 수복되었을 때에 자강책自强策을 급히 세워 곡식을 저장하고 군사를 훈련시키며 전쟁의 피해를 수습하는 등 매일매일 겨를 없이 계획을 세우고 조치했더라면 이미 1년이 지난 지금쯤에는 필시 조금이나마 두서가 잡혀 이를 바탕으로 더욱 분발해서 중흥의 기반을 마련할 수 있었을 것입니다. 이 외에는 다른 계책이 없는데, 중외의 신하들은 장구한 생각을 깊이 가지고 짧은 시간도 아껴 쓰면서 일을 도모해 보려고는 하지 않고 모두가 게으름을 부리고 시일만 낭비한 채 왜적 토벌은 전적으로 명나라 군사에게만 맡겨두고는 자기들이 당연히 해야 할 일을 전연 강구하지 않고 있습니다. 그리하여 군정이 아직 개선되지 못하고 군량 대책도 수립되지 못했으며 민심은 수습되지 않은 채 온갖 일들이 어지럽게 얽혀 전도되고 있는 상황이 마치 안개 속을 헤매는 것과 같은데, 어렵게 살아남은 백성들에게는 손톱만큼도 다시 힘이 남아 있지 않으니, 진실로 마음 아픈 일입니다.

오늘날의 급선무 역시 많은 말이 필요 없습니다. 오직 백성을 편하게 하는 정사를 급히 실시하여, 사방 백성들로 하여금 그 소문을 듣고 재생할 희망을 가지게 해야 합니다. 그런 뒤에 또 임기응변의 조치를 취해 군량을 서울에 모아 놓고 그 식

– 《선조수정실록》 27년 4월 1일

이때 유성룡은 군정軍政과 세제 개혁을 촉구했다. 그는 구체적인 숫자까지 제시하며 실질적인 개혁을 요구했다. 그 개혁안의 핵심은 군역을 곡물로 내게 하는 군역의 개혁, 공납·방물·진상 등을 토지의 결수에 따라 쌀로 부과하는 세제 개혁, 그리고 군졸이 장수에게 예속되고 장수는 병졸들을 장악하는 진관법鎭管法의 실시였다.

이를 위해 유성룡은 사방의 날래고 용감한 군사를 서울에서 모집하자고 했다. 사족·서얼, 공천, 사천, 유역有役·무역無役을 가리지 말고 다만 용맹스러운 힘이 있는 자 1만 명을 얻은 뒤 이들을 5영營에 분산시키고 영마다 2천 명씩 조련시키는 방안이었다. 이와 함께 군역과 세제를 개혁하면 군사가 강해지고 군량 걱정을 할 필요가 없어지니 어떤 적이 와도 염려할 것이 없다고 했다.

이때 유성룡이 제시한 개혁안은 과거 많은 이들이 제기한 조선의 문제점과 해결책을 아우른 '종합판'이라고 할 수 있다. 군역과 세제 개혁안, 서얼 노비 관련 신분제도, 문민 지배 문제 등은 조선이라는 나라의 근본 체제와 직결돼 있었다. 율곡 이이도 비슷한 이야기를 한 적이 있다. 왕과 사림이라는 두 세력의 이해관계를 넘어 이제는 국가와 공동체, 백성을 생각하는 쪽으로 나라의 방향을 틀자는 것이었다. 이는 국가가 패망할 지경에까지 이른 전시 비상사태 아래에서 조선의 근본 체제에 대한 고민과 반성을 촉구하는, 평화 시에는 절대로 나올 수 없는 절박한 개혁 요구였다. 국가적 위기를 오히려 나라를 다시 세우는 계기로 활용하면 위기가 기회가 된다는 것이었다.

그러나 조정과 임금은 이 요구를 모두 거부한다. 가뜩이나 전쟁으로 농토가 황폐해져 전답에서 나오는 소득이 줄어 권력이 있는 자들이 오히려 이전보다 더 군역이나 공납 등의 이권에 목을 매는 상황이었다. 그런데 이권에 개입하는 것을 포기하라니. 더군다나 신분제는 조선이라는 나라를 지탱하는 근간이 아니던가. 왜군은 명나라 군대가 들어와서 막아 줄 터이고, 이를 위해서는 나라의 일부라도 중국에 떼어 줄 용의도 있었다.

조선이 스스로 자강책을 강구할 가능성은 처음부터 없었다. 명도 이러한 조선 지배층의 속셈을 모르지 않았다. 하지만 중국은 이런 조선을 비난하면서도 또다시 전쟁에 개입하지 않을 수 없었다.

마침내 명나라는 또다시 대규모의 원군을 조직하여 조선으로 파견한다. 명은 병부상서 형개를 총독으로, 양호楊鎬를 경리로, 마귀麻貴를 제독으로 삼았다. 먼저 부총병 양원의 요동병 3천이 5월에 압록강을 건너왔고, 뒤이어 6월에는 오유충吳惟忠이 남병 4천을 거느리고, 7월에는 제독 마귀가, 9월에는 경리 양호가 조선으로 들어왔다. 그리하여 선조 30년 11월, 명이 파견한 병력이 8만 명에 이르렀다.

조선을 병합할까 두려워하다

　　　　　　　　　　명도 일본도 오랜 전쟁으로 극도의 피로감을 느끼고 있었다. 어쩔 수 없이 전쟁에 발을 디디긴 해도 적당한 명분과 실리만 주어진다면 언제든지 화의를 할 태세였다. 심유경과 고니시의 화의가 폐기되기는 했어도, 그렇다고 화의의 필요성마저 없어진 것이 아니었다.

　화의가 최선이라는 생각은 명과 일본 양쪽에서 변함이 없었다. 특히 명의 입장에서는 아무리 '조선 왕이 정성을 다하'더라도 많은 희생을 치르면서까지 조선을 도울 이유가 없었다. 일본이 명을 침략할 가능성이 사라진다면, 명은 언제라도 조선에서 철수할 수 있었다. 이를 간파한 일본은 끈질기게 공작을 꾸미고 있었다.

　문제는 조선의 입장이었다. 명과 일본의 정치적 상황에 따라 조선의 운명이 결판날 상황이었다. 전쟁의 피로감은 전투의 회피로 나타났다. 일본도 명도 싸울 마음이 없었다. 그들은 싸우지 않고 서로 눈치만 보며 어떤 변화가 오기를 기다렸다.

적이 지구持久(오랫동안 버티어 견딤)의 계획을 하므로 중국군도 지구의 계획을 하고 있는데 오늘의 사세로 보건대 왜적이 우리나라를 병탄하지 않고서는 그만두지 않을 것 같다. 또 수년 안으로는 일이 결판나지 않을 것 같으니 중국군의 둔전 계획도 대개 이 때문인 듯하다.　　－《선조실록》 30년 3월 15일

　만약 전쟁이 수년간 더 지속된다면, 명도 조선도 견디지 못할 것이 뻔했다. 그렇게 되면 조선의 희망과는 전혀 다른 방향으로 전쟁이 종결될 개연성이 높아진다. 명나라 조정의 참전파가 정치적으로 궁지에 몰리면 중국은 더 이상 조선을 위해 희생하지 않을 것이다. 그때 조선은 어떻게 할 것인가. 불안한 선조는 중국의 본심을 나름대로 분석한다. 그리고 만일 중국이 요구한다면 조선에 대한 중국의 간섭을 용인할 생각이 있음을 내비친다.

"그들(일본)의 뜻은 대개 중국을 침범하는 데 있는 것이니, 우리나라를 요충지로 삼아 방수防守하는 것은 중국으로서는 좋은 계획이다. 이미 받든 성지聖旨에 우리나라의 군무를 경리한다고 하였고 또 우리나라가 불편하게 여긴다면 다시 의논하여 시행할 것이라고 하였으니, 이제 당보塘報에서 중국이 우리나라를 어찌할 수가 없어서 물러나 압록강을 방수하려 한다고 하면 일이 어려워질 것이다. 팔도에 관원을 설치하는 일이라면 참으로 우리가 견뎌낼 수 없겠으나 평안도 등에 한 고을을 가려서 관원을 두고 둔전을 설치하는 등의 일이야 뭐가 해롭겠는가?"

하니, 성룡이 아뢰기를,

"중국의 성지聖旨에도 '일토一土·일민一民이라도 취하고 싶지 않다.' 라는 말이 있으니, 이는 그 뜻을 분명히 말한 것입니다. 그러나 그 일은 해로운 점이 있습니다."

하였다. 상이 이르기를,

"중국이 어찌 이로 인하여 우리나라를 취할 리가 있겠는가."

하니, 성룡이 아뢰기를,

"이는 참으로 의심할 바가 없으나 중국 관원이 나와서 모든 일을 일체 관찰사처럼 반드시 자기 뜻대로 하려고 한다면 우리나라는 다시 손을 댈 곳이 없게 될 것입니다. 더구나 나오는 자가 반드시 다 선한 사람일 수는 없을 것이니 마침내 견뎌내기 어려운 지경에 이를 경우 다시 철거를 청하려 해도 되지 않을 것입니다."

하였다. 상이 이르기를,

"둔전의 일 한 가지는 시험하여 볼 수도 있다. 비록 폐단이 있다 하더라도 적이 오는 걱정에 비교한다면 차이가 있을 것이다."

하니, 산해가 아뢰기를,

"둔전을 많이 설치한다면 반드시 견디기 어렵겠지만 한 관원을 내어 둔전을 한다

– 《선조실록》 30년 4월 13일

선조는 전국 팔도에 관원을 설치하는 것도 아니고, 평안도 한 고을에 관원을 두고 둔전을 설치하는 것이 뭐가 해롭겠느냐고 묻는다. 영토의 일부를 다른 나라의 군대에 맡겨서 비록 폐단이 있다 할지라도, “적이 오는 걱정에 비교한다면” 이는 충분히 감수할 수 있다는 것이다.

– 《선조실록》 30년 3월 15일

이때 일부 대신들은 명에 대한 전적인 의존이 가져올 위험을 감지하고, 조선군의 자체적인 힘을 키워야 한다고 주장했다. 그들은 명군은 뒤에서 조선군의 울타리가 되어 주고, 조선군이 전쟁의 주도권을 갖고 능동적으로 전쟁을 이끌어야 한다고 지적했다. 다만, 상황이 급박하니 양보할 것은 양보하고 포기할 것은 포기하자는 실리주의 노선을 제안했다. 당시 영의정 유성룡, 좌의정 김응남, 이원익李元翼 등이 그런 사람들이었다.

(유성룡) 조령 이북은 한 자 한 치의 땅도 잃지 말고 조선 군사로 조선을 방비하면 1년 뒤엔 조선조의 군량으로 넉넉할 것이라고 하였습니다. 이로 보면 조금도 지체할 형세가 아닙니다. 소신의 생각으로는 중국 군대로 성세聲勢를 삼아 우리의 군사로 거사하는 것이 좋지 않겠는가 여겨집니다. 형편상 오래 버틸 처지가 아닙니다.
(김응남) 소신의 생각도 이와 같습니다. 또 이원익이 지난번 소신에게 편지를 보내왔는데, 그의 의견도 우리나라는 스스로 떨쳐 일어날 형세가 없으니, 비록 곧바로 적의 소굴을 향하여 쳐들어갈 수는 없을지라도 중국 군대로 성원을 삼고 때때로 출병하여 출몰하는 적들을 공격한다면 옳을 것으로 여겨진다고 하였습니다.

– 《선조실록》 30년 5월 15일

윤두수 역시 '전에는 우리의 군세가 미약해서 거사할 수 없었지만 지금은 중국 군대로 성세를 삼아 협력하여 저들을 친다면 성공할 수 있을 듯도 하다'고 하였다. 그러한 분위기에서 김응남이 '명의 십만 대군의 군량은 결코 댈 수 없으며, 조선의 힘만으로 적과 결전해야 한다'는 상소문을 올린다.

천하 국가는 반드시 먼저 큰 계책을 정해 놓아야 합니다. 큰 계책이 정해지지 않으면 여러 의견이 멋대로 나오고, 여러 의견이 멋대로 나오면 사람들의 마음이 의심스러워지고, 사람들의 마음이 의심스러워지면 모든 일이 확립되지 못하여 멸망이 닥쳐오게 됩니다. 지금 많은 적군이 국경에 있어 국가의 형세가 위급하니……
그런데 싸울 것인지 수비할 것인지 강화할 것인지를 아직도 정하지 못하고 있습
니다. 신은 오늘날의 계책이 싸울 것인지 지킬 것인지 강화할 것인지를 모르겠습
니다. ……

강화가 이미 이뤄지지 않을 것이라면 지금의 계책으로는 수비와 싸움만이 있을
뿐입니다. 중국군이 때마침 도착하였으니, 이는 우리나라의 존망이 달려 있는 중
요한 시기입니다. 저 왜적들이 이것을 듣는다면 반드시 꺼리는 마음이 있을 것이
고, 국내의 민심도 이미 다소 진정되어 싸우려는 마음이 자못 있습니다. 이러한
시기에 정예병을 거둬들여 진격해서 적을 도모하려는 계책을 세우지 않는다면 천
하의 일은 그르쳐지고 말 것입니다. 다시 무슨 말을 하겠습니까. ……
지금 중국군이 속속 나오고 있어 그 수가 만여 명에 이르고 있습니다. 그러나 현
재 우리나라의 양식은 이 해를 넘길 만한 것이 없습니다. 군량이 떨어지면 군사가
돌아가는 것은 공명孔明도 면하지 못한 것입니다. 지금 만일 오랫동안 지구전을
벌여 적과 교전하지 않고 있다가 하루아침에 군량이 떨어지면, 중국군은 앞에서
흩어지고 우리 군사는 뒤에서 무너질 것입니다. 그렇게 된다면 닥쳐올 환란은 임
진년과 같을 뿐만이 아닐 것입니다. 이것이 신이 밤낮으로 염려하며 어떻게 해야
할지 모르는 바입니다. — 《선조실록》 30년 5월 29일

　전시 내각의 좌의정이 싸울 것인지 수비할 것인지, 아니면 강화할 것인
지 국가의 기본 전략이 무엇인지를 모르겠다고 말했다. 그러면서 조선군
이 전쟁을 주도하자고 했다. 그러자 윤근수가 김응남의 말에 반대하고, 선
조는 논의의 초점을 돌려 버린다.

결국 조선군 주도의 전쟁 전략은 유야무야되고, 전적으로 명군에 의존하는 것이 전쟁의 기본 전략으로 굳건히 자리 잡는다. 그런데 선조는 왜 조선군의 양성을 그토록 두려워한 것일까.

매맞는 삼도수군절도사 원균

일본이 전쟁의 목표를 수정하고 제해권 확보에 전력을 다하고 있을 때, 조선 수군은 지휘부 교체로 혼란에 빠져 있었다. 새로 삼도수군통제사로 부임한 원균은 자신의 방침에 따라 조직과 인사를 정비하고 군의 분위기를 쇄신하려고 했다. 원균도 일본군이 조선 수군을 노리고 있다는 것을 여러 정보망을 통해서 알았을 것이다. 시간이 별로 없었다. 그는 서두르지 않을 수 없었고, 그에 따라 곳곳에서 부작용이 나타났다.

이순신이 투옥된 것이, 적이 제공한 의심스러운 정보에 따라 위험한 작전을 수행하라는 조정의 명령을 거부했기 때문임을 알게 된 통제영의 군사들은 자신들을 지켜 준 이순신을 더욱 존경하게 되었을 것이다. 그런 상황에서 이순신을 버리고 새로 부임한 원균을 따르기는 쉽지 않았을 터. 더구나 이순신 휘하의 수군 장교단은 이순신 밑에서 최고의 영예와 권위를 누린 사람들이었다. 그들은 세자가 이끄는 분조의 권위를 무시할 정도의 자부심으로 똘똘 뭉치고, 모르긴 몰라도 인사상의 특권도 누렸을 것이다. 한마디로, 당시의 조선 수군이 모두 이순신의 사람들이었다.

원균이 수군으로 다시 돌아온 것은 2년 반 만이었다. 그동안 남해안의 수군은 이순신을 중심으로 단결하여 서로 간의 믿음을 가꾸어 온 것이다. 무엇보다, 그들은 이순신의 지휘를 받을 때 가장 안전할 수 있었다. 전장에 임하는 군사는 자신의 목숨이 지휘관의 능력에 달려 있음을 잘 안다. 임진년 이후 계속된 전투에서 수군의 모든 지휘관은 이순신이 있는 한 자신의 부대는 항상 이기고, 따라서 자신도 안전하다는 믿음이 확고했을 것이다. 이러한 믿음이야말로 이순신의 군대를 최강으로 만든 가장 핵심적 요인이었다.

그들은 전투 중 아무리 어려운 상황에 처해도 결국에는 이순신의 탁월한 지휘로 어려운 상황을 극복하고 마침내 자신들이 승리할 것이라고 굳게 믿었다. 그러므로 부하들은 임무를 받으면 목숨을 걸고 완수했고, 결코 적 앞에서 물러서지 않았다. 지휘관과 부하 사이에 만들어지는 이러한 신뢰는 목숨과 관계되는 것이므로 상상 이상으로 끈끈하다. 더구나 이순신은 항상 현장을 순시하고, 부하 장병들과 함께하는 시간이 많았다. 부하들과 회식을 하며 그들을 위로하고, 같이 물고기를 잡고, 소금을 굽고, 배를 만들며 함께 일했다.

그런데 이 견고한 유대 관계에 원균이 갑자기 끼어든 것이다. 더구나 원균은 조정 대신들과 손잡고 이순신과 조선 수군의 위상을 흔든 장본인이었다. 그는 자신의 출세를 위해서 조선 수군 전체를 위험에 빠뜨릴 수 있는 작전을 지지한 사람이었다.

그런 원균이 수군 내에서 고립된 것은 당연했다. 군중에서 수군거리기를 '왜적을 만나면 오직 도망가는 것이 수'라는 말이 퍼지고 있었다. 이런 상황에서 지휘가 제대로 될 리가 없었다. 부하들의 신뢰를 회복하려면 상당한 시간이 필요했다. 그러나 긴박하게 돌아가는 전쟁은 그런 시간을 허락하지 않았고, 장수와 부하 간의 불신은 조선 수군을 안으로부터 무너뜨리고 있었다.

이순신을 실각하게 만든 가토의 도해 이후에도 일본군은 계속 바다를 건넜다. 조정은 밀려드는 일본군을 바다에서 막으라고 원균을 재촉했다. 그러나 원균은 부산으로 나가는 길목에 위치한 웅천, 안골포 가덕도에 숨어서 기회를 노리고 있는 일본 수군이 두려웠다. 그래서 먼저 수륙합동작전을 펼쳐 길목의 위험을 제거해야 한다고 주장했다. 이는 바로 이순신이 주장했던 말과 같았다.

그러나 육군의 생각은 달랐다. 가덕도는 섬이니 당연히 수군이 왜적을 몰아내야 하고, 안골포는 육지와 연결되어 있으니 육군의 작전 대상이 될 수는 있지만, 인근 김해 등에 일본군의 세력이 성하여 일본군을 몰아내기 어렵고, 또 일시적으로 몰아낸다고 하여도 이를 지키기 어렵다는 것이었다. 그러므로 수륙합동작전을 요구하는 것은 수군이 전투를 회피하는 것이라고 했다. 5월 8일, 도원수 권율이 비밀 장계를 올려 안골포와 가덕도의 적세가 고단한 것은 원균의 말대로 사실이라고 했다. 그러나 섣불리 싸우는 것은 옳지 않다고 했다. 조정 신료들의 의견도 엇갈렸다.

원균의 뜻은 반드시 육군이 먼저 안골포와 가덕도의 적을 공격해야 한다는 것이고, 도원수와 체찰사의 뜻은 그렇지 않아 수군을 나누어 다대포 등처를 왕래시키면서 해양에서 요격하려는 계획입니다. 이는 대사大事이니, 여러 장수의 계책을 하나로 결정하여 처리해야지 서로 달라서 기회를 잃게 해서는 안됩니다. 신들 역시 지도로 형세를 살피고 해변의 형세를 자세히 아는 사람의 말을 참조하건대 안골포는 김해·죽도와 매우 가깝고 지형이 바다 가운데로 뻗어 나왔으므로 군사가 육로로 공격하면 적에게 뒤에서 엄습당할 염려가 없지 않으니, 도원수가 진공進攻을 어렵게 여기는 것이 또한 반드시 소견이 있을 듯합니다.

— 《선조실록》 30년 6월 11일

비변사에서 육군과 수군의 주장을 종합하여 임금에게 보고한 내용이다. 그러나 원균은 육군과 도원수 권율의 주장을 강력하게 반박할 수가 없었

 8장 정유년, 일본군이 되돌아오다

다. 수군통제사로 부임하기 바로 직전에 이순신의 수륙합동작전 계획을
비판하며 수군의 단독 작전이 가능하다고 주장하지 않았던가. 그런데 통
제사가 된 후에 갑자기 입장을 바꾼 것이다.

이는 사람들을 당혹하게 했다. 도원수 권율은 부산포로 나아가 싸우라
는 명령에 머뭇거리는 원균을 재촉했고, 체찰사 이원익도 남이공南以恭을
보내어 부산으로 출동하라고 명령한다. 이순신이 삼도수군통제사로 있을
때에는 도원수나 도체찰사가 아무런 간섭도 하지 않았다. 그런데 원균이
통제사가 되고 난 후부터 선조는 도체찰사 이원익, 도원수 권율에게 수군
에 대한 통수권까지 부여했다.

선조 30년 6월 18일, 견디다 못한 원균이 출동하여 안골포, 가덕도의 일
본군을 공격했으나 일본군의 강한 저항으로 별다른 성과를 거두지 못했
다. 도체찰사는 부산 출격을 명했지만, 원균은 부산으로 가지 않고 그 길목
인 안골포와 가덕도에서 싸움을 벌였다. 도체찰사는 도원수 권율에게 명
하여 명령을 이행하지 않은 원균을 곤장으로 다스렸다. 임진년 이후 조선
에서 가장 강력한 군사집단인 수군의 드높은 자존심이 여지없이 구겨졌
다. 더구나 원수에게 곤장을 맞는 장수를 어느 부하가 믿고 따를 것인가.
이렇게 조선군은 스스로 무너지고 있었다.

1만 수군이 몰살된 칠천량 전투

선조 30년 7월 5일, 100여 척
의 함선을 이끌고 한산도를 출발한 조선 수군은 비로소 부산앞바다로 진출
하여 항구를 막았다. 부산포에 정박 중이던 일본 수군이 분주히 전투를 준

비할 때 대마도 쪽에서 1천여 척의 일본 함대가 나타났다. 한산도 해전의 참패를 설욕하기 위해 4년간 벼르고 준비한 결과였다. 남해안의 제해권을 놓고 물러설 수 없는 격돌의 순간이 다시 다가오고 있었다. 7월 7일이었다.

열 배가 넘는 세력이었지만 일본군은 조선군과의 정면 대결을 피했다. 이날 바다는 거칠었다. 바람은 세차게 불었고 물결은 높았다. 원균은 적선이 보이자 군사를 독려하여 앞으로 진격하였다. 일본 함선은 뿔뿔이 흩어져 달아나기만 했다. 부산 앞바다는 섬이 거의 없는 망망대해이다. 한산도처럼 사방이 섬으로 둘러싸인 바다가 아니었다. 매복이 불가능했고, 속도가 빠른 일본 함선이 뱃머리를 돌려 달아나면 따라잡기가 어려웠다. 잡힐 듯 도망하는 일본 함선을 추격하다가 부산과 대마도 사이에 있는 물머리에 이르면, 배가 대마도 쪽으로 대책 없이 흘러가기도 했다.

군사들은 한산도에서부터 종일 노를 저어 오느라 쉬지도 못하고, 굶주림과 목마름에 시달렸다. 함선은 풍랑에 밀려 잠시 앞으로 나아갔다가는 곧 뒤로 밀려났다. 덩치가 큰 판옥선도 제어하기가 어려웠다. 일본군은 이런 조선 함선에 가까이 접근했다가는 곧바로 피하면서 수군의 힘을 뺐다.

날은 저무는데 배를 정박할 곳이 없었다. 어둠이 짙어지자 바람은 더욱 세차게 불어 조선 함선들은 사방으로 흩어져서 표류해 가는 방향도 알지 못했다. 이렇게 조선 수군은 전투도 하기 전에 풍랑으로 20여 척을 잃었고, 군사들은 싸우기도 전에 기진맥진해 버렸다. 엎친 데 덮친 격으로, 함선 일곱 척이 가토가 주둔하던 서생포로 밀려갔다가 해안에서 도살당하는 일까지 벌어졌다. 싸움도 하기 전에 판옥선 27척을 잃었다면 그 손실만 하더라도 엄청난 것이었다. 한 척의 승선 인원을 160명으로 잡으면 4천 명이 넘는 군사를 잃은 것이다. 임진년 전쟁 이후 조선 수군이 한 번도 경험하지 못한 심대한 손실이었다.

칠천도에 도착한 것은 밤 9시경이었다. 원균은 작전회의를 열었다. 여기에서 경상우수사 배설裵楔은 후퇴를 주장하였다. 나아갈 수도 없고 물러설 수도 없었던 원균은 칠천도에 그냥 머물러 있었다. 그러자 권율이 또다시 원균을 불러 매를 쳤다. 다시 부산으로 진격하라는 것이었다. 7월 10일이었다. 원균은 부대로 돌아와 술을 마시고 취하여 누워 버렸다. 일선 장수에게 이런 모욕을 주고도 어찌 전쟁에서 이기길 바라겠는가. 모두가 제정신이 아니었다.

선조 30년 7월 16일 새벽. 일본군은 1천여 척의 함선을 동원하여 칠천도에 머물고 있던 조선 함대를 총공격했다. 지난날 이순신에게 패했던 와키사카 야스하루, 도도 다카도라, 가토 요시아키 등 일본 수군의 정예부대가 총동원된 공격이었다. 거제도와 칠천도 사이의 좁은 물길인 칠천량은 일본 함선으로 가득 찼다. 그들은 조선 수군을 겹겹이 포위했다. 마침 전날 밤에 큰비가 내렸다. 원균은 전선 네 척으로 경계를 하도록 하였으나, 어둠 속에서 경계가 제대로 이루어지지 않았다.

"15일 밤 2경에 왜선 5~6척이 불의에 내습하여 불을 질러 우리나라 전선 4척이 전소 침몰되자 우리나라 제장들이 창졸간에 병선을 동원하여 어렵게 진을 쳤는데 닭이 울 무렵에는 헤일 수 없이 수많은 왜선이 몰려 와서 서너 겹으로 에워싸고 형도刑島 등 여러 섬에도 끝없이 가득 깔렸습니다. 우리의 주사舟師(수군)는 한편으로 싸우면서 한편으로 후퇴하였으나 도저히 대적할 수 없어 할 수 없이 고성 지역 추원포로 후퇴하여 주둔하였는데, 적세가 하늘을 찌를 듯하여 마침내 우리나라 전선은 모두 불에 타서 침몰되었고 제장과 군졸들도 불에 타거나 물에 빠져 모두 죽었습니다. 신은 통제사 원균 및 순천 부사 우치적禹致績과 간신히 탈출하여 상륙 했는데, 원균은 늙어서 행보하지 못하여 맨몸으로 칼을 잡고 소나무 밑에 앉아 있 었습니다. 신이 달아나면서 일면 돌아보니 왜노 6~7명이 이미 칼을 휘두르며 원 균에게 달려들었는데 그 뒤로 원균의 생사를 자세히 알 수 없었습니다. 경상 우수 사 배설과 옥포·안골의 만 호萬戶 등은 간신히 목숨만 보전하였고, 많은 배들은 불에 타서 불꽃이 하늘을 덮었으며, 무수한 왜선들이 한산도로 향하였습니다."

– 《선조실록》 30년 7월 22일

처음부터 준비가 덜된 무리한 싸움이었다. 게다가 원균에게는 싸움의 시기를 선택할 재량도, 싸움에 유리한 장소를 선택할 권한도 없었다. 전투 의 시기와 장소를 선택할 수 없었으니 전술도 선택하기가 어려웠다. 칠천 도에서 나아갈 수도 없었고, 그렇다고 한산도로 물러날 수도 없었다. 그렇 게 엉거주춤하고 있는 사이에 상황은 돌이킬 수 없는 파국으로 치달았다.

조선 수군은 전투의 주도권을 쥐어야만 이기는 싸움을 전개할 수 있었 다. 포를 사용하기에 적당한 공간과 탄력적 속력을 확보한 상태에서 과감 하게 적선을 향해 돌진할 때 조선 수군의 장점이 최대한 발휘되었다. 판옥선은 속력을 잃지 않고 일본 함대의 가운데를 돌파하면서 위력적인 함포를 쉴 새 없이 날리며, 또 한편으로는 육중한 몸체로 힘차게 일본 함선을 정면으로 충격해야 했다. 이때 판옥선이 확보한 공간과 속력은 일본 수군이 달라붙을 수 있는 기회를 차단하여 조선군의 희생을 최소화해 주었다.

그러나 이때의 조선 수군은 사기도 저하되고, 밤에 이미 일본군에게 완전히 포위당한 상태였다. 애써 진을 펼쳤으나 최적의 전투에 필요한 공간과 속력을 얻을 수가 없었다. 그렇게 시간이 지나자 일본 함선에 몇 겹으로 포위되어 꼼짝도 할 수 없는 상황에 빠지고 말았다.

단병접전短兵接戰에는 세계 최강이라고 자부하는 일본군이었다. 포위된 채 속력이 떨어진 함선에 일본 수군이 옮겨 탔다면 그걸로 싸움은 끝난 것이다. 그것은 일본군이 선택할 수 있는 최적의 전투 조건이었다. 그 같은 상황에서는 적의 공격을 벗어나 도망하기도 힘들었다. 기적같이 탈출한 조선 함선도 견내량을 건너 한산도로 돌아가지 못했다. 겨우 혈로를 뚫고 고성의 춘원포로 피신할 수 있었을 따름이다. 이 함선에 원균도 타고 있었다.

그러나 바다가 온통 일본 함선으로 덮여 있는 상황에서 포위망을 뚫고 살아 나갈 가망은 별로 없었다. 원균은 춘원포에서 배에서 내려 도주하려고 했으나, 육중한 몸에 나이까지 많은 탓에 결국 추적에 나선 이름 없는 일본군 병사의 손에 죽고 말았다. 전라우수사 이억기는 끝까지 항전하다 배 위에서 죽고, 충청수사 최호崔湖도 이때 함께 전사하였다. 조방장 김완金浣, 배홍립裵興立, 안세희安世熙, 가리포첨사 이응표李應彪, 함평 현감 손경지孫景祉, 별장 유해柳海 등은 피살되거나 익사하였다.

싸움에 패한 조선 수군이 한산도로 후퇴하지 못하고 고성의 춘원포로 후퇴한 것을 보면, 조선 수군의 앞마당이었던 견내량도 일본군에게 이미 봉쇄되었을 가능성이 높다. 그들은 엄청난 규모의 함선을 동원하여 서서히 조선군을 노리고 포위해 왔던 것이다. 그러나 조선 수군은 적군의 동향을 눈치 채지 못했고, 군의 퇴로도 확보하지 못했다. 선조도 이를 이상히 여기고 직접 지도를 짚어 가며 물었다.

이미 5년 전 한산도 앞바다를 호령하던 조선 수군의 모습이 아니었다. 왜란 초기 조선 수군은 육지와 해상의 수많은 정보원들을 통해 일본 수군의 움직임을 손바닥 들여다보듯이 훤히 들여다보고 있었다. 그런 정보 시스템이 통제사 한 사람이 바뀌었다고 그토록 철저하게 무너졌다는 것은 기이한 일이다. 아니면 이때 조선 수군은 이미 자만심과 게으름에 빠져서 이길 수 없는 군대로 변해 있었던 것일까. 결국은 믿음의 문제였다. 이 한 번의 전투로 그토록 막강하던 조선 수군은 완전히 괴멸되고 말았다. 칠천량의 패전은 선조에게 엄청난 충격을 주었다. 당황한 선조는 조정에 실망하지 말고 분발하라는 비망기를 내려야 했다.

오늘에 이르러서는 어찌하여 이와 같이 사기가 상실되었는가. 마음속으로 근심만 한다고 왜적이 저절로 물러갈 것인가. …… 오늘날 국사가 비록 절박하다고 하나 위로는 부모와 같은 중국이 있고 또 중국 장수가 중외에 배치되어 있으니 어찌 우리나라가 끝내 일어나지 못할 리가 있겠는가. 그리고 싸움에서 이기고 지는 것은 병가의 상사(兵家之常事)이니 한산에서 전패한 것은 근심할 필요가 없다.

– 《선조실록》 30년 7월 22일

주사舟師(수군)가 패몰된 지 이미 10여 일이 지났는데도 해양에 대한 사정을 알아볼 길이 없어 막연합니다. 당초에 패몰된 곡절과 장수와 군졸의 생사, 배와 기계의 유무, 그리고 한산도에 있는 군량과 사민土民의 처치, 삼도 주사를 얼마나 수습하였는지에 대하여 자세히 알려지지 않았을 뿐만 아니라 뿔뿔이 흩어진 군졸을 재편성하지 않아 군사 형편이 매우 빈약하므로 모두 의구심을 품고 있으니, 선유宣諭(임금의 말을 백성들에게 널리 알림)하는 일이 매우 시급합니다. 시종신 한 사람을 시급히 달려가게 하여 한편으로 변방의 사정을 염탐하고 한편으로는 군졸들의 마음을 위로해 주도록 하소서.

– 《선조실록》 30년 7월 27일

조정에 피해 상황을 담은 장계를 올릴 만한 장수가 한 명도 살아남지 못했을 만큼 처절한 패배였다.

전라도로 밀려드는 일본군

칠천량에서 대승을 거둔 일본 수군은 곧바로 한산도로 진출했다. 그리고 남해도와 순천부를 차례로 함락하고 전라도 해상으로 밀고 들어왔다. 경상우수사 배설은 싸움이 벌어지기도 전에 판옥선 열두 척을 이끌고 칠천도에서 나와 함대를 이탈하였다. 그는 원균의 패전을 목격하고 서둘러 한산도로 돌아와 군량과 병기를 모두 불태우고 전라도 쪽으로 도주했다. 뒤이어 여수의 전라좌수영도 일본군의 손에 들어갔다. 일본 수군의 전라도 진격은 거칠 것이 없었다. 불과 한 달만에 전라도 서쪽 해안 고흥, 보성, 장흥을 거쳐 완도, 해남의 전라우수영으로 진출했다.

제해권을 장악한 일본군은 육군을 투입하여 전라도 공략을 시도했다. 그들은 경상도 연안에 최소한의 병력만 남겨 두고 11만에 달하는 병력을 전라도 침략에 집중시켰다. 첫 번째 목표는 전주성 공략이었다. 그들은 군사를 둘로 나누었다. 좌군은 우키다 히데이에를 대장으로 하여 5만의 병력으로 편성했다. 부산을 출발하여 바닷길로 고성·사천에 상륙하여 하동·구례를 거쳐 남원을 공략한 후에 전주성으로 간다는 것이었다. 여기에는 고니시, 시마즈, 하치스카의 군이 포함되었다. 우군은 모리 히데모토를 대장으로 하여 6만의 병력으로 편성되었다. 그들은 양산에 집결하여 밀양·창녕·합천을 거쳐 함양·안의의 육십령을 넘어 진안을 거쳐 전주를 공격한다는 계획을 세웠다. 여기에는 가토, 구로다, 아사노 군이 포함되었다.

일본군의 전라도 진출에, 조선은 '들판을 깨끗이 청소'〔淸野〕하고 소수의 초라한 병력이 산성을 지키는 방법으로 대응했다. '청야'는 양식과 마초를 철저하게 제거하여 적의 병사와 군마를 굶주리게 만들어, 적이 깊이 침략하지 못하도록 만드는 전략이다. 어디에도 일본군을 저지할 만한 조선군은 없었다. 전란이 일어난 지 6년이나 되었지만 아직까지 일본군에 대적할 만한 조선군을 만들지 않았던 것이다. 청야 작전은 백성들도 굶주림을 함께 견디어야 하는 경우가 많고, 백성들을 근처의 산성으로 함께 데리고 들어가 방어전에 참여시켜야 했다. 한 마디로, 백성의 희생과 고통이 말할 수 없이 크다는 단점이 있다. 그런데 일본의 재침입 후 이것이 조선의 기본적인 전략이 되었다.

오늘날 적을 방어하는 대책은 들판을 청소하는 것보다 나은 것이 없다. 우리나라는 지모가 졸렬하고 사려가 부족하여 호령이 행해지지 않으니, 만일 양곡을 모았다가 적을 도와주는 경우가 된다면 이는 작은 일이 아니다. 풀을 태우고 양곡을 거두어 들판을 청소하고서 기다리면 저들이 1백만 명이라도 어떻게 할 수가 없을 것이다. 들판을 청소하는〔淸野〕 두 글자에 대해 다시 지수指授(지시하여 가르쳐 줌)하기 바란다.
― 《선조실록》 28년 10월 9일

청야의 방침이 정해지자, 조정에서는 경상 · 전라 · 충청 3도의 청야를 급히 시행하기로 하고 도체찰사를 내려보내어 위반자를 군율로 엄중히 다스리기로 했다. 청야 후 험준한 산성에 군량을 쌓아 두고 백성을 수용하여 방어전을 편다는 것이었다.

7월 25일, 오랜 준비를 마친 일본군이 움직이기 시작했다. 그들은 우선 전라도로 움직였다. 좌군 5만여 명은 고성―사천―하동―구례―남원―전주로 진군하고, 우군 6만여 명은 밀양―거창―안의―진안―전주로 진군하기로 했다. 이와 함께 수군 7천은 좌군과 병진하여 하동으로 진출, 섬진강을 따라 올라가 구례에서 좌군과 합류하기로 했다.

먼저 일본군 우군의 선봉 가토의 군사가 밀양을 거쳐 창녕으로 들어섰다. 그러나 가토 군은 곽재우가 지키고 있는 화왕산선을 그대로 지나쳤다.

일본군이 산성을 에워싸고 성안을 살폈지만 성안에서는 아무런 동요가 없었다. 일본군은 곽재우의 군이 만만치 않음을 직감했다. 또, 전라도 공략이 최우선 과제였으므로 화왕산성은 무시하고 통과하기로 했다. 작은 병력을 거느린 곽재우가 지나치는 일본군의 주력을 공격할 수는 없었다.

일본 우군은 행군을 계속해 합천을 지나 함양에 들어섰다. 당시 함양 안의현의 황석산성에는 체찰사 이원익의 명에 따라 함양 군수 조종도趙宗道, 안의 현감 곽준, 거창 현감 한음 등이 병사와 백성 7천여 명으로 성을 방어하고 있었다.

일본군 6만이 황석산성을 공격한 것은 8월 15일이었다. 밤낮 없는 치열한 전투가 이어지던 4일째 새벽, 성안에서는 '화살도 떨어지고, 물과 기름을 끓이던 화목도 떨어지고, 던지던 돌마저 떨어졌다'. 이때 동문을 공략하던 구로다 나가마사의 군이 성을 타고 넘어오면서 황석산성은 함락되고 말았다. 현감 곽준은 두 아들과 함께 적을 맞아 끝까지 싸우다 죽었고, 군수 조종도도 가족과 함께 죽었다. 일본군은 성안에 있던 군사와 백성을 모두 학살하고, 코를 베어 도요토미에게 보냈다.

좌군 5만은 우군보다 3일 늦은 7월 28일 부산을 출발했다. 8월 초에는 일본 좌군이 의령·고성에 돌입하여 진주·사천·하동을 거쳐 전라도로 향했다. 배로 조선 수군이 자취를 감춘 한산도 앞바다를 지나 고성과 사천에 상륙해서 하동으로 나아가기도 했다. 이때 일부 일본군은 배를 이용하여 섬진강을 거슬러 올라 구례에서 내렸다. 그들의 1차 공격 목표는 남원이었다.

도원수는 성주·금천 지역으로 이동하였고, 체찰사는 후퇴하여 구미의 금오산성으로 들어갔다. 조선 군사가 험준한 산성으로 들어간 사이, 일본군은 마음껏 조선을 유린했다. 그들은 마치 사냥을 나온 듯이 사람을 죽이고, 산과 들과 마을을 불태웠다. 백성을 잡아서는 쇠줄을 묶어서 줄줄이 끌고 다녔다. 여자만 보면 때와 장소를 가리지 않고 겁탈했고, 정조를 잃은 아녀자는 목을 매고 강물에 뛰어들었다. 부모는 자식 걱정에 탄식하고, 자식은 부모를 찾아 헤맸다.

'전라도를 보존하고자 한다면 반드시 남원을 지켜야 한다.' 이 방침에 따라 명군은 5월에 조선으로 들어온 부총병 양원과 3천의 군사를 보내어 남원을 지키게 하였다. 당시 남원에는 전라병사 이복남, 광양 현감 이춘원李春元이 지휘하는 조선군 1천여 명과 백성 6천 명이 성을 지키고 있었다. 그러나 남원의 운명은 남해에서 조선 수군이 전멸되면서 이미 결정된 것이나 다름없었다. 조정에서조차 남원 방어의 가능성을 믿지 않았다.

남원성 전투는 8월 13일 시작되었다. 5만 일본 대군에 맞서는 조선군은 군사와 백성을 합해 모두 1만에 지나지 않았다. 일본군이 남원으로 접근하자 모두 겁을 먹고 피하기에 바빴다. 남원성은 도와줄 원군 하나 없는 외로운 성이 되었다. 처음 일본군의 공격은 조심스러웠다. 그러나 공격 개시 나흘이 지난 8월 16일 아침부터 총공세를 폈다. 그날 밤, 일본군은 수만의 병사를 이용해서 남원성 밖의 참호를 풀 다발로 메웠고, 풀이 성 높이와 같아지자 풀 더미를 넘어 성으로 들어왔다. 성을 지키기 어렵다고 판단한 명나라 군사들이 탈출을 시도했지만, 성 밖에서 몇 겹으로 포위한 일본군의 칼에 맞아 모두 죽었다.

성이 함락될 때에 총병은 1백여 기騎를 대동하고 여러 겹의 포위망을 뚫고 빠져나갔다. 본도本道의 병마사 이복남, 별장 신호申浩, 구례 현감 이원춘 등이 성안 길거리에서 싸우다가 지탱하지 못하여 총병사후 정기원, 부사 임현, 판관 이덕회, 통관 이춘란 및 관군들과 더불어 총 7백여 명이 모조리 피살되었다.

– 《선조실록》 30년 9월 2일

남원성을 함락시킨 일본군은 조선군과 명군은 물론이고 일반 백성들도 모조리 죽였다. 일본의 종군 승려 케이넨〔慶念〕의 《조선일일기朝鮮日日記》에는 '성안의 사람들은 남녀노소 할 것 없이 모두 죽여서 생포한 사람이 하나도 없다'고 했으며, '성안으로 진을 이동하다가 날이 밝아 성 주위를 돌아보니 길 바닥위에 죽은 자가 모래알처럼 널려 있다. 눈으로 볼 수 없는 처참한 상황이라'고 묘사했다. 진주성의 참변이 남원에서 재현된 것이다.

애초에 일본이 정유재란을 일으킨 목적은 정치적 협상을 유리하게 이끄는 구실을 마련하는 데 있었다. 일본군의 힘을 명나라에 보여 주고, 일본의 요구를 들어주지 않으면 중국 역시 엄청난 희생을 치르게 될 것임을 조선 백성을 처참하게 죽이는 것으로 증명해 보여 주려는 데 있었다.

이에 더해, 일본군은 짐승같이 잔인한 행동으로 조선인들에게 공포심을 심어 주려고 했다. 그 공포심을 무기로 조선 조정을 압박하고, 국론을 분열시키고, 나아가 조선의 남쪽을 차지하려는 술책이었다. 이에 따라 일본군이 보여 준 잔인함은 임진년 제1차 침략 때와는 차원이 달랐다. 그때는 그래도 조선 백성의 마음을 얻어 보겠다는 생각이 있었다.

도요토미는 일본군이 싸움에서 얼마나 많은 적을 베었는지 확인하겠다며 살해한 적군의 코를 베어 보내라고 지시했다. 평생을 싸움터에서 살아온 도요토미였다. 조선 병사의 코를 베라는 것은 곧 일반 백성의 코도 베라는 소리인 줄 모를 리 없었다. 다른 곳을 다치지 않았더라도 코를 베이면 대부분 과다 출혈로 죽게 된다. 실로 인류 역사상 유래가 없는 잔인한 살인 명령이었다.

남원성을 손에 넣은 일본군은 전주성으로 향했다. 비슷한 시기에 황석산성을 함락시킨 일본 우군도 전주성 공격에 합류했다. 11만 대군이 전주성으로 몰려온다는 소식을 들은 전주 사람들은 공황 상태에 빠졌다. 일본군이 황석산과 남원에서 자행한 만행이 효과를 발휘한 것이다. 전주성을 지키던 사람늘이 성을 비우자, 백성들노 순식산에 빠져나갔나. 결국 일본군이 도착했을 때 전주성은 텅 비어 있었다. 선조 30년 8월 25일이었다.

또다시 도주하는 왕실과 사대부

경상도 황석산에서, 전라도 남원에서 조선의 병사와 백성들이 처참히 죽어 가고 있을 때, 천 리 밖 서울에서 또다시 난을 피해 도망갈 궁리를 하고 있었다. 선조는 '나인과 어린

왕자들을 우선 해주로 피신시키라'고 명했다. 그리고 비망기로 정원에 전
교하였다.

왕자를 보호할 사람이 없어서는 안 되니 재상 몇 명을 보내는 것이 어떻겠는가?
그리고 서로 외방에 떨어져 있을 때, 만일 의외로 주선해야 할 일이 있으면 대신도
없어서는 안 될 것 같다. 어떻게 해야 할지 비변사에 이르라.

- 《선조실록》 30년 8월 12일

선조의 명이 떨어지자 서울은 다시 극심한 혼란에 빠져들었다. 삼사와
승정원이 일어나 선조에게 피란 명을 철회하라고 청했다 그러나 선조는 듣
지 않았다. 흉적 일본군이 남쪽에 주둔한 지 몇 해가 지나도록 아무런 대비
없이 명의 눈치만 보고 있던 왕실과 조정이 선택할 수 있는 방법은 별로 없
었다.

모두들 말하기를 '내전內殿의 거둥이 이러한데 우리만이 빈 성을 외로이 지키다
가 부질없는 죽음을 당할 필요가 없다.' 고 하니, 그나마 살아남은 백성들이 모두
달아날 경우 인심을 막을 수 없을 것이니 장차 어떻게 금지시키려 하십니까. 성이
텅 비게 되면 과연 중국 장수들이 우리나라를 위하여 홀로 남아 지키면서 절박한
위험 속에서 환난을 당하려 하겠습니까.

- 《선조실록》 30년 8월 12일

변경이 조금이라도 위태롭다는 소식을 들으면 우선 처자를 보호할 계책만 생각
하여 재산을 챙겨 어린 자식들을 이끌고 성을 빠져 나가니, 이렇게 되면 백성들
도 이를 본받아서 며칠 안으로 도시가 텅 비게 될 것입니다. …… 도성을 일단 버

임금이 먼저 가족과 재산을 피란시키니 신하들도 그 뒤를 따랐다. 임진년의 상황이 그대로 재현되고 있었다. '사대부들은 약간의 소동만 있어도 종묘사직의 위급함은 생각지도 않고 곧장 도망갈 계책만 궁리하여 안에서 거동하기도 전에 먼저 자기들의 가속을 이동시킴으로써 백성들의 본보기가 되고' 있었다.

언관이 먼저 피란한 신하들의 이름을 대며 처벌을 요구하자, 선조는 이렇게 대답한다.

"가속을 먼저 피난시킨 자가 이 사람뿐이겠는가. 가소로운 일이다. 대신도 자기 가속을 피난시키고 뒤따라 몰래 빠져 나간 자가 있다고 하는데 다른 자들이야 말할 필요가 있겠는가. 대신이 하는 일에는 논급하지 않으니 과연 권력이 있다고 말할 만하다." 심사가 뒤틀린 임금은 한 술 더 뜬다.

임금과 신하가 서로 먼저 도망한다고 손가락질하는 지경이었다. 눈만 뜨면 성리性理와 천하대의를 논하고, 교화가 정치의 근본이라고 말하던 조선 지배층의 현실은 초라하기 그지 없었다. 명나라는 이러한 조선 지배층의 행태에 강한 경고를 던진다.

경리가 통사通事 표헌表憲에게 이르기를 '지금 우리나라 사람이 돌아와서 말하는 것을 들으니, 서울에서는 한 가지 일도 제대로 처리하지 못하여 성안의 남녀들이 점차로 밤을 틈타서 도망해 나간다고 하는데 국왕도 반드시 이피移避(흩어지고 떨어짐)하려는 마음이 있어 금지하지 않고 있는 것이다. 서울의 사정은 내가 이미 알고 있으니, 그곳 사람들로는 성을 지킬 수 없을 것이다. 다만 우리 군사가 이미 나와 있고 대군이 또 계속해서 나올 것인데, 그 사이도 자신들이 굳게 지키지 못하고 우리 군사가 모두 나오기만을 기다리겠다는 것인가. 만약 서울에서 한 발자국이라도 움직인다면 한강 이남은 저절로 붕괴될 것이니 그렇게 되면 4도의 강토를 완전히 버리는 셈이다.   – 《선조실록》 30년 8월 8일

논란 속에서 중전과 세자 일행이 피란길에 올랐다. 그 모습도 참담했던 임진년 피란길과 크게 다르지 않았다. 일행을 맞아야 할 지역 관리들은 대기하여 중전을 맞이하지 않았고, 마전麻田(삼밭)에서 우왕좌왕하다 밤중에야 강을 건넌 것도 지난날 임진강을 건널 때와 흡사하였다. '장수가 거느린 장졸들은 모두 피란하여 수풀 사이에 숨어 버렸고, 백성을 보살펴야 하는 수령이 간 곳은 까마득히 알 수 없었다.' 적이 쳐들어와 남해안에 웅크리고 기회를 엿 본 지 4년이 넘었건만 조정은 아무런 대비도 하지 않았고, 이를 누구보다도 잘 아는 사대부들이 가장 먼저 도망을 쳤다.

신에게는 아직 열두 척의 배가 있습니다

이순신이 백의종

군을 명받아 감옥에서 풀려난 것은 선조 30년 정유년 4월 1일이었다. '백

의종군白衣從軍'이란 벼슬 없는 사람이 군대를 따라 전쟁터로 나가는 것이

다. 비록 징계의 성격이 없지 않지만, 죄수 신분은 아니었다. 백의종군하는

장수의 신분에 대해서는 '병졸 강등'이냐 아니면 '보직 해임'이냐 해석이 갈

리지만, 보직 해임으로 본다면 당시 이순신은 정2품 성헌대부正憲大夫 품세

는 유지하고 있었을 것이다.

이순신이 옥에서 풀려나 백의종군을 위해 권율의 막하로 내려갈 때 남행

길에 있던 수령들이 그에게 음식과 술을 대접하고, 짐을 실어 보내 주는 등

은근한 위로와 편의를 제공했다. 온 나라 사람들이 장군에게 커다란 존경

을 보냈다.

이순신이 수원을 지나 남쪽으로 내려가고 있을 때 어머니가 죽었다는 소

식이 전해졌다. 그러나 이순신은 마음껏 슬퍼할 수도 없는 처지였다. 슬픔

에 잠겨 빈소를 지키던 이순신에게 금오랑金吾郞(의금부 도사) 서리 이수영이 공주에서 와서 어서 가자고 다그쳤다. 4월 19일, 이순신은 어머니의 영전에 눈물로 하직하고 남쪽으로 떠났다. 슬픔 속에 남행을 계속한 이순신은 10일 만에 권율의 막하에 들어갔다. 권율은 이순신을 따뜻하게 위로하고, 이순신과 친한 군관을 참모로 보내 주었다.

이순신은 백의종군 길에도 자신의 처지와 자신에게 닥친 시련을 한탄하지 않았다. 오히려 옛 부하들을 시켜 적정의 정보를 수집하고 대책을 구상하는 등 언제든 전선에 나아갈 수 있도록 준비했다. 이런 마음가짐 덕에 훗날 다시 삼도수군통제사가 되었을 때 곧바로 임무를 수행할 수 있었다.

이순신이 칠천량에서 조선 수군이 적의 기습을 받아 대패했다는 소식을 들은 것은 7월 18일이었다. 수군의 피해는 괴멸적 수준이었다. 살아남은 함선은 배설이 이끌고 도주한 판옥선 열두 척뿐이었다. 통제사 원균, 전라 우수사 이억기, 충청수사 최호도 죽었다고 했다. 당시 조정은 수군의 패멸로 전라 · 충청 · 경기가 일본의 손 안에 떨어질 것이라는 공포에 떨었다.

주사가 이미 패몰되어 오늘의 형세는 수로를 막는 것이 매우 시급하다. 앞으로 적선이 이르지 않는 곳이 없을 것인데, 만약 곧장 서쪽 길로 향하여 우리의 배후를 단절시킨다면 사태는 말로 다 표현할 수 없을 것이다. 왜적은 매우 교활하고 용병에도 능하니, 오늘날의 형세는 임진년과는 다르다.   – 《선조실록》 30년 7월 25일

권율은 이순신에게 대책을 물었지만, 이순신도 뭐라고 대답하지 못했다. 다만, 연해안 지방으로 가서 직접 보고 난 뒤에 결정하자고 했다. 이순신은 현장 조사를 자청했고, 권율은 이에 적극 협조했다. 이순신은 그날로

출발했다. 일본 수군의 전라도 진입이 임박했지만 어디에도 그들을 저지할 군대가 없었다. 서둘러야 했다. 그는 아홉 명의 참모와 약간의 군사를 데리고 갔다. 이제부터는 어디에서 적을 만날지 알 수 없는 위험한 길이었다. 줄기차게 내리는 빗속을 강행군하여 합천 · 산청 · 사천 · 고성을 거쳐 노량진에 이르러 거제 현령 안위安衛, 영등포 만호 조계종趙繼宗, 우후 이의득李義得을 만났다. 7월 22일에는 경상우수사 배설을 만났다.

그리고 8월 3일, 이순신은 다시 삼도수군통제사로 복귀하라는 명을 받았다. 발령 날짜는 7월 23일이었으나 늦게 도착한 것이다. 다시 통제사가 된 이순신은 더욱 속도를 높였다. 노량진에 있는 배설에게 남은 함선 열두 척을 이끌고 전라도 장흥의 군영구미로 가도록 지시하고, 자신은 바로 참모들과 함께 육로를 택해 움직였다. 8월 3일 하동 행보역, 두치. 4일 화개, 구례. 5일 곡성. 6일 옥과. 7일 순천, 강정. 8일 순천 부유창. 9일에는 낙안을 거쳐 저녁에 보성 조양창兆陽倉에 도착한다.

부유창은 일본군의 침입이 임박했을 때 전라병사 이복남이 창고를 태워 잿더미로 변해 있었으나, 조양창은 사람들이 모두 도망가고 없어도 창고에는 곡식이 봉인된 채 그대로 있었다. 여기에서 이순신은 군량을 확보할 수 있었다. 그는 거침없이 전라도로 몰려오는 일본군 앞을 위태롭게 오가며 군사를 모으고, 무기와 식량을 확보했다. 이 과정에서 지난날 자신의 부하였던 순천 부사 우치적, 거제 현령 안위, 발포 만호 소계남蘇季男, 지도 만호 송희립宋希立, 한후장 최대성崔大晟, 군관 정사준鄭思竣 등을 만났다.

이순신은 8월 9일부터 17일까지 보성에 머문다. 15일 이순신은 '수군의 전력이 너무 약하니 권율의 육군과 합류해 전쟁에 임하라'는 명령을 받고, '지금 신에게는 아직도 열두 척의 배가 있나이다.'라는 장계를 올린다.

— 《이충무공 전서》

이순신은 8월 3일부터 29일까지 거의 한 달 동안 전라도에서 수군의 재건을 도모했다. 경남 진주에서 시작하여 구례-압록-곡성-옥과-석곡-순천 부유창-순천을 거쳐, 낙안-벌교-보성 조양창-보성으로 마지막에는 장흥 회령포에 도착하였다. 이 숨 가쁜 행보로 흩어진 병사를 모으고, 마지막 남은 수군 전선 열두 척을 인수하고 군량을 확보했다. 그리고 무엇보다도 칠천량의 패배로 공포에 휩싸인 민심을 수습하고, 두려움에 빠진 군사들에게 이순신의 건재함을 알렸다. 그리고 추상같이 엄한 군기를 세워 나갔다.

이순신의 노력은 이내 가시적인 성과를 거두었다. 특히 백의종군한 이순신이 통제사로 재임명되자, 젊은 장정들이 울면서 "대감이 다시 오셨다. 이제 너희들도 죽지는 않을 것이다. 천천히 찾아오너라. 나는 먼저 대감을 따라간다"면서 이순신의 뒤를 쫓았다. 장군이 돌아왔다는 소문은 전광석화와 같은 속도로 삼남 지방으로 퍼져 나갔다. 누가 의도적으로 퍼뜨린 소식이 아니라, 사람들의 입에서 입으로, 이 마을에서 저 마을로 순식간에 번져 나갔다. 그만큼 장군의 귀환은 통제영의 관할 아래에 있던 모든 사람들의 가슴을 다시 힘차게 뛰게 만들었다. 돌아온 장군에게는 아무것도 남은 것이 없었지만, 먼저 칠천량에서 살아남아 숨어 지내던 병사와 장교들이 장군 주위로 몰려들었고, 전라도의 유력한 백성들이 찾아왔다. 이순신에 대한 무한한 존경과 신뢰가 사람들을 움직이게 만들었던 것이다.

그러나 전황은 여전히 절망적이었다. 전주성이 일본군에게 떨어진 것은 8월 25일이었고, 일본의 좌군 5만은 전라도의 완전 장악을 위해 남하 중이었고, 우군 6만은 서울을 향해 북상하고 있었다. 그런데 다시 조선에 들어온 명군은 일본군과 싸울 의지가 없었다. 서울은 또다시 시작된 피란 행렬로 북새통이었다. 이런 상황에서 이순신은 홀로 명량해전을 준비하고 있었다.

조선 수군 명량에서 되살아나다

이순신이 서해로 진출하려는 일본 수군을 맞아 결전을 준비하고 있을 때, 경상우수사 배설이 도주했다. 배설은 조선 수군 서열 2위의 장수였다. 그런 사람이 이순신의 무모하리만큼 대담한 전투 계획을 알고는 몰래 부대를 이탈한 것이다. 그 정도로 당시의 조선 수군은 패배주의와 죽음의 공포에 빠져 있었다. 배설의 도주는 이 두려움에 불을 지르는 중대한 사건이었다. 백성과 병사들이 심하게 흔들렸다. 이순신은 이 패배주의를 극복하는 데 온몸을 던졌다.

9월 14일. 적선 200여 척 가운데 55척이 어란포에 들어왔다는 보고가 올라왔다. 이순신은 진도 벽파진에서 바다를 건너 전라우수영으로 진을 옮겼다. 우수영 앞은 전라도 맨 서쪽 끝, 명량해협이었다. 이곳이 뚫리면 곧바로 서해로 진출할 수 있었다. 칠천량에서 충청 수군도 같이 전멸했으므로 이제 남은 것은 경기 수군뿐이었다. 그러나 그들은 함선과 병사도 적었고, 전투 경험도 별로 없었다. 그러므로 명량이 일본군의 한강 진출을 막는 최후의 방어선이었다고 보아야 한다.

마침내 9월 16일. 이순신은 전 함대에 출동을 명했다. 전 함대라고 해봤자 열세 척에 불과했다. 노를 저어 좁은 명량해협을 가로막자, 저 멀리 해협을 타고 들어오는 적함이 보였다. 130여 척으로 이뤄진 대함대였다. 그러나 조선 수군은 물러설 곳이 없었다. 조수의 흐름이 조선 수군 쪽으로 세차게 흐르고 있었다. 격군은 노를 저었으나 배는 자꾸 뒤로 밀렸다. 그러나 조선 수군은 조용히 제자리를 지켰다. 적함은 조류를 타고 빠른 속도로 조선 함선을 덮칠 수 있었다. 그러나 단 몇 척의 함선으로, 조금의 흔들림도 없이 백 척이 넘는 적선을 마주하는 조선 수군의 기세에 일본군은 쉽사리 움직이지 못했다.

그 사이 조선군과 일본군의 거리는 점점 가까워졌다. 그러나 수로가 좁아 적이 한꺼번에 달려들 수는 없었다. 무거운 침묵이 흐르던 순간, 이순신이 탄 배가 앞으로 치고 나갔다. 그는 노군櫓軍에게 힘을 다해 전진하라고 명했다. 전투에 앞장서지 않는 장수가 병사들에게 전진 명령을 내릴 수 없었다.

이윽고 이순신의 함선이 적을 향해 불을 뿜기 시작했다. 지자총통, 현자

총통의 우레 같은 소리와 포연을 뚫고 날아간 포탄에 적선이 화염에 휩싸이는 것을 본 병사들의 눈빛은 어느새 지난날 용맹한 조선 수군의 모습으로 돌아가 있었다.

한동안 이순신의 함선만이 홀로 적을 맞아 치열한 전투를 벌였다. 비장한 몸부림에도 불구하고, 이순신의 뒤를 받치고 있던 열두 척의 전함은 두려움을 완전히 떨치지 못한 상태였다. 그들은 앞으로 나가지도 못하고 뒤로 물러서지도 못했다. 그 사이에 역류하는 조류는 그들을 뒤로 밀어내고 있었다. 이순신이 탄 외로운 함선은 차츰 함대와 멀어졌다. 그때, 뒤에 떨어져 전투를 지켜보던 병사들이 이순신의 함선이 지쳐 가고 있음을 알아챘다. 위기의 순간이었다.

이때였다. 이순신의 배에서 호령하는 깃발이 오르고, 초요기招瑤旗(대장의 신호기)도 올랐다. 이를 본 중군장 김응함金應誠은 반사적으로 전진하라고 소리쳤고, 거제 현령 안위도 목청을 다해서 전속력으로 전진하라는 명을 내렸다. 안위의 함선이 먼저 이순신의 배에 다가갔다. 그때 이순신의 불같은 호령이 떨어졌다.

"안위야, 군법에 죽고 싶으냐. 네가 군법에 죽고 싶으냐! 도망간다고 해서 어디 가서 살 것 같으냐!"

이순신의 호령에 안위는 정신이 번쩍 들었다. 그의 배는 힘을 다하여 적진 속으로 돌격해 갔다. 뒤이어 김응함에게도 이순신의 호통이 떨어졌다.

"너는 중군장으로서 멀리 피하고 대장을 구하지 않았으니 그 죄를 어찌 면할 것이냐! 당장 사형할 것이지만 적세가 급하니 우선 공을 세우도록 하라!"

김응함의 배도 적선을 향해서 돌진했다. 이제 조선 수군의 선봉은 세 척의 판옥선이었다. 그들은 역류하는 조류를 거스르며 빠르게 다가오는 적선을 압도적인 함포로 제압해 나갔다.

병사들은 통제사의 함선이 홀로 일본군을 처부수는 광경에 자신감을 얻었다. 장군에 대한 깊은 신뢰가 되살아났다. 그들은 싸움에 임하자 점점 대담해지고 침착해졌다. 빗발치는 총탄 속에서 격군은 격군대로, 포수는 포수대로, 장군의 명을 따르면 싸움에 반드시 이긴다는 믿음이 있었다. 이런 믿음에 따라 압도적인 일본군 앞에서도 흔들리지 않고 모든 병사가 묵묵히 제 임무를 충실히 수행했다.

일본군은 세 척의 조선 함선을 둘러싸고 사방에서 총을 쏘았다. 그러자 조선 함선은 적함을 그대로 들이받았다. 순식간에 적선 세 척이 뒤집혔다. 뒤에 처져 있던 녹도 만호 송여종宋汝宗과 평산포 대장 정응두丁應斗의 배가 전투에 가담했다. 전투는 더 치열해졌다. 바다에 떠다니는 적군의 시체 중에서 적장 구루시마 미치후사[来島通総]를 발견한 이순신은 그 목을 베어 함선의 돛대에 걸었다. 일본군은 충격에 휩싸였다. 죽음을 각오한 조선군의 기개에 기가 꺾였다. 겨우 다섯 척의 조선 함선에 1백 척이 넘는 일본 함대의 선봉이 여지없이 격파당하고 있었다.

이때 역류하던 조수가 바뀌었다. 그러자 열세 척의 조선 함대가 일제히 빠르게 흐르는 울돌목의 조류를 타고 일본 함대를 향해 돌진해 들어갔다. 북소리와 함성이 바다를 울리고, 포성과 연기가 바다를 가득 메웠다. 불길이 오르고 비명이 끊이지 않았다. 순식간에 일본 함선 서른한 척이 울돌목의 빠른 조류에 수장되었다. 두 눈으로 보면서도 도저히 믿을 수 없는 광경을 목도하며 일본군은 달아났다. 일본군도 조선군도 쉽게 믿기지 않는 조선군의 완전한 승리였다.

이순신이 이 싸움에 나서기 전에 한 말, '필사즉생 필생즉사'는 장병들에게 한 말이었지만, 백의종군을 하면서 그 자신이 처절하게 깨달은 바이자 다짐이었을 것이다.

이순신도 인간이었다. 그도 자신에게 기대어 오는 수만의 수군 병사의 꿈과 욕망을 떨쳐 버리기는 어려웠을 것이다. 자신을 의지하고 몰려드는 수많은 백성들의 처절한 삶을 외면하기는 어려웠을 것이다. 이런 사람들의 기대와 소망, 연민과 슬픔을 매정하게 잘라 내지 못하고 망설인 것이 조선 수군을 앞으로 전진시키지 못하고 소극적으로 운영한 이유가 아니었을까. 그것이 그를 잡혀 가게 만들었고, 그 결과 칠천량의 패전과 조선의 위기가 찾아왔다. 그렇게 처절한 번민의 시간을 보내고 이순신이 얻은 결론이 바로 필사즉생 필생즉사였을 것이다. 생과 사를 초월한 다음에야 모든 것이 분명해졌다. 이제 그의 마음에 남은 것은 나라와 백성, 그리고 전쟁의 승리뿐이었다. 그는 죽음 앞에서 비로소 처음 전라좌수사가 된 당시의 마음으로 돌아갔다.

명량해전에서 대승을 거두고도 이순신은 긴장을 늦추지 않았다. 일본 수군이 다시 전열을 정비하여 쳐들어온다면 지친 조선 수군이 또다시 감당할 수 있을까. 이순신은 명량해전을 치른 바로 그날, '불살이 험하고 형세도 외롭고 위태로'운 당사도(오늘날 전라남도 완도군 소안면에 속하는 섬)로 진을 옮겼다. 그리고 다시 어외도, 칠산, 법성포, 홍농을 거쳐 부안의 위도, 고군산도에 도착했다. 명량해전을 치른 후 4일 만의 일이었다. 그렇게 해야 할 만큼 당시 조선 수군의 형세는 위태로웠다.

만일 일본 수군이 칠천량에서 승리한 후 육군을 지원하지 않고 곧바로 전라도와 충청도 해안으로 진출하여 조선 수군을 끝까지 추적했다면, 혹은 명량해전에서 패한 일본군이 2차 3차의 공격 함대를 편성하여 파상적으로 공격해 왔다면 조선 수군의 재기는 어려웠을 가능성이 크다. 그러나 불시에 급소를 찔린 일본 수군은 이순신의 기개에 눌려 그런 생각조차 할 수가 없었다.

명량해전에서의 이순신과 조선 수군의 화려한 부활은 임금과 조정의 마음을 세차게 흔들었을 것이다. 그들은 남해에서의 승리를 마냥 기뻐할 수만은 없었다. 그들은 이순신에게 통제사 직위를 돌려주었지만, 군사나 군량, 함선은 줄 수 없었다. 그런데 이순신이 전라도로 돌아오자 수많은 병사들이 자발적으로 찾아왔고, 백성들이 돕겠다고 나섰다. 이렇게 하여 불과 40일 만에 맨손으로 수군을 재건하고, 남해에서 일본 수군의 주력을 격파하고 재해권을 되찾은 것이다. 그것은 차라리 기적이었다. 그런 이순신을 보면서 임금 선조는 무슨 생각을 했을까.

사실 명량해전 당시 이순신의 뒤에는 1천여 척의 민간인 배들이 있었다. 이 배들은 한데 뭉쳐서 물위에서 마치 큰 성곽 모양을 연출했다. 적들이 멀리서 보면 마치 거대한 함대가 버티고 있는 것처럼 위장했던 것이다. 이 배들은 영호남의 사대부들 중에서 바다로 나가 난리를 피하던 사람들의 것이었다.《간양록看羊錄》을 쓴 유학자 강항姜沆도 이때 이순신의 진영에 합류하려다 일본군의 포로가 되었다.

– 《사호집沙湖集》

겨우 열세 척으로 압도적인 적을 맞이하여 끝까지 싸워 큰 승리를 쟁취한 장군과 수군의 생사를 초월한 투혼도 놀랍지만, 장군 뒤에서 결정적 순간에도 흔들림 없이 든든하게 버티어 서서 일본군을 두렵게 한 민간인들의 기개 또한 장했다. 특히 민간 선박의 동원은 통제사가 강제한다고 될 일이 아니었다. 군령이 지엄한데도 배설은 홀로 도망치지 않았던가. 장군에 대한 믿음이야말로 절체절명의 위태한 순간에 그들을 해전에 나서게 한 힘이었을 것이다.

일본 수군의 위축을 틈타 이순신은 수군의 재건에 온 힘을 기울였다. 이듬해 2월경이 되자 조선 수군의 병력은 8천을 헤아렸고, 전선은 60척에 이르렀다. 이순신에 대한 병사들의 절대적인 신뢰와 일반 백성들의 믿음이 든든한 재건의 밑천이 되었다. 이런 군세에 힘입어 이순신은 수군 기지를 완도군의 고금도로 옮겼다. 칠천량 패전 후 반년 만에 대략 수군 전력의 절반을 회복한 것이다.

조명연합군의 반격

한편 전라도에서 승리한 일본 육군은 다시 역할을 분담했다. 좌군은 분산하여 일제히 전라도를 점령해 나갔고, 우군은 북상을 시작했다. 일찍이 총병 양원은 "내가 남원을 지키고 있고, 오 총병이 조령을 지키면 적군을 막아 낼 수 있으니 국왕께서는 마음을 놓으십시오." 하고 큰소리쳤다. 그러나 양원이 남원에서 패퇴하고, 일본군은 명군의 예상을 뒤집고 육심령(경상남도와 전라북도의 경계)을 넘어 경기도로 진출할 기세였다.

민심은 또다시 걷잡을 수 없을 정도로 출렁였고, 일본군의 기세는 놀라웠다. 일본군은 조선 사람을 보면 즉시 죽였기 때문에 길가 마을에는 시체가 산더미처럼 쌓였고, 어린아이조차 그냥 두지 않았다. 일본군의 만행에 군사와 백성은 무너져 흩어지며 통곡했으나, 조선 조정이 하는 일이라곤 명에 도움을 청하는 것밖에 없었다.

전라도를 단숨에 장악하고 서울을 향하여 승승장구하는 일본군의 빠른 북상에 명군도 적지 않게 당황했으나, 곧바로 전열을 정비하고 군대를 남하시켰다. 9월 7일 명군은 성환을 지나 천안 북쪽에 진출, 직산 남쪽 야산에 진영을 구축했다. 이때 일본 우군 구로다 나가마사의 선봉 부대도 천안을 지나 직산으로 향하고 있었다. 두 부대는 직산 삼거리 부근에서 우연히 마주쳤다.

전투는 일본군의 선공으로 시작되었다. 일본군이 명군 진영으로 돌진하자, 명군은 기마병으로 일본군을 상대하여 치열한 백병전이 전개되었다. 시간이 지나면서 기병 위주의 명군이 보병 위주의 일본군을 제압하기 시작했다. 한순간 힘의 균형이 깨지면서 일본군이 달아나기 시작했고, 명의 기병이 달아나는 일본군을 쫓아 500~600명을 죽였다.

그러나 이 소규모 전투의 패배로 기세가 꺾일 일본군이 아니었다. 천안에 도착한 일본의 대군이 속속 북상하고 있었다. 일본군의 기세에 눌린 명군은 슬금슬금 뒷걸음질치며 퇴각하고 있었다. 조선주둔군 총사령관 제독 마귀는 즉각 각 군영에 명을 내려, 도성 사수를 위해 모두 한강변으로 나아가 진을 치고 그대로 야영하게 하였다. 또 영기슈旗(군령을 전할 때 쓰는 기)

를 보내어 파罷 유격遊擊으로 하여금 정예병 2,500명을 뽑아 수원에서 왜적을 맞아 치도록 하였다. 이때 조선주둔군 총책임자 경리 양호가 수원으로 내려가겠다고 자원했다. 양호의 수원행은 명군과 조선 조정에 커다란 파장을 일으켰다.

"적병이 가까이 다가왔는데 노야老爺(존칭)께서 뜻을 결정하여 앞으로 나아가시니, 왜적이 만약 다른 지름길을 경유하여 뒤로 돌아 나오게 되면, 나아가도 갈 데가 없고 물러날 수도 없어 다만 성위聲威만 손상시켜 해만 있고 이익은 없을 것입니다. 노야께서 만약 가신다면 늙은 이 마귀가 감히 여기에 편안히 앉아 있겠습니까. 외로운 군대가 앞으로 나아가면 변고를 예측할 수가 없으니, 노야께서는 상량商量하십시오."

하자, 경리가 말하기를,

"나대로 방법이 있다."

하고, 이어 동작진으로 향하니, 제독이 어쩔 수 없이 그를 따라갔다.

– 《선조실록》 30년 9월 12일

이때 명의 장수들은 일본군을 두려워하여 군세가 외롭고 약하다고 핑계하면서 모두 철수하여 돌아가려고 했다. 이에 양호는 물러나면 안 된다는 뜻을 보여 주고자 스스로 적군 앞에 선 것이다. 제독 마귀는 왜적이 이미 수원에 다가왔으니, 만약 안성을 경유하여 죽산으로 돌아 나오게 되면 수원도 안전한 곳이 아니므로 경리 양호의 수원행을 위태하다고 말렸다. 그러나 양호는 수원행을 말리는 마귀나 선조의 말을 듣지 않았다. 비록 타국을 돕고자 왔으나 자신이 책임을 진 군대가 해이해지자, 늙은 장군이 몸소 최전선으로 향하는 모습을 보여 군신 간의 의리가 무엇인지를 보여 준 것이다.

경리 양호의 확고한 결의를 확인했기 때문일까. 경기 남부를 점령해 가던 일본군 6만이 특별한 이유도 없이 북상을 멈추고 썰물이 빠지듯이 갑자기 군사를 돌려서 남쪽으로 퇴각해 버렸다. 천안의 구로다 군도, 청주의 가토 군도, 공주의 일본군도 전혀 움직이지 않고 한동안 사태를 관망하다가 군사를 남쪽으로 돌렸던 것이다. 이러한 상황 변화를 조선 조정은 도저히 이해할 수 없었다.

흉적이 지극히 간사하고 용병用兵을 잘하여 변환變幻하는 것이 한이 없다. 지금 왜적이 군대를 세 길로 나누어 그 한 부대로 곧장 경기를 공격하다가, 이제 까닭없이 갑자기 퇴각하고 있다. 만일 왜적이 거짓으로 물러가는 체하는데 중국 군대가 그 꾀에 빠져 정예병을 다 동원해서 남쪽으로 내려가고 그 후 다른 길의 왜적이 그 뒤로 돌아 나와 바로 한강을 공격하여 근본을 뒤엎는다면, 어떻게 될지 차마 말할 수 있겠는가. 이런 이치는 절대로 없겠지만, 그렇더라도 꼭 그럴 리가 없다고 단언할 수도 없다. 이것은 큰일이니, 정원은 마땅히 거짓인지 사실인지의 곡절을 상세히 물어보도록 대신에게 말하라. ─ 《선조실록》 30년 9월 16일

일본군은 왜 갑자기 철수를 결정했을까. 애초부터 서울 점령이 그들의 목표가 아니었다. 그들은 자신들의 조선 영토 획득 의지를 명나라에 분명히 밝히고, 더 나아가 명의 방어 의지를 시험하고자 한 것이다.

그들은 서울을 압박한 것으로 일단 목표를 달성했다고 보았다. 이렇게 일본이 도발과 철수를 반복하면 명으로서는 견딜 방법이 없을 것이었다.

그것은 바로 조선을 분할하는 협상장으로 명을 끌어내려는 일본의 전략이었다. 그렇다고 당시 명의 국력으로는 이러한 일본을 응징하고자 바다를 건널 수 없다는 것을 이미 계산하고 있었다. 도요토미의 눈에는 조선은 아예 안중에 없었다.

만일 서울을 침략하여 명군과 치열한 전투를 벌여서 명과 일본의 관계를 최악으로 만든다면, 명과 협상을 벌여 조선 반도를 분할하려는 그들의 꿈은 물거품이 될 것이다. 일본군은 나름대로 화전和戰 양면 전략을 쓴 것이다. 한편으로는 자신의 강력함을 보여 주고, 한편으로는 명과는 싸울 뜻이 없다는 신호를 보내고 있었다.

일본이 명을 제압할 만큼 압도적인 군사력을 가진 것은 아니란 사실이 이미 증명되었고, 명의 지배는 받아들일지언정 일본의 지배는 절대로 받지 않겠다는 조선의 확고한 의지도 이미 확인했다. 뿐만 아니라 조선 의병의 끈질긴 저항을 극복하고 조선을 지배한다는 것이 얼마나 어려운 과제인지도 경험했다. 무엇보다도, 당시 일본의 국내 사정이 모든 것을 걸고 전쟁을 확대할 만큼 통합되어 있지 않다는 것 또한 그들의 한계이자 고민이었다. 그것은 도요토미의 정치적 한계였다.

대체로 듣고 본 것에 의하면 오늘날의 적세가 고약孤弱하여 보이니 머지않아 군병을 첨가한다 하더라도 저들 나라의 민정民情이 이반되어 형편상 군사를 일으키기가 어려운 실정이어서 저들 스스로도 자못 걱정하고 불안해 하는 상황이라고 합니다.
– 《선조실록》 30년 4월 26일

지리적 한계도 있었다. 명과 조선은 가깝고 육지로 연결되어 있으나, 일본은 조선과 멀고 바다로 갈라져 있다. 군대를 파견하고 유지하는 비용과 위험이 몇 배로 클 수밖에 없었다. 그러므로 어떻게 해서든지 명과 외교적 협상을 벌여 조선 지배에 대한 명의 양보를 얻어 내는 것이 최선이었다. 이를 위해선 명과의 전투는 최대한 피해야 했다.

전쟁이 힘들기는 명도 마찬가지였다.

일본도 명나라가 전쟁에 대한 피로감이 높다는 사실을 잘 알았고, 이를 협상에 적극 이용할 속셈이었다. 어쨌거나 협상을 신속히 진행시켜야 했다. 제1차 침략 때 서울에서 어떻게 철수했던가. 조명연합군이 퇴로를 차단하고, 커다랗게 포위망을 형성하면 일본군은 조선에서 전멸할 운명을 맞을 엄청난 위기에서 겨우 탈출하지 않았던가. 더구나 이번에는 조선의 청야 작전으로 군량을 구하는 것이 더욱 어려워졌다. 보급선이 제대로 준비되지 않은 상태에서 전선이 천 리에 길게 뻗치면 군사는 위태할 수밖에 없었다.

이런 상황에서 진도 앞바다에서 일본 수군이 이순신에게 대패했다는 소식이 전해졌다. 이제 또다시 보급은 물론이고 군대의 안전마저 위험에 빠졌다. 여기에 조선의 매서운 추위까지 닥친다면……. 일본군은 철수를 서둘렀다.

그러나 이것만으로는 일본이 이기던 싸움을 갑자기 포기하고, 명군과 부딪쳐 보기도 전에, 거의 다 점령했던 전라도·충청도에서부터 빠르게 철수한 까닭을 설명하기는 어렵다.

신속한 철수는 어쩌면 조선을 재침략할 때부터 계획한 전략이었을 가능성이 크다. 그들의 목표는 협상을 통한 조선의 4도 점령이었다. 그러려면 전쟁의 최대 변수인 명을 지치게 해야 했다. 일본이 서울을 향해 밀고 들어오면 명으로선 대규모 군대를 파병하지 않을 수 없다. 그런데 조선 파병에는 엄청난 재정적·정치적 압박이 따른다. 조선에 반복해서 군대를 파병하는 데 국력을 소진하고 나면, 결국 명은 조선을 포기할 수밖에 없을 것이란 계산이었다.

주도권은 일본이 쥐고 있는 셈이었다. 피차 완전한 승리를 기대하기 어려운 상황에서, 군대의 전진과 후퇴를 반복해 명을 피곤하게 만들어 협상장으로 끌어내려는 고단수의 정치적 전략이었다. 이렇게 보면 일본군은 서울을 압박하여 명군을 수천 리 밖에 있는 조선으로 끌어내는 것만으로도 명나라를 충분히 괴롭히는 것이 된다. 10만 대군을 조선에 파병하는 것만으로도 명은 이미 막대한 국력을 소진하고 있었다. 이런 목표를 이미 달성했다고 판단한 일본은 아무런 미련 없이 충청도·전라도에서 물러났던 것이다.

실제로 직산에서 명군과 충돌한 후 일본군은 호남으로 들어가기도 하고 혹은 조령을 따라 사방으로 흩어져 퇴각했다. 그 과정에서 아무런 전투도 없었다. 그들은 힘들여 점령한 호남의 중심 전주는 물론이고, 치열한 전투로 빼앗은 남원, 안의의 황석산성까지 모두 돌려주고 철수했다. 진주·합천·밀양까지 고스란히 돌려준 일본군은 그들의 본거지로 삼은 처음의 주둔 지역으로 신속하게 퇴각했다. 우군의 구로다 군은 양산, 가토 군은 울산, 좌군의 고니시 군은 순천, 시마즈 군은 사천으로 철수해 경상도 남해안을 따라 구축된 12개 성으로 들어갔다. 이렇게 일본군은 정유재란 이전의 전선으로 일제히 후퇴하여 또다시 견고한 방어 태세를 굳혔다.

명나라로선 전혀 예측하지 못한 난감한 상황이었다. 명은 일본과의 협상이 결렬된 선조 29년 9월 이후 이듬해 5월까지 또다시 조선 파병 문제를 놓고 8개월간 치열한 논쟁을 벌였다. 그리고 일본의 제2차 침략으로 심각한 내분을 거쳐 가까스로 파병을 결정하고, 이제야 비로소 서울에 방어 태세를 갖추고 전투 준비를 완료한 것이다. 그런데 일본군이 싸우지도 않고 갑자기 바람처럼 사라져 버린 것이다.

임진년에 명이 동원했던 군사는 4만이었다. 이번에는 압도적인 군사로 일본군을 완전하게 제압하려고 남방군까지 동원하여 8만의 대군을 조선에 파병했다. 군량과 병기도 충분히 동원했다. 그런데 일본군은 싸움을 회피하고 남쪽으로 내려가 버렸다. 결과적으로 명은 엄청난 군사력과 비용을 쓰고도 얻은 것이 하나도 없었다. 그렇다고 가장 방어하기에 좋은 곳을 선택하여 견고한 성을 쌓고 고슴도치처럼 웅크리고 있는 일본군을 공격한다는 것은 쉬운 일이 아니었다. 이쯤 되면 명으로선 또다시 자문하지 않을 수 없었을 것이다. 명에게 조선은 어떤 의미를 가진 나라인가? 스스로 방어할 의지조차 없는 조선을 계속 지켜야 하는 것인가?

경기와 호서에서 적병이 물러가기 시작했다. 그러나 불쌍한 우리 생령生靈들은 죽은 사람의 시체가 산더미처럼 쌓였고 생존한 사람은 떠돌아다니면서 신음하고 있다.

― 《선조실록》 30년 9월 22일

울산성 전투

　　　　　명으로선 어떻게 하든지 이 전쟁을 끝내야 했다. 진퇴를 반복하는 일본군을 그대로 두고 아무런 성과 없이 본국으로 철수한다면 계속될 일본의 치고 빠지기 전략에 말려드는 것이었다. 전쟁을 끝내려면 견고한 성에 들어가 방어 태세를 갖춘 일본군을 공격해야 했다.

　가토가 지키는 울산성이 명의 첫 번째 공격 목표가 되었다. 울산은 부산과 인접해 있어 조명연합군이 이를 확보하면 일본군의 본거지인 부산으로 진출하는 교두보를 마련할 수 있게 된다. 일본군으로서도 울산성은 반드시 지켜야 할 전략적 요충이었다. 울산성 공략에는 명군 4만과 조선군 1만, 총 5만의 병력이 동원되었다. 당시 울산성에는 1만 6천의 일본군이 있었다. 평양성, 진주성 싸움 이후 양쪽 모두 최대 규모의 군사력을 울산성에 집중했다. 명군은 평양성 전투 이후 한 번도 선제적으로 전투를 벌인 적이 없었다. 그러나 이제는 선택의 여지가 없었다.

　선조 30년(1597) 12월 23일 차가운 아침, 조명연합군의 울산성 공격이 시작되었다. 조선군이 선두에 섰다. 포를 쏘고 병사들은 성을 기어올랐다. 일본군은 기다렸다가 성벽을 오르는 연합군에게 총탄을 쏟아 부었다. 연합군은 외성 진입에는 성공했으나 더 이상 들어가지 못했다. 일본군은 내성으로 물러나 꿈쩍도 하지 않았다. 그러나 전투가 길어지면서 울산성 안에 있던 일본군의 사정이 다급해졌다. 식량과 식수 부족이 문제였다.

곡물과 물이 고갈되어 사람들이 죽어 가는 것은 필연적이다. 벌써부터 한 사람 두 사람 쓰러져서 죽어 가기 시작한다. 이 성안에서 곤혹스러운 것은 세 가지다. 추위, 배고픔, 갈증이 바로 그것이다.

― 《조선일일기朝鮮日日記》

일본군은 밤이면 성 밖으로 나와 물을 찾아 헤매었다. 조선군은 우물 주위에 매복해 있다가 밤마다 100여 명의 일본군을 사로잡았다. 붙잡힌 일본군들은 굶주림에 지쳐 겨우 목숨만 부지하고 있었다. 그들은 "성안에 양식이 떨어졌으니 시간이 지나면 자연히 쓰러질 것"이라고 했다.

12월 26일부터는 비까지 내렸다. 27일에는 심한 비바람이 몰아쳤지만, 연합군은 공격을 멈추지 않았다. 과거와 달리 명군의 공격에는 반드시 울산성을 빼앗겠다는 강한 의지가 담겨 있었다. 배고픔과 추위에 떠는 일본군은 공포에 휩싸였다.

청정(가토)이 홀로 그 군사들과 양식을 아껴 먹으면서 여러 날을 지냈는데 사세가 급박해지자 소도小刀를 뽑아 자신의 목을 겨누었다. 그러자 군관왜軍官倭가 칼을 빼앗으면서 말하기를 '여기에 소 1마리가 있으니 삶아 먹을 수 있다. 이를 다 먹은 후에 자처自處하라.' 하였다. 중국 군사가 퇴진하던 날에 그 고기를 먹고 있다가 우리 마병馬兵이 성 아래에서 성대하게 포위하고 서 있는 것을 보고는 청정이 고기를 뱉으면서 대검을 뽑아 또 목을 찌르려 하였다. 그러자 군관왜가 또 빼앗으면서 말하기를 '장군께서는 조금만 기다리라.' 하였다.

– 《선조실록》 31년 3월 20일

성안의 일본군은 식량이 없어 흙을 먹고, 물이 없어 말의 피를 마시거나 자기 오줌을 받아 마셨다. 그렇게 전투는 해를 넘겼다. 그런데 울산성의 함락이 임박하자, 우키다 히데이에 · 모리 히데모도 · 구로다 나가마사 · 하치스카 이에마사의 군대가 울산성 주위에 나타났다. 순천에 주둔하던 고니시의 군대도 울산 태화강에 모습을 드러냈다. 양산과 울산을 차단했던 조명연합군의 봉쇄가 대규모 일본 원군에 의해 뚫린 것이다.

선조 31년 1월 4일 이른 아침, 산속에 있던 일본 지원군이 산꼭대기에 있던 무리와 합쳐 울산성을 멀리서 포위하는 형세를 취했다. 그 무리가 6만이라는 얘기가 돌았다. 조명연합군은 이제 울산성뿐 아니라 성 외곽에 포진한 지원군도 상대해야 했다. 빠른 시간 내에 성을 함락시키지 못하면 오히려 연합군이 안팎에서 협공을 당할 형세였다. 연합군은 총공격을 감행했다. 그러나 주위에 포진한 지원군으로 사기가 오른 일본군은 더 극렬히 저항했다. 결국 조명연합군은 울산성을 공격한 지 13일 만에 경주로 철수했다. 철수 과정에서 명군은 추격에 대비하지 못해 많은 희생을 당했다. 일본 측 기록에 따르면, 이 추격전에서 명군 5천이 죽었다고 한다.

울산성 전투에서 조명연합군은 5,800여 명, 일본군은 6천 명의 병력 손실을 보았다. 일본군은 끝내 성을 지키기는 했지만, 조선 침략 전쟁이 일본의 전략대로 되지 않을 것임을 확인하게 되었다. 명은 울산성 전투에서 다 잡은 승리를 놓친 원인이 수군에 있다고 판단, 조선에 진린陳璘이 이끄는 수군 5천 명을 추가로 파견하였다. 나중에 명은 수군의 총 병력을 2만으로 증상시켰다. 어떻게 해서는지 전쟁을 마무리하려는 의지였다.

울산성 전투는 명과 일본 양쪽을 고민에 빠트렸다. 무엇보다 명군의 태도가 일본의 예상과 크게 달랐다. 명은 이번 기회에 일본군을 완전히 몰아내겠다는 확고한 의지를 보였다. 이래서는 명을 협상장에 앉히기 어려웠다. 반면에 명은 대군을 동원하여 일본군을 쓸어버리려 한 계획이 첫 단계부터 실패하자 다시 고민에 빠졌다. 이렇게 하여 조선의 모든 전선이 또다시 소강상태로 되돌아갔다.

총공세

전쟁을 더 이상 장기화하는 것은 명으로선 어떻게든지 피해야 할 상황이었다. 전쟁의 장기화는 명군의 철수를 의미하는 것이었고, 그것은 바로 명의 패전을 의미했다. 명은 다시 모든 역량을 기울여 일본군을 몰아낼 계획을 세웠다. 이렇게 하여 만들어진 작전 계획이 조명연합군을 총동원하여 동로군·중로군·서로군·수로군으로 편성하고, 이들이 동시에 일본군을 공격하여 섬멸시키는 '사로병진책四路竝進策'이었다.

제독 마귀와 김응서가 이끄는 동로군은 다시 가토와 구로다가 지키는 울산성을, 제독 동일원董一元과 정기룡이 이끄는 중로군은 시마즈가 지키는 사천성을, 명의 유정과 진린 그리고 김수와 이순신이 이끄는 서로군과 수군은 고니시가 지키는 순천의 예교성을 공격하도록 했다. 사로군은 선조 31년 8월 18일 서울을 출발하여 남쪽으로 내려갔다. 이 작전에 동원된 명군이 모두 9만 2,100이었고, 조선군은 2만 985명, 총 11만 명이 넘는 대군이었다.

이때 동로東路의 중국 군사는 2만 4천 명이고 우리 군사는 5천 5백 14명이며, 중로中路의 중국 군사는 2만 6천 8백 명이고 우리 군사는 2천 2백 15명이며, 서로西路의 중국 군사는 2만 1천 9백 명이고 우리 군사는 5천 9백 28명이며, 수로水路의 중국 군사는 1만 9천 4백명이고 우리 군사는 7천 3백 28명이었으니, 모두 합하면 10여 만 명이었다.

— 《선조실록》 31년 10월 12일

동로군은 9월 중순 울산성을 다시 공격하였으나, 가토가 싸움을 회피하여 점령할 수가 없었다. 이때 일본의 구원병이 부산에서 올 것이라는 소문이 나자, 제독 마귀는 전투를 중지하고 철군했다. 동일원이 이끄는 중로군은 10월 초 진주를 거쳐 사천성을 공격했다가, 오히려 시마즈 요시히로에게 패하여 죽은 군사가 7천이나 되었다.

서로군은 순천의 고니시를 목표로 9월 22일 유정과 진린, 김수와 이순신이 협동하여 육지와 바다에서 동시에 공격했다. 그러나 왜교성에서 나오지 않는 고니시를 제압하지 못했다. 특히 10월 3일 벌어진 격전은 치열했고, 조명연합군이 거의 승기를 잡은 듯 보였다.

3일 수군이 조수를 타고 혈전하여 대총大銃으로 소서행장小西行長의 막사〔房室〕를 맞히자 왜인들이 놀라고 당황하여 모두 동쪽으로 갔으니 만약 서쪽에서 공격하여 들어갔다면 성을 함락시킬 수 있었습니다. 김수가 문을 열어젖히고 싸우자고 청하였지만 제독(유정)은 노기를 띠고 끝내 군대를 출동시키지 않았습니다. 성 위에서 어떤 여자가 부르짖기를 '지금 왜적이 모두 도망갔으니 중국 군대는 속히 쳐들어오라.'고 하였습니다. 기회가 이와 같은데도 팔짱만 끼고 지나쳤으니, 제독이 행한 일은 참으로 넋을 빼앗긴 사람과 같아서 장수와 군졸들이 모두 업신여기고 있습니다. 마침 사천에서 패했다는 소식을 듣고는 마음이 혼란하여 후퇴를 결정하였으니 더욱 통곡할 일입니다.

– 《선조실록》 31년 10월 12일

임진왜란에는 부총병으로 참전했다가 총병이 된 유정은 이 싸움에서 시종일관 전투에 소극적으로 임했다. 그러다가 10월 7일, 육군은 물러난다고 수군에게 통보하였다. 결국 수군도 철수하지 않을 수 없었다. 이렇게 하여 사로병진책은 뜻은 장했으나 모두 실패하고 말았다.

9장 전쟁의 끝

도요토미의 죽음

　　　　　　그런데 전쟁의 흐름을 바꾸는 뜻밖의 일이 일어났다. 바로 도요토미의 죽음이었다. 임진왜란을 기획하고 조선을 전쟁으로 몰아넣은 도요토미 히데요시가 선조 31년 8월 18일 오사카성에서 숨을 거둔 것이다.

　도요토미는 조선 임금과 조정의 무능을 예리하게 간파해 내었다. 그리고 그렇게 무능하고 탐욕스러운 임금과 조정을 몰아내면 조선 백성들이 저절로 복종할 것이라 믿었다. 그러나 그것은 조선 백성들의 높은 자부심과 강인함을 보지 못한 결정적인 패착이었다.

　7년간 계속된 전쟁은 임진년 봄 몇 개월간의 반짝 승리를 제외하곤 일본군에게도 내내 악몽이었다. 얼핏 보면 일본의 압도적인 우세처럼 보였으나, 한두 번의 전투에서 이겼다고 해서 전쟁에서 승리하는 것은 아니다. 전투에 이긴 무력을 바탕으로 점령지의 영토와 백성을 실효적으로 지배해야만 전쟁에서 승리했다고 할 수 있다. 그런데 조선 백성들은 끈질기고 강인했다. 일본의 대군이 몰려올 때마다 풀잎처럼 쓰러졌지만, 일본군이 지나

가면 곧바로 일어섰다. 조선 백성은 일본의 지배를 단호하게 거부했다.

도요토미는 또 당시 동아시아의 국제 정세를 충분히 이해하지 못했다. 그들은 중국의 한반도 전략을 제대로 이해하지 못한 결과, 명이 그토록 적극적으로 조선 문제에 개입할 줄 미처 몰랐다.

일본은 패배를 인정하지 않을 수 없었다. 그렇지만 도요토미가 살아 있는 한 공식적으로 패배를 선언하기는 어려웠다. 그러나 그의 죽음으로 현실을 냉정하게 평가할 수 있는 기회가 찾아왔다. 결론은, 당시 일본의 수준에서 전쟁을 통해 조선에서 얻을 수 있는 것이 하나도 없다는 것이었다. 더구나 도요토미가 죽은 마당에 전쟁을 계속하는 것은 일본으로서는 위험한 일이었다. 그렇지 않아도 정유재란을 전후하여 도요토미가 급격한 노쇠로 지도력의 한계를 드러내면서 일사분란한 전쟁 지휘가 불가능해지고 있었다. 그런데 이제 일본의 분열을 간신히 틀어막고 있던 독재자가 사라졌으니 앞으로 일본 국내에 무슨 일이 벌어질지 알 수 없었다.

당시 전쟁과 협상에 대한 전망이 회의적으로 변하면서 도요토미의 측근 참모들인 '문치파'와 전국대명이 중심이 된 '무장파' 간의 알력도 심화되는 형국이었다. 더욱이 무장파 중에서도 원로들인 도쿠가와 이에야스, 마에다 토시이에, 우에스기 가케가스 등이 다테, 가토, 구로다, 시마즈 등의 맹장들과 연결되면서 일본 정국은 앞으로 예측하기 어렵게 변화하고 있었다.

전쟁을 서둘러 종결짓지 못하면 일본의 분열은 시간문제였다. 군사력이 바로 정치적 영향력이 되는 일본의 영주들이 경쟁적으로 조선에 투입된 자신의 군사력을 철수시키려고 할 경우, 조선에서 팽팽하게 대치 중인 일본군 전선은 한꺼번에 붕괴되고 말 것이었다. 이 경우 조선에 파견된 수많은 일본군이 고국에 돌아가지도 못하고 모두 희생되는 최악의 상황이 발생할 수도 있었다. 일본은 결국 전쟁의 모든 책임을 죽은 도요토미에게 돌리고 무조건 철수를 명했다.

어떤 의미에서 일본의 다이묘(봉건 영주)들은 도요토미에게 속았다고 할 수 있다. 그들은 조선은 물론이고 중국에까지 쳐들어가 새로운 영지를 얻겠다는 꿈이 얼마나 허황된 것이었는지 이제야 깨달았다. 그동안 많은 병사와 군비를 대느라 각 나라(영국)의 사정은 말할 수 없이 어려워졌다. 그러나 지금 그 책임을 논할 만큼 한가하지 않았다. 남은 병력을 이끌고 안전하고 신속하게 철수하는 것이 시급했다. 전쟁에 참여한 다이묘들과 무사들은 신속한 철군에 모든 역량을 집중한다. 이로써 조선 백성에게 엄청난 시련을 안겨 준 임진왜란은 끝이 나게 된다.

비밀리에 철군을 준비하던 일본군이 마침내 명군에 공식적으로 철군을 통지한 것은 10월 말이었다. 이 사실을 모르던 조선은 명군의 움직임을 살피다가 일본군이 명과 철군 협상을 시작한 사실을 알게 된다. 선조 31년 (1598) 11월 2일, 선전관 허전이 아뢰었다.

"중국인 오자화라고 하는 자가 왜적의 소굴에 들어가 행장을 보니, 소서행장이 '풍신수길豊臣秀吉(도요토미)은 이미 죽고 국가에 큰 변고가 있어서 내가 들어갈 것이다. 원컨대 도사 오종도吳宗道를 인해 유 제독 노야를 뵙고 28일에 즉시 철병하겠다.' 고 하므로 22일에 오종도가 적중으로 들어갔다고 합니다."

'지금 도산島山의 왜적이 집을 부수어 밥을 지어 먹고 날마다 짐을 꾸리고 있는데, 군량과 전마戰馬의 3분의 1은 이미 일본으로 실어 갔으며, 잡곡 창고는 수송해 가지 못하고 흙으로 문을 발랐다.' 고 하였습니다.   — 《선조실록》 31년 11월 21일

갑자기 전쟁의 끝이 보이기 시작했다. 그러나 7년간의 고통스러운 전쟁이 승리가 아닌 일본의 자발적인 철수로 끝난다는 것은 이후에 불어올 엄청난 후폭풍을 예고했다. 이제 조선에는 전쟁의 참상과 이에 따른 정치적 책임 문제가 남게 되었다. 누가 이 책임을 질 것인가?

선조의 계산은 영악했다. 선조는 느닷없이 친히 남하하여 군사와 백성의 사기를 진작시키겠다고 했다. 지난날 서울이 수복되었는데도 겁이 나서 6개월이 지나서야 서울로 돌아온 그가 이제 스스로 전선으로 나가겠다고 했다.

정보에 의하면, 일본군의 철군 예정일은 11월 중순이었다. 이미 전 일본군 진영에서 철군 준비가 시작되고 있었다. 이런 때에 임금이 뜬금없이 남하하여 적과 대치 중인 군사를 격려하겠다는 것이다. 그러나 임금의 남하는 시간적으로 불가능했다. 그것은 전쟁이 끝난 후 자신의 정치적 책임을 덜어 보려는 정치적 수사였을 뿐이다. 임금의 이러한 발언을 놓고 사관은 평한다.

사신은 논한다. …… 임진왜란 때는 흉봉兇鋒(흉악한 칼날)이 기내畿內(수도권)에 이르지도 않아서 대가大駕가 이미 서쪽으로 파천하였고, 정유재란 때는 왜적이 겨우 남쪽 변방에 이르자 내전內殿이 먼저 황해도로 옮겨 갔다. 7년 동안 행한 모든 일이 움츠려 구차하게 보전하려는 계책뿐이었고, 쇄신 분발하여 적을 섬멸하고 죽음을 두려워하지 않는 의리를 진작시키지 않았으니, 지금 비록 남쪽으로 내려가겠다는 하교가 있지만, 신은 믿어지지 않는다. 군문이 허락하지 않은 것과 비변사가 방계防啓(자신의 의견만 임금에게 아룀)한 것은 바로 상의 소원에 적중한 것이다.

– 《선조실록》 31년 11월 7일

사람들은 임금의 속셈을 재빠르게 알아차렸다. 그리고 그에 영합하는 방법을 찾아 나섰다. 이제 모든 사람의 관심이 전후에 전개될 정치 상황에 집중되었다. 철수에 들어간 일본군을 상대로 어떻게 하면 조선의 피해를 최소화하고, 백성의 피해를 줄일 것인지에 대한 관심은 없었다.

선조 31년 11월 16일. 유성룡을 탄핵하는 상차上箚가 삼사에서 동시에 올라왔다. 엄청난 전란이 있었으니 누군가는 그 책임을 져야 했다. 임금이 아니라면 영의정 정도는 희생해야 명분이 섰다. 사실 7년간의 전란 동안 유성룡만큼 헌신적으로 일한 사람도 적었다. 일을 하다 보면 잘못된 것도 없지 않았을 것이다.

유성룡의 과오로 지적된 것은, 전란 중에 화친을 강요하는 명나라에 적극 반대하지 않았다는 것이다. 결국 유성룡은 영의정에서 해임된다.

이순신 최후의 싸움

　　　　　　　　이순신이 고니시의 철군 계획을 알게 된 것은 11월 8일이었다. 도독 진린이 이순신에게 '순천 왜교의 적들이 11월 10일쯤에 철군한다는 기별을 육지에서 통지해 왔다'고 알렸다. 이미 유정의 명나라 육군은 싸우지 않고 왜교성을 넘겨받는 대신에 일본군의 철군을 방임하기로 합의한 상태였다. 그러나 이순신은 저들끼리의 야합을 인정할 수 없었다. 그는 결연히 고니시의 철군 길을 막아섰다.

　고니시는 당황했다. 그렇다고 해서 육로로 철군하기는 어려웠다. 부산으로 가는 길은 멀었다. 행군 도중에 조명연합군의 중로군을 만날 수도 있고, 동로군이라고 만나지 말란 법도 없었다. 분산해서 후퇴하는 군대는 언제나 만만한 사냥감이 되기 쉬웠다. 특히 결사적으로 추격해 올 조선군을 희생 없이 따돌리기란 불가능해 보였다. 자칫 조선군에게 발목이 잡혀 제때에 철군하지 못하면, 모든 병사들이 참살당할 수도 있었다. 어떻게 해서든지 바닷길로 철수할 방법을 찾아야 했다.

　일본군이 바다를 끼고 성을 구축한 이유가 바로 안전한 퇴로 확보 때문이었다. 고니시는 부산의 일본군 지휘부에 도움을 청하는 한편, 수로군 총사령관 진린에게 길을 열어 달라며 뇌물 공세를 퍼부었다. 고니시의 뇌물에 마음이 흔들린 진린은 이순신의 출병을 허락하지 않았다. 그러자 이순신이 진린에게 출병을 허락해 달라고 눈물로 청했다.

　일본군이 철수할 당시 조명연합군에는 조선 육군 1만 5천이 배치되어 있었다. 그러나 이때 조선 육군 어느 누구도 일본군을 추격하여 공을 세운 사람은 없었다. 전쟁이 끝나는 마당에 굳이 목숨을 걸고 싸울 이유가 무엇인가. 명군이 작전권을 가지고 있다는 사실을 핑계 삼아 싸움을 회피한 것이다.

그러나 이순신은 명군 장수에게 전투를 허락해 달라고 눈물로 호소했다. 진린은 이런 이순신의 충성에 감동하여 전투를 허락했다. 아니, 이순신이 전투를 허락해 달라고 했으나 진린이 이를 허락하지 않자, 이순신이 단독으로 전투를 결행한 것이다.

– 《선조실록》 32년 2월 2일

처음 이순신은 왜교성 앞에 있는 장도에 주둔하여 고니시의 철군 길을 막았다. 고니시는 철군을 막고 있는 사람이 이순신이라는 사실을 알고 싸워서 정면으로 돌파하는 것 외에는 다른 방법이 없다는 것을 알았다. 그는 부산의 일본군 지휘부에 도움을 청했다. 이에 일본군의 구원 함대가 편성되었다. 사천성의 시마즈, 고성의 다치바나, 부산의 테라자와, 남해의 소 요시모토의 군대가 구원군에 합류했다. 도합 500여 척에 이르는 대함대였다.

이순신은 일본의 구원 함대가 순천으로 올 것으로 예상했다. 구원 함대가 온다면 반드시 남해와 하동 사이의 노량해협을 통과할 것이다. 그는 장도에서 적을 기다리지 않고, 순천으로 오는 일본 함대를 관음포 앞바다에서 맞아 싸우기로 했다. 왜교성은 오늘날 광양만 깊숙한 곳에 자리하고 있고, 관음포는 남해도 서쪽에 있다. 장도에서 관음포까지는 20킬로가 넘는 거리다. 이순신은 60척의 판옥선을 이끌고 관음포 앞으로 은밀히 나아갔다. 진린의 명 수군 함선 300척은 이순신 함대의 좌측 죽도 쪽에 포진해 있었다.

선조 31년 11월 19일, 아직 캄캄한 이른 새벽이었다. 멀리서 노 젓는 소리가 파도 소리에 섞여 들려왔다. 조선 수군은 숨을 죽이고 일본군이 다가오기를 기다렸다. 이윽고 적선이 어둠과 짙은 안개 속에서 모습을 드러내었다. 기다리던 순간이었다. 이순신 함대의 포들이 적함을 향하여 일제히 불을 뿜었다. 선두의 일본 함선에서 불길이 솟았다. 뒤이어 명나라 함선에서도 포가 작열했다. 관음포 앞 바다는 순식간에 포연과 비명이 가득했다. 짙은 어둠과 안개 속에서 기습을 당한 일본군도 전력을 다해서 대응했다.

차츰 날이 밝아 오고 있었다. 관음포 바다는 피아 1천 척에 이르는 전함들이 동시에 쏟아 내는 포와 불화살, 비명과 연기로 가득 찼다. 이순신의 전함이 앞장서서 그 가운데를 돌파하고 있었다. 쉴 새 없이 포를 쏘면서, 적선이 앞을 막으면 전속력으로 충격하면서 적의 대함대 한가운데로 거침 없이 돌진해 나갔다. 조선 함대의 대담한 공격에 일본 함대는 흩어지고 부서지고 가라앉았다.

드디어 완강하게 저항하던 일본 함대가 왔던 길을 되돌아 노량해협으로 도주하기 시작했다. 그들은 고니시를 구원하려던 임무를 포기하고 달아났다. 그러나 이순신은 도주하는 일본 함대를 놓아주지 않았다. 조선 함대가 선봉에 서고, 명 함대가 뒤를 받치면서 바짝 추격해 갔다. 뒷덜미를 잡힌 일본군은 결사적으로 저항했다. 관음포 앞바다는 깨진 전선과 떠다니는 시체로 붉게 물들어 갔다.

일본군의 반격도 만만치 않았다. 격전 중에 가리포 첨사 이영남李英男이 적탄에 맞아 사망했고, 낙안 군수 방덕룡方德龍, 홍양 현감 고득장高得蔣 등 10여 명의 조선 장수도 적탄에 맞아 죽었다. 그러나 조선군은 추격을 멈추지 않았다. 이순신의 대장선이 제일 선봉에 서서 전 함대에 더욱 분발하라는 북소리를 울렸다.

바로 그 순간, 일본군의 조총이 불을 뿜었다. 달아나던 적군이 쏜 총탄이 이순신의 가슴에 박혔다.

"전투가 급하다. 나의 죽음을 말하지 말라."

임진왜란 최후의 전투인 노량해전은 조선 수군의 승리로 끝났다. 격전 중에 살아남은 시마즈 요시히로는 남은 배를 이끌고 도주했고, 왜교성의 고니시는 해전이 한창일 때 숨겨 두었던 500여 척의 전선을 이끌고 장도와 유도를 지나 전투 지역으로 들어오지 않고 곧장 남하했다. 그는 여수 앞바다로 광양만을 빠져나와, 멀리 남해도를 남쪽으로 돌아 부산으로 탈주하는 데 성공했다.

그런데 노량해전의 승리와 이순신의 죽음이 실록에 등장하는 것은 전투 닷새 뒤인 11월 24일이다. 그것도 조선 수군이 조정에 올린 장계가 아니라, 명군 총사령부에 올라온 명군의 보고서를 인용하는 형식이다.

군문 도감이 아뢰기를,

"방금 진 도독의 차관이 들어와서 말하기를 '왜적의 배 1백 척을 포획했고 2백 척을 불태웠으며, 5백 급級을 참수하였고 180여 명을 생포하였다. 물에 빠져 죽은 자는 아직까지 떠오르지 않아 그 숫자를 알 수 없다. 또 이 총병總兵(이순신)은 죽은 것이 분명하다.'고 하였습니다. 감히 아룁니다."

이순신은 임진왜란 최후의 전투에서 장렬히 전사했다. 향년 54세였다. 그의 죽음이 알려지자, 호남 일도의 사람들이 모두 통곡하여 노파와 아이들까지 슬피 울지 않는 자가 없었다. 그런데 선조는 다만 '알았다'고 했다. 그리고 또 닷새가 지난 29일에야 비망기로 전교를 내린다. '해상의 승리는 왜적의 간담을 서늘하게 하기에 충분하였으니 이는 조금 위안도 되고 분이 풀린다.'

11월 27일 좌의정 이덕형이 승전보를 아뢴 것 말고는, 이 기간에 실록에는 노량해전과 이순신의 승리 및 죽음에 대한 구체적인 기사가 없다. 승전 제1보가 올라오고 상세한 보고가 뒤이어진 것이 아니라, 전투가 있은 지 9일이 지나서야 승전보가 조정에 올라왔다. 이상한 일이 아닐 수 없다. 여기에서 이순신에 대한 선조의 복잡한 심경을 읽을 수 있다.

장군의 죽음을 둘러싼 의문

　　　　　　　　　　　　　　이순신의 죽음이 알려진 11월 23일. 서울에 있던 명군 총사령부에서는 총독 형개가 앞장서서 이순신을 애도하며 명군 진영 안에 빈소를 설치했다. 그리고 총독이 직접 향을 사르고 제사를 지내며 추도 분위기를 만들었다. 그들은 이순신의 충의에 감동하고 그의 죽음을 진심으로 슬퍼했다. 비록 출정과 관련하여 갈등이 없지는 않았지만, 마지막까지 목숨을 걸고 싸운 이순신의 자세는 국적을 불문하고 모든 장수의 귀감이 될 만했다.

반면, 조선 조정과 임금은 끝내 아무런 공식적 반응을 보이지 않았다. 예조에서 명군 사령부가 이순신을 애도하여 제사를 지낸다는 보고를 올리며, 조선 조정은 어떻게 해야 할지를 묻자, 선조는 아무런 대답을 하지 않았다. 그냥 예조가 알아서 하라고 했다. 이를 사관은 이렇게 평했다.

사신은 논한다. 이순신은 사람됨이 충용忠勇하고 재략才略도 있었으며 기율을 밝히고 군졸을 사랑하니 사람들이 모두 즐겨 따랐다. …… 국가를 위하는 충성과 몸을 잊고 전사한 의리는 비록 옛날의 어진 장수라 하더라도 이보다 더할 수 없다. 조정에서 사람을 잘못 써서 순신으로 하여금 그 재능을 다 펴지 못하게 한 것이 참으로 애석하다. 만약 순신을 병신년(1596)과 정유 연간에 통제사에서 체직시키지 않았더라면 어찌 한산의 패전을 가져왔겠으며 양호兩湖가 왜적의 소굴이 되겠는가. 아, 애석하다.
　　　　　　　　　　　　　　　　　　　　　－《선조실록》 31년 11월 27일

이순신이 퇴각하는 왜적에게 마지막 철퇴를 내린 것은 조선의 자존심이었다. 남해 노량에서의 승리마저 없었다면 조선의 역사는 얼마나 초라했을까. 7년 동안 온갖 악행을 저지르고 물러가는 원수를 아무런 응징도 하지 못한 채 그저 바라만 보았다면, 일본과 명은 조선을 얼마나 업신여겼을까.

이순신의 죽음에 대한 안타까움 때문이었을까. 그의 죽음을 둘러싸고 수많은 의문이 제기되었다. 유성룡이 지은 《징비록》에는 '적탄이 가슴을 뚫고 등 뒤로 나왔다'고 되어 있다. 거의 수평 위치에서 쏜 직격탄을 맞았다는 것이다. 장군의 지휘선인 판옥선은 일본의 전선보다 선체가 높고, 당시의 전투양상으로 보아 근접전이었다면 가슴을 뚫고 등 뒤로 총알이 빠져나갔다는 점에는 분명 의문의 여지가 있다. 더구나 수많은 해전을 승리로 이끈 수군 총사령관에 대한 신변 방호가 그토록 소홀했을까?

평소대로라면 지휘탑에는 방패를 빙 둘러쳤을 것이고, 이순신은 갑옷과 우수한 방탄조끼를 입었을 것이다. 당시 조선군의 방탄조끼는 성능이 매우 우수했던 것으로 전해진다. 그런데 어떻게 가슴을 뚫고 등 뒤로 빠져나갈 만큼 강력한 적탄을 맞게 되었을까?

그래서 제기된 것이 '자살설'이다. 이순신이 방패를 거두고 갑옷과 방탄조끼를 입지 않은 채 적선을 근접 추격했을 것이라는 주장이다. 숙종 때 판서를 지낸 이민서李敏敍가 의병장 김덕령의 행록과 시문을 기록한《김충장공 유사金忠壯公遺事》를 보면, '이순신이 갑옷을 벗고 적탄에 맞아 죽었다'고 되어 있다. 같은 시대에 영의정을 지낸 이여李畲도 이순신이 전사를 가장하여 자살했다고 했다.

이순신의 평소 언행도 이 주장을 뒷받침한다. 이순신 휘하의 장수로 훗날 3대 수군통제사를 지낸 유형柳珩에 따르면, '이순신은 평소 나는 적이 물러나는 그날에 죽는다면 아무 여한이 없다고 말했다'고 한다. 명 수군 제독 진린도 이순신의 죽음을 애도하는 제문에서 '이순신이 평소 나는 나라를 욕되게 했다. 오직 한 번 죽는 일만 남았다고 말했다'고 썼다.

또 어떤 연구자는 이순신이 전투의 마지막 순간에 손문욱孫文彧이라는 의문의 인물에 의해 살해되었다고 주장하기도 했다.

실제로 이순신은 체포되어 죽음 직전까지 몰렸고, 의병장 김덕령이 참혹하게 죽는 것을 보았다. 전쟁이 일어나기 전, 정여립 사건으로 수많은 사람들이 멸문의 화를 입는 것도 보았다. 전쟁이 끝난 뒤 그의 전공을 시기하는 무고가 없으란 법이 없고, 그러면 자신은 물론이고 멸문의 화까지 입을 수도 있었다.

이순신의 비극의 원인은 당시 그의 위상이 너무나 높았던 데에 있다. 사로병진 전략으로 동원된 조선군의 총 병력은 겨우 2만이었다. 그중에서 이순신의 수군이 7,300이었다. 대체로 전쟁 기간 중 이순신의 수군은 전체 조선군의 약 절반이었고, 그의 군령이 집행되는 고을이 70여 개나 되었다. 같은 시기 전라병사 이광악李光岳이 거느린 군사는 300, 방어사 원신元愼이 거느린 군사는 200이었다. 남원에 내려와 있던 평안병사 이경준李慶濬의 군사 조금, 감사 황신黃愼은 군사가 없었고, 별장 구덕령·송덕일의 군사는 각각 200과 30명이었다. 그러나 이들 대부분이 오합지졸이었다. 그런데 이순신의 수군은 임진년 이후 6년간 수많은 전투와 엄한 군기, 최고의 무기, 그리고 상하 간이 믿음으로 굳게 뭉친 최정예군이었다. 그런 정예군이 한때는 2만에 이르기도 했다.

이런 장수를 남해안에 두고서 두렵지 않을 군주가 어디에 있으랴. 더구나 죄를 물어 죽이려고 했던 장수가 원균의 패몰 이후 완전히 붕괴된 조선 수군을 불과 40일 만에 훌륭하게 재건하여 일본 수군을 무찌르는 것을 보고서 그들은 무엇을 느꼈을까. 장군이 돌아왔다는 소문을 듣고 단 며칠 만에 흩어졌던 병사와 장교들이 스스로 장군을 찾아와 전투에 앞장서고, 장군이 바다에서 싸우기로 했다는 소식을 듣고 영호남의 사대부와 백성들이 1천 척의 배를 스스로 몰고 와 도왔다는 소식을 들은 임금은 어떤 생각을 했을까. 임금과 조정에 대한 신뢰보다도 장군에 대한 신뢰가 훨씬 더 깊어 사람들의 마음이 장군에게 쏠리는 현실을 보며 그들이 이순신의 충성을 믿고 편안히 잠들 수 있었을까.

모든 책임을 유성룡에게 씌우다

이순신의 노량해전을 마지막으로 임진년에 시작된 전쟁은 7년 만에 모두 종결되었다. 부산과 거제도에 집결한 일본군은 11월 24일 가토 기요마사·구로다 나가마사·모리 데루모토 군이, 26일에는 시마즈 요시히로·고니시 유키나가 군이 떠나면서 철수를 완료했다. 조선 육군은 끝내 일본군을 응징하지 못했고, 부산에서 철수하는 일본군을 온전하게 보내 주었다.

정탐인偵探人의 말에 '부산의 왜적은 선발대가 이미 바다를 건너갔고 남은 왜적은 50~60명뿐이다.'고 합니다 　　　　　　　　　　　　　　－《선조실록》 31년 11월 28일

전쟁은 끝이 났지만, 조선의 어느 누구도 이를 드러내 놓고 기뻐하지 못했다. 중국 명대를 다룬 기전체 역사서인《명사明史》〈조선열전〉에는 임진왜란의 종전이 이렇게 기술되어 있다.

왜가 조선을 유린한 지 7년 동안 잃은 군사가 수십만이니 되고 소모한 군량이 수백만이나 되었는데도 중조中朝와 속국(조선)이 이길 가망이 없는 지경에까지 이르렀는데, 관백(도요토미)이 죽고서야 화란이 비로소 종식되었다.

전쟁은 끝났지만 뒤이어 닥칠 전쟁의 후폭풍을 예상하고 모두 몸을 사렸다. 무엇보다도, 전쟁을 불러들이고 막아 내지 못한 책임에서 서둘러 벗어나야만 했다.

영돈녕부사 이산해, 해원 부원군 윤두수, 행 지중추부사 정탁 등이 아뢰기를,
"우리나라가 왜적과 7년 동안 대치하고 있었지만 왜적의 진영 하나도 섬멸하지
못하고 적추賊酋로 하여금 버젓이 바다를 건너가게 하였으니, 원통하고 분한 마음
이 어찌 한이 있겠습니까. 다만 백성들이 모두 도망쳐 군량 수송이 곤란하니 지금
우리나라의 형편은 마치 끊어지는 목숨과 같이 위급합니다. 왜적이 만약 하루라
도 더 머문다면 일을 어떻게 할 수가 없는데, 다행히도 3로의 왜적이 일시에 도망
쳤으니 후일의 환란이 반드시 없으리라고 보장하기는 어렵지만 임진년 이후 이런
날이 있는 것은 어찌 하늘이 도와서 그런 것이 아니겠습니까."

– 《선조실록》 31년 11월 24일

이순신이 노량에서 전사한 날, 유성룡이 파직되었다. 단순히 유성룡을
해임하는 것만으로는 모든 책임을 떠넘기기 어렵다고 판단했을까. 삼사가
합세하여 그를 삭탈관작하라고 했다. '삭탈관작削奪官爵'은 죄를 지은 자의
벼슬과 품계를 빼앗고 벼슬아치 명부에서 아예 이름을 지우는 것이다.

선조는 삭탈관작은 심하다며 그냥 유성룡을 파직한다. 불명예스러운 퇴
직이었다. 이제 전쟁의 모든 책임은 유성룡에게 전가되었다. 당쟁도 그의
책임이었고, 조선이 자강지책自强之策을 세우지 않은 것도, 화의를 주장하여
목전의 안일만을 추구한 것도 모두 그의 죄였다.

동서분당東西分黨의 화는 이미 사림士林의 불행한 일이었는데 남이니 북이니 하는
말이 또 세상에 떠돌고 있습니다. 이는 참으로 조정에 있는 신하가 사私로 인하여
공公을 해친 죄이니, 차마 성명聖明께 진달하지 못했던 것입니다. 성룡은 대신으
로서 그것을 진정시키고 조화시키는 책임이 있으니, 마땅히 전일을 징계하고 후

일을 경계하여 마음을 합쳐 개선하기를 도모하여 남은 사류들과 화합되어 조정을 시끄럽게 하고 의논이 분열되게 하여 서로의 괴리가 갈수록 심해져 지금까지 그치지 않게 하였으니, 이는 성룡이 그 책임을 지지 않을 수 없습니다. ……

만약 변고가 생긴 후에 즉시 자강지책自强之策을 세워 군량을 준비하고 급히 중국 군사를 요청해서 합세하여 왜적을 토벌했다면 국사가 어찌할 수 없는 지경에는 이르지 않았을 것인데, 기미羈縻(견제)의 말을 먼저 주창하여 바로 강화의 발판을 만들어 끝내 장수와 군졸이 해이해지고 임금의 위엄이 떨치지 못하게 하였으니, 이것이 어찌 성룡의 본심이었겠습니까. 이해만을 따지는 생각이 한 번 그 마음에 발하자 장구하고 원대한 계책은 없이 목전의 안일만을 따라 스스로 국가를 그르친 죄에 빠지는 것을 알지 못하였기 때문입니다. ……

작미作米(토지 소유의 많고 적음에 따라 세금을 납부하는 작미법) 속오束伍(양반도 노비와 함께 군역에 편입시킨 속오군束伍軍 제도)의 법은 전적으로 군량을 위해서인데, 평상시 공물貢物의 값을 난리를 겪은 뒤에 판출辦出(돈이나 물건을 변통하여 마련하여 냄)하게 하니 전쟁에서 겨우 살아남은 백성들이 어찌 곤궁하지 않겠습니까. 공사천公私賤의 부역할 사람들을 모두 단속하는 문서에 올리고 빈번하게 징발하니 사람들은 그 고통을 견디지 못하여 아예 살고 싶은 마음을 잃어버렸습니다.

– 《선조실록》 31년 11월 20일

전쟁 중인 선조 27년(1594), 유성룡은 세제와 군정을 개혁하는 자강책을 마련하여 자력으로 일본군을 몰아내자는 상소를 올렸다. 그는 평화 시에는 이처럼 강력한 개혁이 성공하기 어렵지만, 전시와 같은 국가비상 시에는 성공할 수 있다고 주장했다. 그러나 임금과 조정의 거부로 개혁안을 실행되지 못했다.

　　그런데 이제 전쟁이 끝나자, 개혁에 반대했던 이들이 모든 실정의 책임을 유성룡에게 뒤집어씌운 것이다. 그리고 그 세력의 중심에 임금이 있었다. 이렇게 하여 나머지 사람들은 슬그머니 전쟁에 대한 책임에서 벗어난다. 뿐만 아니라, 나중에는 전쟁을 승리로 이끈 공신의 반열에 오르게 된다. 그들은 나라를 패망 직전에 이르게 한 엄청난 죄를 오히려 공으로 바꾸는 참으로 신묘한 재주가 있었다.

10장
모든 것을
전쟁 전으로 되돌리다

개혁을 거부하는 임금

선조 32년(1599) 윤4월. 명의 신종황제는 전쟁 승리를 선포하면서 명군은 머지않아 모두 철수할 것이니 조선 국왕은 서둘러 자강을 도모하라는 조칙을 내렸다. 그러나 이제 조선에는 아무것도 남은 것이 없었다. 무엇보다, 전쟁은 조선을 근본적으로 뒤집어 놓았다. 임금의 위상과 사대부의 체면, 그들이 의지하던 주자성리학의 권위도 땅에 떨어졌다. 전쟁은 무엇이 진짜이고 또 가짜인지를 만천하에 드러냈다. 그동안 천만 가지 말로 꾸미고 치장하고 부풀린 것은 무엇이고, 목숨까지 바쳐서 지키려 했던 진실이 무엇이었는지도 세상 사람들의 눈앞에 보여 주었다.

임진왜란은 나라가 언제든지 무너질 수 있다는 사실을 가르쳐 주었다. 나라가 무너지는 위기 상황에서는 임금과 사대부도, 향촌의 사림도, 힘없는 백성도, 조선의 어느 누구도 죽음의 고통을 피할 수 없다는 사실을 생생하게 일깨워 주었다. 국가와 공동체는 소중한 것이고, 그것이 특정 세력만의 것이 아니라는 사실도 깨닫게 되었다. 길은 분명했다. 전쟁이 모든 것을 분명하게 드러내어 보여 준 것이다. 이제 망설이지 말고 확고하게 이 드러난 길을 따라 나라와 백성을 이끌고 가면 될 일이었다. 전쟁 직후인 선조 31년 12월 19일, 이러한 현실 인식을 바탕으로 좌의정 이덕형이 국정 쇄신안을 건의했다.

구적寇賊(나라를 침범한 외적)이 갓 물러간 오늘날 조정의 거조에 대해서 모든 사람들이 눈을 씻고 주시하고 있으니, 바로 안위의 기미가 달려 있는 때인데 근본은 먼저 조정을 바르게 하는 데 있습니다. 성상께서도 종묘사직에 대한 계책을 생각하시어 지나친 겸양을 고집하거나 자신의 부덕을 탓하지 마시고 문병門屛(대문 등에 치는 담이나 울)을 활짝 열어 정치의 기강을 정돈하소서. 부박하고 험사한 자들을 물리치고 순박하고 근신한 사람을 기용하며, 허식을 물리쳐 버리고 실효만을 책임지우소서. 그리하여 인재가 진출되고 민심이 권장되며 논의가 적어지고 성공이 많아진다면 험난한 시대가 태평의 시대로 전환될 것입니다.

– 《선조실록》 31년 12월 19일

나라의 기강을 엄히 세우고, 국정을 실용 위주로 혁신하자는 내용이었다. 지금은 국가와 민생을 개혁하여 나라를 바로 세우고, 민심을 기쁘게 하는 것을 국정의 최우선 과제로 삼아야 한다는 것이었다. 그런데 선조는 의외의 반응을 보인다.

대개 천하의 사변事變은 수만 가지여서 행적은 같으나 마음이 다르기도 하고 일은 같으나 형세가 그렇지 않은 것도 있으니 이런 경우가 얼마나 많겠는가. 그런데 자신의 권도權度로써 당시의 일을 헤아려 보지 않고 선인들의 말만 인용하여 주장하

– 《선조실록》 31년 12월 19일

선조는 이덕형의 건의를 거절했다. 임금은 재상의 간곡한 개혁 요구를
거절하는 논리를 대며 스스로도 민망했는지 "오해를 하지 말고 한 번 웃어
주길 바란다"고 했다. 국가의 흥망에 대한 중대사를 농담으로 듣고 웃으라
는 말이 무슨 뜻인지 이해하기 어렵다. 사관도 이상하게 여겼는지 임금의
이 말을 실록에 기록했다. 선조의 속셈은 전혀 다른 데에 있었다.

– 《선조실록》 32년 11월 26일

지금은 국가 개혁이나 민생 개혁보다 흔들리는 왕권을 안정시키는 것이
무엇보다 최우선이라는 것이다. 민생이나 개혁 문제로 국론을 분열시키면
다시 나라가 흔들린다. 그러니 개혁 운운하며 국론을 분열시키지 말라. 그
보다 전쟁 중에 극도로 악화된 민심을 다잡아 규율과 질서를 확립하여 나
라가 망하지 않도록 하라. 곧, 국가와 정권의 안보가 국정의 최우선 과제라
는 것이었다.

선조는 노회한 사람이었다. 당장 개혁 정국으로 정치의 중심이 옮겨 가
면 전쟁 책임 문제를 거론하지 않을 수 없었다. 더구나 민심이 한 치 앞을

내다보기 힘들 정도로 요동치고 있었다. 그렇게 국가를 이루는 여러 세력, 즉 임금과 왕실, 조정 관료와 향촌 선비 그리고 온 나라 백성이 서로 비난하고 책임을 전가하기 시작하면 천하대란의 시대가 올 수도 있었다. 임금 본인도 유성룡 한 사람을 파직한다고 해서 국란을 불러들이고 나라를 패망 직전까지 이르게 한 책임을 피할 수 있을 것이라고는 생각하지 않았을 것이다. 그러나 전후 정치와 민생 혁신 문제를 논의하려면 이 책임 문제를 건드리지 않을 수 없다. 이를 막는 가장 확실한 길은, 일본의 위협을 계속 강조하여 안보 정국을 지속시키는 것이었다.

임금과 대다수 조정 신료들은 전후의 정국을 계속하여 준準 전시 상태, 안보를 최우선 과제로 삼는 상태로 끌고 가려고 했다. 그러자 영의정 이원익이 일침을 놓는다.

나랏일이 위태롭기는 하나 앉아서 망하기만을 기다릴 수야 있겠습니까.

– 《선조실록》 32년 11월 26일

개혁의 결단을 촉구하는 말에 선조는 대답이 없었다. 이원익과 이덕형은 정승의 자리를 걸고 주장을 굽히지 않았다. 그러나 선조는 끝내 개혁을 추진할 생각이 없었다. 그래서 이원익과 이덕형을 4도체찰사, 3도체찰사로 임명하여 지방으로 쫓아 버렸다. '비록 두 사람에게 중임을 맡겼으나 실은 그 둘을 밖으로 내친 것이었다.'(《선조실록》 33년 8월 30일) 이렇게 하여 개혁의 기회는 또다시 사라지고 만다.

조선군보다 중국군이 더 미더운 임금

사실 선조는 전쟁이 끝나면 물러나겠다고 전쟁 중에 아홉 번이나 약속했다. 그러나 막상 전쟁이 끝나자 태도를 바꾸었다. 조정에 늘어선 신하들도 임금이 물러나는 것을 바라지 않았다. 임금이 물러나면 그들도 함께 책임을 지고 물러나야 했기 때문이다. 그들 모두가 전쟁을 불러들인 죄인들이었다. 그러므로 유성룡을 몰아낸 다음, 조정에서는 아무도 더 이상 전쟁에 대한 책임을 말하지 않았다.

그러나 백성들의 마음은 달랐다. 그들은 전쟁의 최대의 피해자였다. 그들은 전쟁으로 모든 것을 잃었다. 가장으로서, 부모로서, 형제로서 그들은 가슴속에 누구에게도 말할 수 없는 커다란 상처를 숨기고 있었다. 누군가 불을 지르기만 하면 금방 활활 타오를 것 같았다. 그들은 작은 바람에도 이리저리 쓸려 다녔다. 유령처럼 산과 들을 떼지어 몰려 다녔다. 500만 명이 넘던 인구의 3분의 1이 전쟁 중에 죽었고, 살아 있는 백성들도 움직이고는 있었지만 살아 있는 것이 아니었다.

전쟁 전 9만에 이르던 서울 인구는 4만으로 줄었다. 조정이 파악한 전국 인구는 전쟁 전의 6분의 1에 불과했다. 전쟁 전 170만 결이던 농토도 전쟁이 끝났을 때 54만 결에 불과했다. 소도 말도 모두 잡아먹고 없으니, 병마와 영양실조로 허약해진 백성들은 오랜 전란으로 방치되어 갈대와 초목이 뒤덮인 농토를 다시 갈아 일으키기 어려웠다.

국가는 백성에게 의지하는 것이니 백성이 흩어지면 나라가 없어지는 것입니다. 8년 동안 전쟁에 시달리다 보니 모든 백성들이 울부짖으며 생업을 잃고 떠돌아다

그러나 지배층은 '전쟁 중에도 술과 고기의 호사스러움이 평시보다 더 심했다.'(《지봉유설》) 백성은 시신에 붙은 살점을 뜯어 먹고 죽어 갔지만, 사족들은 수시로 연회를 열고 잔치를 베풀어 술과 고기가 넘쳐났다. 비단 서울만이 아니었다. 전쟁 피해가 가장 심했던 영남의 선비들도 일본군이 아직 해안가에 웅크리고 있는데도 불구하고 한 달에도 몇 번 씩 저희들끼리의 회식을 벌였다.

서울 선비들은 명나라에서 수입된 비단옷을 입지 않은 사람이 없었다. 군대를 따라 들어온 중국 상인들이 호화 사치품을 대량으로 반입해 왔기 때문이다. 여자들의 옷과 장식품은 전답 몇 마지기에 해당하는 고가품이 즐비했으며, 그런 사치 풍조는 선비들 사이에 유행처럼 번져 갔다.

전란의 혼란 속에서도 권력 있고 재주 있는 자들은 엄청난 부를 긁어모았다. 난이 일어난 초기 혼란을 틈타 국가 양곡을 빼돌리고, 군량을 모으면서 사사로이 양곡을 착복하고, 서울 수복 후에 긴급복구 자재를 조달하면서 대량의 목재를 훔치기도 했다. 사치품이 대량으로 들어오자, 무역의 특권을 챙겨 돈을 모았다.

모두가 같이 당하는 것은 난리가 아니다. 그런데 힘없는 백성들 혼자 난리를 당하고 있었다. 임금과 조정이 불러들인 전쟁의 아픔은 백성들만의 것이었다. 백성들은 원통했다.

– 《선조실록》 32년 2월 2일

인구의 30~40퍼센트에 달하는 노비들은 전쟁 중에도 가장 위험하고 힘든 일을 모두 감당해야 했다. 노비와 주인이 함께 일본군에게 쫓기다가 헤어지게 되면, 주인은 전란 중에도 지방 수령을 찾아가 도망간 노비를 추쇄해 달라는 청을 넣었다. 노비들은 일본군에 쫓기고, 조선 관리와 추쇄꾼에게 쫓겨야 했다. 노비를 데리고 피란을 하던 사대부들이 피란 중에 돈이 필요해지면 자신을 위해서 온갖 위험을 무릅쓰던 노비를 팔아서 비용을 대기도 했다. 노비의 아이를 빼앗아 다른 사람에게 팔아 버리거나, 다른 사람의 노비와 바꾸어서 일부러 가족을 해체하기도 했다. 그 결과, 노비들은 기회만 있으면 도망치려고 했다. 전쟁이라는 가혹한 현실은 그들에게 견디기 어려운 고통과 함께 도망이라는 기회도 함께 가져다주었다.

왕과 사대부는 백성이 두려웠다. 민심이 조정을 떠났다는 것을 선조도 잘 알았다. 그래서 선조는 이런 백성들에게서 자신을 지켜 줄 군사에 더 관심을 가졌다. 그러나 조선 군사는 아무래도 믿음이 가지 않았다. 누가 조선 군사를 부추겨 임금과 조정의 죄를 밝히자고 할런지 두려웠기 때문이다. 전란 중에 자신이 보인 임금답지 못한 행태로 임금의 권위와 지도력은 이미 무너졌고, 자신의 죄가 죽음으로도 갚지 못할 정도로 크고 깊다는 것을 그 자신도 모르지 않았다. 그래서 선조는 조선 군대보다도 황제의 군대가 더 미더웠다. 명나라 신종 황제의 명군 철수 명령이 떨어지자, 선조는 즉시 조정에 대책 논의를 독촉하며 명군을 서울에 남겨 달라고 요청하라고 한다.

– 《선조실록》 32년 2월 2일

선조는 일찍부터 명군의 존재를 왜적으로부터뿐만 아니라 조선 백성으로부터도 자신을 지켜 줄 든든한 울타리로 여겼다. 서울이 수복되고 일본군이 천 리 밖 남해안으로 내려간 뒤에도 반란이 두려워서 서울에 들어갈 수 없다고 한 임금이었다.

– 《선조실록》 26년 6월 14일

당시 일본군은 남쪽 해안으로 내려가고, 전쟁은 소강상태에서 장기전으로 넘어가고 있었다. 명나라 병사들은 싸울 뜻이 전혀 없었고, 일본군도 적극적으로 싸움을 걸어오지 않았다. 조정 일각에서 전투를 회피하면서 막대한 군량만 소비하는 명나라 군대에 의지하기보다는 조선군을 양성하자는 주장이 나왔다. 명군에게 주는 군량이면 충분히 조선군 10만을 양성할 수 있다는 주장도 있었다. 명군 수뇌부인 진린도 조선군 양성 주장을 긍정적으로 받아들였다.

그러나 명에 의존하지 말고 조선군을 양성해서 대응하자는 말에 선조는 이렇게 대답한다.

선조는 기본적으로 조선의 백성들을 믿지 않았다. 임금과 조정은 무장된 조선군이 두려웠다. 칼로 힘을 얻게 된 군대가 그 칼날을 어디로 들이댈 것인지 걱정이었다. 그들은 차라리 나라의 존립이 위태로울지언정 자신의 권력이 위협받는 정책은 선택하지 않았다.

그러나 이미 철수 결심을 군힌 명나라는 선조의 요청을 받아들이지 않았다. 명군은 자신들이 벌여 놓은 일본과의 강화 문제 등은 그대로 내버려 둔 채 철수길에 올랐다. 군문 경리 만세덕萬世德이 떠나고, 제독 이승훈李承勛에게서 명군의 주둔 가능성이 없음을 확인한 선조는 마침내 명군의 철수를 받아들였다. 그리고 위태한 백성을 어떻게 통제할지를 두고 골몰한다.

사관은 실록은 전쟁 후 선조가 주요 신료들과 은밀히 나눈 대화를 용케도 기록해 놓았다.

한 마디로, 조정에 비판적인 위험인물은 사전에 미리 체포하여 제거하라는 것이다. 지시 내용이 당당했다면 감사에게 은밀히 토적 체포를 하서하지도, 하서할 때 내용을 잘 만들라고 특별히 지시하지도 않았을 것이다. 선조가 이항복 등과 나눈 얘기는, 정권을 위협할 가능성이 있는 불온분자를 체포하여 제거하라는 것이었다. 그들은 이렇게 백성을 적으로 돌리고 있었다.

"지금 양호兩湖 지방의 인심이 궤산潰散되었다고 하니 매우 근심된다. 무뢰배들이 서로 모여 도적질을 하지 않는다고 어찌 보장하겠는가. 중국군이 만약 나온다면 거의 진정시킬 수 있을 것이다."
하였다. 유성룡이 아뢰기를,
"전라 한 도가 임진년 변란이 일어나던 처음부터 지금까지 내공內供을 조달하고 경비를 대느라 민력民力이 탕갈되어 이산함이 많을 것이라 하며, 충청도 역시 그렇다고 합니다. 이 두 도에 하서하여 위유慰諭하고 전라 감사로 하여금 인재를 뽑아 보내라고 해야 합니다."
　　　　　　　　　　　　　　　　　　　　　　　　　　 – 《선조실록》 30년 1월 23일

부끄러운 공신 책봉 논란

전쟁이 끝난 지 3년이 다 되어 가는 때, 비로소 임진왜란에 대한 공식적인 평가가 시작되었다. 조선 육군이 도망치는 일본군을 상대로 이순신의 노량해전과 맞먹는 최후의 전투를 벌여 큰 승리를 거두었다면, 조선 조정은 임진왜란을 승리한 전쟁으로 규정하고 전쟁이 끝나자마자 떠들썩하게 공신 책록冊錄 논의를 벌였을 것이다. 그러나 조선 육군은 도망치는 일본군을 구경만 했다. 그렇다고 이순신이 거둔 승전의 의미를 한껏 높여서 전쟁을 조선의 최종 승리로 평가하고 싶은 마음도 들지 않았다. 더구나 왜란을 승리한 전쟁이라고 주장하기에는 전쟁의 전모를 처음부터 끝까지 지켜본 백성들의 눈이 두려웠다.

누가 봐도 승리라고 하기엔 부끄럽고 초라한 결말이었다. 그렇다고 패배라고 규정하는 것도 적절하지 않았다. 이러지도 못하고 저러지도 못한 채 3년의 세월이 흘렀다.

그러나 어떤 형태로든 왜란에 대한 역사적 평가를 마무리해야 했다. 무려 7년간이나 질질 끌면서 조선 전체를 도탄에 빠뜨린 일을 아무 평가 없이 지나갈 수는 없었다. 조선 조정은 전쟁을 승리로 규정하고, 역사적 평가를 제 손으로 마무리하기로 결심했다. 이에 따라 승리한 전쟁이면 으레 뒤따르는 공신 책봉 논의가 시작되었다. 이때 선조는 자신의 속내를 밝혀 공신 책록의 기본 전제를 제시한다.

중국 군대의 힘이 아니면 왜적을 어떻게 물리쳤겠는가. 강토를 회복한 것은 모두 중국 군대의 공이다. 우리나라 사람은 한 일이 없다. 이는 내가 사실에 근거하여 한 말이다.

– 《선조실록》 34년 3월 17일

전란에 대한 공을 논의하겠다면 이러한 기본적인 시각을 분명히 하고서 논의를 시작하라는 것이었다. 임금의 말에 윤근수는 지당한 말씀이라며 맞장구를 친다.

공신 책록 논의는 그 시대의 정치 세력과 지식인들이 전쟁을 어떻게 해석하고 평가하는지를 종합적으로 정리하는 의미가 있다. 따라서 그 속에는 과거의 잘잘못에 대한 철저한 반성과 향후 나라가 나아갈 방향이 담겨야 한다. 그런데 선조는 그 논의를 시작하기도 전에 '조선 사람들은 전쟁에서 아무것도 한 일이 없다'고 선언하고 나선 것이다. 이로써 그는 올바른 반성이나 역사적 평가를 저버렸을 뿐 아니라, 나라를 위해 초개같이 목숨을 버린 의병과 충신열사들의 희생을 값어치 없는 것으로 만들었다.

논의는 처음부터 이상한 방향으로 흘러갔다. 강토 회복의 모든 공을 명군에게 돌리고 나자, 조선 사람으로서 나라를 회복하는 데 기여한 작은 공이라도 명나라와 관련된 일로 한정할 수밖에 없었다.

자신이 보인 비겁함 때문이었을까. 선조는 전쟁에 기여한 백성들의 공로를 인정하지 않는다. 특히 전쟁 초기 승패에 결정적인 영향을 미친 의병들의 활약을 부정했다. 당시 관군이 보인 무능과 무책임 그리고 참담한 패배는 분명 의병들의 활약과 선명히 대비되었다. 의병들의 공이 크면 클수록 관군의 패배는 더 뼈아프게 다가왔고, 임금과 조정의 잘못은 더 분명히 드러났다.

결국 논의가 진행될수록 공신 책록 대상자가 전쟁에서 직접 공을 세운 사람보다는 전쟁 중에 임금의 측근에서 임금을 모신 사람 위주로 압축되고 있었다. 전쟁 중 가장 큰 공을 세운 사람은 목숨을 걸고 적과 싸운 장수나 의병이 아닌, 명나라 군대를 불러온 사람들이라는 분위기였다.

여진과 일본의 압력으로 국가의 안위가 위협받던 1584년(선조 18), 선조는 종계변무宗系辨誣(조선 건국 초기부터 선조 때까지 명에 잘못 기록된 이성계의 세계世系를 고쳐 달라고 주청한 일)를 추진하며 명 황제 신종을 지극한 정성으로 섬겨서 황제의 신하로서 신임을 받았다. 조선이 스스로 중국의 속국임을 만천하에 밝히고 그 대가로 공짜안보에 편승하려 했다. 이러한 노력 덕분인지 신종은 예상 외로 일본의 조선 침략을 막는 데 적극적이었다. 그렇게 보면 전쟁 중 가장 큰 공을 세운 이는 선조 자신이었다. 선조가 하고 싶었던 말도 바로 이것이었으리라.

이에 비하면 이순신이나 권율 등의 장수, 곽재우나 조헌 같은 의병장들이 세운 공은 사소했다. 그러나 목숨을 바쳐서 싸운 의병장이나 일선 장수들보다도 임금의 피란길 말고삐를 붙든 내시의 공이 더 크다니, 이는 세상 사람들이 다 비웃을 일이었다. 고민하던 조정은 묘안을 찾아내었다. 바로 공신책록을 두 가지로 나누는 것이었다. 직접 왜적을 무찌른 공을 포상하는 '정왜공신征倭功臣'과, 임금을 잘 모시고 명에 지원을 요청하는 등의 공을 포상하는 '호종공신扈從功臣'이 그것이다. 이렇게 하면 전장에서 직접 싸운 사람과 명나라 군사를 불러온 사람 중 누구의 공이 더 큰지를 놓고 입씨름을 하지 않아도 되었다.

그래도 정왜공신보다 호종공신의 공이 더 크다는 임금과 조정의 생각에는 변함이 없었다. 그래서 정왜공신으로 선발된 사람보다 호종공신으로 선발된 사람들의 수가 훨씬 더 많아졌다.

문제는 이뿐만이 아니었다. 정작 상을 받아야 할 인물들이 정왜공신 명단에서 모조리 빠져 버린 것이다. 전투 중에 공을 세우고 전사한 장수들의 이름이 대부분 빠져 있었다. 반면에 피란 중에 임금을 수행한 내시나 말을 몰았던 신분이 낮은 사람들 이름이 호종공신 명단에 상당수 포함되었다. 조정 신료들이 반대하고 나서자, 선조는 이렇게 대답한다.

신하의 공로가 과연 사모紗帽 쓴 자와 초립 쓴 자가 다르겠는가. 그 당시에 사모 쓴 자가 공을 세운 줄 아는가. 그렇다면 사모를 쓰고 후한 녹을 먹으면서 조정에

있던 자들이 어찌하여 도성 문을 나서자마자 간데없이 사라지고 혹은 중도에서
연고를 핑계하고 도망하였는가. 이들은 사모 쓴 사람이 아니었던가. ……
이춘국李春國과 전용全龍은 처음부터 끝까지 내가 말을 탈 때는 이 두 사람이 고삐
를 잡고 냇물을 건넜고 낮이나 밤이나 내 곁을 떠나지 않았기에 지금도 잊혀지지
않는다. 사알司謁(임금의 명령을 전달하는 일을 맡아보던 정6품 잡직)에 있어서도 기
무機務의 출납을 맡아보아 다른 사람들과는 달랐으니 또한 빠뜨릴 수 없다.

– 《선조실록》 36년 4월 28일

영의정 이덕형이 선조의 주장을 정면으로 반박했다. 그러면서 자신의
이름을 녹훈 명부에서 삭제해 달라고 요청했다.

대저 국가의 상전賞典(상을 주는 규정)은 헛되이 받을 수 없는 것입니다. …… 위에
서 힘과 노고를 다한 자를 뽑아서 이에 보답하는 상을 주려고 하신다면 전진戰陣
에서 뚜렷하게 공을 세운 자를 기록해야 할 것입니다. 그런데 어찌하여 신처럼 참
여하지 않아야 할 사람을 구차하게 세운단 말입니까. (신으로 말하면) 호종으로
논하면 서울부터 수가隨駕(임금을 모시고 따라다님)한 무리가 아니고 접반接伴(모시
고 다님)으로 논하면 신 한 사람뿐이 아니니, 여러모로 생각해 보아도 끝내 기록할
만한 공이 없습니다. 신의 성명을 먼저 삭제해야만 후세의 비난을 면할 수 있고
신의 분수에도 조금은 편안할 것입니다.

– 《선조실록》 36년 7월 23일

그러나 이덕형의 항의는 끝내 거부되고 그는 영의정 직에서 밀려났다.
그리고 그의 청대로 그는 공신 명단에서 이름이 삭제되었다. 이 와중에 원
균의 공신 등급에 대한 논의도 눈길을 끈다. 선조는 말한다.

사람들은 원균이 이순신, 권율과 나란히 정왜공신 1등에 책록되는 것에 의문에 표했다. 그러나 선조는 굳이 원균을 1등 공신에 책록하라는 뜻을 적어 승지에게 내렸다. 선조가 보기에는 이순신이나 권율의 전공이 원균과 비교해 크게 특출나지 않았던 것이다. 아니면, 원균을 1등 공신에 밀어 올림으로써 이순신의 공적을 깎아내리려 한 것이다.

논란 끝에 임란 공신이 확정되었다. 호종공신 1등은 이항복, 정곤수 2인. 호종공신 2등은 신성군, 정원군 등 31인. 호종공신 3등은 정탁 등 53인. 도합 86인이었다.

정왜공신은 '선무공신宣武功臣'으로 명칭을 바꾸었다. 선무공신 1등은 이순신, 권율, 원균 3인. 선무공신 2등은 신점, 권응수, 김시민, 이정암, 이억기 5인. 선무공신 3등은 정기원, 권협, 유사원, 고언백, 이광악, 조경, 권준, 이순신李純信, 기효근, 이운용 10인. 모두 합하여 18인이었다.

호종공신 2등에는 전쟁 당시 아직 어린아이에 불과했던 신성군과 정원군이 선조의 총애하는 후궁 인빈 김 씨의 자식이라고 하여 포함되었으며, 호종공신 3등에는 내시 24명, 이마理馬(임금의 말에 관한 일을 맡아보던 정6품 잡직) 6명, 사알 2명 등이 포함되었다. 호종공신의 수가 선무공신의 수보다 다섯 배나 많았다. 실록의 등재 순서도 호종공신이 먼저이고, 정왜공신은 호종공신의 아래에 기록되었다.

조정 대신들은 자기들이 공신에 책봉되는 것이 미안했던지, 임금에게도 존호를 올렸다. 선조는 몇 번을 사양하다가 신하들이 올린 존호를 받았다. 지난번 종계변무의 일로 신하들이 올린 존호는 '정륜입극正倫立極 성덕홍렬 盛德洪烈'이었는데, 여기에 여덟 자를 더하여 모두 16자의 존호를 받았다. 이렇게 하여 선조가 받은 존호는 '정륜입극 성덕홍렬 지성대의至誠大義 격천희 운格天熙運'이었다.

'주자학적 가치를 높이 세우고 지극한 마음으로 중국을 섬겨 천하대의를 실천하여 나라를 태평하게 만든 임금'이라는 뜻이었다. 이것으로도 부족했 을까. 선조가 돌아가자 신하들은 모두 38자의 존호를 올렸다. 세종대왕의 존호 14자보다도 세 배 가까이 많은 지극한 높임이었다. 조선 신하들이 '성 군聖君' 선조를 받드는 마음이 이토록 지극하였다.

새로운 흐름에 눈뜰 기회였으나

이덕형은 전쟁 기간에 명나라 상인들의 적극적인 활동을 보고 크게 충격을 받았다. 절강 상인들이 수만 리를 달려와 요동에서 다양한 상업 활동을 벌이고, 요동 상인들은 전장에까지 따라와 고기를 팔고 조선의 물자를 실어 가는 모습은 그에게 차라리 감동이었다. 그들과 비교하면 조선 사람들은 얼마나 무사안일한가.

전쟁은 이루 말할 수 없는 커다란 슬픔을 조선에 가져다주었다. 그러나 또 다른 세상을 들여다보고 새롭게 출발하는 계기도 되었다. 실제로 전쟁은 조선 지식인들의 시야를 국제적 수준으로 높여 주었다. 명군의 참전으로 중국의 문물을 조선에서 체험하고 그 효과를 확인하는 기회가 되었고, 유교적인 세계관과 거리가 있는 일본의 문물도 처음 접했다. 이러한 시야의 확대는 정치에 대한 새로운 안목을 가져다주었고, 주자학 유일의 세계에 갇혀 있던 조선 지식인의 의식을 일깨웠다. 무엇보다도 조선의 지식인들이 주목한 것은 경제와 실용이었다. 그중에서도 상업은 새로운 의미로 주목받은 분야였다.

극심한 식량난에 조선 백성들이 굶어 죽어 가던 선조 26년. 당시 조선에서는 면포 한 필로 피곡 한 말을 겨우 구할 수 있었고, 식량난이 극심한 때에는 무명 한 필 값이 쌀 두 되였다. 그러나 요동에서는 면포 한 필로 요동산 피곡 20말을 구입할 수 있었다. 조선 조정에서는 명나라에 요청해 양국의 국경 지역인 중강에 시장을 열었다. 거기서 면포를 주고 양곡을 구입해 굶주린 백성을 일부나마 구제할 수 있었다. 그해 8월에는 명군에게 지급할 방한복을 만들고자 요동으로 은을 보내어 값싼 목화를 무역해 오기도 했다. 조선은 이런 경험을 통해서 통상과 무역의 중요성을 깨달았다.

당시 명나라는 은 본위 화폐를 중심으로 재정을 운영하고 있었다. 조선에 파견한 군사들에게도 월급으로 은을 지급하였고, 필요한 군수물자 역시 은을 써서 조달하였다. 장수와 병사들의 전공을 포상하는 데도 은을 사용하였다. 이런 방식으로 명이 왜란에 참전하여 지출한 은의 양은 대략 7백만~9백만 량으로 추정된다. 명이 전비로 소모한 막대한 양의 은은 대부분 명 본토에서 지출되었지만, 그 가운데 적지 않는 양이 명군이나 상인들을 통해서 조선에 유입되었다. 은이 조선으로 유입되자, 그 은을 따라 명나라 상인들도 조선에 진출했다. 더욱이 명군은 은으로 급여를 지급받았기 때문에 그들의 주둔지는 명나라 상인들의 수지맞는 시장이 되었다.

명나라 군사들은 고기를 많이 먹었다. 그러나 조선에서는 고기를 구하기가 어려웠다. 이는 곧 군사들의 사기 문제로 직결되었다. 명군 지휘부는 이 문제를 해결하고자 명나라 상인들을 조선으로 끌어들였고, 명나라 상인들의 조선 진출이 가속화되었다. 명군 지휘부는 조선에 들어온 명나라 상인들을 각 부대별로 소속시키고, 부대가 이동하면 그들도 같이 동행하도록 조치했다. 이에 따라 명군의 이동로를 따라 곳곳에 점포가 설치되었다.

제독 유정 휘하의 대군이 싸움을 위해 전주에서 임실로 이동할 때였다. 명나라 상인들은 병사들보다도 먼저 임실에 도착해서 각자 자신이 소속된 진陣 옆에 소와 돼지를 잡아 불에 익혀 놓았고, 뒤이어 도착한 명나라 병사들은 은을 주고 고기를 사 먹고 전투에 나갔다.

차츰 조선 신료들 가운데서도 통상과 무역을 적극 활용해야 한다고 주장하는 사람들이 나타났다. 대표적인 인물이 이덕형과 유몽인柳夢寅이었다. 특히 유몽인은 중국과 일본이 조선보다 부강하다고 평가하고, 그 원인을 화폐의 유통과 활발한 무역 활동에서 찾았다. 이에 따라 조선 지식인들은 상업과 공업의 활용 및 이와 관련된 명나라의 다른 문물들에도 관심을 가지게 된다. 물화의 수송을 원활히 하려면 큰 배와 수레를 만들어야 한다는 주장, 물화의 유통과 여행자의 편리를 위해 상설 점포인 노포路舖가 필요하다는 주장 등이 이 시기에 등장한다.

그러나 화폐의 사용 및 상업 활성화 주장에는 대부분의 사대부와 사림이 반대했다. 우선, 상공업의 활성화는 부의 이동을 빠르게 하고 그것은 조선의 신분 질서를 무너뜨릴 위험이 있었다. 사람을 토지에 꽉 묶어 놓으면 신분의 이동은 지극히 제한된다. 조선은 신분 질서를 근간으로 하여 만들어진 체제였다. 따라서 이 질서를 흔들 가능성이 있는 제도는 그것이 아무리 백성에게 유용한 것이라 할지라도 결코 받아들일 수 없었다.

결국 이 일에 관하여 조정에서 찬반양론이 대립하자, 선조는 "2품 이상의 관원들을 대궐 안에 모아 전폐錢幣를 사용하는 일의 가부를 의논하도록 명하였다". 결국 2품 이상의 조정대신들이 모여 화폐 사용 여부를 논의했으나, 이덕형이 주도한 화폐 사용 건의안은 찬성 14명과 반대 17명으로 부결되고 만다.(《선조실록》 36년 6월 24일)

'천하의 부를 크게 만들려고 하기보다는, 천하의 부가 공평하게 나누어지지 않는 것을 근심하라.' 맹자는 사회생산력의 적극적 촉진보다는 생산물의 공평한 분배를 통해 백성의 신뢰를 얻는 것이 더 중요하다고 보았다. 결과적으로 맹자의 이러한 생각은 농업을 중시하고 상공업을 천시하는 유교의 보수적 산업관을 형성하게 했다. 그러나 맹자는 상업을 제한해야 한다고 하지는 않았다. 오히려 상업이 사회경제의 발전을 촉진시키는 데 유리하다는 점을 인정하였다.

맹자의 말은 모든 백성이 최소한 생존에 어려움이 없을 정도의 부를 가지고 있을 때만이 타당하다. 맹자는 '항산恒産(일정한 생업)이 있는 자가 항심恒心이 있다'고 했다. 또 '백성이 가장 귀중하고 군주는 가볍다'는 민본주의民本主義를 주장했다. 이를 실현하려면 백성이 먼저 항산, 즉 생업에 종사하는 것이 보장되어야 하고, 그들의 경제적 기반이 안정되어야만 한다.

임진왜란을 통해 조선은 일본과의 교류에서 일본을 무조건 무시하던 종래의 좁은 시야에서도 벗어나 일본의 경제적 수준이 조선보다 앞서 있음을 인정했다. 전쟁 후 통신사 행렬이 지나는 길목에서 관찰된 잘 정비된 도로와 농경지, 번성한 도시와 견고한 성곽, 많은 인구와 풍부한 물자를 보면서 일본의 번영이 상업과 무역의 활성화에 기인했음도 알게 되었다.

그렇지만 일본의 문물을 도입하자는 논의는 일어나지 않았다. 성리학적 정치체제를 이상으로 삼는 한, 일본의 정치와 문화의 긍정적 측면을 말하기는 어려웠다. 그들은 애써 일본 문물의 우수성을 무시했다. 전쟁으로 세상의 진실을 잠시 목격했으나, 마음은 그대로 닫힌 채였다.

임금이 몸소 행하고 마음으로 얻은 것에 근본하여 백성의 일용, 인륜의 가르침을 행하는 것이 정치의 본本이요, 법제를 추종하고 문물을 답습하고 현실을 개혁하고 옛것을 스승삼고 모방하고 비교하는 것은 말末입니다. 본은 먼저하고 급히 해야 하며, 말은 나중에 하고 늦게 하는 것입니다.

― 《퇴계선생문집退溪先生文集》〈무진6조소戊辰六條疏〉

조선 지식인들에게는 인륜이 가르침을 행하는 것이 본本이고, 좋은 제도를 탐구하고 비교하고 모방하는 것은 말末이었다. 따라서 그들이 중국과 일본의 새로운 문물을 연구하고 본받을 일은 없었다. 그들에게는 전쟁 전 조선의 모습이 가장 이상적인 것이었다.

절호의 기회를 놓치다

경제와 상업만이 아니다. 아무리 억눌러도 7년간의 대참화는 세상을 바꾸어야 한다는 절박한 인식을 불러일으켰다. 명나라 문물을 전면적으로 도입하여 조선의 풍습을 바꾸는 일대 기회로서 삼자는 주장까지 등장했다.

우리나라 풍습을 크게 변화시켜 한결같이 중국 제도를 따르는 것 또한 오늘날로부터 당연히 시작해야 할 것이니, 이번이야말로 절호의 기회라 하겠습니다. 고루한 학식을 가진 신이 마침 예관禮官의 자리에 있게 되었으므로 실로 품고 있는 생각을 진달하지 않을 수 없었습니다.

– 《선조실록》 35년 7월 11일

예조판서 유근이 차자를 올려 풍습의 일대 변화를 촉구했다. 그러나 선조는 "아직 강구되지 않은 예를 가벼이 거행하기는 어렵다"고 대답했다. 여기서 한 발 더 나아가, 경연에서 시독관侍讀官 조수익趙守翼은 혁명적인 주장을 내놓는다.

소신의 우견에는 사천법私賤法(개인이 노비를 사역하고 매매 · 상속할 수 있는 법)이 우리나라에만 있습니다. 하늘이 많은 백성들을 낼 적에 부여한 것은 균일한데 태어날 때부터 이미 귀천이 나뉘어진다는 것은 말이 안 되는 것입니다. 우리나라의

'정전법井田法'은 토지의 균등한 배분을 규정하는 법이다. 토지소유제와
노비제도는 왕실과 사대부의 사회경제적 특권을 유지시켜 주는 핵심 제도
였다. 넓은 토지가 있다 해도 노비가 없으면 이를 경영할 수 없다. 중종 때
조광조도 이 두 가지를 함께 개혁하려다 실패한 것이다. 조수익은 전란이
라는 비상시국을 이용해 조선 사회를 일대 유신維新하자고 한 것이다.

그러나 백성에 대한 두려움이 커질수록 임금과 관료, 사림 세력은 자신
들을 공동운명체로 인식하고 지배층이 더 단단히 뭉쳐야 한다고 주장했
다. 전란을 겪으며 사족은 국가와 운명을 같이하는 존재로서 인정받은 반
면에, 상인층은 신뢰할 수 없을뿐더러 그들을 사족과 동등하게 대우하는
것은 현실적으로 불가능한 존재로 인식되었다.

이에 따라 이후 조선 조정의 대민 정책은 사족의 우위를 확실하게 보장
해 주는 방향으로 전환되어 일반 백성과 차별화하는 조치들이 생겨났다.
임금도 이런 분위기에 적극 영합한다.

　당시 지배층의 인식과 입장은, 인조 시대 대사헌 장유張維와 집의 강석기姜碩期, 지평 김육金堉의 발언에서 극명하게 드러난다.

우리나라의 사족과 노비의 제도는 참으로 천하에 없는 것입니다마는, 상하의 계통이 있고 존비尊卑가 정해져서 국가가 실로 이에 의지하여 유지되는 것입니다. 병난兵亂을 당해서도 사족은 모두가 명절名節을 지켜 나라를 배반하고 적에게 투항한 자가 전혀 없었으니, 임진난 때에 삼남의 의병이 모두 사족 출신이었습니다. 그러나 함경북도에는 본래 세족이 없었기 때문에 난을 선동하여 적에게 빌붙은 자가 있었는데, 이를테면 국경인鞠慶仁이란 자가 그곳 출신이었습니다. 이로 미루어 보면 사족을 부식해야 하는 이유가 분명합니다. 만일 일체로 취급하는 법으로써 억지로 내몰아 졸오卒伍에 함께 편입시킨다면 지방의 사족은 모두가 서로 슬퍼하며 오랜 전통을 가진 가문이 하루아침에 서예胥隷(서자의 후예)로 강등되었다고 할 것입니다. 그리하여 원성이 무리지어 일어나 날이 가면 갈수록 더욱 깊어질 것이니, 아, 이것이 어찌 작은 걱정거리입니까.　　　－《인조실록》 4년 11월 22일

　당시 명나라는 화폐경제가 매우 활발했고, 사회 전반에는 이익을 추구하는 경향이 만연했다. 이에 따라 현실적인 욕망의 충족과 공리 추구를 긍정하는 분위기가 확산되었다. 사상적으로는 주자학이 퇴조하고 양명학이 주류로 자리 잡고 있었다. 그런 명나라 사람들에게 주자학 일변도의 조선 사상과 학문은 지극히 비현실적인 것으로 보였다. 특히 명나라의 조선참전군 총사령관 경략 송응창은 조선에 양명학을 수용하라고 권유하며 주자학 일변도의 분위기를 비판하였다.

한 권의 《중용中庸》이나 《대학大學》만으로도 나라를 다스리고 백성을 편안하게 하기에 충분하니 모름지기 경학經學에 유념할 것이요, 주자朱子의 집주輯註에 너무 빠질 필요가 없다. 사람의 마음은 본래 선하지만 도심道心은 은미하고 인심人心은 위태로운 것이니, 진실로 그 중도中道를 실행한다면 자연 자신을 수양하여 백성들을 편안하게 할 수 있을 것이다.　　　　　　　　　　　　　― 《선조실록》 26년 4월 1일

현실 정치에서 양명학과 주자학의 가장 큰 차이는 신분 질서에 관한 시각에 있었다. 주자학은 신분은 하늘이 정해 준 것으로 절대로 변할 수 없다고 보는 반면에, 양명학은 사 · 농 · 공 · 상의 사민四民이 평등하다고 보았다.

그러나 이러한 사상이 당시 조선 사림에게 용인될 리 없었다. 그들은 양명학을 완강하게 거부했다. 선조도 한때는 양명학에 상당한 관심을 보이기도 했으나, 정치적으로 위기에 처하자 앞장서서 양명학을 비난하고 주자학을 옹호한다. 조선에서 주자학은 이미 임금으로서도 거부할 수 없는 체제 교학으로서 이데올로기화되어 있었기 때문이다.

전쟁으로 잠시 열렸던 여러 가지 가능성들이 다시 닫히고 있었다. 사림은 전후 정치의 기본 방향을 전쟁 이전 상태로 되돌리고 있었다. 조선은 다시 왕실과 지배층의 이익에만 복무하는 사림의, 사림에 의한, 사림을 위한 나라로 돌아가고 있었다.

전쟁이 끝나자마자 지배층이 가장 먼저 한 일은 노비와 전답을 되찾는 일이었다. 나랏일이 쌓여 있었지만, 조정 관리들은 다투어 휴가를 내었다. 그들은 도망간 노비를 찾고, 소작료를 직접 독촉하러 다녔다. 피란에서 돌아온 지방 사족이라고 다르지 않았다. 그들은 도망간 노비를 추쇄해 달라고 수령에게 청탁을 넣고, 집안사람들을 동원해서 노비를 찾아다녔다.

전쟁은 노비들에게 좀처럼 찾아오지 않는 일생의 기회였다. 그들은 전쟁 중에 관청에 보관되어 있던 노비 문서를 불태워 버리고는 아무도 찾을 수 없는 지역으로 숨어들었다. 그러나 노비를 잃은 주인들이 집요하게 찾아다니니 곳곳에서 송사가 벌어지고 폭행과 살인이 일어났다. 노비가 자기를 추쇄하러 온 주인을 죽이기도 하고, 주인이 반항하는 노비를 죽이기도 했다. 급기야 추쇄가 조정의 현안으로 떠올랐다.

7도에 추쇄 경차관敬差官을 보내는 일은 매우 소요스럽습니다. 전일 옥비玉非(옥비는 북도北道의 종으로 몰래 경상도로 옮겨 와서 살았는데 자손이 매우 많았다. 계미년과 갑신년 사이에 발각되어 관련된 사람을 모조리 추쇄해 북방으로 입거시켰는데 이 때문에 영남 지방이 매우 소란스러웠다.)의 일로 보건대, 평시에도 오히려 잘 처리하기가 어렵다는 것을 알 수 있습니다. 이제 듣건대, 본처本處의 사람들도 역시 남관南關으로 나가고 있다 합니다. 도체찰사로 하여금 이런 무리들을 먼저 위무하게 하고 추쇄하는 일은 우선 정지하소서.　　　　　 – 《선조실록》 34년 8월 20일

사헌부 대사헌 성영成泳이 이런 풍조를 개탄했지만, 이는 소수의 생각에 불과했다. 임금을 비롯한 조선 지배층의 바람은, 하루빨리 모든 것을 전쟁 이전의 상태로 되돌리는 것뿐이었다.

이미 망했어야 할 나라가 300년을 잇다

이제 힘 있는 자들의 수탈이 다시 시작되고 있었다. 예학으로 이름 높은 학자 김장생은 방

납과 고리대로 백성들을 수탈하여 말썽을 일으켰고, 교동도에 있는 고언백은 현감이 자기 집에 부역을 부과했다고 현감을 구타하기도 했다.

그중에서도 으뜸은 왕자와 부마들이었다. 그들은 전쟁이 끝난 후에도 서울로 돌아오지 않고 지방에 머물면서 직접 백성을 수탈하는 데 앞장섰다. 수령으로 나간 자들도 재산 모으기에 여념이 없었다. 전쟁으로 국가가 파산 지경이라 급료를 지급하지 못하고 있었다. 그러자 힘 있는 자들이 모두 지방 수령을 자청하고 나섰다.

반면에 백성은 한곳에 자리를 잡고 정착하는 것을 기피했다. 정착하면 공물과 부역에 시달리고, 특히 남자들은 왜적보다 더 무섭다는 징집을 피할 수 없었다. 농사철이 지났는데도 들판에는 농구를 잡은 사람이 없었다. 백성을 가혹하게 수탈할수록 국가의 재정은 탕갈되었다.

경창京倉의 쌀이 1백 석에 차지 못하고, 해조의 저축한 은이 10냥에 차지 못하며, 각사各司의 잡물도 전혀 남아 있는 것이 없으니 극히 한심합니다.

– 《선조실록》 35년 2월 5일

전쟁이 끝난 지 8년이 지난 선조 39년에도 국가 조세수입이 1년에 겨우 4만 석에 불과했다. 당시 조정의 1년 경상지출이 7만 석이었다. 4만 석은 권세가 한 사람의 1년치 수입과 지출에도 미치지 못하는 초라한 수준이었다.

국가 세금 중 전세田稅는 토지를 가진 사대부와 양반 사림이 주로 내는 세금이고, 공납은 재산이 없는 백성들이 주로 내는 세금이었다. 조정은 양반 사림이 내어야 할 전세는 적게 걷고, 그 부족분을 백성들에게서 빼앗아 보충했다. '국가에서 받아들이는 전세田稅는 10일세보다도 가벼워서 백성들이 무겁게 여기지 않았다.' 그런데 '사족들만 전장田庄을 소유하고 백성들은 모두 전답이 없었다. 그러므로 백성들이 괴로워하는 것은 공물이지 전세가 아니었다.'

이런 생각으로 나라를 운영하는 사람들이 양전 사업, 즉 토지조사를 제대로 할 리 없고, 공납제도를 개혁하는 데 앞장설 리 없었다. 국가의 운영 재원을 공납에 더 많이 의존할수록 백성의 고통은 가중되어 갔다. 호적 조사를 통한 병력 자원 파악도 끝없이 미루어졌다. 힘 있는 자들은 자신의 농토에서 일하는 사람, 자신이 부리는 사람들이 병역의무를 지는 것을 바라지 않았기 때문이다. 모든 것이 전쟁 전으로 돌아가고 있었다.

백성의 고통이 가중되면 반발이 심해지는 것은 필연이다. 전쟁으로 신분 질서가 문란해졌고, 주자학적 예의범절은 무시되기 십상이었다. 이러한 사회적 분위기는 지배층을 곤혹스럽게 만들었다. 예절 중에서도 특히 존귀함과 천함, 위와 아래의 질서에 관한 예절이 땅에 떨어진 것이 문제였다. 전쟁을 겪으면서 존귀한 사람, 윗사람의 권위가 무너져 버린 탓이었다. 이런 백성들을 '교화'하고자 조선 지배층이 빼어 든 무기가 바로 '예학禮學'이었다.

예학의 기본은, 각자 자기 처지에 맞는 분수와 질서를 지켜야 한다는 것이다. 그러나 분수와 질서는 저절로 지켜지는 것이 아니다. 지켜지지 않으면 강제해야 하고, 지방마다 만들어진 향약은 그 과정에서 큰 역할을 하게 된다. 이렇게 되자 예학은 지배층의 이익을 지켜 주는 흉포한 도구로 전락했다.

이와 함께 조선의 왕은 제 권위만 가지고선 국가를 통치할 수 없는 존재가 되었다. 백성이 마음으로 왕을 따르지 않으니, 사대부의 힘을 빌려 백성을 지배해야 했다. 상대적으로 왕권은 약화되어 갔다. 지난날 세조가 쿠데타를 도운 공신과 야합하여 국가의 기강을 무너뜨렸듯이, 선조 시대부터는 임금과 사림 세력이 야합하여 국가를 근본에서부터 무너뜨렸다.

지배층에 대한 신뢰와 존경이 무너지면서 궁궐에 기와 조각을 던지는 일이 몇 달 사이에 두 차례나 발생했다. 사관은 논한다.

인심이 이에 이르렀는데도 위에서는 반성하여 고치기를 도모할 줄은 모르고 화가 담장 안에 있는데도 아래에서는 한마디 말을 하여 임금을 깨우쳤다는 것을 듣지 못하겠으니, 나라가 망하지 않기를 원하지만 망하지 않을 수 있겠는가.

– 《선조실록》 36년 2월 4일

조선이 주자학에 갇혀 세상의 변화에 무관심할 때, 동아시아의 변방에는 오랫동안 잠자던 두 세력이 날개를 편다. 하나는 누르하치가 이끄는 여진이고, 다른 하나는 히데요시가 이끄는 일본이다. 특히 일본은 백제가 멸망할 때 구원군으로 백강에 모습을 드러낸 이후 1천 년의 세월을 변방에 머무르다가, 이때에 서양 문물을 받아들여 동아시아의 질서를 재편해 보겠다고 등장한 것이다. 그러나 히데요시의 조급한 꿈은 조선에서 좌절하여 죽고, 누르하치는 긴 호흡으로 꿈을 이룬다. 왜 누르하치의 청나라는 성공하고, 히데요시의 일본은 실패했을까? 그 해답을 명쾌하게 찾아내기는 어렵다. 그러나 히데요시가 왜 조선에서 실패했는지를 찾아내는 것은 어렵지 않다.

히데요시와 그의 참모들은 조선을 침략하기 전에 조선을 다 안다고 생각했다. 수많은 루트를 통해서 정보를 수집하고 나름대로 열심히 조선을 공부했다. 그러나 그들은 그들의 눈으로, 그들의 마음으로, 그들의 수준으로 조선을 이해했을 뿐이다. 일본인의 눈과 마음으로는 조선의 참모습을 알 수 없는데도 말이다. 그들의 닫힌 시각으로는 세계를 보는 데 한계가 있음을 깨닫지 못했던 것이다. 그때의 동아시아는 일본인들의 생각보다도 훨씬 더 의존적이고 복잡한 관계에 있었다. 그러나 당시 일본의 역량으로는 그러한 동아시아의 국가와 민족의 문제를 이해하기 어려웠다. 눈앞에 보이는 것을 이해하는 것은 어느 정도 가능한 수준이었지만, 눈에 보이지 않는 세계, 가령 인간이나 국가, 민족이나 사상, 문화 이런 것들은 이해하기 어려웠다. 그것이 일본이 성공하지 못했던 가장 큰 이유다.

일본은 조선 왕과 지배 세력이 백성을 핍박하는 것은 알았지만, 조선 백성의 가슴에 이어져 오는 문화적 자부심을 이해하지 못했다. 그들은 조선 백성을 지배층과 분리하기만 하면, 그들이 곧장 일본 편이 될 것이고 생각했다. 그러나 조선 백성은 의병을 일으켜 그들의 기대를 걷어차 버렸다. 의병은 조선 백성의 마음을 얻어 점령을 영구화하려는 일본의 의도를 근본적으로 불가능하게 만들어 버렸다.

일본은 중국이 노쇠하여 중원 땅조차 제대로 관리하지 못하는 것을 알았지만, 조선이 중국의 사활에 결정적으로 중요한 나라라는 사실을 이해하지 못했다. 그들은 조선을 점령하여 자기편으로 만들고 나서 다시 중국에 진출하는 데까지 시간이 충분할 줄 알았다. 그러나 중국은 일본의 예상을 깨고 일본이 조선을 침략한 지 불과 2개월 만에 전쟁에 개입하고 나섰다.

일본은 조선 왕이 일본군을 맞아 서울에서 국가의 운명을 건 승부를 벌일 것으로 생각했다. 그것이 100년간 지속된 전국시대 일본의 전쟁 모습이었다. 그러나 조선 왕과 사대부들은 서울을 버리고 천리 밖으로 도망을 가 버렸다. 조선 왕은 '일본군에 사로잡히느니 중국으로 가서 죽겠다'고 했다. 그것은 조선 왕을 앞세워 전격전으로 중국을 침공하려던 일본의 전쟁 구상을 근본적으로 허물어 버렸다. 조선 왕과 사대부들의 도망이 역설적이게도, 일본이 구상한 조선점령정책의 유능한 협조자를 구하지 못하게 만든 것이다.

조선의 지원이 없이 일본의 힘만으로 중국을 침략한다는 것은 일본으로서는 힘에 부치는 것이었다. 일본이 중국을 지배하기 위해서는 조선의 힘을 얻고, 여진과 몽고의 힘을 얻어야 했다. 만일 히데요시가 명을 상대로 강온 외교전략을 구사하며 동아시아 여러 민족과 협력하여 긴 호흡을 가지고 동아시아 질서를 재편하려고 했다면, 그때 이미 동아시아에는 다양한 민족이 융성하는 다극화의 시대가 열렸을지 모른다. 그러나 일본인의 좁은 시야로 그것은 어려운 일이었다.

임진왜란은 중국 주도의 동아시아 질서를 일본이 주도해서 바꾸려고 한 국제전쟁이다. 원래 동아시아는 한漢민족과 북방 민족의 각축장이었다. 수천 년 동안을 조선, 선비, 몽골, 거란, 여진인이 번갈아 가며 동아시아의 패권을 놓고 중원의 한족과 치열하게 대립했다. 그들은 고조선과 고구려를 세웠고, 북조와 그 계승자인 수와 당, 그리고 요·금·원 등 세계 제국을 차례로 세워 동아시아 질서를 한족과 함께 주도했다.

중원에 한족이 세운 온전한 통일제국은 한나라와 명나라뿐이었다. 사실 대원제국이 와해된 후 명조가 북방을 원정해서 잠시 성공하기도 했으나, 몽골고원에서 볼가 강 남부, 카스피 해 연안, 크림 반도에 이르는 유라시아 중앙부의 초원은 18세기 후반까지 여전히 몽골의 세계였다. 명 초 오르도스 하투河套 일대에서 한때 밀렸던 몽골이 다시 남하하면서 청해와 감숙의 일부가 몽골의 영향 아래에 놓여 명은 점차 수세적 입장에 몰려 있었다. 뿐만 아니라 만리장성 밖 요동, 즉 만주는 한족이 전혀 살지 않은 몽골·여진·거란의 땅이었다. 다만, 일본은 바다 밖에 있어 동아시아의 패권 경쟁에서 한참 뒤에 물러나 있었다.

그런데 변방의 일본이 대항해시대를 맞이하여 서양 문물을 받아들여 통일국가를 이루었다. 일본은 세계의 흐름을 바라보며 넘쳐나는 군사력을 바탕으로 중국 중심의 동아시아 질서에 대응하여 일본 중심의 동아시아를 꿈꾸었다. 그들은 서양 기독교의 영향을 받아 스스로 일본을 '신국神國'이라고 하고, 자신들이 주도하여 동아시아의 질서를 재편하고자 했다. 조선, 선비, 거란, 여진, 몽고인이 지배했던 동아시아를 일본인이라 해서 지배하지 못할 리가 없다고 믿었다. 그렇게 시작된 전쟁이 임진왜란이었다.

그러나 조선의 협력 없이 당시 일본만의 국력으로 이는 허황된 꿈이었다. 그들은 전쟁을 시작한 지 몇 달 만에 자신들의 생각이 얼마나 터무니없는 것이었는지를 깨달았다. 임진왜란은 일본이 도저히 이길 수 없었던 전쟁이었다. 이 점에 대해서는 일본 측 학자들의 견해도 대체로 일치한다. 그러나 침략전쟁과 히데요시의 허황된 꿈을 아직도 그들은 '웅대한 꿈'이라고 찬양한다. 일본인이 쓴 소설《대망大望》에 열광하는 오늘의 일본인을 보면서, 아직도 그들은 임진년 당시 히데요시가 꾸었던 백일몽에서 깨어나지 못하고 있음을 본다. 특히 인간과 세상에 대한 근본적인 탐구 없는, 작가 야마오카 쇼이치의 지극히 일본적인 좁은 소견은 지극히 안타깝다.

사실, 10세기 이후 동아시아에는 만주에서 출현한 일련의 통합국가들이 세계 질서를 주도하였다. 명은 이러한 동아시아 1천 년 역사에 돌출한 이례적 사건이었다. 명이 여진을 견제하기 위해 요동도지휘사사를 설치한 것은, 한4군의 설치 이후 중국 세력이 만주에 진출한 최초의 사례였다.

만주의 서북부는 동호계의 몽골과 거란, 동부에는 숙신계의 여진 등 여러 역사공동체들이 산재하면서, 만주의 중심부에 설치된 요동도지휘사사를 포위하고 있었다. '요동은 반드시 다투어야 할 곳이다. 천하의 치란은 요동의 성쇠를 살펴서 알 수 있으며, 요동의 성쇠는 이夷와 하夏의 흥패를 살펴서 알 수 있다.' 이러한 동아시아의 정세에서 조선의 안전은 요동의 안전, 더 나아가 명의 흥망에 결정적인 변수였다.

근대 일본은 국력이 팽창하면서 또다시 일본 중심의 동아시아 질서 개편을 꿈꾸었다. 그들은 조선을 먼저 자신의 것으로 만들고, 나아가 만주의 여진을 병합하여 중원을 정복한다는 임진년의 시나리오를 결코 버리지 않았다. 만리장성 밖 만주는 일찍이 한족이 전혀 살지 않던, 중국 땅이 아닌 북방인의 땅이었기에 일본이 만주를 중국과 분리하는 것은 자연스러운 것으로 보였다. 이런 그들의 야망은 임진왜란으로부터 300년 후 제국주의 시대에 다시 부활하여 조선과 만주 침략의 동력이 되었고, 다시 중일전쟁으로 연결되었다.

청조의 만주족 지배자들은 만주를 성역화하여 한족의 만주 이주를 금지시켰다. 그러나 1582년 코사크의 예르마크가 시베리아 삼림에 러시아인을 정착시킨 이래, 러시아는 별다른 저항이 없이 시베리아의 길을 열고 삼림과 강에 요새를 세우면서 꾸준히 이동하여 태평양에 도달했다. 시베리아는 유목국가의 북쪽에 위치하여 아무런 저항도 받지 않았다. 러시아인들은 이 길을 따라 시베리아의 모피를 찾아서 동쪽으로 밀려들었다가 태평양에 도달하여 길을 잃고 대거 남쪽 만주 땅으로 내려오기 시작했다.

18세기 만주로 밀려드는 러시아인에 위협을 느낀 청조는 이 지역에 한족의 이주를 묵인했다. 산동, 하북에서 한족 이민들이 물밀듯이 밀려오면서 19세기에는 이 지역의 인구구성을 바꾸어 버렸다. 이렇게 하여 만주에는 만주족, 한족, 조선인, 러시아인, 몽고인이 뒤섞이게 되었다. 일제가 만든 만주국 시대 국가 공식이념이었던 '오족협화五族協和'는 이런 역사적 문제를 반영한다. 당시 러시아는 광활한 시베리아 개발을 뒤로 미룬 채 19세기 말부터 만주로 진출해 왔고, 한때 조선인들에게도 만주는 기회의 땅이었다. 이렇게 하여 만주는 차츰 동아시아의 화약고가 되어 갔다.

일제는 전쟁으로 러시아를 몰아내고 만주를 차지하였지만, 일본의 패망과 중국의 만주 진출로 만주국은 사라졌다. 그러나 만주는 오늘날에도 동북아 역사에 깊은 그림자를 드리우며 소멸을 거부한다. 그럴수록 중국의 동북공정 열기는 위태하다. 중국민족주의는 만주의 역사적인 지역성과 혼재성을 용납하지 않는다.

임진년 조선은 중국이 조선을 지켜 주지 않을 수 없다는 사실을 이용하여 일본의 침략을 중국한테 막으라 했다. 당시 조선의 공짜 안보전략과, 중국에 대한 파병 요청은 차라리 뻔뻔했다. 그러나 중국은 이러한 조선의 태도에 분개하면서도 군사를 파견하고 군량을 지원했다. 조선이 망해 버리면 일본의 침략을 막는 것은 오로지 중국의 부담임을 잘 알고 있었기 때문이다. 조선은 이런 중국의 입장을 이용하여 안보 문제에 최대한 무임승차한다. 기묘한 전략이었다.

그리고 한 발 더 나아가, 조선 왕은 전란으로 요동치는 조선 백성을 제압하는 역할까지 명나라 군대에게 맡으라고 요구했다. 조선의 공짜 안보전략에 화가 난 중국은 직접적인 조선 통치 방안, 또는 왕위교체론을 들고 나온다. 명이 보는 조선은 '쇠망의 기미가 누적된 나라〔積衰之邦〕'였다. 그 같은 상태가 계속되는 한 조선은 다시 일본의 침략을 받을 것이고, 그러면 또다시 명을 수고롭게 할 것이었다. 그러나 당시의 명은 쇠퇴기에 있었다. 조선의 반발을 누르고 한반도를 직접 통치하기에는 어려움이 많았다. 그들은 일본에 맞서 일어난 조선 의병의 힘을 보고 조선을 직접 통치하기는 어렵다고 판단했다. 결국 명은 조선의 공짜 안보전략에 말려 이러지도 저러지도 못한 채 전쟁의 깊은 수렁에 빠져들었다.

지금 북한 지배 세력의 중국에 대한 군사·경제·식량원조 요구와, 이에 대한 중국의 지원은 임진년 당시의 조선과 중국의 관계를 연상하게 만든다. 또한 북경의 관문인 수심 20미터의 보하이만〔渤海灣〕을 조선의 서한만西韓灣과 장연반도가 가로막고 있는 형국에서, 북한의 붕괴는 오늘날 중국의 안보에 직접적인 위협을 가한다.

북한의 모습 또한 바로 임진년 그때의 조선의 모습이다. 국민의 비참한 삶을 모른 체하며 자신의 권력을 지키고자 백성의 모든 것을 빼앗는 '장군님'과 공산당의 모습에서, 임진년 조선 왕과 조선 조정의 모습을 본다. 이런 조선 지배층의 속셈에 불만이 많으면서도 결국 조선을 돕지 않을 수 없는 중국의 모습에서 오늘날 북한과 중국의 관계를 본다.

그러나 지금의 중국은 역사상 가장 강력한 대국의 모습으로 우뚝 서고 있다. 세계를 향한 그들의 확장전략은 일찍이 중국의 어느 왕조와도 비교할 수 없을 정도로 거침이 없다. 이러다가 천명이라는 것을 대신하여 등장한 중국대세론에 압도되어 중국에 스스로 복속되자고 하는 자들이 나오지 말라는 법도 없다. 조선에 대한 직할통치 방안을 모색하던 명나라의 모습을 떠올리는 것이 쓸데없는 걱정일까.

임진왜란은 또한 오늘날의 한국과 일본의 관계를 보여 준다. 38선 남북 분단은 바로 히데요시의 구상이었다. 중국을 침략하겠다는 꿈이 터무니없이 허황된 것임을 깨닫고, 그는 전략을 수정하여 조선반도의 절반을 차지하려는 야욕을 드러낸다. 조선 남부 4개 도의 할양을 요구한 것은 이러한 맥락이다. 38선 분할안은 이렇게 임진왜란 때 이미 일본에 의해서 조선반도에 등장했다.

그로부터 350년 후 제2차 세계대전 종전협상 때, 무섭게 빠른 속도로 한반도를 남하해 오는 소련군을 최대한 북쪽에서 저지하기 위해 필사적으로 노력하던 일본은, 미국을 부추겨 38도선을 경계로 한반도를 분단하여 미·소의 무장해제 책임지역으로 만드는 데 성공했다. 그것이 38선이 되었고, 이렇게 대한민국은 분단되었다. 그리고 마치 일본이 만든 시나리오처럼, 그 분단이 도화선이 되어 6·25전쟁이 발발했다. 이렇게 보면 38선은 어느 날 갑자기 만들어진 것이 아니라, 히데요시와 일본 제국주의자들의 마음속에 항상 은밀하게 숨겨져 있었던 야욕이었다.

사람들은 역사의 변화를 내부의 시각에서 들여다보고, 분노하고 안타까워 눈물을 흘린다. 그러나 역사는 많은 경우에 내부적 요인보다는 외부에서 오는 압도적인 변화의 압력으로 결정적인 순간을 맞이한다. 신라의 통일은 당나라의 세계전략과 맞물려 있었고, 조선의 창업은 원명교체기 대륙에서 일어난 변화에 의지한 바가 많았고, 임진왜란은 대항해시대의 도래와 명나라의 쇠락에 기인한 바가 크다.

조선의 멸망은 서양 제국주의 세력의 거대한 물결에 휩쓸려 벌어진 민족사의 비극이었고, 해방과 분단 그리고 대한민국의 굴기도 세계사적 흐름 안에서 진행되고 있다. 이렇게 보면 거대한 변화란 언제나 세계사적인 조류와 함께 보아야 한다. 그러므로 역사를 민족 내부의 시각으로만 보는 것은 좁은 시각이다.

임진왜란은 오늘날에도 살아 있는 역사이다. 다시 초강대국으로 등장한 중국과 일본, 몽골을 대신해 등장한 러시아, 그리고 해양 세력 미국. 동아시아의 모습은 옛날과 조금도 달라지지 않았다. 눈을 세계로 돌려 크게 보지 않으면 우리는 또다시 씻을 수 없는 어리석음을 범하게 될지 모른다.

지금 우리의 모습은 그때 조선의 모습과 얼마나 다를까. 그때와 같이 이데올로기와 명분에 함닉되어 진실을 외면하고 있지 않은가. 세상을 적과 동지, 군자와 소인, 선과 악으로 나누어 싸우는 모습이 그때와 같지 아니한가?

도처에 천하대의와 엄정한 명분이 설파되고, '선과 악' '거짓과 진실'로 세상을 양분하는 논설이 난무한다. 어디에도 현실에 바탕을 둔 진실은 없고, 근거 없는 화려한 논의가 사람들의 마음을 현혹시키고 있다. 교육은 진리보다도 설익은 이데올로기를 가르치는 일에 몰두하고 있다. 이 틈을 타고 탐욕스러운 정치인, 어리석은 지식인이 제 몫을 챙기려고 세상을 속이는 모습도 임진왜란이 벌어진 당시와 크게 다르지 않다.

역사를 통해서 오늘의 문제를 다시 생각하는 것이 역사를 공부하는 진정한 목적이라면, 우리는 불편해도 두 눈을 크게 뜨고 역사를 직시해야만 한다. 선비와 주자성리학에 대한 비판적 시각을 바탕으로, 선조 시대의 가장 역동적 역사를 재구성해 보는 작업을 계속하는 이유가 여기에 있다.

참고문헌

단행본

- 강만길, 《분단시대의 역사인식》, 창작과비평, 1978.

- 강만길 외 21인, 《우리 역사 속 왜》, 서해문집, 2002.

- 계승범, 《우리가 아는 선비는 없다》, 역사의 아침, 2011.

- 고려대한국사연구소 편, 《임진의병의 역사적 의의와 현재적 가치》, 선인, 2009.

- 국립진주박물관 편, 《임진왜란과 도요토미 히데요시》, 부키, 2003.

　　　　　　　　　　, 《새롭게 다시 보는 임진왜란》, 삼화출판사, 1999.

　　　　　　　　　　, 《조선인 포로의 기억》, 지앤에이커뮤니케이션, 2010.

- 국방연구소 편, 《조선시대군사전략》, 군사편찬연구소, 2006.

- 국사편찬위원회 편, 《한국사》, 탐구당, 1978.

- 권인호, 《조선중기 사림파의 정치 사회사상》, 한길사, 1996.

- 김경태, 《임진왜란 후 명 주둔군 문제와 조선의 대응》, 연세대출판부, 2009.

- 김돈, 《조선중기 정치사 연구》, 국학자료원, 2009.

- 김병로, 《쾌도난마 조선정치》, 미래지향, 2012.

- 김승우, 《조선중기 국가와 사족》, 역사비평사, 2001.

- 김시덕, 《그들이 본 임진왜란》, 학고재, 2012.

- 김종성, 《조선을 바꾼 반전의 역사》, 지식의숲, 2012.

- 김태훈, 《이순신의 두 얼굴》, 창해, 2005.

- 남명학연구원 편, 《내암 정인홍》, 예문서원, 2010.

- 도현신, 《임진왜란 잘못 알려진 상식 깨부수기》, 역사넷, 2008.

- 동북아역사재단 편, 《임진왜란과 동아시아 세계의 변동》, 경인출판사, 2010.

- 문숙자,《임진왜란과 한일관계: 임진왜란으로 인한 생활상의 변화》, 경인문화사, 2005.

- 박성순,《선비의 배반》, 고즈윈, 2004.

- 박창기,《도요토미 히데요시: 임진왜란의 원흉, 일본인의 영웅》, 신아사, 2009.

- 방기철,《조일전쟁과 조선인의 일본인식》, 국학자료원, 2010.

- 배동수,《정여립 연구》, 책과공간, 2000.

- 백지원,《조일전쟁》, 진명출판사, 2009.

　　_______,《백성 편에서 쓴 조선왕조실록》, 진명출판사, 2009.

- 북경대철학과연구실,《중국철학사》, 간디서원, 2005.

- 북한과학원,《조선전사》, 북한과학백과사전출판사, 1999.

- 서병국,《선조시대 여진 교섭사 연구》, 교문사, 1970.

- 성명,《의인열전》, 삶과꿈, 2000.

- 송광룡,《역사에 지고 삶에 이긴 사람들》, 풀빛, 2000.

- 손승철,《조선시대 한일관계사 연구》, 지성의샘, 1994.

- 송호근,《한국, 어떤 미래를 선택할 것인가》, 21세기북스, 2005.

- 신동준,《조선의 왕과 신하 부국강병을 논하다》, 살림, 2007.

- 신정일,《지워진 이름 정여립》, 가림기획, 2000.

- 양재숙,《임진왜란은 우리가 이긴 전쟁이었다》, 가람기획, 2001.

- 이근명,《동북아 중세의 한족과 북방민족: 최근 중국학계의 연구동향과 그 성격》, 동북아역사
  재단, 2010.

- 이성무,《조선시대 당쟁사》, 동방미디어, 2000.

　　_______,《조선국왕전》, 청아출판사, 2012.

- 이순신역사연구회 편,《이순신과 임진왜란》, 비봉출판사, 2006.

- 이익주 외 6인,《동아시아 국제질서 속의 한중관계사》, 동북아역사재단, 2010.

- 이장희,《임진왜란사 연구》, 경인문화사, 2012.

- 이재범,《한반도 외국군주둔사》, 중심, 2001.

- 이태진, 《한국사회사연구》, 지식산업사, 2008.

  ______, 《조선시대 정치사의 재조명》, 태학사, 2003.

- 이한우, 《선조, 조선의 난세를 넘다》, 해냄, 2007.

- 인하대학교한국학연구소 편, 《중국 없는 중화》, 인하대학교출판부, 2009.

- 일본동북아연구소 편, 《북방민족의 중국통치사》, 〈한국학술정보〉, 2002.

- 장경남, 《임진왜란의 문학적 형상화》, 아세아문화사, 2000.

- 장한식, 《이순신 수국프로젝트, 경제를 일으켜 조선을 구하다》, 행복한나무, 2009.

- 정두희 외 12인, 《임진왜란 동아시아 삼국전쟁》, 휴머니스트, 2007.

- 조길혜 외 3인, 《중국유학사》, 신원문화사, 1997.

- 조원래, 《임진왜란사 연구의 새로운 관점》, 아세아문화사, 2011.

- 존 페어뱅크, 《신중국사》, 까치, 1999.

- 최관, 《일본과 임진왜란》, 고려대학교출판부, 2003.

- 최효식, 《임진왜란기 영남의병연구》, 국학자료원, 2003.

- 판원란, 《중국통사》, 인간사랑, 2009.

- 하우봉, 《조선시대 한국인의 일본인식》, 혜안, 2006.

- 한명기, 《정묘 · 병자호란과 동아시아》, 푸른역사, 2009.

  ______, 《임진왜란과 한중관계》, 역사비평사, 2001.

  ______, 《광해군》, 역사비평사, 2006.

- 한석정 · 노기식 · 이정신, 《만주, 동아시아 융합의 공간》, 소명출판사, 2008.

- 한영우, 《한국 선비 지성사》, 지식산업사, 2010.

  ______, 《조선전기 사회경제연구》, 을유문화사, 1983.

- 한일관계사연구논집 편찬위원회 편, 《동아시아 세계와 임진왜란》, 경인문화사, 2010.

  ______________________________, 노영구, 〈임진왜란의 학설사적 검토〉

  ______________________________, 이계황, 〈한국과 일본학계의 임진왜란 원인에 대하여〉

  ______________________________, 이인용, 〈임진왜란과 명의 동아시아 전략〉

________________________________, 김문자, 〈임진왜란과 조일관계〉

- 한형조, 《조선 유학의 거장들》, 문학동네, 2008.

  ________, 《칼을 찬 유학자 남명 조식》, 청계, 2002.

  ________, 《왜 조선 유학인가》, 문학동네, 2008.

- 함영대, 《동아시아 삼국의 상호 인식과 그 전환의 단초》, 문예원, 2010.

논문

- 강석화, 〈조선후기 함경도와 북방영토의식〉, 《한국사연구》(112), 2001.

- 권기중, 〈임진왜란 시기 향리층의 동향과 전후의 향리사회〉, 《역사와 현실》(통권64호), 2007.

- 계승범, 〈조선감호론 문제를 통해 본 광해군대 외교노선 논쟁〉, 《조선시대사학보》(제34호), 2005.

- 김강식, 〈임진왜란중의 군량조달책과 영향〉, 《문화전통론집4》, 1994.

  ________, 〈임진왜란기 경상우도의 의병운동〉, 부산대학교, 1998.

- 김광옥, 〈일본 에도시대 임진왜란기록물에 대한 연구〉, 《한국민족문화 27》, 2006.

- 김만호, 〈임진왜란기 일본의 함경도 점령과 지역민의 동향〉, 《역사학연구》(제38집), 2010.

- 김문자, 〈임진왜란과 조일관계〉, 《한일관계사 연구논집 15》, 2010.

- 김문준, 〈한음 이덕형의 생애와 실천사상〉, 《한국인물사연구》(제7호), 2007.

- 김시덕, 〈'게이쵸중외전' 과 '에흔다이코기' 의 비교분석〉, 《한국외국어대일본연구》(제46호), 2010.

  ________, 〈근세초기 일본의 임진왜란 담론형성과정〉, 《일본학연구》(제32집), 2011.

- 나종우, 〈왜란의 발발과 조선의 청병외교〉, 《군사》(제60호), 2006.

- 노기식, 〈만주의 흥기와 동아시아 질서의 변동〉, 《중국사연구》(16), 2001.

- 노영구, 〈임진왜란의 학설사적 검토〉, 《제2기한일역사공동연구보고서》(제2권), 2010.

- 민덕기, 〈임진왜란기 조선의 북방 여진족에 대한 위기의식과 대응책〉, 《한일관계사연구》(제

34집), 2009.

_____, 〈임진왜란 전후처리와 동아시아국제질서의 변동〉, 《한일관계사연구》(제36집), 2010.

- 박재광, 〈임진왜란기 일본의 점령정책과 영향〉, 《군사》(제44호), 2001.

_____, 〈임진왜란기 일본군의 한성점령과 노원평 전투〉, 《인문사회과학논문집》(제31집), 2002.

- 박인호, 〈임진왜란기 지방지식인의 피난살이: 장현광의 용사일기를 중심으로〉, 《선주논총》(제11집), 2008.

- 방기철, 〈임진왜란기 조선 관료가 바라본 일본군〉, 《군사》(제60호), 2006.

- 손종선, 〈임진왜란시 분조에 관한 연구〉, 성균관대학교, 1992.

- 송우혜, 〈이순신을 폄훼하는 '원균면장론' 의 실체〉, 《이순신연구논총》(6호), 2006.

- 신윤호, 〈임란시기 의병의 항전과 일본군의 점령정책변화〉, 《순천향대이순신연구소》, 2009.

_____, 〈선조의 임진왜란 공신책훈 배경과 그 의미〉, 《경상사학》(제26집), 2010.

- 신용녀, 〈임진왜란 중의 농촌의 피폐상과 진휼책〉, 성신여자대학교, 2000.

- 유보전, 〈임진왜란 후 조선의 대명인식의 변화〉, 경원대아시아문화연구소, 2006.

_____, 〈중국학계의 임진왜란사 연구현황과 과제〉, 《한국사학보》(제45호), 2011.

- 윤경하, 〈임진왜란 직전 조선의 전쟁정보에 대한 연구〉, 강원대학교, 2011.

- 윤웅상, 〈임진왜란기 강화교섭에 관한 연구: 조선분할안을 중심으로〉, 건국대학교, 1992.

- 윤유숙, 〈도요토미 히데요시의 조선침략 발발 전 한일교섭실태〉, 《일본학보》(70), 2007.

- 이경룡, 〈임진왜란 전후 조선과 명조학자들의 학술논변〉, 《명청사연구》(제30집), 2008.

- 이계황, 〈에도막부의 대외관계 형성과정〉, 《한국학연구》(제20집), 2005.

_____, 〈한국과 일본학계의 임진왜란 원인론에 대하여〉, 《제2기 한일역사공동연구보고서》(제2권), 2010.

- 이민웅, 〈임진왜란과 명의 동아시아전략〉, 《한일관계사연구논집》(15), 2010.

- 이상훈, 〈임진왜란 후 정국주도세력에 대한 재고찰〉, 한림대학교, 1996.

- 이장희, 〈임난중 민간반란고〉, 고려대학교, 1968.

- 이종붕, 〈임진왜란 시기 일본의 병량미 보급과 그 정책〉, 《한국민족문화》(27), 2006.

- 이태진, 〈임진왜란에 대한 이해의 몇 가지 문제〉, 《군사》(제1호), 1980.

______, 〈임진왜란기 조명관계사 연구〉, 성균관대학교, 2003.

- 이호준, 〈임진왜란 초기 경상도지역 전투와 군사체제〉, 《군사》(제77호), 2010.

- 장준호, 〈임진왜란시 박의장의 경상좌도 방위활동〉, 《한국학중앙연구원》, 2008.

- 전성호, 〈임진왜란과 세계화의 기원과의 관계: 한국의 은 유통을 중심으로〉, 《이순신연구논총》(통권 제10호), 2008.

- 정해은, 〈임란시기 경상도 사족의 전쟁체험〉, 《역사와 현실》(통권64호), 2007.

- 지두환, 〈조선 임진왜란 충신열사에 대한 현창정책〉, 《사학연구》(제100호), 2010.

- 차혜원, 〈조선에 온 중국첩보원: 임진왜란기 동아시아의 정보전과 조선〉, 《역사비평》(통권 85호), 2008.

- 최영희, 〈임진왜란중의 사회동태에 관한 연구〉, 단국대학교, 1975.

- 최호균, 〈조선중기 대여진관계 연구〉, 성균관대학교, 1995.

- 한명기, 〈원명교체, 명청교체와 한반도〉, 《세계정치12》(제30집 2호), 2009.

- 한문종, 〈임진왜란 직전의 국내정세와 한일관계〉, 《인문과학연구》(21), 2009.

- 한우근, 〈임진란의 원인에 관한 검토-풍신수길의 전쟁 도발 원인에 대하여〉, 《역사학보》(1), 1952.

- 허남린, 〈임진왜란과 유교적 사회질서〉, 《국학연구》(제14집), 2009.

- 홍새유, 〈임진조변사적 고〉, 《인문과학연구》(세1집), 1998.

- 홍존엽, 〈임진왜란 시기 유성룡의 대여진 국방정책 연구〉, 국방대학교, 2010.

자료

- 《경국대전經國大典》, 한국정신문화연구원, 1989.

- 〈갑진만록甲辰漫錄〉, 윤국형尹國馨, 고전국역총서 《대동야승大東野乘》 제55권, 1984.

- 〈계갑일록癸甲日錄〉, 우성전禹性傳, 고전국역총서 《대동야승》 제24권, 1984.

- 〈기재잡기寄齋雜記〉, 박동량朴東亮, 고전국역총서 《대동야승》 제52권, 1984.

▪〈기축록己丑錄〉, 황혁黃赫, 고전국역총서《대동야승》제16~17권, 1984.

▪《난중일기亂中日記》, 이순신李舜臣, 동서문화사, 2012.

▪《난중잡록亂中雜錄》, 조경남趙慶男, 고전국역총서《대동야승》제26권, 1984.

▪《노서유고魯西遺稿》(국역 노서유고), 윤증尹拯, 한국고전번역원, 2009.

▪《농포집農圃集》(국역 농포집), 정문부鄭文孚, 한국고전번역원, 1999.

▪《당의통략黨議通略》, 이건창李建昌, 자유문고, 1998.

▪〈동각잡기東閣雜記〉, 이정형李廷馨, 고전국역총서《대동야승》제53~54권, 1984.

▪〈문소만록聞韶漫錄〉, 윤국형尹國馨, 고전국역총서《대동야승》제55권, 1984.

▪《백사집白沙集》, 이항복李恒福, 민족문화추진회,《한국문집총간》62집, 1998.

▪〈부계기문涪溪記聞〉, 김시양金時讓, 고전국역총서《대동야승》제72권, 1984.

▪《서애집西厓集》, 류성룡柳成龍, 민족문화추진위원회, 1984.

▪《쇄미록鎖尾錄》, 오희문吳希文, 국사편찬위원회, 1962.

▪《연려실기술練藜室記述》, 이긍익李肯翊, 민족문화추진위원회, 1976.

▪《오음유고梧陰遺稿》, 윤두수尹斗壽, 한국문집총간, 2007.

▪《율곡전서栗谷全書》, 이이李珥, 한국학중앙연구원, 1997.

▪《자해필담紫海筆談》, 김시양金時讓, 고전국역총서《대동야승》제71권, 1984.

▪《재조번방지再造藩邦志》, 신경申炅, 고전국역총서《대동야승》제35권, 1984.

▪《조선왕조실록朝鮮王朝實錄》, 국사편찬위원회, 1993.

▪《조야기문朝野記聞》, 작자 미상, 한국정신문화연구원, 2000.

▪《조야첨재朝野僉載》, 작자 미상, 한국정신문화연구원, 1999.

▪《중봉행장重峯行狀》, 송시열宋時烈,《송자대전宋子大全》, 한국문집총간, 1988.

▪《징비록懲毖錄》, 류성룡柳成龍, 서해문집, 2003.

▪《퇴계집退溪集》, 이황李滉, 민족문화추진위원회, 1968.

임진왜란, 비겁한 승리

2013년 5월 20일 초판 1쇄 발행
2019년 12월 25일   5쇄 발행

지은이 | 김연수
펴낸이 | 노경인 · 김주영

펴낸곳 | 도서출판 앨피
출판등록 | 2004년 11월 23일 제2011-000087호
주소 | 우)07275 서울시 영등포구 영등포로 5길 19(양평동 2가, 동아프라임밸리) 1202-1호
전화 | (02)336-2776 팩스 | 0505-115-0525
블로그 | bolg.naver.com/lpbook12
전자우편 | lpbook12@naver.com

ⓒ 김연수

ISBN 978-89-92151-50-4